Heinrich Rückert

Deutsche Dichtungen des Mittelalters

Erster Band: König Rother

Heinrich Rückert

Deutsche Dichtungen des Mittelalters
Erster Band: König Rother

ISBN/EAN: 9783743629110

Hergestellt in Europa, USA, Kanada, Australien, Japan

Cover: Foto ©Thomas Meinert / pixelio.de

Weitere Bücher finden Sie auf **www.hansebooks.com**

DEUTSCHE DICHTUNGEN

DES

MITTELALTERS.

MIT WORT- UND SACHERKLÄRUNGEN.

HERAUSGEGEBEN

VON

KARL BARTSCH.

––––––

ERSTER BAND.

KÖNIG ROTHER.

LEIPZIG:

F. A. BROCKHAUS.

–

1872.

KÖNIG ROTHER.

HERAUSGEGEBEN

VON

HEINRICH RÜCKERT.

LEIPZIG:
F. A. BROCKHAUS.
1872.

VORWORT.

Die Dichtungen der vorclassischen Periode des Mittelalters genießen aus verschiedenen Gründen nicht die Verbreitung und Popularität, welche den Dichtern der Blütezeit desselben bei den Gebildeten unseres Volkes zutheil geworden ist und mehr und mehr zutheil wird. Für die althochdeutsche und altniederdeutsche Literatur erklärt sich das aus den größern Schwierigkeiten, welche dem Verständniss der Originale sich entgegenstellen; den Dichtungen des zwölften Jahrhunderts aber haftet in der Vorstellung eine gewisse Unvollendung der Form und des Inhaltes an, welche den ästhetischen Genuß einigermaßen beeinträchtigt.

Und doch liegt in jener ältern Periode, abgesehen davon, daß sie die Keime alles dessen in sich schließt, was wir in der Blüte deutscher Dichtung des Mittelalters entfaltet vor uns sehen, ein eigenthümlicher Reiz, wie ihn der beginnende Frühling, der anbrechende

Morgen auf das menschliche Herz ausübt. Es sind die
ersten Laute, in denen die deutsche Poesie redet, die
ehrwürdigen Reste einer untergegangenen reichen Volks-
poesie, die frommen Bestrebungen deutscher Geistlichkeit,.
die ein Herz hatte für das deutsche Volk und ihm in
seiner Sprache die Wunder des Evangeliums verständlich
zu machen suchte.

Auch die Dichtung des zwölften Jahrhunderts, die an
formeller und innerer Vollendung allerdings mit den Dicht-
werken an der Scheide dieses und des folgenden Jahr-
hunderts sich nicht messen kann, besitzt ihre besonderen
Vorzüge. Sie ist in vieler Hinsicht frischer, lebendiger,
nationaler, noch nicht von französischem Geschmacke
beherrscht, und selbst wo sie auf romanischen Quellen
ruht, von deutschem Geiste erfüllt. Es liegt in ihr ein
volksthümliches Element, welches in der Blütezeit mehr
und mehr in den Hintergrund gedrängt wird; in den Er-
zeugnissen der ältesten Lyrik weht ein Hauch von Naivetät
und reizender Frische, wie er später nur ganz vereinzelt
und selten uns begegnet. Wir ahnen in diesen Poesien,.
wie die deutsche Dichtung sich anders, eigenthümlicher
und vielleicht noch größer hätte entfalten können, wenn
sie der Herrschaft des romanischen Geistes nicht ver-
fallen wäre.

Wie die vorclassische Poesie steht auch die der
letzten drei Jahrhunderte des Mittelalters in Schätzung
und Gunst zurück. Aber auch sie bietet nicht dem.

Forscher allein, sondern jedem Freunde der Poesie so
viel des Schönen, daß eine Auswahl aus ihrem reichen
Schatze durchaus gerechtfertigt und zur Vervollständigung
des Gesammtbildes nothwendig erscheint. Zwar zeigt das
vorrückende dreizehnte Jahrhundert keine so schöpfe-
rischen Geister, wie sie an der Scheide des vorauf-
gegangenen die deutsche Poesie auf eine so hohe Stufe
hoben, aber doch zahlreiche Talente, die durch gebil-
dete Sprache und Verskunst, durch gewandte und ge-
schmackvolle Darstellung anziehen und fesseln. Das
allmählige Durchbrechen eines gesunden bürgerlichen
Geistes seit dem vierzehnten Jahrhundert verleiht der
spätern Poesie einen neuen Reiz, das Lehrgedicht und
die Satire erweitern den geistigen Gesichtskreis, und
das Drama entwickelt sich zu eigenthümlicher, echt
volksmäßiger Gestaltung.

Ich zweifle nicht, daß es gelingen wird, auch der
Dichtung des frühern und spätern Mittelalters einen
Leserkreis zu gewinnen, wie ihn die so warm aufgenom-
menen «Deutschen Classiker des Mittelalters» meines
unvergeßlichen Freundes, Franz Pfeiffer, gefunden haben.
Von der durch die «Classiker» bewährten Methode ist
nach den gesammelten Erfahrungen in wesentlichen
Dingen nicht abgewichen worden; nur schien es zweck-
mäßig, die Worterklärungen möglichst zu beschränken
und dafür dem Wortregister mehr die Gestalt eines
Glossars zu geben. Eine schablonenhafte Anweisung habe

a*

ich verschmäht, um der Selbständigkeit meiner Mit-
arbeiter möglichst freien Spielraum zu laßen.

So sei denn der erste Band der neuen Sammlung,
der eine der anziehendsten Dichtungen des zwölften Jahr-
hunderts bietet, der Theilnahme aller Freunde unserer
ältern Poesie aufs beste empfohlen.

Heidelberg, im December 1871.

KARL BARTSCH.

EINLEITUNG.

Ob sich das altdeutsche Epos, welches wir hier unter
dem herkömmlichen Namen «König Rother» zu neuem
Abdruck bringen, bei den Zeitgenoßen, überhaupt bei
dem mittelalterlichen Publikum einer allgemeineren Theil-
nahme und Verbreitung erfreut habe, erhellt wenigstens
nicht aus den spärlichen urkundlichen Zeugnissen, die
sich auf dasselbe beziehen laßen.

Diese Zeugnisse, die schon Wilhelm Grimm in seiner
«Deutschen Heldensage» gesammelt hat, beginnen erst
nach der Mitte des 13. Jahrhunderts, stammen also aus
einer Zeit, wo der Höhepunkt unserer mittelalterlichen
Kunst längst überschritten war, und wo sich ebenso sehr
die Leistungsfähigkeit der productiven Kräfte wie das
Verständniss des Publikums einem entschiedenen Ver-
fall zuneigte.

Das älteste darunter gehört dem Marner an, jenem
so seltsam gemischten, halb der glänzenden Vergangen-
heit des höfischen Minnesangs, halb der gelehrt aus-
staffierten, scholastisch gefärbten Zukunft des bürger-
lichen Meistersanges zugewandten schwäbischen Dichter,
der in dem reichen Vorrath literarischer Erzeugnisse der
ältern Zeit, auf welchen er als Kenner zurückblickt, auch
einer poetischen Bearbeitung der Geschichte des Königs
Rother gedenkt, als eines zu seiner Zeit im Volke äußerst
beliebten Stoffes. Es genügt aus der schon von W. Grimm
(Deutsche Heldensage, 162, 2. Ausgabe 163) mitgetheilten
längeren Stelle nur den Anfang herauszuheben (Hagen,
MS. 2, 251, 20):

Singe ich den liuten mîniu liet,   1
sô wil der êrste daz,
wie Dieterich von Berne schiet,
der ander, wâ künc Ruother saz.

Auch alle andern poetischen Helden und Heldinnen,
deren der Marner im weiteren Verlaufe dieses Spruches
gedenkt, gehören dem Kreiße der specifisch-deutschen
Heldensage an und insofern befindet sich Rother hier
ganz in seiner natürlichen Umgebung.

Um 30 oder 40 Jahre später erwähnt der gelehrte
Magister Hug von Trimberg, Schulhalter in der Theuer-
stadt von Bamberg, in seinem zu Anfang des 14. Jahr-
hunderts abgeschloßenen großen Lehrgedicht «Renner»
zweimal des Rother. Zuerst in möglichst unpassender
Zusammenstellung mit Hauptgestalten des französisch-
bretonischen höfischen Sagenkreißes (Bamberg. Druck
1248 f., hier mit Benutzung des übrigen hs. Apparats;
bei W. Grimm, Heldensage, 171, 2. Aufl. 173):

Swer gar sich vlîzt an seltsæn rîm,   5
der wil ouch daz sîns sinnes lîm
ûzen an schœnen worten klebe
und lützel nutzes drinne swebe.
alsô sint bekant durch tiusche lant

---

3 *wie Dieterich von Berne schiet*, d. h. durch *Ermrich*
(Ermenrich) von Berne-Verona vertrieben wurde. Bezieht
sich aller Wahrscheinlichkeit nach nicht auf das noch erhal-
tene gewöhnlich «Dietrich's Flucht» genannte Gedicht, zu-
letzt von E. Martin, Deutsches Heldenbuch (Berlin 1866),
II, 57 fg., herausgegeben, das in seiner auf uns gekom-
menen Gestalt jedenfalls jünger als dieser Spruch des Marners
ist, aber auf einen seiner selbständigen als besonderes *liet* oder
buoch vorhandenen Theile, die eigentliche Flucht Dietrich's. —
4 *künc*, in der Senkung verkürzte Form von *künic*, König.
5 *seltsæn* für *seltsæne*, seltsam. — *rîm* für *rîme* von *rîm*
stm., nicht bloß Reim, sondern vorzugsweise auch Reimvers. —
6 *sîns* für *sînes*. — *lîm* stm., Leim, das Bild *rîme lîmen*, d. h.
Verse künstlich zusammenflechten, kannte der Verfaßer wohl
aus Gottfried von Straßburg und andern Dichtern, die es oft
gebrauchen. — 8 *lützel* nom. sing. neutr. des Adj. wenig,
substantivisch gebraucht, davon der Gen. *nutzes* abhängig. —

Erec, Iwân unt Tristrant,   1
künc Rûther und her Parzivâl,
Wîgâlois, der grôzen schal
hât bejagt und hôhen prîs.
swer des geloubt, der ist unwîs;   5
mit sünden er sîn houbet toubet,
swer tihtet des man niht geloubet.

Ferner an einer zweiten Stelle, wo dem Bamberger
Magister sein von ihm über alle gleichzeitigen und frühern
Dichter gepriesener Marner so deutlich vor Augen schwebt,
daß er ihn fast wörtlich nachgeahmt hat. Von dieser zweiten
Stelle (Bamberg. Druck 16168) heben wir eben deshalb
nur zwei Verse aus. W. Grimm, Deutsche Heldensage,
a. a. O., hat die ganze Stelle ausführlicher mitgetheilt.

der zwelfte wil Rûthern besunder,
der drîzehende künec Alexanders wunder.

Diese Zeugnisse beweisen, daß ein Gedicht vom
König Rother, nicht bloß eine volksthümliche Prosa-
erzählung davon, in der zweiten Hälfte des 13. Jahr-
hunderts als eines der Hauptwerke deutscher Dichtung
neben einer beschränkten Anzahl anderer angeführt wer-
den durfte. Freilich ist dadurch die Identität dieses Ge-
dichtes mit dem hier von uns herausgegebenen nicht aus-
drücklich constatiert, aber es spricht auch nichts dagegen,
und da wir von der Existenz eines andern mhd. Gedichtes
gleichen Inhalts absolut nichts wißen, so werden wir wohl
ohne Bedenken das unserige damit gemeint glauben
dürfen. Ob es aber dem Marner oder seinem Bewun-

1 *Erec*, der Held des Hartmann'schen *Erec und Enîte* oder
Er. d. wunderœre. — *Iwân*, desgleichen der Hartmann'sche *Iwein*
oder der *rîter mit dem lewen.* — *Tristrant*, meint wohl *Tristan
und Isôt* von Gottfried als dem damals noch gelesensten deut-
schen Bearbeiter dieses Stoffes. — 2 *Parzivâl*, desgl. den
Wolfram's. — 3 *Wîgâlois*, den Wirnt's von Grâvenberc. — *schal*
stm., nicht bloß im heutigen Sinne des Wortes, sondern in viel
reicherer Ausdehnung des Grundbegriffes; hier «lautes Rüh-
men». — 4 *bejagt*, erjagt, erworben. — 5 *des* gen., von *ge-
loubt* abhängig, daran glaubt. — *unwîs*, ein arger Thor. —
6 *er* bezieht sich auf das *swer* des Nachsatzes. — *toubet*, be-
täubt, in Taumel versetzt. —

derer in der uns erhaltenen Redaction vorlag, läßt sich
nicht erkennen.   Ja es mag sogar nach der Art seiner
beiden Citate als wenig wahrscheinlich gelten, daß Hug
von Trimberg selbst aus eigener Anschauung ein solches
deutsches Gedicht gekannt hat.   Er kann recht wohl aus
dem Marner und aus dem landläufigen Urtheil der Zeit-
genoßen das eigene Urtheil zusammengeschweißt haben.
     Von hier ab entschwinden alle weitern directen Zeug-
nisse, falls wir das des Renners überhaupt für ein sol-
ches gelten laßen wollen.   Denn wenn Cyriak Spangen-
berg in seinem Adelspiegel (vgl. W. Grimm, Deutsche
Heldensage, 310, 2. Ausg. 321) noch zweimal den König
Rucker oder Rugger unter den gar verloren oder gar
seltsam gewordenen Heldenbüchern anführt, so zeigt
wieder die Art seines Citates sattsam, daß er dabei nur
die Stellen des ihm wohl bekannten Renners im Auge hatte.
     Außerdem erwähnt ein viel älteres Zeugniss, der
Ende des 13. Jahrhunderts entstandene Reinfrid von
Braunschweig, den Namen Rother's.   Die Stelle lautet
nach der Mittheilung W. Grimm's in der hannöverschen
Hs. (Deutsche Heldensage, 174, 176):

> jâ möhte mit keinen dingen   1
> sich disen hie gelîchen
> swaz man hie vor den rîchen
> hôch erbornen Ruother
> sach risen vüeren über mer.   5

     Aber die vorangehenden Verse, worin eine Anzahl
solcher Riesen namentlich aufgezählt wird, weisen darauf
hin, daß der Dichter dieses Reinfrid entweder eine
von der uns bekannten sehr abweichende Gestalt des
Rother vor sich hatte, oder auch daß er ihn nur vom
Hörensagen kannte, wobei leicht eine Vermischung mit
verwandten Situationen und Namen anderer Sagen oder
Gedichte erfolgen mochte.   Er nennt richtig, d. h. für
uns richtig *Witolt, Aspriân* und *Grimme*, unrichtig aber

---

1 *mit keinen dingen*, in keiner Weise. — 3 *swaz zu risen*
(5) zu beziehen; *swaz risen*, so viel Riesen. — *hie vor*, in der
Vorzeit, einstmals. — 4 *hôch erborn*, hoch geboren.

auch die Namen *Orte* und *Velle*, wovon der letztere dem
Wolfdietrich in einer seiner jüngern Recensionen gehört,
der erste noch ein Räthsel ist.

Dagegen laßen sich mancherlei indirecte Zeugnisse
für die Bedeutung, nicht bloß für die Existenz unseres
Rother gewinnen. Freilich können sie nicht so unan-
fechtbar sein, wie die directen, aber sie beweisen doch
eigentlich noch mehr wie diese. Sie bestehen in den
sichtbaren Spuren der Einwirkung des Rother auf die
Anlage und noch mehr auf die Ausführung einer Reihe
anderer uns noch erhaltener deutscher Gedichte, die wir
schon deshalb alle für jünger als das unserige halten
müßen, wozu übrigens auch alle sonstigen Merkmale in
der Technik des Verses und der Sprache u. s. w. stim-
men. Das älteste darunter ist das erzählende Gedicht
von Salomon und Morolt. Wir benutzen immer noch den
in jeder Art unzureichenden Abdruck, den von der Hagen
1808 (Deutsche Gedichte des Mittelalters von H. von der
Hagen und Büsching) aus einer sehr schlechten Hs. des
15. Jahrhunderts gegeben, und auch durch die sehr fahr-
läßige Mittheilung von Lesarten aus dem an sich viel
beßeren ältesten Drucke nicht zu einem guten gemacht hat,
obwohl es schon längst eine beßere Behandlung verdient
hätte. Daß es der Zeit vor 1180 angehört, ist unzwei-
felhaft, ebenso daß es nicht viel älter sein kann. Darauf
führt die relative Gelenkigkeit der Darstellung, die Ge-
wandtheit — nicht Feinheit — in Vers, Reim und
Sprache und manches andere. Die Aehnlichkeit mit
Rother ist in manchen Scenen und einzelnen Zügen des
Morolt so groß, so schlagend und handgreiflich, daß noth-
wendig das eine Gedicht das andere oder alle zwei zu-
sammen ein unbekanntes drittes benutzt haben müßen.
Da wir von einem solchen nichts wißen, bleibt also nur
der erste Fall möglich und auch dieser läßt sich näher
dahin bestimmen, daß Morolt den Rother gekannt hat
und nicht umgekehrt. Eine Menge von Gründen, deren
Summe hier vorweg gezogen wird, ergeben für den
letztern eine viel frühere Abfaßungszeit als die für Mo-
rolt ermittelte. Wäre aber dieß nicht schon entschei-
dend, so würde die Vergleichung der verwandten Stellen

es auch schon zeigen, denn überall zeigt Inhalt und Ton,
daß Morolt die oft derb carikierte Nachahmung, Rother
das Original ist. So schon der allgemeinste Umriß des
Planes, die Entführungen und Wiederentführungen eines
schönen Weibes durch List und Gewalt, wo Rother sich
wie eine bescheidene Bleistiftzeichnung, Morolt dagegen
wie ein mit raffinierter — deshalb noch nicht ästhetisch
hoch zu stellender — Technik ausgeführtes Farbenbild
ausnimmt. Für einzelnes wäre die Construction der Cha-
raktere, z. B. die Gestalt Morolt's, der ein ins Abenteuer-
liche und Rohe gesteigerter Rother ist, oder Pharao,
der dem Constantin des Rother gleicht, vielleicht auch
Pharao's namenlose Schwester, in welcher die alte und
die junge Königin des Rother verschmolzen sind, zu er-
wähnen. Noch deutlicher aber sind Scenen, wie die Be-
rathung Pharao's mit seinen Mannen im Eingang des
Gedichtes, die Verkleidung Morolt's als *wallære*, das
Harfenspiel Salomo's, das Hornblasen des am Galgen
stehenden Morolt, dem Rother nicht entlehnt, aber unter
Hinblick auf ihn zu dem herausgebildet, was sie hier
sind. Uebrigens ist diese engere Berührung zwischen
beiden Gedichten längst erkannt und man würde darüber
auch zu einem entschiedeneren Urtheile gelangt sein, als
es noch Wackernagel (Geschichte der deutschen Literatur,
§. 59, S. 181) zu formulieren wagt, hätte nicht beide
eine gewisse traditionelle Missachtung den Augen der
Forscher so ziemlich entrückt gehalten. Was wir hier
geben, sind allerdings nur Andeutungen, doch glauben
wir genügende, um unsere Auffaßung zu beweisen, nicht
bloß wahrscheinlich zu machen.

Ebenso deutlich und gleichfalls schon von andern
bemerkt — freilich aber, wie sich ergeben wird, anders
aufgefaßt — ist die Beziehung unseres Gedichtes zu dem
Wolfdietrich, der dem Morolt, was den Gehalt des Stoffes
betrifft, ebenso auch durch eine gewisse reserviertere Hal-
tung und ein wenn auch ziemlich äußerliches Stilgefühl
ohne Frage überlegen ist, dafür aber an innerer Lebendig-
keit, überhaupt an allen wahren poetischen Eigenschaften
weit hinter ihm zurücksteht. Die älteste der bisjetzt
bekannten Recensionen dieses Wolfdietrich (in der neuesten

Ausgabe des ganzen Wolfdietrich, Deutsches Heldenbuch, III,
1871, als *A* bezeichnet) bietet bei ihrem geringen Um-
fang weniger Vergleichungspunkte dar. Doch enthält
auch sie den Namen und die Gestalt Berchtung's von
Meran, des Doppelgängers Berchter's von Meran im
Rother. Auf die Fortsetzung, welche die gröbste Faust
des 15. Jahrhunderts zu diesem Bruchstücke geliefert
hat, getrauen wir uns nicht viel zu bauen. Allenfalls
könnte man einzelne Züge, z. B. daß Wolfdietrich, als
wallære verkleidet, den Erkennungsring in den Becher
seiner gerade am Hochzeitschmause mit einem andern
sitzenden Gemahlin wirft, oder daß er schließlich ins
Kloster geht, vergleichen wollen, aber beides sind so
weit verbreitete Motive der ältern volksthümlichen Sage
und Epik, daß sich weder nach der einen noch nach
der andern Seite hin daraus etwas Specifisches entnehmen
läßt, was wir hier doch allein brauchen können.

Anders dagegen steht es mit *B*, der jüngeren Re-
cension, die, was freilich auch von *A* gilt, jedenfalls in
der uns erhaltenen Gestalt viel jünger, vielleicht um
80 Jahre jünger als Rother ist. In ihr ist die Ge-
schichte des Hugdietrich, des Vaters des Wolfdietrich,
mit der des Sohnes nicht ungeschickt verbunden. Hug-
dietrich's Brautfahrt als solche, der Schauplatz der Be-
gebenheiten im Orient, die ganze Scenerie sind identisch
mit dem Hintergrund und dem Hauptfaden der Begeben-
heiten im Rother. Was den eigentlichen Wolfdietrich
angeht, so läßt sich sein entschieden herausgearbeitetes
Hauptmotiv, die Befreiung der Dienstmannen, das freilich
durch eine Fülle eigentlich zufällig zusammengewürfelter
Episoden oder Abenteuer überwuchert wird, mit dem
entsprechenden Motiv der ersten Hälfte des Rother ver-
gleichen. Ursprünglich stand es durchaus nicht in der
Mitte des Ganzen, aber in der späteren Faßung nimmt
es diesen Platz ein. Denn die Brautwerbung, der ur-
sprünglich derselbe gebührte, tritt doch, wenn sie auch
nicht ganz bei Seite geschoben ist, in einer Reihe von
Hauptscenen an Interesse gegen jenes zurück und die
Entführung der Königstochter bildet gleichsam nur eine

Episode, während die Anlage des Gedichtes gerade das
Umgekehrte verlangt.

Die Berührung des Wolfdietrich *B* mit Rother ist
so innig, daß sie, wie allgemein mit Recht angenommen
wird, nicht bloß aus dem gleichen Geiste der Zeit und
ihres poetischen Stiles, in dem ein im Kerne verwandter,
eigentlich, wie sich noch näher ergeben wird, identischer
Stoff äußerlich selbständig hier zu dem Rother, dort zu
dem Wolfdietrich erwachsen ist, erklärt werden kann.
Es muß eine directe Einwirkung des einen auf den an-
dern zugegeben werden. Fraglich ist nur, von wo sie
ausgegangen ist. Daß alle unsere Recensionen des Wolf-
dietrich so viel jünger als Rother sind, entscheidet an
sich noch nichts. Wir dürfen mit vollem Recht hinter
ihnen eine oder mehrere ursprünglichere Faßungen vor-
aussetzen, die im wesentlichen alle die Hauptzüge ent-
halten haben müßen, auf welche die Vergleichung beider
Rücksicht zu nehmen hat. Im einzelnen mögen dann die
jüngeren Recensionen dieß und jenes zugesetzt, umge-
staltet, da und dorther entlehnt haben. Für diesen älteren
Hintergrund des Wolfdietrich hat nun ein so feiner Ken-
ner wie W. Grimm keine Entscheidung der Frage über
die Priorität gewagt, obgleich er nach seinem Gefühle
sich mehr auf die Seite des Wolfdietrich als des Rother
zu neigen scheint. Wenn wir der entgegengesetzten An-
sicht sind, so stützen wir uns dabei hauptsächlich auf
folgende Erwägungen. Alle vergleichbaren Züge sind im
Wolfdietrich viel gröber oder prägnanter, mit sichtbarem
Streben, noch größeren Effect damit zu erzielen, heraus-
gearbeitet als im Rother, und so unendlich weit Wolf-
dietrich, Salomon und Morolt voneinander verschieden
sind, darin treffen sie doch miteinander zusammen, daß
sie sich beide gerade dadurch als Nachhall, wenn nicht
als Nachahmung eines auf beide wirkenden poetischen
Vorbildes darstellen. Man vergleiche z. B. die Berathung
Hugdietrich's mit seinen Dienstmannen über die Braut-
werbung mit der entsprechenden Scene des Rother, be-
sonders Strophe 12 mit Rother 40 fg., um zu erkennen,
wie derselbe Gedanke hier in natürlicher Schlichtheit,
dort in bewußter Steigerung, freilich ins Grobe und bei-

nahe ins Rohe, gleichsam nur als eine Paraphrase der
Worte des Rother vorgetragen wird. Der störende Ein-
druck, der selbst für das Publikum, das Wolfdietrich
und die Gedichte seiner Art voraussetzen, zu stark hätte
sein können, wird nur dadurch etwas gemildert, daß hier
der alte derbe Berchtung, dort Rother selbst der Sprechende
ist. Auch die Verkleidung Hugdietrich's in ein Weib wird
wohl nur für eine Travestie des als Dietrich vermummten
Rother's gelten dürfen. Es ist ein täppischer und roher
Einfall, zu dessen Entschuldigung sich nur sagen läßt,
daß er mit einer gewissen naiven Decenz behandelt ist.
Ob darauf andere noch aus dem antiken Sagenkreiße
herübergeschleppte und wenigstens im späteren Mittel-
alter sehr populäre Anekdoten eingewirkt haben, sei
dahingestellt. So oder so existierte er aber wohl nicht,
wenn es dem Dichter des Wolfdietrich nicht darum zu
thun gewesen wäre, den Rother gleichsam zu überbieten.
Die eingeflochtenen Episoden, in denen für Dichter und
Publikum offenbar das eigentlich originale Verdienst des
Wolfdietrich begründet ist, geben ihrer Natur nach zu
Parallelen keine Veranlaßung. Desto mehr der Schluß,
die Befreiung der Dienstmannen, wo überall dieselben
schon charakterisierten Züge unverkennbar hervortreten.
Wie Berchtung im Wolfdietrich 16 Söhne hat, während
sich Berchter im Rother mit der immerhin noch statt-
lichen aber solenn formelhaften Zahl von 12 begnügt,
sind die Dienstmannen dort 32 Jahre gefangen, hier nur
Jahr und Tag. Die Noth und das Leiden der Gefan-
genen, der Kampf selbst, durch den sie erlöst werden,
alles das klingt an Rother deutlich an, nur daß im Wolf-
dietrich entsprechend der relativ selbständigen Anlage
des Hauptfadens dieser Kampf mit den Kampfesscenen
am Schluße des Rother, wo es die Befreiung des von
den Heiden dem Galgen bestimmten Königs selbst gilt,
verglichen werden muß. Die Rolle, die hier Witolt spielt,
ist dort seinem etwas abgeblaßten Ebenbild Hache zuer-
theilt und wie jener wird dieser von der Verbrennung
von Konstantinopel durch die Hinweisung auf die Gräber
der sieben Apostel abgehalten. Nur muß man hierbei
und bei einer Reihe anderer Einzelheiten, die wir über-

gehen, weil wir glauben, daß das Bisherige genüge, um
die Abhängigkeit des Wolfdietrich *B* und bis zu einer
gewissen Grenze auch seiner Vorlage darzuthun, nicht
übersehen, daß die letzten Scenen des Wolfdietrich, in
denen der Dichter selbst deutlich dem Ende zueilt und so-
zusagen nur auszugsweise erzählt, mehr skizzenhaft als
in der breiten Ausführung des früheren gezeichnet sind,
während im Rother eine solche Veränderung des Stils
und der Haltung des Dichters nicht wahrzunehmen ist.

Directe Einwirkung nicht bloß, sondern directe Ent-
lehnung aus dem Rother läßt sich noch für ein anderes
seltsam zusammengewürfeltes Product der volksthümlichen
Epik des späteren 13. Jahrhunderts nachweisen, das
unter dem nur halb zutreffenden Titel «Dietrich's Flucht»
zuletzt im Heldenbuch, Bd. 2 (Berlin 1866), heraus-
gegeben worden ist. Daß es mindestens aus zwei selbstän-
digen Werken zusammengeschweißt ist, liegt auf der
Hand, vgl. oben VI, Anm. 3. Das zweite davon, dem
der Titel der Flucht allein zukommt, geht uns nichts
an, aber in dem ersten, das man, ganz entsprechend dem
Inhalt, auch als «Dietrich's Ahnen» zu bezeichnen pflegt,
findet sich desto mehr für unsere Zwecke.

König Dietwart, der Urahne Dietrich's von Bern,
will eine ihm passende Gemahlin freien, natürlich nicht
nach eigenem Gutdünken, sondern nach dem Rathe und
Consense seiner Mannen. Unter diesen treten nun sofort
aus dem Rother wohlbekannte Namen auf, Herman, Er-
win, Arnold, nur daß alle um eine Stufe in Rang und
Titel erhöht sind: der Markgraf Herman ist hier zu einem
Herzog geworden, Graf Erwin zu einem Landgrafen, Graf
Arnold Herzog Arnold. Auf ihren Rath wirbt er um
Minne, Tochter des Königs Ladiner von Westenmer.
Minne und Ladiner begegnen uns zwar aus guten Grün-
den nicht im Rother. Sie sind bloß auf das Conto dieses
Dichters zu setzen. Aber das Land *Westenmer* kennen
wir desto beßer. Es verdankt dem *wester mere* im
Rother seine sonst nicht nachweisbare Existenz, nur daß
entsprechend dem populären Sprachgebrauch des 13. Jahr-
hunderts unter dem *wester mere* nicht das Adriatische,
sondern das Atlantische Meer verstanden wird, daher

denn auch *Portegál* und dergl. dort liegen können. Daß
Ladiner einen Sohn besitzt, der den Namen *Ruother*
führt, macht seine eigene Genesis noch deutlicher.
Dieser Ruother ist übrigens eine ganz gleichgültige Neben-
figur und nur dazu da, dem biedern Alten einen Sohn
und Erben neben der einzigen Tochter, die die andere
Hälfte des Reiches erhält, zu verschaffen.

Lächerlich beinahe ist der gesteigerte Apparat, mit
welchem die Werbung durch vorausgeschickte Gesandte
in Scene gesetzt wird. Zug für Zug erkennen wir das
Original wieder, aber während es einerseits immer ge-
flissentlich überboten wird, ist andererseits seine eigent-
liche Kraft dadurch gebrochen, daß hier alles in der
Sache selbst ganz plan und glatt verläuft. König Ladiner
ist das gerade Gegentheil des bösartigen Constantin im
Rother. Er ist entzückt über Dietwart's Antrag und un-
geduldig, ihn sobald als möglich bei sich zu sehen, was
denn auch dieser rasch ins Werk setzt. Damit aber
doch etwas Romantik in die so ganz philiströs verlau-
fende Geschichte kommt, ereignen sich bei der eigent-
lichen Brautfahrt eine Anzahl ganz unmotivierter und nach
der gewöhnlichen Schablone erfundener Abenteuer mit
Seeungethümen u. s. w., die der Bräutigam glänzend be-
steht und sich dadurch poetisch die Hand der schönen
Minne verdient.

Diese indirecten Zeugnisse gehören ungefähr der-
selben Zeit an, aus welcher die erste directe Erwähnung
des König Rother stammt: ungefähr sagen wir, denn es
ist einstweilen noch unmöglich, die Chronologie des
Wolfdietrich *B* oder des Gedichtes von Dietrich's Ahnen
in bestimmtere Grenzen, als oben angegeben worden sind,
einzuschließen. Nur der Morolt weist auf eine viel
frühere Periode, und daran ließen sich aus einer anderen
Sphäre noch weitere indirecte Zeugnisse für die Stellung
des Werkes zu dem mittelalterlichen Publikum reihen.

Es hat sich, wie weiter unten noch genauer auszu-
führen ist, nur eine einzige, nahezu vollständige Hand-
schrift des König Rother erhalten, die noch dem 12. Jahr-
hundert angehört, also ungefähr gleichzeitig mit Salomon
und Morolt sein wird, außerdem noch sehr lückenhafte

Fragmente von drei anderen, von denen das eine vielleicht dem Anfang des 13. Jahrhunderts zuzuweisen ist, die andern aber jünger, doch nicht viel jünger zu sein scheinen. Wenn man das Handschriftenwesen des Mittelalters im Zusammenhang überschaut, so laßen sich daraus auch für den einzelnen Fall einige Schlüße ableiten, denen man nur nicht absolut zwingende Beweiskraft beilegen darf. Unser Gedicht scheint innerhalb eines verhältnißmäßig beschränkten Zeitraumes allerdings eine gewisse Bedeutung gewonnen zu haben, was sich auch durch seinen nachweisbaren Einfluß auf so manche uns noch erhaltene Producte verwandten Inhaltes bestätigt. Später aber mag es keinen Beifall mehr gefunden haben, sodaß denn auch seine früher ziemlich zahlreichen Handschriften nicht weiter beachtet wurden, und entweder ganz zu Grunde gingen oder nur in Bruchstücken sich erhielten. Sein Name allein fristete sich über das Mittelalter hinaus eine papierne Unsterblichkeit. Aber auch in der Zeit, in welcher es ein eigentliches Leben führte und auf das deutsche Volk wirkte, ist es doch, wie es scheint, nie in die Sphäre der höheren Bildung, in die höfischen Kreiße gedrungen. Nicht eine directe Erwähnung, nicht eine, wenn auch nur beiläufige Anspielung darauf findet sich bei den großen Dichtern der besten Zeit, die freilich, wie man weiß, die Kunst, das ihr Missliebige todtzuschweigen, schon trefflich verstand.

Wenn wir uns von unserm heutigen Standpunkt aus — da wir aus der Zeit selbst heraus kein Wort der Be- oder Verurtheilung hören — die Ursache davon klar machen wollen, so müßen wir weniger die Form als den Inhalt unseres Gedichtes berücksichtigen. Die Form, welche dem raffinierten Geschmacke der höfischen Kunst nicht zusagen konnte, hätte sich leicht diesem appretieren laßen, entweder durch eine bloße Umarbeitung im höfischen Stile, wie sie z. B. der Stricker mit dem Rolandsliede vorgenommen hat, oder durch eine eigentliche Neudichtung auf nur zum Theil veränderter Grundlage, wie sie der Geschichte Alexander's, der Belagerung und Eroberung von Troja, Tristan's und Isot's u. s. w. unter den Händen späterer Dichter zu Theil geworden ist. Hier aber

lag im Stoffe selbst ein unüberwindliches Hinderniss. Er
konnte so wenig wie der der Nibelungen oder der
Gudrun, oder vielleicht noch weniger als diese in die
Denk- und Empfindungsweise umgesetzt werden, auf deren
Boden die höfische erzählende Dichtung erwachsen war.
Sie mußte ihn deshalb, trotz ihres unersättlichen Hungers
nach neuem Material, wie er ihr so eigenthümlich ist,
bei Seite als völlig unbrauchbar liegen laßen. Denn der
bloße Zufall kann hierüber nicht gewaltet haben. Unsere
obige Darstellung hat gezeigt, daß innerhalb einer ge-
wissen, nicht einmal sehr eng bemeßenen Zeitgrenze unser
Gedicht eine Art von literarischer Wirksamkeit sich er-
rungen hat, die jeden Gedanken ausschließt, daß seine
Existenz den Zeit- und Kunstgenoßen, wenn auch nicht
Wolfram's oder Gottfried's, so doch Rudolf's von Ems und
Konrad's von Würzburg verborgen geblieben sein könnte.

Dazu kommt noch, daß wir sogar über Deutschland
hinaus die Bekanntschaft mit dem Stoffe unseres König
Rother, freilich nicht in der Gestalt, wie er in unserm
Gedichte geformt vorliegt, nachweisen können, ferner,
daß es eine unzweifelhaft deutsche Quelle war, aus wel-
cher das Ausland seine Kunde davon schöpfte.

Die altnordische, wahrscheinlich in Island nieder-
geschriebene sogenannte *Vilcinasaga* oder jetzt beßer
gewöhnlich als *Saga Điðriks konungs af Bern* bezeichnet,
der zweiten Hälfte des 13. Jahrhunderts angehörend, gibt
Cap. 22 fg. (nach der Ausgabe von Unger, 1853) einen
Theil des wesentlichen Inhalts unseres Gedichtes in einer
Prosaauflösung. Allerdings nur einen Theil und nur den
wesentlichen Inhalt desselben, denn wie sich zeigen wird,
weicht diese nordische Sage nicht bloß in Dingen, die
zum Theil mehr äußerlicher Natur sind, wie Namen von
Personen und Orten, sondern auch durch das um vieles
einfachere Gefüge der Fabel so bedeutend von unserm
König Rother ab, daß eine unmittelbare Entlehnung
nach der einen oder andern Seite ganz unmöglich an-
genommen werden kann. Der nordische Erzähler schöpfte,
wie seine bekannten eigenen Angaben darthun, aus den
Erzählungen und Gedichten deutscher Männer, speciell
niederdeutscher oder noch genauer sächsischer und

friesischer Herkunft. Häufig genug glaubt man noch aus
seinem, dem echten nordischen Prosastil sonst so fremd-
artigen Pathos des Vortrages den Rhythmus deutscher
Verse herauszuhören. Wie dem auch sein mag, wir
haben hier eine zweite poetische Faßung unseres Stoffes
in deutscher Sprache, aller Wahrscheinlichkeit nach in
niederdeutscher, die ebenso wahrscheinlich noch im Laufe
des 13. Jahrhunderts, weil ihre Uebertragung in die
Didrekssaga kaum viel früher stattgefunden haben kann,
im nördlichen Deutschland entweder ausschließlich oder
neben unserm Gedichte verbreitet war. Auf deutschem
Boden hat sich keine Spur davon, weder früher noch
später, bisher aufweisen laßen, womit freilich nicht aus-
geschloßen ist, daß sich dereinst noch solche finden werden.

Diese sächsische Redaction, wie wir sie fortan nennen
wollen, stellt den Kern unseres Rother nicht bloß in
einer andern, sondern, was noch viel wichtiger ist, auch
in einer solchen Faßung dar, die sich auf den ersten
Blick trotz ihrer relativ jüngeren Aufzeichnung als die
ältere und ursprünglichere, weil um vieles einfachere und
fester geschloßene zu erkennen gibt. Eben deshalb
theilen wir sie übersichtlich mit.

Der König Wilcinus von Wilcinaland, welches jetzt
Schweden, Gothland, Schonen, Seeland, Jütland, Wenden-
land (die deutsche Ostseeküste) heißt, kämpft in Polen
mit dem König Hertnid von Russland, dem auch die
Griechen und Ungarn unterthan sind. Hertnid wird be-
siegt und tributpflichtig. Als Wilcinus stirbt, erhebt
sich Hertnid gegen dessen Sohn und Nachfolger
Nordian. Nordian wird in diesem Kampfe besiegt und
muß nun seinerseits huldigen, erhält aber Schweden zu-
rück. Hertnid vertheilt vor seinem Tode seine Lande
so, daß sein ältester Sohn Osangtrix Wilcinaland als
König erhält, sein Unterkönig ist Nordian; Waldemar,
der zweite, Russland, Polen und andere Ostländer; Ilias,
der jüngste, Griechenland. Nordian hatte vier Söhne
Atgeir, Aventrod, Widolf, Aspilian. Sie waren alle
Riesen ihrer Kraft und Art nach. Nach Nordian's Tode
setzte Osangtrix den Aspilian als König in Schweden
ein. Widolf aber ist der stärkste der Brüder; seine

Achsel so hoch als das Haupt anderer Riesen, er ist stärker als zwei seiner Brüder zusammen. Von zorn-müthiger Art verschont er keines Menschen und keines Geschöpfes. Aspilian ließ ein Eisen um seinen Hals schlagen, um Arm und Schenkel, daran eine starke eiserne Kette. Atgeir und Aventrod müßen ihn daran führen und nur loslaßen, wenn er fechten soll. Er trägt eine Eisenstange, lang und dick, mit der allein er kämpft und deshalb heißt er Widolf *mittumstangi*.

König Osangtrix war mit Juliana vermählt. Als sie stirbt, freit er um die Oda, funfzehn Winter alt, aller Frauen schönste, Tochter des Königs Milias von Huna-land. Milias will sie nicht weggeben, obgleich so viel große Könige, Fürsten und Herren schon um sie gebeten haben. Osangtrix sendet sechs Ritter mit einem Werbe-brief, worin im Weigerungsfalle mit Heerfahrt gedroht wird. Milias nimmt die Boten anfangs wohl auf, aber als er den Brief gelesen, läßt er sie ins Gefängniss werfen.

Osangtrix erfährt die Gefangenschaft seiner Ritter, beräth sich mit seinen übrigen Mannen und schlägt so-fortigen Heereszug nach Hunaland vor. Aber ein weiser Mann an seinem Hofe räth noch einmal Güte zu ver-suchen. Osangtrix ruft zu sich seinen Vertrauten, Grafen Hertnid, Sohn seines Bruders Ilias, den schönsten und stattlichsten aller Ritter in ganz Wilcinaland, und sendet ihn sammt elf andern Rittern und Werbebrief, wie das erste mal.

Hertnid und die Seinen, prächtig ausgerüstet, kommen nach Hunaland und treffen Milias bei der Mahlzeit. Hert-nid überreicht die mitgebrachten Gaben und den Brief. Milias ergrimmt noch mehr als früher, daß die Wilcina-leute seine Tochter um Gaben zu kaufen versuchen: «seine Mägde wolle er so verkaufen, daß er Geld dafür erhalte». Deshalb wirft er die zwölf auch ins Verlies zu den sechs andern.

Als Osangtrix dieß erfährt, erläßt er ein allgemeines Aufgebot an alle seine Mannen und Unterthanen. Er heißt jeden Mann mit sich fahren, der ein Schwert schwingen, den Schild tragen, den Bogen spannen kann. Auf diese Weise kommen 10000 Ritter und 3000 Fuß-

b*

gänger zusammen. Unter diesem Heere befinden sich auch seine vier riesenhaften Dienstmannen, Aspilian, Aventrod, Atgeir und Widolf.

Als sie in Hunaland angelangt sind, wechselt Osangtrix seinen Namen und heißt sich Dietrich. Da er friedlich einherzieht, gilt er als Freund des Milias und wird, wie er es begehrt, in dessen Burg eingelaßen. Er erbittet sich Gehör bei dem König von Hunaland und dieser bewilligt es ihm. Dietrich spricht: «Mein Name ist Dietrich, ich bin aufgewachsen in Wilcinaland und war ein großer Herzog, bis ich mich mit Osangtrix verfeindete, und nun bin ich vertrieben. Ich bitte dich um Aufnahme und verspreche Lehenstreue», und dann fiel er auf die Knie vor Milias. Der will ihn nicht sofort zum Lehensmann annehmen, hebt ihn also auch nicht auf oder heißt ihn aufstehen: «Ihr habt ein großes Heer in unser Land geflüchtet: nun macht Ihr Euch zu unserm Mann, es kann aber sein, daß Ihr nicht so gut dienet und daß wir Feinde werden, dann verderben wir unser Heer eher, als daß wir Euch vertreiben können.» Da sprach Oda, des Königs Tochter: «Warum willst du mich nicht geben dem Könige, der ein so reicher Mann ist, daß er einen solchen Fürsten vertreiben konnte? Ich denke, daß er dieß ganze Land mit seinem Schwerte gewinnen könnte, wenn er gegen Euch streiten wollte.» Aber Milias läßt Dietrich noch immer auf den Knien vor sich liegen. Als die Riesen das sehen, wird Widolf zornig und will losbrechen, wird aber auf Dietrich's Befehl von den andern festgebunden. Dietrich bittet noch einmal fußfällig um Aufnahme, aber Milias bleibt unbeweglich: «Stehe auf, Mann, und gehe fort, fahr in Frieden aus meinem Reiche, sonst werden die Kriegshörner blasen, meine Ritter sich wappnen und Euch mit Gewalt forttreiben.» Das hört Aspilian, stürzt zornig herbei und schlägt dem Milias einen solchen Faustschlag hinter das Ohr, daß er schwindelnd niederfällt. Nun springt Osangtrix von den Knien auf, zieht sein Schwert und mit ihm alle Wilcinaleute. Da merkt Widolf, daß Aspilian zornig ist, sprengt seine Bande und schlägt alles, Männer und Frauen, Kinder und was Leben hat, nieder und schreit laut:

«Wo bist du großer Hertnid? sei froh und vergnügt, ich werde dich schnell lösen.» Hertnid hört in seinem Verliese den Ruf und wird froh. Einer seiner mitgefangenen Ritter, Hermann genannt, ein Mann von übergroßer Stärke, erbricht die Thüre desselben. Da laufen sie heraus und helfen den Freunden. Milias entflieht, um sein Leben zu retten.

Die Mannen des Osangtrix nehmen Oda und alles Gut des Milias und führen sie zu Osangtrix-Dietrich. «Obgleich dein Vater», sagt dieser, «dich nicht dem Osangtrix geben wollte, so will ich dich doch jetzt zu meinem Herren bringen und ihn damit versöhnen.» Sie antwortet: «Herr, es ist nun so, daß Ihr thun könnt, was Ihr wollt, gut oder übel.» Da nimmt er einen Schuh von gegoßenem Silber, setzt die Königstochter auf sein Knie und zieht ihr den Schuh an. Der ist weder zu groß noch zu klein. Darauf zieht er ihr diesen silbernen Schuh ab und zieht ihr einen anderen an von lauterem Golde, der sitzt noch beßer als der erste. Und nun streckt Oda ihren Fuß aus und ruft, indem sie in die Luft hinaufsieht: «Gott im Himmel, wenn es doch sollte geschehen, daß ich den Tag erlebte, wo ich so meinen Fuß streckte auf dem Throne des Königs Osangtrix.» Da antwortete der König und lachte: «Der Tag ist da, daß du deinen Fuß kannst strecken auf dem Throne des Osangtrix», und so erfährt sie, daß Osangtrix selbst gekommen ist und freut sich. Osangtrix fährt nun mit ihr heim. Kurz darauf sendet er um Sühne zu Milias. Er will nur die Tochter, nicht die Hälfte des Reichs, die Milias einst seiner Tochter als ihre Mitgift versprochen, erst nach Milias' Tode will er das ganze Reich. Milias ist froh, diese Bedingungen annehmen zu dürfen und die Sühne ergeht. Der Brautlauf wird angerichtet und die feierliche Vermählung vollzogen. Oda bleibt fortan in Freude und Herrlichkeit bei Osangtrix.

Man sieht, diese sächsische Redaction umfaßt nur den ersten Theil unseres Rother, bis dahin, wo derselbe die Tochter des Königs Constantin mit ihrem und ihrer Mutter Willen aus Konstantinopel entführt. Aus dem übrigen Gedicht gehört nur der einzige Zug, die endliche

Versöhnung Rother's mit Constantin zur Vergleichung
hierher, freilich in ganz anderer Motivierung und Um-
gebung als hier. Innerhalb der vergleichbaren Theile
wird man an der Abweichung der Namen keinen großen
Anstoß nehmen: einige, darunter solche von größtem Be-
lange für das Ganze, vor allem der falsche Name Dietrich,
dann Aspilian, die leicht kennbare Nebenform des deut-
schen Asprian, Widolf = Witolt, sowie der gleichgültige
Hermann, haben sich erhalten. Der Hauptunterschied
neben einer oft buchstäblichen Uebereinstimmung in dem
Gang der Handlung und in dem Einzelnen der Scenerie
und des Dialoges besteht darin, daß in unserm König
Rother der Schlauheit und List ein viel breiterer Raum
gegönnt wird als hier. Die Erwerbung Oda's geschieht
hier wesentlich durch das Schwert und ist nur eingeleitet
durch List, während in dem König Rother, wo die List
alles thut, der Makel, der für das Gefühl auf den Hel-
den geworfen wird, dadurch gleichsam getilgt werden
muß, daß ein sonst ganz unmotivierter Kampf mit dem
Heiden Ymelot hineingeflochten wird, in welchem sich
Rother's Heldenhaftigkeit auf das herrlichste bewährt, ja
glänzender und entschiedener als hier, wo eigentlich seine
Diener das Beste für ihn thun.

Daß die vergleichbaren Theile der sächsischen Re-
daction viel alterthümlicher nicht sowohl in ihrem Colorit,
denn das ist das ritterliche des 13. Jahrhunderts, als
in ihrer Construction sind, wird sofort jedem einleuchten.
Ganz abgesehen von den weiteren bunten Verschlingungen
der Geschichte nach ihrem natürlichen Abschluß der Ver-
mählung des Osangtrix mit Oda, wovon diese Redaction
gar nichts weiß, während sie in unserm Gedichte noch
etwa 2000 Verse — gegen 3000 des ersten Theiles —
füllen, ist schon dadurch, daß Osangtrix seine Dietrichs-
Maske so viel eher fallen läßt, alles viel schlichter, ein-
facher, freilich auch etwas nüchterner gestaltet. Dafür
greifen aber auch alle Gestalten hier viel wirksamer und
drastischer ein als dort, wo Asprian und die Riesen
eigentlich nur ein phantastischer Apparat und keineswegs
ein nothwendiger Bestandtheil des Ganzen sind, wie denn
überhaupt diese Riesengebilde in dem deutschen Gedichte

etwas nebelhaft Verschwommenes haben, während sie hier
gleichsam schon durch ihre genealogische Basis auf festem
Boden stehen. Nur die doppelte Werbung scheint hier
überflüßige Zuthat zu sein, der gegenüber die einmalige
Sendung dort einfacher und eindringlicher wirkt. Vielleicht
aber liegt dem etwas Tieferes zu Grunde, was hier nur
vorläufig angedeutet werden soll. Die doppelte Werbung
und das gewaltsame Einschreiten der Riesen geben zu-
sammen eine Dreizahl von Actionen, die in unserm deut-
schen Gedichte gleichfalls, nur auf andere Weise sich
herstellt: friedliche Werbung; Befreiung der Gefangenen
und Entführung der Braut durch List; Wiedererwerbung
der durch List Entführten durch List und Gewalt.

Daß sich in der sächsischen Redaction allein der
Name der Heldin erhalten hat, während unser Gedicht
sie und ihre Mutter, in welche sich hier die eine Gestalt
zertheilt, gar nicht zu nennen weiß, darf gleichfalls zu
Gunsten jenes angeschlagen werden. Ob der in unserer
Heldensage so oft und gleichsam typisch begegnende
Name Oda = Uote in diesem Falle eine besondere Ur-
sprünglichkeit beanspruchen kann, oder ob gerade dieß
sein häufiges Vorkommen und die dadurch mögliche
Abirrung der Phantasie das Motiv war, ihn zu unter-
drücken, ist nicht zu erkennen. Eher sollte man meinen,
müßte unser Dichter, wie wir ihn einstweilen bezeichnen
wollen, zu einem ihm auch sonst nicht ungewohnten Hülfs-
mittel gegriffen haben, nämlich einen von eigenem Fabri-
kate dafür zu substituieren, wenn ihm der andere nicht
behagte.

Um noch einen einzelnen Zug herauszuheben, woran
sich das Verhältniss beider Redactionen recht charakte-
ristisch äußert, verweisen wir auf die auch von unsern
modernen Literarhistorikern vielfach erwähnte und ge-
rühmte Scene des Schuhanziehens. Bei oft buchstäb-
licher Uebereinstimmung gewährt hier die sächsische
Faßung nicht dem Gefühle des modernen Lesers, wohl
aber dem, welcher die Sitte unseres Alterthums kennt,
das allein echte und in sich abgerundete, wogegen die
Scene in unserm Gedichte zwar romantisch aufgeputzt,
aber ohne wahren innern Halt erscheint. Dietrich, wofür

ihn Oda hier wie dort noch halten muß, verlobt nämlich
mit diesem Symbole der Schuhe, die der Bräutigam seiner
Braut übersendet und durch das Anziehen derselben,
wodurch sie in seine Gewalt und Schutz tritt, zugleich
seinen Herrn und sich selbst. Daß er ihr den Schuh
anzieht, wird von ihr nicht als auffällig betrachtet, da
sie ihn für des Königs Dienstmann halten muß, während
er selbst sich dabei bewußt ist, daß er es für sich selbst
thut. Desgleichen, daß er sie auf seinen Schoß setzt,
geschieht gleichfalls, um einen alten Gebrauch bei dem
Verlöbniß — weil auch hier, wie bei Adoptionen u. s. w.
der Uebergang in den Schutz des andern symbolisiert
werden soll — zu vollziehen. Demgemäß erscheinen auch
hier die reichen Gaben, welche Osangtrix seinen Boten auf
die Werbung mitgibt, noch ganz als das, was sie ur-
sprünglich bedeuten, als Brautmiethe, Kaufgeld, wie es
auch Milias, der Vater der Braut, versteht. Er hält
sich für zu vornehm und zu reich, um sich dieser Sitte,
die für alle anderen gilt, zu fügen, daher denn auch
sein Zorn und seine Misshandlung dieser Boten, während
in unserm Gedichte der König Constantin seine Tochter,
man sieht nicht ein warum, überhaupt keinem Manne
geben will.

Diese sächsische Redaction weist durch eine Menge
von Ortsbezeichnungen auf eine andere Localität als unser
König Rother. Es ist zwar von Hertnid von Russland,
dem auch Griechen und Ungarn gehorchen, eine Art von
Brücke von der einen zu der andern gegeben, doch ist
dieß wohl nur ein zufälliges Zusammentreffen und die
Verlegung des Schauplatzes in unserm deutschen Gedicht
darf wahrscheinlich nicht daraus erklärt werden, daß es
den ganzen übrigen geographischen Apparat jener alter-
thümlicheren Redaction fallen ließ und bloß das eine
Griechenland heraushob. Natürlich geht in der säch-
sischen Redaction alles zu Lande vor, und diese Sage
spiegelt, wie so viele andere Bestandtheile der allgemeinen
deutschen Heldensage, in ihrer specifisch norddeutschen
Gestaltung jene aus der Geschichte bekannten Zustände
des fortwährenden innigsten Verkehrs in Krieg und Frie-
den zwischen unserm Volke und den östlichen slawischen

und finnischen Grenznachbarn ab, wovon die andere Re-
daction, die wir deshalb gleich die süddeutsche oder be-
stimmter bairische nennen wollen — die Begründung
dieses Namens wird sich später ergeben —, nichts weiß.

Deshalb ist auch jeder Gedanke ausgeschloßen, als
ob unser Gedicht oder seine bairische Redaction in jener
sächsischen die unmittelbare Quelle haben könnte. Selbst-
verständlich könnte von der Benutzung in der Gestalt,
in welcher wir sie in der Didrekssaga der zweiten
Hälfte des 13. Jahrhunderts vor uns haben, keine Rede
sein, schon da eine noch erhaltene Handschrift der
bairischen Redaction ungefähr achtzig Jahre weiter
zurückdatiert. Aber auch nicht eine unbekannte, immer-
hin denkbare, der Zeit nach ältere, etwa dem 11. oder
12. Jahrhundert angehörige Gestalt dieser sächsischen
Redaction darf mit unserer bairischen in solche directe
Beziehung gesetzt werden. So lange sie ihren specifischen
Charakter bewahrte, so lange sie auch nur die ihr eigen-
thümlichen Orts- und Personennamen herausgebildet hatte,
die wir in ihrer späteren Aufzeichnung finden, war sie
eben etwas ganz anderes für das Bewußtsein ihrer Zeit
als ihre bairische Schwester. Osangtrix hier, Rother
dort, dieß allein genügte schon, um jede Beziehung
zwischen beiden, mochte sie ihrer eigentlichen Substanz
noch so handgreiflich eingeprägt sein, für das Mittel-
alter abzuschneiden.

Somit wäre die sächsische Redaction auch nur ein
Ast, der sich von einem gemeinsamen, uns unbekannten
Stamme nach der einen Seite hin abzweigt, wie die bai-
rische Redaction seine Verästelung nach der andern Seite
hin darstellt. Beide sind dann, so viel man sieht, in
keine weitere Berührung miteinander gekommen, ob-
gleich es sehr wahrscheinlich ist, daß man im 13. Jahr-
hundert im nördlichen Deutschland neben der einhei-
mischen Redaction, d. h. der Geschichte von der Braut-
fahrt des Osangtrix, auch die bairische, d. h. unser Ge-
dicht «König Rother» in irgend einer seiner Ueberarbei-
tungen kannte, ohne zu ahnen, daß man nur einen
Doppelgänger vor sich habe.

Die sächsische Redaction setzt einen Durchgang durch eine lateinische Bearbeitung voraus, wie sie so manche Stoffe unserer Heldensage, Herzog Ernst, Theile der Nibelungen u. s. w. erfahren haben. Die Namensformen *Juliana, Nordian, Asplian* oder *Aspilian*, endlich *Osantrix* oder *Osangtrix* selbst weisen unzweideutig darauf hin. Von dieser lateinischen Beeinflußung zeigt unsere bairische Redaction keine Spur, den einzigen Namen *Asprian = Aspilian* abgerechnet, der freilich auch außerhalb dieses Sagenkreißes im Rosengarten vorkommt und somit eine allgemeiner bekannte Gestalt gewesen zu sein scheint. Denn für eine directe Herübernahme aus unserm Gedichte in jenes spätere spricht doch gar nichts, wohl aber sehr viel dagegen. Daß *Osantrix* auch unter diese latinisierten Namensformen gestellt werden dürfte, könnte bezweifelt werden. Doch ist nicht zu sehen, wie man die seltsame Bildung auf *rix* anders als durch eine gelehrte Umdeutung des deutschen *-rich, rich*, des zweiten Theiles so vieler Eigennamen, erklären sollte. Reminiscenzen an die aus den lateinischen Historikern bekannten keltischen Namen auf *rix, Ambiorix, Boiorix, Dumnorix* u. s. w. mögen dabei gewaltet haben. Der erste Theil bleibt vorläufig noch dunkel. Denn wenn es auch keinem Zweifel unterliegt, daß *Osangtrix* identisch ist mit *Oserich*, der Biter. 1962 als Vater der Helche, Gemahlin Etzel's, genannt wird, wie *Osangtrix* und *Oda* der Điðrekssaga die Eltern Erka's, Gemahlin Attila's sind, so stehen doch einer unmittelbaren Identificierung von *Osang* oder auch *Osan* mit *Ose* unüberwindliche Schwierigkeiten im Wege. Die deutsche Herkunft von *Ose* ist zwar nicht zu bezweifeln, obwohl eine lexikalisch genügende Erklärung noch nicht möglich ist (vgl. darüber die Zusammenstellung solcher mit *Os, Ose* gebildeten Namen in Haupt's Zeitschrift für deutsches Alterthum, 10, 171, wo mit Recht jeder Zusammenhang mit ags. und alts. *Os = Ans* zurückgewiesen wird), aber wie sollte aus *Ose Osan*, *Osang* werden und welche beider Formen ist selbst wieder die echte, denn das *t* beider darf wohl als ein bloßes euphonisches Einschiebsel gelten. Die Form *Osang* sieht wie eine der seltenen, aber nicht abzuleugnenden patronymischen

Ableitungen auf *ang* aus, sodaß man wieder auf ein Etymon *Os*, *Ose* zurückkäme.

Muß nun auch die Vorstellung aufgegeben werden, als besäßen wir in der sächsischen Redaction die unmittelbare ältere Faßung unseres Gedichtes, so ist sie doch durch ihre oben charakterisierte schlichte Alterthümlichkeit viel mehr als dieses selbst geeignet, uns einen Blick in seinen ursprünglichsten Kern zu eröffnen, den wir durch keine andern Mittel gewinnen können. Daß er immerhin unvollständig ist, darf von vornherein zugegeben werden, aber trotzdem gewährt er doch wichtige Ergebnisse.

Es darf als allgemein zugegeben vorausgesetzt werden, daß alle Stoffe einer echten nationalen Epik, gleichviel welchem Boden angehörig, ursprünglich religiöse Mythen gewesen und erst später aus diesem Boden herausgewachsen und zu geschichtlichen oder eigentlich menschlichen geworden sind. Suchen wir nach dem mythischen Kern unseres König Rother, so müßen wir ihn aus seinem menschlichen herausschälen und in die Sphäre des Mythus übertragen, wofür uns nur die Hülfsmittel der Vergleichung mit andern ähnlichen Erscheinungen, die Combination mit den Resultaten unserer deutschen mythologischen Forschung, aber keine urkundlichen und unanfechtbaren Documente zur Seite stehen, sodaß die Gegner sich immer darauf berufen können, daß es sich hier um bloße Hypothesen oder Luftgespinste handele.

Auf seine kürzeste Faßung gebracht, würde man den rein menschlichen Gehalt des Stoffes so ausdrücken können: «Die Werbung eines königlichen Helden, von dem höchsten Glanze irdischer Majestät umfloßen, um eine Jungfrau, die durch ihre Schönheit alle andern überstrahlt, Tochter eines mächtigen Königs, der sie feindselig allen Freiern, vornehmlich aber diesem verschließt: zur Befreiung dieser Jungfrau wendet der Held List und Gewalt an und es gelingt ihm endlich alle Hindernisse zu überwinden und sie als seine Braut heimzuführen.» Es ist derselbe Grundgedanke, der uns in so vielen epischen Stoffen unserer Vorzeit, auf welche sich hier unser Blick beschränken mag, begegnet. Sigfried,

der die schlafende Brunhild, durch die Waberlohe
sprengend, erweckt und erwirbt, oder noch deutlicher
Sigfried in der Gestalt, in welcher wir ihn leider nur
durch Vermittelung eines so späten und rohen Nieder-
schlags echter und uralter Auffaßung kennen, wie ihn
das deutsche Lied vom hürnen Sigfried gewährt, wo er
die von einem Drachen bewachte Kriemhild befreit, Hug-
dietrich, oder in die Legende übertragen, Oswald
und Orendel sind im Wesen aus derselben Substanz ge-
bildet. Desgleichen ist die Grundidee des Salomon und
Morolt, der sich ja auch sonst mit unserm König Rother
so merkwürdig berührt, wie schon oben gezeigt wurde,
keine andere als diese, nur durch das üppige Ranken
einer zwar reichen, aber keineswegs immer auf das Schöne
gerichteten Phantasie etwas überwuchert und unkenntlich
gemacht. Ebenso konnte das Epos dieses Motiv auch
dahin verändern, daß es in den eigentlichen Vordergrund
dem Beschauer zunächst nicht die Gestalt des Helden,
sondern die der Heldin stellte, die in jener andern und
jedenfalls schlichteren und alterthümlicheren Faßung nur
die mehr passive Rolle zu spielen hatte. Von dieser
Reihe gibt unsere Gudrun das bekannteste Beispiel,
oder vielmehr zwei auf einmal, indem sich die eine Ge-
stalt der Heldin in zwei, natürlich als Mutter und Tochter
gebildet — Hilde und Gudrun — vervielfältigt und dabei
auch innerlich vertieft hat.

In den religiösen Mythus zurückübersetzt, ist hier
überall nichts anderes dargestellt als der Kampf des
sommerlichen Sonnengottes gegen die Mächte des Winters,
welche die schöne Erdgöttin gefangen halten und ihre
Vermählung mit dem Gotte, woraus das Gedeihen des
Jahres und der Menschen sprießt, hindern wollen. Von
jeher hat gerade diese Naturmythe die Phantasie und
das Gemüth der Menschheit oder unseres Volkes unendlich
bewegt, und es darf daher auch nicht Wunder nehmen,
daß sie in so vielen Variationen in die epische Sphäre
übertragen wurde. Es ist wirklich das «niemals aus-
gesungene Lied», das auch niemals ausgesungen werden
konnte, das in seiner ewigen Wiederholung ebenso wenig
den menschlichen Geist ermüdete, wie die Naturvorgänge,

die es geistig verklärt, in ihrer ewigen Wiederholung
jemals das Auge oder das Herz eines echten Menschen
ermüden werden. Hing doch besonders in unserer nor-
dischen Heimat das physische Dasein und die Seelen-
stimmung des Menschen von keinem andern Naturvor-
gang so deutlich ab wie von diesem Wechsel des Som-
mers und Winters, oder zunächst von dem Siege des
Sommers über den Winter.

Aus dem ganzen Bereiche unseres Alterthums ge-
währt nur ein einziges Denkmal die poetische Faßung
dieser Idee als einer wirklichen Götter- oder Naturmythe.
Dieß ist das Lied der ältern Edda, welches unter dem
Namen *Skirnis för*, Skirnirs Fahrt, bekannt ist. Aber
seine Faßung ist dem Boden entsprechend, auf dem sie
entstand, Island, so absonderlich particulär, auch schon
durch eine bloß diesem nordischen Zweige unseres ger-
manischen Stammes angehörige, beinahe capriciös zu nen-
nende individuelle Ausbildung der gemeinsamen Grund-
anschauungen unseres Heidenthums in wesentlichen Zügen
so sehr von der ursprünglichen Grundlage abgewichen,
daß wir hierin nicht den mythischen Urtypus unseres
König Rother, sondern bloß eine Spielart desselben
erkennen. Die Grundidee selbst ist freilich deutlich
genug. Der strahlende Himmels- oder Sommersonnen-
gott Freyr, der Herr alles irdischen Wachsthums und
Gedeihens, wirbt um die schöne Gerdr, die Tochter eines
Frostriesen, die ihm nach langer Weigerung endlich
ihre Huld gewährt. Aber außer dem Colorit und dem
scenischen Apparat, die als unwesentlich weiter nicht in
Betracht kommen und natürlich immer die Farben des
Locals und der Zeit zeigen müßen, ist die fast unüber-
windliche Sprödigkeit der Braut ein Zug, der nicht dem
gemeinsam deutschen Urtypus der Mythe angehört. Sie
fühlt sich hier nicht bloß dem Leibe, sondern auch der
Seele nach mehr verwandt den Riesen (dem Winter) als
den Göttern oder dem Gotte, daher denn auch von ihr
und nicht von ihren Hütern der Widerstand gegen den-
selben ausgeht. In Island mochte eine solche Modifi-
cation des Mythus wohl am Platze sein, denn die Erde
durfte dort recht eigentlich als die Domäne des Winters,

als die Tochter des Frostriesen und ihm an Blut und
Art ganz gleich erscheinen. Die fast unbesiegbare Starr-
heit der arktischen Erde wäre damit recht geistvoll,.
wenn auch recht willkürlich symbolisiert.

Ebenso wenig allgemein gültig ist es, daß hier der
Diener Skirnir alles allein für seinen Herren ausrichtet,.
während dieser selbst vor Liebe schmachtend den Erfolg
seiner Werbung abwartet. Wahrscheinlich ist dieß nicht
einmal eine sehr alte Corruption des Mythus, die sich nur
durch eine pragmatischere Consequenzmacherei, wie wir
sie so häufig in der specifisch skandinavischen Mytho-
logie antreffen, eingedrängt hat. Freyr war hier ganz
und gar zu dem friedlichen Gott, dem Herrn des behag-
lichen und behäbigen Gedeihens und Daseins herabgesun-
ken und die ihm ursprünglich zugehörige oder helden-
hafte Substanz aus ihm verschwunden. Ein solcher Gott
kann freilich nicht als Held um die Braut werben, daher
muß es ein anderer für ihn thun, der aber, weil er doch
nur das anders gewendete Ebenbild des Gottes selbst ist,.
dieß auch nicht durch Gewalt, sondern durch die Macht
seiner Rede und zauberkräftige Sprüche zu Stande bringt.
Das Schwert und das Ross des Gottes, Attribute aus
seiner früheren Gestaltung, die er jetzt seinem Diener
mitgibt, sind dabei ganz überflüßig und offenbar nur als
todte Reminiscenzen erhalten.

Wenden wir uns wieder zu der menschlichen oder
scheinbar historischen Umformung des Mythus zurück,
so begegnen uns in dieser überall folgende Hauptzüge,
welche den mythischen Kern noch deutlich genug durch-
scheinen laßen.

1) Es findet nicht bloß eine einmalige Werbung um
die Braut statt, sondern eine mehrmalige, wobei denn
die solenne Dreizahl eine große, wenn auch häufig ver-
dunkelte Rolle spielt. Diese Werbung tritt zuerst unter
der Form einer friedlichen Botschaft auf, zuletzt aber
ist immer ein eigentlicher Kampf zum vollen Siege
nöthig. Dieser Zug bedarf keiner Erklärung: man denke
nur an unsern freilich zu einer bloßen todten Metapher
herabgesunkenen Ausdruck: der erste oder die ersten
Grüße des Frühlings. Die Macht des Winters wird nicht

auf einmal, auch nicht so gebrochen, daß zuerst gleich
ein jäher Ansturm, ein gewaltsamer Sieg des Sommers
erfolgt.

2) Neben der Gewalt wird immer und überall auch
die List in Scene gesetzt. Die Braut wird heimlich ge-
wonnen, heimlich entführt und dergleichen, oder als natur-
gemäßes Gegenstück, auch wohl wieder von ihrem früheren
Bedränger listig wieder zurückentführt. Auch dieß wird
ein echt mythischer Zug sein, nur darf er sich nicht wie
in *Skirnis för* allein geltend machen. Hierin spiegelt
sich das heimliche Walten unsichtbarer Kräfte, die der
Mensch bei diesem offenen Kampfe des Winters mit dem
Sommer thätig ahnt, und deren Kraft er um so höher
anschlägt, je weniger er sie zu übersehen vermag.

3) Die Werbung geschieht zuerst nicht durch den
Helden selbst, sondern durch seine Boten, die zugleich
seine Späher sind. Auch dieß ist leicht zu deuten: da
die Werbung nicht das erwünschte Ziel erreichen kann,
so müßen wohl untergeordnete Kräfte erst dafür ver-
wandt werden. Schon oben ist gesagt, daß die einfachste
Naturanschauung dabei maßgebend war, wie sie unter
diesem Himmel und auf dieser Erde gar nicht anders
sich gestalten konnte. Die ersten Angriffe unserer Sommer-
sonne auf den Winterfrost sind so erfolglos, daß sich
damit die Majestät des eigentlichen Sommergottes nicht
compromittieren durfte.

In der epischen Umformung sind diese Boten meist
zu nächsten Verwandten oder Angehörigen des Helden
geworden, sie sind seine *mâge unde man* nach mittel-
alterlich deutscher Faßung, d. h. dem Blute nach dasselbe
wie er, nur sozusagen in niederer Potenz. So hier in
unserm Stoffe nach der sächsischen Redaction Hertnid,
der Neffe des Osangtrix, in der bairischen Erewin, der
Sohn Berchter's, des väterlichen Verwandten, Erziehers
und Waffenmeisters Rother's. Die Treue, die der Held
ihnen ebenso sehr schuldet, wie sie ihm, bringt nun ein
Motiv herein, das für das mittelalterliche Gefühl so
sehr, ja vorzugsweise berechtigt erschien, daß es ge-
legentlich zu einer gewissen Verdunkelung des eigent-
lichen Grundmotivs führen konnte und, wie wir an beiden

Redactionen unserer Stoffe sehen, auch wirklich geführt hat, wenn auch in der einen, der bairischen, mehr wie in der andern, die auch hierin größere Alterthümlichkeit athmet. Die Befreiung der gefangenen Dienstmannen überwiegt fast das Interesse für die Erwerbung der Braut. Es ist künstlerisch beßer, wenn, wie im Hugdietrich und Wolfdietrich geschieht, die beiden Motive zur Grundidee relativ selbständiger Gedichte gemacht werden, sodaß jedes derselben zu seinem ganzen Rechte kommt. Womit freilich nicht gesagt sein soll, daß die Ausführung des Wolfdietrich dieser Idee entspricht. Kein Zweifel aber, daß nur hierdurch die Spaltung der ursprünglichen einen Gestalt des Brautwerbers in einen Hug- und Wolfdietrich veranlaßt ist.

4) Schließlich muß immer der Held selbst in die Handlung eintreten und das Beste dabei thun, und hierin ist relativ unsere bairische Redaction der sächsischen überlegen, in welcher Osangtrix doch mehr nach der Art eines modernen commandierenden Generals und nicht nach der eines altdeutschen Heerkönigs sich darstellt. Uebrigens kann und darf auch der Held vor und neben der Gewalt List gebrauchen, wie ja dieses Element, das hat sich bereits ergeben, ein durchaus berechtigtes oder naturnothwendiges ist. Die anschaulichste Form dafür ist die Verkleidung oder der falsche Name: im Hugdietrich die Maske eines Mädchens, im Rother in seinen beiden Faßungen ein falscher Name sammt erdichtetem Zubehör. Aber zuletzt muß er sich immer in seiner siegreichen Majestät offenbaren, also auch seine Maske abwerfen. Inwieweit darin die Naturmythe sich abspiegelt, bedarf nach dem Bisherigen keiner weiteren Ausführung.

Nicht sowohl zu dem eigentlichen mythischen Kerne als zu dem herkömmlichen Apparate, mit welchem dieser in seiner epischen Umgestaltung sich zu umgeben pflegt, gehört ein anderer fast überall in diesem Sagenkreis eingebürgerter Zug, das riesenhafte Gefolge des werbenden Helden. In die mythische Grundanschauung scheinen sich die Riesen in solcher Stellung insofern schlecht fügen zu wollen, als man sie auf der andern

Seite zu finden erwartet. Als Vertreter der winterlichen
Mächte, der Erstarrung der Erde in Schnee und Eis,
sollten sie dem Helden, der die Sonne und der Sommer
ist und die Erde befreien will, feindlich gegenüberstehen,
nicht ihm dienstbar sein und für ihn kämpfen. Jeden-
falls ist eine solche Umkehrung von verhältnissmäßig
jüngerem Datum, und wo der Mythus noch wirklich als
Mythus gefühlt wurde, wie in Skirnisför, ist sie undenkbar.
Die epische Gestaltung erklärt dieß durch eine Art naiver
Pragmatisierung, welche die sächsische Redaction der
Rothersage allein deutlich darlegt. Die Riesenbrüder sind
die Söhne eines von dem Vater des Osangtrix besiegten
Königs und diesem dadurch zur Dienstbarkeit verbunden.
Dadurch ist ihre eigentliche Natur verändert: sie stehen
jetzt nicht mehr feindselig dem Helden gegenüber, wäh-
rend sie durch ihre ganze Anlage und Beschaffenheit
den übrigen rein menschlichen Gestalten, mögen sie auf
Seite ihres Herrn oder auf Seite von dessen Feinden
stehen, immer ein gewisses Grauen einflößen. In der
bairischen Redaction, der sie überhaupt viel loser ein-
gefügt sind, wie der andern, worauf schon oben hin-
gewiesen wurde, ist ihr ganzes Verhältniss zu Rother in
ein gewisses Dunkel gehüllt, welches sich allein durch
Hülfe der andern Redaction erklärt.

Es ist bekannt, daß die Umsetzung der mythischen
Grundlagen eines epischen Stoffes durch seine Anlehnung
an geschichtliche Namen, Thatsachen und Zustände sich
niemals mit der urkundlich beglaubigten geschichtlichen
Ueberlieferung deckt, sondern nur von der Seite her an
sie streift. Einstweilen, wo es noch nicht gelungen ist,
nur die leitenden Grundsätze, von welchen dabei die
Volksseele, wenn auch selbstverständlich unbewußt, aus-
ging, aufzufinden, wird man fast überall in solchem Thun
ein willkürliches Spiel der Phantasie sehen, die sich
scheinbar oft von den zufälligsten und subjectivsten oder
particulärsten Einflüßen bestimmen ließ.

Wenn irgendwo, so muß man diesen allgemeinen
Zustand unserer Erkenntniss berücksichtigen bei der
vergleichenden Analyse der historischen Momente unseres
Stoffes, bei der wir uns übrigens nur auf das vorliegende

Gedicht oder die bairische Recension beschränken. Die
sächsische Recension ist ohnehin schon in ihren allge-
meinsten geschichtlichen Beziehungen und Voraussetzungen
charakterisiert worden.

Der Name des Helden, Rother, weist, wie schon
seit langem vermuthet worden ist, auf den geschicht-
lichen Rothari, den siebzehnten König des deutschen
Volkes der Langobarden in Italien, der 614 geboren
wurde, 636 zur Regierung gelangte und 650 starb. Er
ist je länger desto mehr berühmt worden durch sein
Edictum von 644, die Sammlung und Codification seines
Volksrechtes natürlich in lateinischer Sprache. Außerdem
wißen wir von ihm, wie von so vielen seiner Vorgänger
und Nachfolger, daß er schwere aber glückliche Kriege
mit den Römern, d. h. den Feldherren und Soldaten des
Kaisers von Ostrom, Konstantinopel, den *Kriechen* des
deutschen Mittelalters geführt hat. Er gilt namentlich
als Eroberer der Seeküste am Meerbusen von Genua,
von der Mündung des Arno bis zur Provence.

In seiner beglaubigten Geschichte ist nichts — so
dürftig, nämlich, muß zugesetzt werden, wie sie uns be-
kannt ist —, was für unsere Denkweise eine Anknüpfung
an den Kern der Persönlichkeit unseres poetischen Rother
oder seiner mythischen Basis hätte besonders begünstigen
können, oder gar bewirken müßen, nicht einmal irgend
ein an sich geringfügiger, in der Genesis von Sagen-
stoffen oft aber so unendlich fruchtbarer Nebenumstand,
wie z. B. etwa seine Lieblingsresidenz Bari, die in dem
Gedichte eine wichtige Rolle spielt. Denn zu den Zeiten
des geschichtlichen Rother war diese Stadt wie die ganze
apulische Küste noch in den Händen der Griechen und
er, wie seine Vorgänger und Nachfolger residierten ge-
wöhnlich zu Ticinum, Pavia, was von Anfang an als das
caput regni galt. Es bleibt also vorläufig nichts weiter
übrig — später wird sich eine vielleicht etwas gesichertere
Spur aufzeigen laßen — als anzunehmen, daß bei der zu
unbekannter Zeit, jedenfalls aber nach dem 7. Jahr-
hundert erfolgten Localisierung des Sagenstoffes im Süden
von Deutschland der Name gerade dieses langobardischen
Königs deshalb bevorzugt worden sei, weil er als Schöpfer-

der Gesetzgebung seines Volkes und Staates, durch ein Werk, das ebenso sehr in der Wissenschaft, wie im Volksbewußtsein ein frisches Leben führte, alle andern seiner gekrönten Genoßen an Ruhm überstrahlte.

Es bedarf keiner Bemerkung, wie sehr die Verknüpfung Rother's mit der Genealogie der Karolinger — er ist in unserm Gedichte der Vater Pipin's, Großvater Karl's des Großen — aller Wahrheit Hohn spricht. Doch darum braucht sich die Sage nicht zu kümmern. Leider ist es aber auch hier nicht möglich, die inneren Fäden dieses seltsamen und einzigen Gewebes aufzudecken. Nur darauf ist hinzuweisen, daß schon ein Menschenalter nach der Eroberung des langobardischen Reiches durch Karl den Großen im Bewußtsein der Langobarden selbst das Demüthigende dieses Ereignisses verwunden gewesen zu sein scheint. Wie sich Karl der Große als Rechtsnachfolger der einheimischen Könige, als *rex Langobardorum* officiell bezeichnete, und Volk und Staat wenigstens der Form nach nicht als Unterworfene, sondern als den Franken u. s. w. gleichberechtigte Reichsangehörige behandelte, so vergaßen auch diese nicht ihre particularistische oder nationale Sonderstellung, wohl aber die Art, wie sie zu ihrem neuen König gekommen waren. Wir besitzen in dem in Oberitalien entstandenen sogenannten *Chronicon Gothanum*, was noch vor 810 abgeschloßen ist (bei Baudi di Vesme, *Edict. Reg. Lang.*, 182 fg.), ein höchst charakteristisches Zeugniss dafür. Hier hat sich das specifisch langobardische oder wie man es damals schon nennen darf italienische Bewußtsein mit der karolingischen Dynastie vollständig ausgesöhnt und diese, besonders als Karl seinem zweiten Sohn Pipin die Krone der Langobarden oder Italiens verlieh, sozusagen ganz nationalisiert. Für uns ist dabei von Belang, daß der Verfaßer dieses *Chronicon* keines andern frühern Königs mit solchem Lobe gedenkt wie des Rothari und zwar schon mit sichtbarer Vermischung echt historischer und sagenhafter Züge. Er feiert ihn als den Gesetzgeber seines Volkes, was er war, aber auch als den *per quem Langobardi ad cannonica tenderunt certamina et sacerdotum facti sunt adjutores*, was entweder die Bekeh-

c*

rung des Volkes aus dem Heidenthum, oder aus dem
Arianismus zum Katholicismus bedeuten soll. Aber das
eine wie das andere gehört nicht auf Rothari's Rech-
nung. Er war vielmehr, wie eine verlorene Notiz bei Pau-
lus Diaconus 4, 46 andeutet, noch Arianer. Jedenfalls
aber trug diese günstige Meinung, welche sich in der
gelehrten Geschichtssage über ihn festsetzte, nicht wenig
dazu bei, die Glorie seines Namens zu erhöhen.

Rother verbirgt sich unter dem Namen Dietrich, wie
ja auch in der oben angeführten sächsischen Redaction
unseres Sagenstoffes Osangtrix bei Milias unter derselben
Maske auftritt. Es geht aus dieser Uebereinstimmung
hervor, daß der Name Dietrich an diese Situation fest
geheftet war, schon ehe sich ihre beiden selbständigen
Verzweigungen bildeten, denn an eine Entlehnung nach
hüben oder drüben ist nicht zu denken, das hat sich,
wie wir glauben, mit Sicherheit ergeben.

Sucht man für diesen maskierenden Namen Dietrich
eine Anlehnung an die Geschichte, wozu man genau ebenso
berechtigt ist, wie bei dem wirklichen Namen des Helden,
begnügt man sich nicht damit, ihn als einen der ver-
breitetsten unseres Alterthums und gerade deshalb zu
dem Zwecke seinen Träger zu verstecken besonders taug-
lichen zu faßen, so wird man dabei nur an den Dietrich
der Geschichte oder Sage denken dürfen, der sozusagen
als Dietrich an und für sich galt, an Dietrich von Bern,
den geschichtlichen Theodorich, König der Ostgothen.
Sollte damit ein anderer Dietrich gemeint sein, so hätte
es noch einer besondern Bezeichnung bedurft, denn wo
dieser Name schlechtweg genannt wurde, tauchte in der
Seele unseres Volkes seit den frühesten Zeiten stets das
Bild jenes berühmtesten aller Dietriche auf. Nichts ist
dafür charakteristischer als die oft citierte Stelle der
Quedlinburger Chronik aus dem Anfange des 11. Jahr-
hunderts, die freilich von Müllenhoff (Haupt's Zeitschrift
für deutsches Alterthum, 6, 441) nach der entgegengesetzten
Seite hin zur Herstellung des von ihm versuchten Be-
weises verwendet wird, daß der Dietrich der Rothersage
identisch mit dem fränkischen Dietrich oder Hugdietrich
sei. Dort heißt es von dem ostgothischen König: *ille fuit*

Thideric de Berne de quo cantabant rustici olim, nachdem sie vorher den fränkischen Dietrich, Theodrich von Austrasien, den Sohn Chlodwig's als *Hugo Theodoricus* scharf und im ganzen mit richtiger Bewahrung der wesentlichsten Züge seiner Geschichte von ihm unterschieden hat. Der andere Dietrich bedarf keines solchen charakterisierenden Zusatzes, denn die Ortsbezeichnung *von Berne* steht doch, wie jeder fühlt, in einem viel loseren Zugehörigkeitsverhältniss zu dem Namen des Helden, wie der untrennbar damit verwachsene, ihn gleichsam beherrschende Vorsatz *Hugo*. Inwieweit die pragmatisierende Deutung dieses *Hugo*, welche die Quedlinburger Chronik dann weiter versucht: *Hugo, id est Francus, quia olim omnes Franci Hugones vocabantur*, wirklich historisch begründet sei, dieß zu untersuchen gehört nicht hierher. Uns genügt daraus zu entnehmen, was wir freilich aus unzähligen anderen Zeugnissen unseres Alterthums auch, nur aus keinem mit solcher urkundlicher Beweiskraft entnehmen könnten, daß wo vom deutschen Ohre der Name Dietrich vernommen wurde, Dietrich von Bern verstanden zu werden pflegte.

Will man die innern Beziehungen zwischen Dietrich und Rother weiter verfolgen, um daraus für die Uebertragung der Namen eine solidere geschichtliche oder, was dasselbe ist, sagenhafte Grundlage zu gewinnen, so darf man mit vollem Rechte daran erinnern, daß Dietrich von Bern und Rother beide ihre Heimat in der Lombardei haben, ferner, daß in der Geschichte und Sage die Beziehungen Dietrich's zu dem Orient, zu Griechenland und Konstantinopel eine hervorragende Rolle spielen. Dietrich ist somit, beßer als irgend eine der großen Gestalten unserer Heldensage dazu geeignet, für Rother einzutreten, ja man könnte sogar so weit gehen, zu behaupten, daß rückwirkend manche Hauptzüge in dem Wesen Dietrich's auf die Ausbildung der Gestalt Rother's und der Begebenheiten unseres Gedichtes Einfluß gewonnen haben mögen, freilich erst dann, nachdem der Sagenkeim so weit entwickelt war, daß sich an ihm solche innerlich verwandte Zusätze festhefteten konnten. Es mußte also z. B. schon Rother mit den Griechen in Verbindung gebracht, es

mußte ihm schon, um von dem scheinbar geschichtlichen
Boden auf den unzweifelhaft ungeschichtlichen überzu-
treten, das Gefolge riesenhafter Dienstmannen beigegeben
sein u. s. w. Im einzelnen konnte dann die Ausbildung
solcher Züge, die genetisch beiden Namen angehörten,
von da aus vorwiegend beeinflußt werden, wo sie schon
vorher zu größerer Reife und Plastik gelangt war. Daß
hierin die eigentliche Dietrichssage der Rothersage über-
legen war, versteht sich von selbst.

Kehren wir noch einmal zu dem austrasischen Diet-
rich zurück, so ist in allem, was wir von seiner Ge-
schichte wißen nichts, was zu einer solchen Anknüpfung
an die Substanz des Rother Veranlaßung hätte geben
können. Seine diplomatischen Beziehungen zu Byzanz,
seine Kriegszüge in Oberitalien können doch dafür schwer-
lich in Anschlag gebracht werden. Als sagenhafter Held
ist er, wie man weiß, noch im 9. und 10. Jahrhundert
im deutschen Liede besungen worden, aber es ist nicht
zu ersehen, welchen Inhalt diese Lieder hatten, außer
daß in der sächsischen, wie es scheint, noch im 10. Jahr-
hundert in poetischer Faßung lebendigen Stammessage
Thiadric, der Sohn des Hugo, König der Franken, als
Besieger des thüringischen Irminfrid und Bundesgenoße
der Sachsen gefeiert wurde, wie uns Widukind von
Corvey berichtet. Also auch hier wieder oder schon
hier nicht Dietrich an sich, sondern Hugdietrich, wie
in jener oben erwähnten Stelle der Quedlinburger Chro-
nik, die offenbar auch — nicht allein — aus Widu-
kind geschöpft hat.

Wer freilich davon ausgeht, daß der Hugdietrich
des Heldenbuches — der als Hugdietrich wie sein Sohn,
d. h. seine Weiter- und Umbildung Wolfdietrich eben
nicht Dietrich an sich, d. h. Dietrich von Bern ist — einen
wesentlichen Einfluß auf die Gestaltung des Rother geübt
habe, der wird auch in Rother's Namen Dietrich den
fränkischen und nicht den ostgothischen König erkennen
wollen. Denn daß Hugdietrich identisch mit jenem *Hugo
Theodoricus* ist, liegt auf der Hand. Es hat sich für
uns aber bereits herausgestellt, daß eher das Umgekehrte,
eine Beeinflußung des Hugdietrich durch Rother anzu-

nehmen ist. Dieß gilt zunächst freilich nur von den
beiden altdeutschen Gedichten, sowie sie uns noch jetzt
vorliegen. Aber auch über sie hinaus, wo wir uns in
das nebelhafte Gebiet der Hypothesen und Conjecturen
versetzt finden, ist es viel wahrscheinlicher, daß der ur-
sprünglich dem Rother und dem Hugdietrich gemeinsame
Sagenkeim im Hugdietrich oder vielmehr zu der speci-
fischen Gestalt des Hugdietrich unter dem Einfluße der
schon fester und früher ausgeprägten Rothersage sich
entwickelt habe, als umgekehrt, weil einige seiner wesent-
lichsten Züge — die Beziehung zum Orient — sich so viel
beßer begreifen laßen. Was dazu geführt hat, den ge-
meinsamen Sagenkeim in diese zwei Triebe, Rother und
Hug- (selbstverständlich zugleich Wolf-) Dietrich, aus-
einander wachsen zu laßen, wißen wir ebenso wenig, als
warum neben diesen zwei noch so viele andere, von
Skirnisför an bis auf den hürnen Sigfried, sich heraus-
gebildet haben, noch weniger wodurch jeder einzelne
Schößling gerade seine bestimmte Individualität aufgeprägt
erhielt. Aber so viel scheint zu vermuthen erlaubt, daß
der Name Hugdietrich in einer Art von bewußter Gegen-
sätzlichkeit zu dem Namen Dietrich an sich, d. h. Diet-
rich von Bern, als wesentliches Merkmal dieser Spielart
der Sage gewählt worden ist, — daß die Genealogie der
Karolinger beßer an den austrasischen Dietrich als an
Dietrich von Bern angereiht werden könnte, ist zuzugeben.
Aber beßer ist noch nicht gut, weder im Sinne der wirk-
lichen Geschichte noch der Sage. Was beweist uns, daß
man im Mittelalter, in Deutschland oder sonst, wo deutsche
epische Heldensage bekannt und fortgebildet wurde, den
austrasischen Dietrich gleichsam collectiv für alle Mero-
winger habe gelten laßen, wie Müllenhoff a. a. O. 446
will? Er galt als ein sagenberühmter König wie andere
seines Stammes, aber nicht als der eigentliche Reprä-
sentant desselben. Will man einen solchen finden, so
dürfte man ihn eher in jenem mythischen *Hugo*, dem
Eponymus des ganzen Geschlechts und Volkes, oder in
Chlodwig suchen. Auch scheint überhaupt auf dieser
Anknüpfung des Rother an Karl den Großen kein beson-
deres Gewicht zu liegen. Wir glauben zwar nicht, daß

wir sie erst dem letzten Dichter oder Bearbeiter, dem wir
die hier gegebene Gestalt des Gedichts verdanken, zu-
rechnen dürfen. Schon oben ist darauf hingewiesen, daß
sich sehr frühe bedeutsame Verbindungsfäden zwischen
dem lombardischen und fränkisch-karolingischen Element
aufweisen laßen, deren weiteres — uns einstweilen völlig
unbekanntes — Fortspinnen leicht zu einer solchen aller
Geschichte widersprechenden, der Sage aber wohl an-
stehenden genealogischen Mystification führen konnte.
Beachtenswerth bleibt dabei, daß im Hug- und Wolf-
dietrich nichts davon sich findet, woraus wir nicht bloß
folgern, daß diese Verknüpfung erst dann vollzogen
wurde, als sich diese völlig selbständig von dem Rother-
Dietrich abgetrennt hatten, was sich von selbst versteht,
sondern auch, daß zu dem Wesen des Hugdietrich nach
der Auffaßung der deutschen Heldensage keineswegs irgend-
eine Beziehung zu der späteren fränkisch-karolingischen
Königsreihe oder, anschaulicher ausgedrückt, zu Karl
dem Großen gehörte. Die gelehrte Geschichtschreibung
mochte immerhin in bekannter tendenziöser Absicht den
Zusammenhang des Blutes zwischen den Merowingern und
Karolingern nachdrücklich hervorheben: in die selbst-
wüchsige Volksvorstellung scheint davon nichts überge-
gangen zu sein, und wo ein epischer Stoff, wie unser
Rother, davon berührt ist, deutet dieß auf eine relativ
spätere Zeit und auf gelehrte Beeinflußung, wovon überall
und auch in unserm Rother einzelne Spuren wahrzuneh-
men sind, ohne daß dadurch der volksthümliche Kern
und Typus des Stoffes selbst wesentlich beschädigt wor-
den wäre. Hug- und Wolfdietrich zeigen zwar nicht
diese, wohl aber andere, entschieden aus der gelehrten
Sphäre stammende Zusätze, sodaß sie auch in dieser
Hinsicht dem Rother gegenüber an unangetasteter Ur-
sprünglichkeit nichts voraushaben.

     Indem die Sage an den Namen des langobardischen
Königs Rother anknüpfte, konnte sie schon dadurch ver-
anlaßt werden, den Schauplatz der Handlung an und
über das Meer zu verlegen. Aber sie konnte es auch
ganz unabhängig davon thun. Denn in allen diesen
Brautwerbungen spielt das Meer und die Seefahrt eine

so wesentliche Rolle, daß man wohl annehmen darf, es gehört zu ihrer natürlichen und nothwendigen Scenerie. Man hat auch nicht einmal nöthig, in ihre mythische Substanz sich zu vertiefen, um dieß zu erklären, obwohl es nicht schwer sein würde, hier einen Aufschluß darüber zu finden. Das Romantische der Fabel als bloße poetische Fabel genommen, hebt sich, wie man leicht sieht, durch die Benutzung des romantischsten aller Elemente so bedeutend, daß es befremden müßte, wenn die Phantasie darauf verzichtet hätte. Und daß es in der sächsischen Redaction unseres Rother doch geschehen ist, wollen wir dieser weder als ein Zeichen größerer Schlichtheit der alterthümlichen Faßung, die ihr ja durchschnittlich unzweifelhaft nachgerühmt werden darf, noch als das Gegentheil davon, als eine spätere Verbuttung eines so bedeutsamen Triebes anrechnen, sondern nur als ein Zeichen der starken Einflüße, welche Ort und Zeit auf ihren allein uns überlieferten Niederschlag geübt haben. Dort in jenen slawisch-deutschen Grenzlanden wogte ein lebhaftester Völkerverkehr friedlicher und noch mehr kriegerischer Art bis in den fernsten Osten hinein. Aber seine Hauptstraßen führten zu Lande, selbst bis nach Konstantinopel. Auf diese Art ist unser Stoff in dieser seiner Heimat ganz continental geworden, hat damit aber auch eine seiner größten Zierden verloren.

Man pflegt wohl, um das Meer und die Beziehung zum Orient in unserm Rother und seinen Geschwistern zu erklären, auf die Kreuzzüge und was sich daran für die Umgestaltung des deutschen Verkehrslebens und der Bilder in unserer damaligen Volksseele schließt, zu verweisen. Gewiss mit Recht, insofern dadurch der Blick auf das Meer und in den Osten eine Weite und eine Fülle von Detail gewann, von der vorher keine Rede sein konnte. Es wird noch genug Gelegenheit geben, aus unserm Gedicht solche Züge herauszuheben, die nur durch die Kreuzzüge in dasselbe hineingetragen worden sein können und ohne sie undenkbar wären. Aber das Meer und der Orient, speciell Konstantinopel, die «mære burg», sind nicht erst dadurch unserer Volksphantasie oder der seiner Dichter aufgegangen. Sie waren ihr seit

unvordenklichen Zeiten vertraut, wahrscheinlich schon
lange, ehe aus dem altgriechischen Byzantium das
christlich-römische Konstantinopel sich gestaltete.

Sie konnten deshalb unserm Sagenstoffe schon zu-
gehören, ehe der Name des Rother oder der des Dietrich
damit verflochten war, obwohl es sich von selbst ver-
steht, daß diese beiden Namen, soweit oder sobald sie
als geschichtliche gefaßt wurden, in ihren zugehörigen
Gestalten einen Anknüpfungspunkt bieten mußten für
einen so wesentlichen Zug. Daß und wie dieß sowohl
bei Rother als auch bei Dietrich sich fügte, ist schon
oben nachgewiesen worden, ebenso daß Dietrich in dieser
Beziehung der Phantasie noch mehr bot als Rother.

Gewiss würde auch das wenige, was wir von dem
geschichtlichen Rothari in dieser Hinsicht heranziehen
dürfen, seine Kämpfe gegen die Griechen und Eroberung
der griechischen Seeküste, nicht hingereicht haben, um
seinen Namen in unsern Stoff einzuführen. Aber es ist
schon bemerkt worden, daß auch alle andern von ihm
bekannten historischen Züge nichts enthalten, was auf
ein specifisches Verhältniss zu unserm Rother hinwiese.
Denn das allgemeine, der Nimbus, der ihn vor den an-
dern langobardischen Königen in späterer Zeit umstrahlte,
kann nur dazu beigetragen haben, ihn der volksmäßigen
Epik im allgemeinen als ein würdiges Object zu empfehlen,
keineswegs aber die Veranlaßung gewesen sein, seinen
Namen in so prägnanter Weise gerade in diesen Sagen-
stoff einzuführen und zum herrschenden zu machen.

Da sich also von neuem ergeben hat, daß hierfür
jede zureichende Erklärung aus dem uns bekannten Mate-
rial der Sage oder der sagenhaften Geschichte, oder auch
der beglaubigten Geschichte abgeht, so wird es erlaubt
sein, den Namen selbst einmal anzusehen. Vielleicht
findet sich in ihm die gesuchte Lösung des Räthsels
oder doch etwas, was auf eine solche hindeutet.

Das mhd. *Ruother(e)*, *Rüther(e)*, *Röther(e)* weist auf
eine der zahlreichen Namensbildungen, deren erster Theil
das Wort *ruot* ausfüllt, das wir in hochdeutscher Sprache
nur noch in dieser Verwendung bei Eigennamen kennen: in
seiner älteren Gestalt mit *H* im Anlaut — in den früheren

althochdeutschen Denkmälern — bildet es in *Hruod-bald,
-berht, -boto, -frid, -ganc, -gart, -gêr, -hart, -leib, -man,
-mâr, -mund, -olf, -olt, -trûd* und sehr vielen anderen,
von denen wir hier nur einige der allergewöhnlichsten
herausgehoben haben, den eigentlichen Bedeutungskern
der betreffenden Männer- und Frauennamen, der immer
nach deutscher Sitte im ersten Theil enthalten ist, wäh-
rend der zweite relativ gleichgültig oder von minderer
Energie ist. Viele dieser Namen sind noch jetzt im leb-
haftesten Gebrauch als Vor- oder Geschlechtsnamen, so
Hruod oder nach mhd. Aussprache *Ruotberht* oder *-breht*
oder *-bert*, jetzt Ruprecht, Ruppert, *Hruod, Ruotgang*
jetzt Rothgang (häufiger Familienname), *Ruotgêr* =
Rüdiger, romanisch Roger, Rugiero, deutsch Rugger,
Rucker, Rücker, indem durch Angleichung das aus-
lautende *t* des ersten Theiles verschwand und einem
ch oder *ck* Platz machte, wovon schon im Ahd.
Spuren sind, *Ruothart, Ruodolf*, die an sich deutlich
sind u. s. w.

Der dominierende erste Theil dieser Namen erklärt
sich durch andere deutsche Sprachen, in denen er ent-
weder in dieser einfachen Form oder in irgendeiner er-
weiterten, abgeleiteten noch im Gebrauche als gewöhn-
liches Appellativ ist, so vor allem im Gothischen
und Angelsächsischen. Die Bedeutung wird gewöhn-
lich als Sieg, Ruhm angegeben, genauer bestimmt aber
ist es eigentlich Siegeskraft (dem griechischen κράτος,
das buchstäblich dasselbe Wort nur in einer vocalisch
einfacheren Form und mit einer andern Ableitung ist,
auch darin entsprechend); *Ruot-here, here* das gewöhn-
liche Wort = unserm Heer, ist also der mit siegeskräf-
tigem Heer Wirkende, es Führende u. s. w., also ein Hel-
denname, wie kaum ein zweiter, aber zugleich auch ein
sehr passender Name für ein mehr als menschliches
Wesen, insofern es als siegreicher Kämpfer, besonders
als Vorkämpfer für die Menschen gedacht wird. . Wir
besitzen kein directes Zeugniss darüber, daß der Gott,
den wir mit seinem häufigsten Namen deutsch als *Frô*,
nordisch *Freyr*, d. h. als den Herrn an sich nennen, unter
seinen, wie selbstverständlich, zahlreichen besondern Cultus-

namen auch diesen geführt habe, aber er passt trefflich
für ihn, sobald oder solange er noch als sieghafter Vor-
kämpfer der Sonne und des Sommers gegen den Winter
empfunden wurde, nicht für den *Freyr* der *Skirnis fôr*,
aber für eine ältere und allgemeine deutsche Gestaltung
dieses Wesens, das dort, wie sich gezeigt hat, durch
locale Einflüße zu einer so ganz particulären Besonder-
heit herabgedrückt erscheint. Einem andern dieser mit
Ruot- gebildeten Namen, *Ruotberht*, in oder durch
Siegeskraft strahlend, macht niemand seine echt mytho-
logische Basis streitig, wie sie noch in unserm Knecht
Ruprecht der Weihnachtsspiele und Umzüge deutlich ge-
nug durchscheint, nur pflegt man ihn nicht auf *Frô*,
sondern auf eine andere Gottheit zu beziehen, was wir
hier dahingestellt sein laßen. Ebenso hat man erkannt,
daß im *Ruotgêr*, *Rüedegêr* (von der Nebenform ahd.
hruodi, identisch mit *hruod* gebildet) eine mythische
Basis erhalten sei, die sich in den vielgenannten, und
in manchen Metamorphosen erscheinenden epischen Helden
Rüedegêr umgesetzt hat. Der bekannteste darunter ist
der herrliche *Rüedegêr von Bechelâren* in unsern Nibe-
lungen. Dieser *Rüedegêr* berührt sich nun noch weiter
als durch die Identität seines hauptsächlichsten Namens-
bestandtheils mit unserm *Ruothere*. Schon sehr frühe
scheinen beide Namen geradezu ineinander gefloßen zu
sein, wozu lautlich die Vermittelung sehr nahe lag.
Schon in der ältesten Hs. unseres Gedichts begegnet man
neben der Ueberzahl der richtigen Schreibung des Namens
einzeln auch *Rochtere*, *Rocther*, was nach unserm Be-
dünken auf einem Schwanken zwischen der echten Form,
die hier *Rôthere* ist, und der sie verdrängenden *Rôtkêr*
= *Rôdgêr*, hochd. *Ruot* — *Rüedegêr* beruht, wenn auch
der Anlaß zu dieser Vermischung von der rein sprachlichen
Seite durch die vereinfachte Form *Rochere* für *Rothere*
gegeben sein mochte, wobei *t* ausgefallen und *ch* für *h* ein-
getreten war. In den meisten Hs. des Renner erscheint an
den oben ausgehobenen Stellen schon das volksthümliche
Rugger, *Rucher* oder *Rücker*, also *Rüedegêr*, und nur
wenige, freilich die beßeren, haben noch *Rûther*. Von da
ab wird man dieser letzten Form nicht mehr begegnen,

sondern immer nur der ersten. *Ruothere* ist überhaupt,
so viel man sehen kann, immer nur ein sehr selten ge-
brauchter Name gewesen, was sich leicht begreift, wenn
er der eines Gottes war, aber *Rothari* ist seine ganz
richtige langobardische Form. Läßt man den Namen
Rother in der dargelegten Weise als mythisch gelten, so
begreift es sich wiederum leicht, wie seine Substanz, der
Kern des poetischen Stoffes, auf den berühmtesten sagen-
geschichtlichen Träger desselben, den wir kennen, über-
gehen konnte, um so mehr, da wenigstens einige Züge in
der Physiognomie des letzteren eine solche Anlehnung
begünstigten, wenn auch nicht geradezu veranlaßten.
Ueber das Wann dieser Umbildung enthalten wir uns
jeder Muthmaßung, das Wo scheint man am natürlichsten
in der Heimat des geschichtlichen Rother, Rothari, in
dem Lande der Langobarden zu suchen. Der regste
Verkehr im Frieden und Krieg verband diese seit ihrer
Ansiedelung in Italien mit ihren Grenznachbarn im Nor-
den, den Baiern, und einer der aus diesem altdeutschen
Völkerleben erhaltenen Züge, der uns in sagenhafter Aus-
stattung, wahrscheinlich aus der volksthümlichen Epik
der Langobarden, überliefert ist, aber mit der Prätension
Geschichte zu sein, die Brautwerbung des Königs
Authari, nach hochdeutscher Form *Othere*, *Other*, um die
bairische Herzogs- oder Königstochter Theodelinde, streift
so nahe an einen Hauptzug unseres Rother und, setzen
wir hinzu, anderer damit ursprünglich identischer Stoffe,
daß man sich des Gedankens an ein Herüberspielen von
der einen oder andern Seite her kaum zu erwehren ver-
mag. Jener nicht zufällige, sondern mit den tiefsten
Fasern der Sage verwachsene Zug, daß der königliche
Freier verkleidet und unter einem falschen Namen auf-
tritt, begegnet auch in dem, was sich für die beglau-
bigte Geschichte der Brautwerbung des Authari am Ende
des 8. Jahrhunderts, also etwa 300 Jahre nach dem
angeblichen Datum des Ereignisses, ausgibt. Es darf
wohl vorausgesetzt werden, daß wie in allen übrigen
Dingen, so auch im Gebiete der damals höchsten geistigen
Interessen des innern Volksbewußtseins, in der Helden-
oder Stammessage und der darauf gegründeten Dichtung

der regste Austausch zwischen den Deutschen in Italien
und denen im eigentlichen Deutschland stattfand. Auf
diese Art wird sich nicht der Kern der Sage, der wahr-
scheinlich überall auf deutschem Boden verbreitet war,
aber ihre Metamorphose zur Rothersage von Süden
her zunächst nach Baiern verbreitet haben, wo wir sie
auch später immer in besonderer Lebenskraft ge-
deihen sehen.

Von specifisch langobardischen oder italienischen
Zügen und Namen enthält unser Gedicht neben dem Namen
des Haupthelden außer einigen Ortsnamen, die theils
zu dem Gemeingut der populären Bildung des deutschen
Mittelalters gehören, wie *Bâre*, *Meilân*, *Rôme*, theils
halbgelehrt verballhornt sind, wie *Pulge* statt des eigent-
lich volksmäßigen *Pulle* oder des eigentlich gelehrten
Apulia, *Cecilienlant* (Sicilien), was vielleicht nach seinem
Vorkommen in der Literatur des 13. Jahrhunderts auch
volksthümlich genannt werden darf, nichts weiter als den
einzigen Namen *Elvewîn*, der identisch mit dem Namen
des bekannten Eroberers Italiens, *Alboin*, d. h. *Albwin*,
ist. Aber von seinem Zusammenhang mit diesem seinem
berühmtesten Träger ist hier keine Erinnerung mehr.
Elvewîn ist hier (3423 fg.) ein Herzog vom Rhein, der
den bairischen *Amelgêr* aus seinem Lande, also aus
Baiern vertrieben hat, aber von Berchter von Meran be-
siegt und erschlagen wurde. Alle diese Anspielungen
auf einen offenbar reich ausgebildeten Sagenkreiß sind
uns völlig dunkel. Es ist nicht einmal zu ermitteln, ob
nicht das bloße Reimbedürfniss (*Elvewîne:Rîne*) zu der
Versetzung dieses *Elvewîn* an den Rhein, wo sich gleich-
falls keine Spur von ihm findet, geführt hat.

Specifisch bairische Elemente dagegen sind in Menge
in unser Gedicht übergegangen. Dazu rechnen wir nur
bedingt eine seiner eigentlichen Hauptgestalten, den
schon öfter erwähnten *Berchter von Merân*. Denn daß
Merân hier nicht das bairische — bairisch immer im
weiteren Sinne des früheren Mittelalters gebraucht —, die
Stadt Meran im bairischen Etschlande, unterhalb des
Schloßes Tirol meint, liegt auf der Hand. Als unser
Rother in der uns noch handschriftlich vorliegenden Form

vollendet wurde, existierte die Stadt Meran noch nicht,
und der Name Meran, der schon lange auch in Deutsch-
land geläufig war, bezieht sich auf eine andere Localität,
auf die Länder an der Ostküste des Adriatischen Meeres
in schwankender Grenzbestimmung, etwa das heutige
Istrien, Dalmatien, das ungarische Küstenland, Theile von
Kroatien und Bosnien. So schwankend wie die Grenz-
bestimmung waren auch die Herrschaftsrechte in diesem
Ländercomplexe. Um Früheres zu übergehen, stritten
sich im 12. Jahrhundert, das wir vorläufig als die Zeit
der definitiven poetischen Gestaltung unseres Rother an-
nehmen, Venetianer, Ungarn und Griechen fortwährend
darum und auch das deutsche Reich behauptete seit
Karl dem Großen Ansprüche darauf, die von Zeit zu
Zeit, aber ohne eigentliche Folge geltend gemacht wurden.
Diesen Ansprüchen verdankten verschiedene bairische
Herrengeschlechter, so die Dachauer Grafen, und als diese
1180 ausstarben, deren Erben, die von Andechs den
Titel eines Herzogs von Meran. Die letzteren kommen
aber hier insofern nicht in Betracht, als der Rother jeden-
falls schon vor 1180 in seiner jetzigen Gestalt vollendet
war. Alle solche Ansprüche, schwankend und nebelhaft
wie sie waren, wurden doch von der volksmäßigen Tra-
dition, nicht bloß von den Berechtigten selbst, mit Vor-
liebe gepflegt, gerade weil sie in dieser ihrer Gestalt der
Phantasie am meisten zu thun gaben. Daher darf es
uns nicht Wunder nehmen, daß der Titel der Herzoge
von Meran in den ohnehin spärlichen Urkunden der Zeit
so selten begegnet, dafür aber nicht bloß in unserm
Rother, sondern auch im Hug- und Wolfdietrich und
anderwärts so häufig und so energisch gebraucht wird.

Berchter in unserm Gedichte erscheint also gleich-
sam als der sagenverklärte Urahne der zu Zeiten des
Dichters noch lebenden Inhaber desselben Titels und in-
sofern gehört er Baiern an, ohne daß es möglich wäre,
ihn irgend an eine geschichtliche Gestalt des Namens in
der Weise anzulehnen, wie es für Rother-Dietrich mög-
lich ist. Denn daß der Name Berchtold, der in vielen
bairischen Dynastenhäusern geführt wird, auf die Gestal-

tuug seines Namens Einfluß gehabt habe, ist zwar nicht abzuweisen, aber auch nicht zu beweisen. Seine wesentlichste Beziehung zu Baiern liegt also in seinem Herzogs- oder Grafenamt von Meran, insofern dieß für die bairische volksthümliche Vorstellung dieser Zeit einen, wenn auch nur entfernten Zubehör zu Baiern vorstellte.

Die eigentliche Bedeutung dieses Berchter ist durch seine Verbindung mit Zuständen und Namen der Wirklichkeit nicht verändert worden. Er hat nach der innern Construction der Sage nicht sowohl eine selbständig geprägte Individualität, als vielmehr einen Typus, der für viele Individualitäten gilt, darzustellen, das Bild des alten, treuen Dienstmannes, wie er sein soll. Eine solche Gestalt konnte sich ebenso leicht an alle möglichen Beziehungen der Oertlichkeit und der Geschichte anlehnen, wie diese an sie angeschloßen werden, wenn irgendein geringfügiger Zufall die Phantasie zu einer dahin zielenden Combination veranlaßte. Es läßt sich begreifen, daß unsere Blicke in diese luftigen Regionen nicht zu dringen vermögen. Was für Berchter selbst gilt, muß natürlich auch für seine Söhne gelten, die gleichfalls auf eine gewisse geschichtliche oder locale Basis gestellt werden konnten, ohne daß diese für ihr eigentliches Wesen oder ihre poetische Haltung von eigentlich organischer Bedeutung wäre. Daß auch für sie Namen gewählt wurden, wie Lupolt, Erewin u. s. w., die innerhalb desselben Kreißes, dem der Vater zugewiesen war, ein altherkömmliches Relief besaßen, versteht sich von selbst. Ebenso gut konnte aber auch ein in unserer gesammten deutschen Heldensage so oft und doch nirgends in kräftiger Plastik verwandter Name, wie Helferich, sich hier eindrängen, mit dem die Phantasie ganz frei zu verfahren vermochte, wie ihm denn auch hier die Rolle eines Helden und Märtyrers gegen die heidnischen Wenden zugetheilt ist, vielleicht nur weil ein wohlberechtigter poetischer Instinct irgendein großes zeitgenößisches Ereigniss als tragisches Gegenbild der Kämpfe, welche der eigentliche Held, Rother selbst, mit den Heiden an sich, den Saracenen zu bestehen hat und glücklich besteht, zu verwenden sich gedrungen fühlte. In der Anmerkung zu 476 ist

·eine Vermuthung über Zeit und Ort dieser Kreuzfahrt Helfrich's gewagt worden, für die wir auch hier keine größere Wahrscheinlichkeit als dort beanspruchen.

Es ist schon öfters darauf hingewiesen, daß der Berchter des Rother in dem Berchtung des Wolfdietrich ·einen deutlichen Doppelgänger besitzt. Nach unserer ·oben dargelegten Ansicht von der Genesis und der Entwickelungsgeschichte unseres Stoffes nehmen wir an, ·daß beide zwar unabhängig voneinander ausgebildet, aber aus gleichem Keime hervorgewachsen sind. Die schlagende Uebereinstimmung in den Namen Berchter und Berchtung, das letztere die patronymische Weiterbildung des ersten, kann aber nicht Zufall sein. Sie beruht entweder auf einer Namengebung, die schon fest stand, ehe sich aus dem gemeinsamen Stamme die besondern Zweige der Rother- und Wolfdietrichsage herausentwickelten, oder es hat eine Uebertragung, die gerade nicht eine eigentliche Entlehnung sein muß, von dem einen zu dem andern stattgefunden. Das erste ist möglich, aber es fehlt an jeder beweiskräftigen Spur, falls man nicht die Bedeutung des Namens selbst, die mit der des eigentlichen Helden Rother sehr nahe verwandt ist, dafür gelten laßen will. Denn *Berhthere* ist «der mit glänzendem Heere» ein sehr passender Name für den hervorragendsten Gesellen und Diener, *mâc unde man*, des «*Ruothere*». Das zweite scheint sich deshalb mehr zu ·empfehlen und darf als die jetzt gewöhnliche Ansicht gelten. Sie neigt sich zugleich dahin, dem Wolfdietrich gegenüber dem Rother eine relative Ursprünglichkeit zuzuschreiben. Wäre diese aber auch für den Kern beider Gedichte bewiesen, was sie nicht ist, so wäre sie es damit doch noch nicht für alle einzelnen Züge. Daher hat Müllenhoff, der Hauptvertreter dieser Ansicht, in seiner schon öfter citierten Abhandlung eine bestimmte geschichtliche Anlehnung für die Gestalt des Berchtung und seiner Söhne gesucht und sie in der Treue der Dienstmannen gefunden, welche dem Theodebert von Austras, dem Sohne Theoderich's, Reich und Leben gegen die Nachstellungen seiner Oheime retteten. Theoderich ist Hugdietrich, Theodebert also Wolfdietrich. Ebenso

wird geltend gemacht, daß der Berchtung des Wolf-
dietrich ein Vasall des griechischen Kaisers sei, was mit
den historischen Thatsachen in der Mitte oder ersten
Hälfte des 12. Jahrhunderts beßer stimme als seine Stel-
lung im Rother, wo er und sein Land Meran dem deut-
schen Kaiser oder vielmehr dem römischen Kaiser deut-
scher Nation — das ist Rother — zugehört.

Selbstverständlich bezieht sich diese Priorität des
Wolfdietrich hier wie anderwärts nicht auf die uns allein
zugängliche Gestalt desselben, deren älteste Redaction
mindestens 70—80 Jahre später als die letzte Gestalt
unseres Rother datiert, sondern auf eine mit Wahrschein-
lichkeit zu vermuthende frühere Phase, in der er allein
mit jenem verglichen werden kann. Freilich läßt sie sich
eben nur durch Conjecturen construieren und bleibt des-
halb immer ein etwas unsicherer Boden für wissenschaft-
liche Deductionen. Aber davon abgesehen und zugegeben,
daß ein solcher vorgeschichtlicher Wolfdietrich unserm
Rother gegenübergestellt werden dürfte, so erscheint uns
doch jener an sich richtige historische Zug von der Treue
der Dienstmannen als ein allzu schwacher Nagel, um
daran eine so gewichtige Hypothese aufzuhängen. Auch
scheint es sich von selbst zu verstehen, daß, wenn Rother
ein für allemal in Italien heimatsberechtigt war und weil
er dieß war, als Beherrscher der Stadt Rom, der Haupt-
stadt von Italien und zugleich der Welt oder des römi-
schen Reiches zum römisch-deutschen Kaiser werden
mußte, auch seine Dienstmannen ihre Lehen von ihm
empfingen und nicht von dem griechischen Kaiser, gleich-
viel ob in dem wirklichen Meran des 12. Jahrhunderts
dieser mehr zu sagen hatte als jener. Hatte doch auch
jener, wie schon erwähnt, seine legitimen Ansprüche
darauf, die namentlich in Deutschland jedenfalls für beßer
begründet als die griechischen galten. Umgekehrt, so-
bald Hugdietrich nach Konstantinopel versetzt war — wie
und warum dieß geschah, kümmert uns hier nicht —,
mußten auch seine Lehensleute dem griechischen Reiche
zugezählt werden, gleichviel ob dieß mit der Wirklich-
keit stimmte oder nicht.

Aus dem allen folgern wir nun noch nicht, daß der

Berchtung des Wolfdietrich der aus unserm Gedichte
übertragene Berchter sei, wohl aber, daß das Umgekehrte
nicht wohl denkbar ist. Wir vermuthen, denn mehr
läßt sich hier nicht thun, daß dieselben Motive, welche
in der Rothersage zu der Schöpfung des charakte-
risierenden Personen- und Ortsnamen für diese Haupt-
nebenfigur veranlaßt haben, auch in der innerlich und
äußerlich sie zunächst berührenden Wolfdietrichsage
wirksam gewesen sind. Auch hier wird ein Name und
eine örtliche Beziehung gewählt worden sein, die der
Phantasie der Zeit genügende, wenn auch uns nicht
völlig erklärliche Handhaben boten. Beide so nahe ver-
wandte Gestalten unterschieden sich denn doch wieder
durch die zu gewisser Selbständigkeit umgebildete Namens-
form, die nur uns, aber nicht jener Zeit als unwesentlich
gegenüber ihrer ursprünglichen Identität erscheint, viel-
leicht auch durch die Verkettung des einen Merans mit
dem römischen, des andern mit dem griechischen Reiche.
Aber dieß alles konnte erst dann erfolgen, als der Name
Berhthere, der dem andern gegenüber sich deutlich als
der ursprünglichere und bedeutsamere darstellt, schon
an seiner jetzigen Stelle und Umgebung im Rother fest-
stand, und in diesem Sinne hat ihn allerdings der Wolf-
dietrich aus dem Rother geschöpft aber nicht entlehnt.

Es ist schon oben bemerkt worden, daß unser Ge-
dicht außer dieser problematischen Gestalt noch eine
Reihe anderer vorführt, deren Zubehörigkeit zu dem
Kreiße der bairischen Stammes- oder Geschichtssage nicht
bezweifelt werden kann. Hademar von Dissen auf der
einen Seite, auf der andern Amalger und Wolfrat von
Dengling mögen immerhin der bairischen Sage sehr wohl-
bekannte Namen gewesen sein: wir wißen von ihnen
nichts weiter als unser Gedicht erzählt und dieß setzt
doch, wie immer in ähnlichen Fällen voraus, daß auch
wir so gut wie der Dichter selbst oder das Publikum,
das er zunächst im Auge hat, unterrichtet sind. Mit
dem Keime der Fabel haben alle diese specifisch bairi-
schen Helden und Heldensagen keine Gemeinschaft; man
könnte sie aus unserm Rother heraustrennen, ohne daß
das Gefüge der Handlung wesentlich gestört wäre, trotzdem

d*

daß eine dieser Nebenfiguren, Wolfrat von Dengling,
eine mit sichtbarer Absichtlichkeit gesteigerte Rolle zu
spielen scheint. Aber auch er ist, wie die anderen, für
die Sache selbst überflüßig. Dafür läßt sich nicht bloß
ein auf unser heutiges ästhetisches Urtheil, sondern
auch wenigstens theilweise ein urkundlich begründeter
Beweis führen. In der Wilcinasage, die, wie sich ge-
zeigt hat, nicht bloß stofflich, sondern auch in der For-
mation des Stoffes mit der ersten größeren Hälfte unseres
Rother so genau übereinstimmt, findet sich keine Spur
von irgendeinem aus dieser bairischen Sippe. Allerdings
greift Wolfrat erst in dem zweiten Theile, wofür wir
keine solche Parallele einer sächsischen Redaction be-
sitzen, kräftiger ein und wird mit Absicht mehr und
mehr in den Vordergrund gedrängt, aber auch aus diesem
zweiten Theile, in welchem die andern bairischen Namen
wieder verschwinden, läßt er sich ohne Schaden für den
Verlauf der Handlung oder die Composition des Ge-
dichtes ausscheiden. Er ist auch hier im Grunde nur eine
müßige Staffage, während Berchter und seine Söhne mit
jeder Faser des Stoffes verwachsen sind.

Die eigentlich handgreiflichen Anknüpfungspunkte
an die geschichtliche Wirklichkeit sind anderswo in un-
serm Gedichte zu suchen, nicht in seinen lombardischen
und bairischen, überhaupt nicht in seinen deutschen
Namen und Gestalten, sondern da, wo es sich auf ganz
fremdem Boden und in weitester Ferne von seiner näch-
sten Heimat bewegt. Es ist schon von Wilken, Geschichte
der Kreuzzüge, 2 Beilage, S. 17 fg., auf die überraschende
Verwandtschaft hingewiesen worden, welche die Physio-
gnomie des griechischen Königs Constantin unseres Rother
mit der des oströmischen Basileus oder Kaiser Alexius
Comnenus (von 1081 — 1118) zeigt, d. h. mit der, wie
sie den Abendländern, zunächst den Kreuzfahrern zu er-
scheinen pflegte. War einmal der Schauplatz der Braut-
werbung nach dem Orient und über das Meer verlegt,
was wir nach dem Obigen für einen sehr ursprünglichen
Zug der Sage halten, so bot sich selbstverständlich kein
geeigneteres Local als Konstantinopel und keine geeig-
netere Persönlichkeit als die eines Beherrschers dieser

Stadt. Unter den letzteren wählte man sich dann wieder
denjenigen heraus, dessen Wesen am meisten innere und
äußere Verwandtschaft mit dem schon fest geprägten
Typus des feindseligen Vaters und Hüters der schönen
Königstochter zu haben schien. Ob in der Geschichte
und Familie des wirklichen Alexius irgendetwas sich er-
eignet habe, was eine wenn auch nur entferntere Aehn-
lichkeit mit dieser schon feststehenden Situation, dem
eigentlichen Lebenskeim des Ganzen bot, kam dabei we-
niger in Betracht. So viel wir von dem historischen
Alexius wißen, findet sich bei ihm nichts dergleichen,
aber ebenso wenig bei irgendeinem seiner Vorgänger und
Nachfolger im Reiche. Daß wir aber mit Wilken trotz-
dem in Constantin den historischen Alexius finden, be-
ruht wesentlich auf der Uebereinstimmung so vieler
Züge des Gedichtes mit der historischen Wirklichkeit,
oder genauer ausgedrückt, mit den im Abendlande
ausgeprägten Vorstellungen von dem Charakter, der Um-
gebung, der Politik und Handlungsweise dieses Kaisers.
Setzt man an die Stelle des Rother-Dietrich irgend-
einen beliebigen Heldennamen der Kreuzfahrer, etwa
den des Tancred, Boemund, Gottfried, so erscheinen
viele der Hauptscenen im Rother, was ihr äußeres Colorit
betrifft, geradezu als Copien der Vorgänge, die damals
am kaiserlichen Hofe, in dem Palaste der Blachernen,
auf dem Hippodromos, am und im Hafen und im Lager
der Kreuzfahrer nach der abendländischen Tradition ge-
spielt haben sollten. Doch darf man nicht vergeßen,
daß alles dieß nur zu dem äußeren Colorit des Gedichtes
gehört. Sein eigentliches Gefüge ist davon unabhängig
und stand schon lange fest, ehe es einen Alexius und
ehe es Kreuzzüge gab. Möglich sogar, daß an sich
sehr gleichgültige Züge der Wirklichkeit, die aber in
ihrem anekdotenhaften Gepräge eine große Popularität
vor andern an sich bedeutsameren gewinnen konnten,
geradezu in unsern Rother übergegangen sind. Wilken
rechnet dahin vor allem die Besiegung und Tödtung des
Löwen durch den Riesen Asprian, von welcher die säch-
sische Redaction nichts weiß, obgleich sie sich natürlich
einen solchen Schmuck nicht hätte entgehen laßen, wäre

er in ihrer mit der andern gemeinsamen Quelle schon
vorhanden' gewesen. Der gezähmte Löwe, welchen ein
riesenhafter Kreuzfahrer, wie es scheint normannischer,
vielleicht aber auch deutscher Abkunft, im Jahre 1101
erschlug — davon ist nicht bloß im Orient als von einer
höchst merkwürdigen Begebenheit viel geredet worden,
sondern auch unsere abendländischen Geschichtschreiber
wißen davon mitten unter dem Gewoge weltgeschicht-
licher Vorgänge zu erzählen, vgl. Wilken, 2, 124.*)
   Wenn der Name des Alexius aufgegeben und mit
dem des Constantin vertauscht wurde, so deutet das zu-
nächst wohl nicht darauf hin, wie Wilken allzu scharf-
sinnig vermuthet, daß darin eine Art von Ironie auf
diesen Alexius selbst beabsichtigt sei, der sich selbst und
in seiner officiellen und officiösen Publicistik und Ge-
schichtschreibung mit Vorliebe als einen zweiten Con-
stantin, einen Wiederhersteller der alten Herrlichkeit von
Ost-Rom bezeichnen ließ, was er ja in gewissem Sinne
auch war. Vielmehr steht der Name Constantin gleich-
sam typisch für den Herrn von Konstantinopel überhaupt.
Auch meint er hier, was diese Art sagenhafter Umbil-
dung der Geschichte sich selbstverständlich erlaubte, den
wahren Constantin, Constantin den Großen, der im
Abendlande fast ebenso allgemein bekannt und populär
war, wie sein occidentalisches Gegenbild, Karl der Große.
Daß der echte Constantin gemeint sei, ergibt sich un-
widersprechlich daraus, daß die heilige Helena, die Wieder-
auffinderin des heiligen Kreuzes Christi, seine Mutter
genannt wird.
   Stand erst die Scenerie von Konstantinopel zur Zeit
der Kreuzzüge fest, so knüpfte sich daran von selbst

---

*) Neuerlich ist zwar eine andere Anknüpfung versucht
worden. C. Lemcke, «Geschichte der deutschen Dichtung
neuerer Zeit», I, 57 Anmerk., denkt dabei an den Peredeus,
Mörder des longobardischen Königs Alboin, von dem Paulus
Diaconus berichtet, daß er bei den Volksspielen vor dem Kaiser
in Konstantinopel einen Löwen von ausgezeichneter Größe er-
legt habe. Wahrscheinlich wird man uns beistimmen, wenn
wir bei der von Wilken gefundenen Deutung beharren.

auch die weitere Perspective in die Welt des Heiden-
thums, d. h. des Islam, und jene Todfeinde der ge-
sammten Christenheit, zu deren Bekämpfung sie in einer
neuen Völkerwanderung dem Laufe der Sonne entgegen-
zog, mußten auch gelegentlich die siegreiche Kraft des
Helden dieses Gedichtes erfahren, aber nur gelegentlich.
Sie sind nicht in die Mitte der Handlung gerückt, weil
diese schon lange unantastbar feststand und wohl noch
Zusätze, aber nicht mehr eine völlige Verschiebung der
Motive vertragen konnte. *)

Wir haben in dem Bisherigen den Boden gewonnen,
auf welchem wir der Lösung der Frage nach dem Wann
und Wo der Entstehung unseres Gedichtes näher treten
können. Wir sind ja dafür allein auf die Mittel ver-
wiesen, welche wir Momenten der innern Kritik entneh-
men müßen, da es an jeder positiven Angabe darüber,
sowie über den Namen und die Persönlichkeit des Ver-
faßers gebricht.

Unser Gedicht muß mindestens jünger als die Thron-
besteigung des Johannes Comnenus, Sohnes des Alexius

*) Der Verfaßer des Rother braucht aber deshalb nicht
eben den Orient und Konstantinopel aus eigener Anschauung
zu kennen, wie man seit und durch Wilken anzunehmen pflegt.
Alles was zur Scenerie der Stadt und Umgegend gehört, ist mit
Ausnahme des einzigen Poderamis Hof = Hippodromos, unbe-
stimmt genug geschildert, denn um zu wißen, daß Konstantinopel
am Meere lag u. s. w., war es nicht gerade unerläßlich, dort
gewesen zu sein. Der Hippodromus genoß aber einen solchen
Weltruf, daß er selbst im Altnordischen als *Baðreimr* lebendig
in die Volkssprache herübergenommen wurde. Auch ist der
Niederschlag der moslemitischen Geschichte doch gar zu will-
kürlich und confus, als daß er aus dem Geiste oder der Erin-
nerung eines Mannes stammen könnte, der selbst in Konstan-
tinopel war, auch wenn man annehmen wollte, daß er dort
nur möglichst verworrene Anekdoten über die gemeinsamen
Feinde der Christenheit zu hören bekam. Wenn irgendeine
Anlehnung an Thatsächliches möglich sein sollte, so vermuthe
ich, daß Imelot's Zug gegen Constantin und seine Gefangen-
nahme die sagenhafte Umdrehung der Gefangennahme des
Kaiser Romanus durch Alg Arslan 1070 ist, der Tod des
Imelot zu Jerusalem sich auf die Eroberung Jerusalems durch
das Heer des Khalifen von Misr 1096 bezieht, der Name Imelot
selbst eine Verdrehung von Im-ed-daula ist u. dgl. m.

Comnenus 1118, jedenfalls aber vor dem Schluße des
12. Jahrhunderts schon vorhanden gewesen sein, denn
die eine uns erhaltene Handschrift desselben trägt die
unverkennbaren Spuren der zweiten Hälfte des 12. Jahr-
hunderts, ohne daß sich das Decennium oder gar eine
noch engere Frist ihrer Verfertigung genauer bestimmen
ließe. Innerhalb dieses Zeitraumes von 60—70 Jahren
wird sich eine weitere Beschränkung zunächst dadurch
ergeben, daß wir die Sitte und Art des Lebens berück-
sichtigen, welches sich hier als ein zeitgenößisches
im Spiegel einer eingebildeten Vergangenheit darstellt.
Es ist damit freilich wieder keine Jahreszahl zu gewin-
nen, aber doch eine ungefähre Fixierung. Vergleichen
wir unsern Rother nach den Motiven, welche die in ihm
handelnd auftretenden Personen bewegen, nach der psy-
chischen und ethischen Construction derselben, nach dem
äußeren Apparat, mit dem sie umgeben sind, Tracht,
Bewaffnung, gesellige Formen und gesellige Ausdrucks-
weise mit dem sonst aus der Geschichte und der schönen
Literatur Bekannten, so tritt uns ungefähr die Mitte des
Jahrhunderts entgegen, die Zeit, in welcher in Deutsch-
land die Phantasie aller Schriften des Volkes mit den
Bildern des Orients erfüllt war, wo namentlich der Kreuz-
zug von 1147, an dessen Spitze zum ersten mal der
deutsche König und legitime Prätendent der Kaiserkrone
von Rom stand, Konstantinopel, das Meer, die Seefahrt
dahin, das Leben und Treiben der Griechen und Saracenen
sich völlig in dem deutschen Vorstellungskreiße eingebür-
gert hatte. Im engsten inneren und äußeren Zusammenhang
damit ist die Haltung der höheren Stände, der Höfe der
Fürsten und Herren und des von ihm abhängigen Ritter-
oder Dienstmannenstandes damals schon von den Formen
und Farben nicht durchdrungen, aber doch schon stark
berührt worden, welche sich aus dem in diesem Cultur-
weg oder vielmehr Irrweg weiter fortgeschrittenen roma-
nischen Westen über unser Vaterland verbreiteten. Die
Gesinnung, die Denkungsart selbst ist noch nicht so tief
davon ergriffen und das Wort «höfisch» und «höfische
Zucht», was hier schon als ein allmächtiges empfunden
wird, bedeutet einstweilen nur mehr noch den Kanon rein

äußerlicher Satzungen der Mode, dem man sich gläubig
fügt, aber noch nicht jene Umstimmung der Seele, jene
gänzlich veränderte Richtung der Phantasie und der
geistigen Strömungen des innern Lebens, wie etwa seit
1180 oder am Schluße des Jahrhunderts, wo das deutsche
gebildete Publikum, d. h. Ritter und Fürsten, oder die
Höfe wirklich auch eine völlige geistige Metamorphose
im Vergleich mit dem, was sie 100 oder 80 Jahre früher
gewesen, erfahren hatten. *) Es ist im Rother noch jener

---

*) Zu dem nach der Vergangenheit hinweisenden Colorit
des Rother rechnen wir auch die hier zahlreicher als in irgend-
einem andern verwandten Denkmal durchbrechenden alliterie-
renden Formeln, die aber deshalb nicht etwa als stehengeblie-
bene Spuren einer früheren, noch des Kunstmittels des Stabreims
sich bedienenden Urgestalt unseres Gedichtes gelten dürfen.
Sie beweisen nur, was wir auch sonst wißen, daß der Stil der
höfischen Kunstpoesie, der sie absichtlich vermied, noch nicht
erfunden war, denn der volksmäßige Ausdruck der gewöhn-
lichen und der gehobenen Rede, der Poesie, war ja von ihnen
gänzlich erfüllt, wie ihre noch heute lebendigen Reste zeigen,
ohne daß dadurch dem Eindringen des Reimes in den deut-
schen Vers der Gebildeten, wie in Otfrid, oder des Volkes,
wie in der etwa gleichzeitigen Ballade von Christus und
dem Weibe von Samaria, ein Riegel vorgeschoben gewesen
wäre. Die Alliteration hat hier nichts mit der Construction
des Verses, sondern mit dem Ausdruck des Gedankens oder
der Sache zu thun. Wir geben hier die wesentlichsten in
alphabetischer Ordnung: manche begegnen überall, sind zum
Theil noch jetzt lebendig, andere finden sich nur hier: *in breitin
blicken. drî tage und drîe nacht. got der gôde. harte hêr man.
harte hesteliche. hât si hûs unde hilfet. die hêrren hêrlich.
herze unde hinde. mîn herze was hellende. lêh im ein lant.
bî lebendigem lîve. lûde unde lant. lûder unde liecht. michil
mayinkraft. man unde mâc. ein vil michil magen* oder *magen-
kraft. richte nâch rechte. schiezen den schaft. spîse unde solt.
in wallêres wîse werven. witewin unde weisin. wôfen unde
weinin.* Dinge wie *iz brâchten blutvâze* sind natürlich reiner
Zufall. Damit contrastieren seltsam genug, wie es die Ueber-
gangszeit mit sich bringt, specifisch höfische, theilweise
sogar aus fremder Sprache importierte Ausdrücke: wie *be-
hurdieren, bônît, cyclât* und andere, die sich auf die höfische
Staatstracht beziehen, oder solche, in welchen sich in deut-
scher Form ein fremder Inhalt darstellt, wie *hoveman, hovis-
heit,* der Begriff der *merkêre* und das *melden, ritârlich* auch
in der Anwendung auf Frauen, *zucht* als der Kanon der vor-
nehmen Sitte oder richtiger Mode u. s. w.

Uebergangszustand, der uns in der Literatur dieser Zeit
in Schöpfungen wie die Kaiserchronik — die sich tendenziös-
negativ gegen die neue Strömung verhalten will, aber
doch unbewußt mit fortgerißen wird — oder im Alexander-
lied Lamprecht's, im Rolandsliede Konrad's am deut-
lichsten vergegenwärtigt ist. Rechnet man dazu noch
den Graf Rudolf auf der einen, die älteste Form des
Herzog Ernst auf der andern Seite, so hat man die mar-
kiertesten Gestalten aus dem allernächsten Verwandtschafts-
kreiß unsres Gedichtes zusammen.

Der Kaiserchronik gegenüber läßt sich das Ver-
hältniss noch genauer bestimmen. Eine Stelle unseres
Rother, die unten noch weiter erwogen werden soll,
scheint deutlich auf sie hinzuweisen. Sie war in ihrer
ältesten Redaction in den vierziger Jahren des 11. Jahr-
hunderts vollendet. Ebenso scheint unser Gedicht den
Alexander vorauszusetzen, wenn es von dem wunderbaren
Stein, den dieser aus dem Paradiese erhalten, spricht.
Bisjetzt läßt sich noch nicht ersehen, auf welche andere
Weise dieser unserm Alexanderliede bekanntlich so eigen-
thümliche Zug in Deutschland Verbreitung gefunden haben
könnte als aus dieser Quelle, und insofern dürfte man
also die Benutzung derselben im Rother voraussetzen.
Der Alexander gehört, wie jetzt wohl allgemein zugegeben
wird, sicher noch vor die Mitte des 12. Jahrhunderts,
vielleicht in seine ersten Decennien, wir kämen also immer
wieder auf einen ungefähr gleichen Punkt. Nur erregt
Bedenken, daß der Stein im Rother mit einem Namen
genannt wird, den seine vorausgesetzte Quelle nicht kennt.
Wer die allgemeine Art mittelalterlicher Schriftstellerei,
poetischer und gelehrter, erwägt, wird zugeben, daß eine
solche eigenmächtige Zuthat wenig Wahrscheinlichkeit
hat. Es würde damit die directe Anlehnung an den
Alexander bedenklich, ohne daß jedoch die Zeitfrage
irgend dadurch berührt wäre, denn es ließen sich auch
manche andere uns dürftig Unterrichteten dunkele Wege
denken, aus denen Rother hier, vielleicht zusammen mit
dem Verfaßer des andern Gedichtes, oder unabhängig
von ihm zu dieser Notiz gelangte. Zu demselben Resul-
tate gelangen wir noch in einem andern verwandten Falle.

Die Erwähnung der Plattfüße im Rother ist insgemein
so verstanden worden, als könnte sie nur aus dem
Herzog Ernst entnommen sein, wo diese Märchengestalten
zum ersten Male für unser Wißen mit deutschem Namen
genannt werden. Aber Bartsch hat Herzog Ernst CLXIX
mit Recht darauf hingewiesen, daß zwar nicht der Name,
aber doch die Sache schon längst in Deutschland bekannt
war. Nun wäre zwar andererseits auch wieder über das
Ziel hinausgeschoßen, wenn wir behaupteten, der Herzog
Ernst habe den Namen aus dem Rother herübergenom-
men, insbesondere da uns die Fragmente seiner ältesten
Gestalt keine Auskunft darüber geben, aber jene bisher
so gläubig hingenommene andere Hypothese empfiehlt
sich noch weniger. Die erhaltenen dürftigen Fragmente
des Herzog Ernst verstatten kaum eine bestimmtere chro-
nologische Fixierung als sie ihr neuester Bearbeiter gewagt
hat, d. h. sie werden, scheint es, eher nach als vor un-
serm Gedichte zu setzen sein, wie Stil und Metrik ver-
muthen läßt, die bei der nächsten Verwandtschaft denn
doch schon eine gewisse feinere Durchbildung nach den
späteren Kunstidealen hin verrathen.

Da wir weiterhin noch eine besondere Darstellung
der wesentlichsten Eigenthümlichkeiten in der Sprache
und in der poetischen Technik, Metrik, Rhythmik und
Reimgebrauch unseres Gedichtes bringen werden, so sei
hier nur gesagt, daß alles, was wir daraus entnehmen
können, die durch andere Mittel gewonnene Zeitbestim-
mung entweder bestens bestätigt, oder sich wenigstens in
sie ohne Zwang fügt.

Wie die Entstehungszeit, so scheint sich auch der
Ort mit annähernder Sicherheit bestimmen zu laßen.
Die Sprache nicht bloß der einen zufällig erhaltenen
Handschrift, die ja nur eine dialektisch gefärbte Ueber-
arbeitung darstellen könnte, sondern so wie sie durch
Reim- oder Versbau gesichert, durch fortwährend wieder-
kehrende specifische Wendungen, Worte, syntaktische
und grammatische Eigenthümlichkeiten als die ursprüng-
liche des Verfaßers sich zu erkennen gibt, weist unzwei-
deutig auf die Rheinlande nördlich vom Einfluß der
Mosel, deren linguistische Besonderheit aus dieser, einer

noch älteren und einer späteren Zeit durch eine lange
Reihe der bedeutendsten und relativ umfangreichsten
Werke deutscher Poesie uns in relativer Deutlichkeit
bekannt ist. Eben dahin weisen auch mehrere stoffliche
Momente, weniger die gelegentliche Erwähnung rheinischer
oder anliegender Landschaften und Localitäten, worauf
in dieser Beziehung so wenig ankommt, wie auf die
Namen aus dem Orient u. s. w. Wohl aber darf man
dazu rechnen die nachdrückliche Erwähnung solcher
Heiligen, die sich am Rheine einer besondern Verehrung
erfreuten, so der Gertrude von Nivelle und des Aegidius
(St. Gilge). Beide sind natürlich auch dem übrigen
Deutschland bekannt, aber doch sozusagen, namentlich
der letztere in damaliger Zeit, am Rhein eigentlich zu
Hause, wohin sie vom Westen, aus Belgien, Frankreich
und der Provence einwanderten. Wo sich im übrigen
Deutschland in dieser Zeit, Mitte des 12. Jahrhunderts,
Aegidius-Kirchen u. s. w. finden, wird immer eine be-
sonders enge Beziehung zu den Rhein- und Niederlanden,
deutschen und romanischen, nachzuweisen sein. Hierher
gehört wohl auch die karolingische Genealogie, die sich
mit der Rothersage verflochten hat. Es ist wenigstens
schwer zu begreifen, wo sie sich sonst in Deutschland
hätte ansetzen können, da nur hier — die Niederlande
eingeschloßen — Karl der Große und sein Haus einiger-
maßen der volksthümlichen Geschichtstradition lebendig
waren, wie die nur hier zahlreicheren Spuren früherer
und späterer poetischer Schöpfungen aus diesem Sagen-
kreiße beweisen. Denn das Rolandslied, das direct nach
einer französischen Vorlage gearbeitet ist, darf man nicht
in diese Reihe stellen, sonst würde man mit demselben
Rechte auch der Alexandersage oder den späteren keltisch-
bretonischen Stoffen eine Art von Heimatberechtigung an
der Stelle, wo ihre deutschen Bearbeiter lebten, zu-
schreiben müßen. Mit dieser rheinischen Heimat wollen
aber jene bairischen Sagenbestandtheile oder Bruchstücke,
die wir schon erwähnt haben, nicht wohl stimmen. Nicht
als wenn überhaupt nicht bairische Sage am Rhein hätte
gekannt sein können, aber sie würde sich dann viel or-
ganischer, innerlich fester mit dem eigentlichen Kern

des Ganzen haben verbinden müßen, während sie jetzt
in leicht nachweisbarer Verkittung nur von außen her
an ihm haftet.

Dieß zu erklären, scheint es nur einen natürlichen
Weg zu geben, wenn wir die Irrpfade verkünstelter Ver-
muthungen abweisen. Der Rother ist von einem rheini-
schen Dichter in Baiern gestaltet worden. Für den
Herzog Ernst ist Gleiches sehr wahrscheinlich, auch für
die Kaiserchronik möglich. Beide sind in dem eigen-
thümlichen Mischungsverhältnisse rheinischer und bairischer
Elemente unserm Gedichte so nahe verwandt. Diese ein-
fache Lösung genügt aber doch noch · nicht vollständig.
Das Gedicht selbst oder sein Dichter beruft sich sehr
häufig auf eine ältere poetische Vorlage, der er nach
seiner Aussage treu folgt. Ja wenn wir zwei Stellen so
verstehen wollten, wie sie gewöhnlich verstanden werden,
hätte er weiter nichts gethan, als diese seine Vorlage
umgearbeitet. Denn die Hs. liest 4859:

> hie saget uns der richtêre
> von deme liede mêre,

5199 gibt das Bruchstück, was hier eine Lücke der Haupt-
handschrift ersetzen muß:

> unde biddet alle got —
> daz her deme richtêre gnêdich sî.

Jakob Grimm, Reinh. Fuchs, Einleitung CXII,
sieht in diesem *rihtêre* einen Umarbeiter einer ältern
poetischen Vorlage nach dem Geschmacke seiner Zeit,
sowie es im Reinh. 2250 heißt:

> daz hât der Glîchesære   2250
> her Heinrîch getihtet
> und lie die rîme ungerihtet;
> die rihte sît ein ander man
> der ouch ein teil getihtes kan:

2252 *lie* für *liez* von *lâzen*. — 2254 *ein teil getihtes kan,*
etwas von der Kunst des Dichtens versteht; dieß «etwas» ist
nach dem damaligen Gebrauche von *ein teil*, wobei immer ein
guter Theil, gar nicht wenig, verstanden wird, in stolzer Be-
scheidenheit gesagt. —

und hât daz ouch alsô getân   2255·
daz er daz mære hât verlân
ganz rehte, als ez ouch was ê.
an sümelîch rîme sprach er mê
dan ê dran wære gesprochen,
ouch hât er abe gebrochen   2260·
ein teil da der worte was ze vil.

Wir haben diese Stelle ausführlich mitgetheilt, weil
sich daran in einer urkundlichen Genauigkeit, für die
kein zweites Beispiel sich findet, die Meinung der Zeit·
von dem Berufe eines solchen Umarbeiters, Umdich-
ters, der die *rîme rihtet*, die Verse zurechtmacht, er-
kennen läßt. Man sieht, was freilich nach dem Geiste
des Mittelalters sich von selbst versteht, es bezieht sich
das nur auf Dinge, die wir zu den mehr äußerlichen
rechnen, am wenigsten auf den Kern des Stoffes, oder
auch nur auf seine Construction und Anlage. *Rihten* oder·
berihten wird anderwärts wohl auch für die wesentlich
übersetzende Thätigkeit so vieler unserer älteren Dichter
gebraucht, so im Alex. 15 *der (Alberich) hêtiz in wa-*
lischen getihtet, ich hân is uns in dûtischen berihtet
oder Reinbot, Heilig. Georg, 21 *ein buoch tihten, in*
diutscher sprâche rihten. Aber daß ein solcher Mann,

2256 *verlân* part. præt. von *verlâzen* in vereinfachter Form;·
verlâzen, hier: bestehen bleiben laßen, in seinem wesent-
lichen Bestandtheile erhalten. — 2258 *sümelîch* adj. Weiter-
bildung des einfachen *sum*, mancher; *sümelîch* bezeichnet
immer eine nicht geringe Quantität der vorausgesetzten
Species. — *sprach er mê*, setzte er einiges hinzu. — *rîm* be-
zeichnet hier, wie so oft, nicht den eigentlichen Reim in unserm
Sinn, sondern der Geschichte des Wortes gemäß, den ganzen
gereimten Vers. Also: er brachte die zu kurzen Verse in das·
(zu seiner Zeit) übliche Maß. Dieß wird *sprechen* genannt,
einmal weil der Dichter hier wie anderwärts als wirklicher
dictator im mittelalterlichen Sinne, dem Schreiber dictierend,
verfuhr, dann weil sein Werk (und auch seine Vorlage) für
die Declamation oder das Vorlesen durch einen *leser*, nicht·
zum Absingen bestimmt war. — 2260 erklärt sich als das·
Gegentheil des vorigen von selbst.

der sich selbstverständlich *tihtære*, wie jeder andere
Schriftsteller der Zeit, nennen durfte, «*der ouch ein teil
getihtes kan*», jemals *rihtære* geheißen habe, davon ist
uns kein Zeugniss bekannt, so viel wir uns auch darum
bemüht haben. Auch bleibt es immer unwahrscheinlich,
daß ein Wort wie dieses, was zu dem häufigst ge-
brauchten Sprachgute gehört, neben seiner allgemein
bekannten Bedeutung, die der heutigen ungefähr ent-
spricht, noch diese separate entwickelt habe, die für
uns spurlos verschwunden ist. Endlich paßt auch nur
eine einzige der beiden Stellen unseres Gedichtes für
diese angenommene Bedeutung, denn die erste, wo der
rihtêre uns von dem liede saget, kann doch nicht den
Ueberarbeiter, sondern nur den ursprünglichen Verfaßer
meinen, man müßte denn, wozu viel Phantasie gehört, an-
nehmen, es sei hiermit eine ganze Genealogie von *rihtêren*,
Ueberarbeitern, einer auf den Schultern des andern, be-
zeichnet. So werden wir hier *rihtêre* für *tihtêre* bloß
als einen, auch anderwärts häufigen und in dieser Hs.
nicht befremdlichen Schreibfehler betrachten. Für die
zweite Stelle mag jeder, der daran glaubt, bei dem
rihtêre beharren, wir ziehen auch hier das *t* vor und
haben uns erlaubt, es in den Text aufzunehmen.

Jedenfalls also ergibt sich aus der ersten Stelle,
daß dem eigentlichen, d. h. dem uns zunächst bekannten
Dichter ein anderer vorgearbeitet hat. Dieß bezeugen
aber auch noch viele andere directe Berufungen auf eine
schriftliche Quelle, die wir hier in einer neuen Gestalt
vorgeführt erhalten. Diese Quelle heißt sehr häufig *daz
buoch* oder im Plural, der in seiner Bedeutung damals
auch noch dem Singular gleicht, *diu buoch*. Wenn aber
am Schluße **5197** steht *hie hât daz bûch ende*, so kann
damit ebenso gut dieses ältere *buoch* als das vorliegende,
die Arbeit des letzten Dichters gemeint sein.

Diese Vorlage, dieß *buoch* wird von ihm aber auch
noch etwas häufiger, so **1503, 1826, 1907, 3490, 4792,
4860** *liet* genannt, und damit ist nicht sowohl die Kunst-
form des Werkes gemeint, als die feste Basis bezeichnet,
auf der seine Arbeit — von der er deswegen um nichts
geringer, sondern in mittelalterlicher Weise desto höher

denkt — ruht, und wodurch sie ihre innere und äußere
Glaubwürdigkeit erhält. Zwei dieser Stellen sind beson-
ders merkwürdig: die eine, wo er die unantastbare Zu-
verläßigkeit seiner Quelle fast mit den Worten rühmt,
die wir in der uns bekannten Literatur zuerst in der
Kaiserchronik zu gleichem Zwecke gebraucht finden.
Man vergleiche 3490 des Rother mit Kaiserchronik (Diemer,
als ältestem Texte) 2, 5 fg., und es wird sich der Ge-
danke an einen Hinblick auf sie für unsern Dichter kaum
abweisen laßen, sowenig als 4792 fg., wo dasselbe nur in
freierer Paraphrase gesagt ist. Die zweite Stelle ist 1503:
die irlázis daz liet, wo offenbar der Begriff *liet* ganz
in der Art, wie *mære*, oder bei den höfischen Dichtern
áventiure als die gleichsam lebendig gewordene Macht
der wahrhaften Tradition gebraucht wird, der sich der
Dichter unbedingt unterzuordnen hat. Synonym mit *liet*
in diesem Sinne kann natürlich das Gedicht auch als
mære bezeichnet werden.

Ob sich aus allen diesen Bezeichnungen *buoch, liet,*
mære ein Schluß auf die Gestalt dieser Vorlage ziehen,
wenigstens etwa die Frage entscheiden läßt, ob dieselbe
zum Gesangsvortrag und demgemäß in strophischer Form
verabfaßt war, muß noch bei der Betrachtung der äußern
Kunstform erwogen werden. Einstweilen genügt es auf
die Thatsache hinzuweisen, daß alle diese Ausdrücke an
sich nichts beweisen und damals, früher und später, ebenso
wohl für Werke in den gewöhnlichen zur Declamation,
zum Lesen, bestimmten Reimpaaren, wie für strophisch
gegliederte, deshalb immer noch nicht ausschließlich zum
Absingen bestimmte, gebraucht werden.

Wichtiger für jetzt ist es uns zu bestimmen, wie
diese schriftliche Vorlage sonst aussah, wo und wann sie
entstanden ist. Auch hier sind wir bloß auf die immer
zweifelhafte Hülfe der innern Kritik verwiesen. Das
wesentlichste Moment ist schon geltend gemacht. Jene
specifisch bairischen Zusätze können nicht der Vorlage
angehört, sie würden sich dann ohne Zweifel organischer
mit dem Ganzen verbunden haben. Hierzu rechnen wir
auch das directe Lob des bairischen Volksstammes, der
in unserer etwas spätern Epik, der höfischen und volks-

thümlichen, sonst weniger günstig beurtheilt zu werden
pflegt. Dasselbe ist so innig verbunden mit anderem,
was sich aus den oben entwickelten Gründen als ein
späteres Einschiebsel zu erkennen gibt, daß es nur durch
die letzte Redaction hereingebracht sein kann. Recht-
fertigt sich die von uns gemuthmaßte Beziehung einer
Stelle auf ein Ereigniss, das erst 1147 geschah, so wird
auch diese jüngerer Zusatz sein, denn es ist wohl kaum
anzunehmen, daß ein Tagesereigniss sofort in derartiger
sagenhafter Umgestaltung in ein poetisches Werk Eingang
gefunden. Dazu gehörte schon eine längere Reihe von
Jahren, eine Frist, wie wir sie aus andern Gründen uns
zwischen beiden Redactionen denken müßen.

Es hat sich oben gezeigt, daß unserm Gedicht unver-
kennbar ein rheinischer Typus in Sprache und Stoff aufge-
drückt ist. Gehört aber dieser der Vorlage oder dem Ueber-
arbeiter? Bei aller Treue gegen seine Quelle ist nicht
abzusehen, warum er nicht die Besonderheiten ihrer Sprache
in die seiner Heimat umgesetzt haben sollte, wie dieß
alle andern seines Gleichen, ja sogar die bloßen Ab-
schreiber von Handschriften im weitesten Umfang zu
thun pflegten. Freilich müßte sich dann doch irgend-
eine Spur dieser früheren Farbe unter der spätern Ueber-
malung erhalten haben, aber davon ist keine auch noch
so dürftige zu entdecken. Die Sprache ist überall im
Großen und Ganzen, im Kleinen und Einzelnen nur
rheinisch. Die stofflichen Beziehungen auf den rheinischen
Culturkreiß könnte der Ueberarbeiter, unbeschadet seines
guten Gewissens gegen seine Vorlage, ebenso leicht hinein-
getragen haben als die specifisch-bairischen. Es ist aber
doch wieder ein sehr merklicher Unterschied zwischen
beiden: diese sind nur angeleimt, die andern solid und
geschickt hineingearbeitet, werden also darum eine grö-
ßere Ursprünglichkeit als die ersten beanspruchen dürfen.
So kommen wir denn zu dem wahrscheinlichen Ergebniss:
die Vorlage, das *buoch*, *liet*, *mære* von Rother ist am
Rheine entstanden; seine frühere, eigentlich paläonto-
logische Geschichte berühren wir nicht weiter. Von da
aus hat es ein gleichfalls rheinischer Dichter nach Baiern
gebracht und dort zu unserm Rother, wie ihn die Heidel-

berger Hs. enthält, verarbeitet. Die Vorlage mag noch
vor der Mitte des 12. Jahrhunderts die dem Ueberarbeiter
bekannte Gestalt erhalten haben, der Ueberarbeiter, der
angebliche *rihtære*, richtete und dichtete, um in der
Sprache seiner Zeit zu reden, spätestens in den sech-
ziger Jahren desselben Jahrhunderts, wahrscheinlich im
Dienste oder im Interesse eines bairischen Herrn, wohl
nicht des damaligen Herzogs von Baiern selbst, Heinrich
des Löwen, der weder direct noch indirect irgendwie
mit unserm Gedichte oder Dichter in Verbindung gesetzt
werden kann, weil dazu gar keine Veranlaßung ist, ja
unseres Bedünkens eher das Gegentheil davon. Es han-
delt sich um die poetische Verherrlichung bairischer
Dynastengeschlechter, die als solche in nationaler Oppo-
sition zu dem Herzog standen, wenn wir auch das ein-
zelne der geschichtlichen Beziehungen nicht zu durch-
schauen vermögen.

Wer und was der Verfaßer des originalen *buoches*
gewesen, wollen wir nicht muthmaßen, obgleich es viel-
leicht nicht so schwer sein möchte. Der «*rihtære*» dagegen,
soweit wir ihn mehr tastend als fest greifend von jenem
zu sondern vermögen, war vor allen Dingen kein Spiel-
mann des Schlages, wie die Verfaßer des Salomon und
Morolt, des Oswald, des Orendel u. s. w., sondern den
Verfaßern des Alexander und des Rolandsliedes oder der
Kaiserchronik an Bildung, Lebensanschauung, geselliger
Stellung u. s. w. gleich. Wer den Rother zu jener Spiel-
mannspoesie wirft, deren prägnanteste Figuren wir
nannten, zeigt, daß er ihn nie mit Aufmerksamkeit und
innerem Verständniss gelesen hat. Damit wäre noch
nicht gesagt, daß der Dichter dem geistlichen Stande,
wie der Pfaffe Conrad gewiss, die Verfaßer des Alexander
und der Kaiserchronik wahrscheinlich angehörte. Ohne-
hin würde dadurch der Begriff «Spielmann» in der unend-
lichen Dehnbarkeit seiner damaligen Bedeutung keines-
wegs ausgeschloßen sein. Denn aus unzähligen verlot-
terten Klerikern, auch solchen, die schon die höhern
Weihen hatten, rekrutierte sich ja diese Zunft, oder
vielmehr Unzunft am reichlichsten. Unser Dichter ge-
hörte aber nicht bloß nicht dazu, sondern er wollte auch

ausdrücklich nicht dazu gezählt werden. Nimmermehr
hätte einer, der selbst sich als *spilcman* fühlte, mit
solchem schadenfrohen Humor das schmähliche Miss-
geschick seiner Standesgenoßen, die Prügelstrafe, die an
hundert *spileman* vollzogen wird, schildern können, wie
er es gethan hat. Auch sonst ist hier die Rolle dieser
Leute eine zwar ganz aus der Wirklichkeit gegriffene, aber
keineswegs ehrenvolle: zu jedem Gaunerstück, das kein
anderer unternehmen mag, sind sie bereit und wie man
zu sagen pflegt, in allen Waßern gewaschen.

Daß der Verfaßer deshalb, weil er kein *spilc-
man* und in Geist und Lebenshaltung den Dichtern des
Rolandsliedes u. s. w. innigst verwandt war, ein Geist-
licher gewesen sein werde, vermuthen wir zwar, be-
haupten es aber nicht, obgleich wir ihn noch weniger
etwa in der Klasse der ritterlichen Berufsdichter suchen,
als deren erster namhafter Vertreter, freilich unzweifelhaft
nicht der erste, den es überhaupt gegeben hat, später
Heinrich von Veldeke galt. Für die Jahre 1150—1160
möchten sich solche schwerlich nachweisen laßen: sie sind
ein etwas jüngerer Trieb der höfischen Treibhauspflanze,
und selbst wenn wir unsere ältesten Lyriker, voran den
apokryphen Kürenberger, noch für älter als 1150
halten wollen, so ist es doch noch etwas anderes, ob
ein Ritterbürtiger einmal ein kunstgerechtes Minnelied zu
singen verstand, oder ob man einem solchen zutraut,
daß er ein erzählendes Gedicht von mehreren tausend
Versen verfertigen konnte. Dazu gehört eine auch äußer-
lich schon einigermaßen abgeschloßene berufsmäßige
Routine, die sich damals, so viel wir wißen, nur bei den
Spielleuten und bei den Geistlichen fand. Und darum
behaupten wir zwar nicht, aber halten es für wahr-
scheinlich, daß auch unser Dichter der letztgenannten
Klasse zuzurechnen sei. Nichts in seinem Werke wider-
streitet dieser Annahme, vieles spricht dafür, zwar nicht
allein und entscheidend, aber doch in Verbindung und
zur Unterstützung des unabhängig davon gewonnenen nega-
tiven Ergebnisses, daß er nicht wohl etwas anderes ge-
wesen sein kann, immerhin mit einiger Beweiskraft.
Denn auf das *münchen* des Helden, d. h. daß er schließlich

e*

ins Kloster geht, geben wir selbstverständlich nichts,
besonders deshalb, weil dieser Zug möglicherweise schon
der Vorlage angehörte. Freilich werden wir darin noch
weniger ein Kennzeichen der Spielmannsdichtung fin-
den, wie andere gethan haben, weil auch Wolfdietrich,
Oswald, Orendel u. s. w. mit demselben erbaulichen Ende
ausstaffiert sind, während z. B. im Alexander- und Rolands-
liede sich nichts davon findet. Es möchte denn doch
wohl ein Kunststück gewesen sein, Alexander oder Karl
den Großen auf diese Art vom Schauplatz abtreten zu
laßen. Jedenfalls lag eine solche Schlußscene einem
Geistlichen noch näher als einem *spileman*, wie man sich
deren Art und Wesen gewöhnlich zu denken pflegt, obgleich
auch sie, wenn sie auf die Thränendrüsen der Zuhörer
speculierten, einen solchen Zug begreiflich nicht ver-
schmähten. Mischt auch unser Dichter keine directe
und unzweideutige geistliche Gelehrsamkeit in lateinischen
Citaten u. s. w. ein, wie sie, aber doch nur sehr ver-
einzelt, in dem ihm nächst verwandten Kreiße begegnet,
so zeigt er sich doch überall als einen in seiner Art und
nach dem Maße seiner Zeit und seines Publikums kennt-
nissreichen Mann, wobei wir allerdings häufig unser Unver-
mögen zugestehen müßen — ein anderer weiß sich viel-
leicht beßer Rath — seine eigensten Zuthaten von der
seiner Vorlage zu unterscheiden. Nur das fällt uns auf,
daß alle jene, besonders gegen den Schluß sich mehren-
den specifisch erbaulichen Stellen, so etwa 4397 fg. und
5117 fg. im Versbau und Stil eine größere Geschmeidigkeit
zeigen, als ihre übrige Umgebung oder viele andere Theile
des Gedichtes. Man dürfte vielleicht daraus abnehmen,
daß sie der jüngeren Hand ausschließlich angehören, die
anderwärts, auch wo sie richtete, doch begreiflich sehr
viel Trümmer des alten Baues ohne völlig stilgerechte
Modification stehen ließ, natürlich nur solche, die es
entweder zu schwer fiel, gänzlich umzuschmelzen, oder
die so wie sie einmal dastanden, doch noch immer zur
Noth auch von den Ohren eines etwa zwanzig Jahre
lang im rapidesten literarischen Fortschritt begriffenen
Publikums ertragen werden konnten.

Die Sprache des Gedichts ist in dem Bisherigen schon

öfter als ein Mittel zu seiner genaueren Charakteristik
benutzt worden. Sie gehört den Rheinlanden an, das ist
unschwer zu sehen, schwerer aber diese etwas weitschich-
tige Bezeichnung in engere Grenzen einzuschließen, wie man
doch gerne möchte. Daß wir nur eine einzige Handschrift
(Heidelberger Hs.) benutzen können, erleichtert und erschwert
ein solches Unternehmen. Denn die Fragmente von drei an-
deren erweisen sich bei genauerer Prüfung — das badensche
(nach unserer Zählung von 1002—1054), die drei hanno-
verischen (5139 fg. bis zum Schluße), die neuerlichst auf-
gefundenen Münchener Fragmente (4062 fg., 4099 fg.,
4584 fg., 4621 fg., vgl. Sitzungsberichte der philologisch-
historischen Klasse der bairischen Akademie der Wissen-
schaften, 1869, II, Heft 3) — als ebenso viel in ihrer
Art selbständige Ueberarbeitungen, ein Beweis, wie schon
bemerkt, daß unser Gedicht innerhalb einer gewissen
Periode doch eine ziemliche Verbreitung gefunden haben
muß. Sie weichen nämlich, wie die Vergleichung mit
H lehrt, nicht bloß nach Art anderer Handschriften
durch relativ selbständige, der Localmundart ihres
Schreibers mehr oder minder angepasste Sprachformen ab,
sondern durch eine veränderte Technik des Verses und
Reimes, oft auch des ganzen Stiles, durch ein sichtbares
Bestreben alles, was hierin und in der Sprache einer
späteren Zeit veraltet erschien, abzuschleifen oder aus-
zutilgen. Sie sind also, die eine freilich vor der an-
dern, ähnliche Producte des *rihten*, vielleicht auch des
tihten, wie H selbst im Verhältniss zu seinem Original ein
solches ist. Am genauesten schließen sich noch die Münch-
ner Fragmente an, die von ihrem Auffinder und Heraus-
geber mit Recht in die erste Zeit des 13. Jahrhunderts
gesetzt werden, möglicherweise auch noch dem 12. Jahr-
hundert angehören. Aber auch sie sind durchgreifend
verändert, schon dadurch, daß sie merkwürdigerweise
eine consequente Umschreibung in die Formen der bairi-
schen Mundart zeigen und so durch die sichtbare Kluft
zwischen diesen und den ursprünglichen, die auf einem
andern Wege gewonnene Ansicht von dem rheinischen
Ursprung des Gedichtes auch von dieser Seite her dar-
thun. Denn alle diese bairischen Formen sind nur äußerlich

aufgetragen und laßen mit leichter Mühe die darunter
liegenden echten erkennen. *)

Aber auch H gibt, wie begreiflich, nicht die
eigentlich authentische Gestalt des Textes. Es wäre ein
Wunder, wenn wir in ihm das Originaldictat des Verfaßers
oder wie wir zu sagen pflegen, sein Originalmanuscript
besäßen, und dieß Wunder hat sich hier nicht ereignet.
H ist dafür schon viel zu jung, wenn auch immerhin
die älteste der erhaltenen schriftlichen Aufzeichnungen
des Rother. Streifen wir dieß Besondere der Hs. ab, um
zu ihrem Original zu gelangen. Mit Hülfe der Beobach-
tung des Reimgebrauchs u. s. w. ist dieß im allgemei-
nen nicht schwer, im einzelnen Falle nicht überall mit
Sicherheit thunlich. Es ergibt sich daraus, daß H einer
etwas anderen Heimat entstammt als seine Vorlage, die
die echte Gestalt des Werkes in seiner bisher als
älteste nachweisbaren und in diesem Sinne schlecht-
weg als älteste und originale zu bezeichnenden Be-
arbeitung enthielt. H zeigt Sprachformen, insbesondere
lautliche Eigenthümlichkeiten, die auch an den Rhein
oder in seine Nachbarschaft, aber noch bestimmter in
die Gegend nordwestlich von Köln nach der Maas
hinweisen. Die Vorlage dagegen entstand nicht sowohl —
denn wir sahen, daß sie sehr wahrscheinlich in Baiern
entstanden ist — als spiegelt vielmehr die mundartlichen
Eigenthümlichkeiten eines Mannes, der auf dem rechten
Ufer, etwa an der Mündung der Lahn in den Rhein,
also oberhalb Köln zu Hause war. Unter den viel-
leicht etwas älteren Literaturdenkmälern, von denen so
viele eine entferntere Sprachverwandtschaft mit unserm
Rother zeigen, sind es der Arnsteiner Marienleich und
die jetzt Friedberger Christ und Antichrist benannten
Bruchstücke, die seiner Mundart am nächsten stehen.

---

*) Daß aber H selbst auch nicht wieder eine solche
freiere Veränderung des Textes, sondern wirklich nur die bei
jeder abgeleiteten Hs. natürlichen und bei einer nicht einmal
sehr sorgfältig und verständig geschriebenen, wie sie ist, doppelt
begreiflichen Abweichungen von dem Grundtexte gibt, von
dem sie immerhin noch durch mehrere Mittelglieder ähnlicher
Beschaffenheit getrennt sein kann, aber nicht getrennt zu sein

Da es hier nicht so sehr darauf ankommt, den Ge-
winn, der sich für die Geschichte der deutschen Dialekte
aus H entnehmen läßt, zu verwerthen, als die wesent-
lichen Züge der Mundart des Dichters herauszuheben,
insoweit sie namentlich von dem abweichen, was wir
als das gewöhnliche Mittelhochdeutsch, die Sprache der
reiferen und reifsten Kunstperiode des Mittelalters mit
Recht als den eigentlichen deutschen Sprachkanon der
Zeit betrachten, so berücksichtigen wir in der folgenden
gedrängten Skizze, die durch die Einzelausführungen in den
Anmerkungen ihre Ergänzung findet, wie sie diese Ein-
zelheiten in einer gewissen Uebersichtlichkeit zu verbinden
strebt, vorzugsweise dieß, und nur gelegentlich die spä-
tere Lasur, die dem Schreiber von H zugehört. Es han-
delt sich hier überhaupt doch nur darum, die Original-

braucht, zeigt ihr ganzer Habitus. Für den Kenner wird es
genügen, einen einzigen Fall anzuführen: 1259, 60 steht der Reim
nam: gienc stân, wo die Veränderung in *quam*, was zur Zeit
der Niederschrift allein als tauglicher Reim galt, so nahe lag,
daß man hieraus allein schon die Absicht des Schreibers, sich
in allen wesentlichen Dingen an seine Vorlage zu halten, oder
vielmehr seine naive Unabsichtlichkeit vollkommen ermeßen
kann, denn die Umsetzung in seine Localmundart, die ohne-
hin die des Originals nahe berührte, hat er natürlich nicht
tendenziös betrieben; sondern die ist ihm von selbst aus der
Feder gefloßen.

Eben darum ist auch der positive Gewinn aus den andern
Handschriftfragmenten fast null. M (die Münchner Fragmente)
allein bietet an einigen Stellen nicht das Richtige, aber doch eine
Andeutung, um das Richtige in H wiederherstellen zu können.
An einer Stelle, 4592 scheint M sogar direct das Echte erhalten
zu haben. Sein *scophbuoch* für das kahle *bôche* von H möchte
vielleicht manchen verlocken, aber einmal passt es schlecht in
den Vers, der überhaupt in M arg misshandelt ist, dann ist
die stehende Formel *bôch* oder *bôche* an sich durch so viel
andere Stellen (vgl. oben) bezeugt, daß man nicht sieht, warum
sie hier verlaßen sein soll, endlich ist der Ausdruck *scophbuoch*
zwar ein alterthümlicher und der Zeit der Abfaßung gemäß,
aber er war auch noch mindestens am Ende des 12. Jahrhunderts
gebräuchlich und es ist wohl kein Zufall, daß wir ihn gerade
in der bairischen Bearbeitung des Herzog Ernst finden, deren
Sprachformen denen unseres Münchener Fragments, soweit sie
sich vergleichen laßen, sehr nahe stehen.

gestalt des Werkes in dem öfters entwickelten Sinne dem
heutigen Publikum zugänglich zu machen, oder, wenn
man anmaßender reden will, sie so gut als möglich wieder
herzustellen. Dafür aber ist die sprachliche Individualität
des zufällig einzigen Hülfsmittels, dessen wir uns dabei
bedienen können, an sich völlig gleichgültig.

Im Lautsystem der Mundart sind die Abweichungen
ihrer Vocalisation stärker als die ihres Consonantismus,
obwohl sich auch dieser von dem mhd. Kanon bedeutend
entfernt. Im Bereiche der Vocale sind hier keine Um-
laute entwickelt, mit Ausnahme des *e* von *a* ungefähr in
dem Umfange des Mhd. und *ê* für mhd. *œ*, Umlaut von *â*,
aber mit diesem seinem Grundlaute wechselnd. Hier gibt
es also kein *ü*, noch weniger *ö*, kein *öu*, kein *üe*, auch
kein *iu*, soweit es Umlaut von *û* ist. Die vocalischen
Grundlaute selbst sind vielfach ineinander gefloßen, auch
wo sie der Hauptton des Wortes schützen sollte. *A* und
e wechseln zwar selten, aber doch hier und da miteinander, *e* tritt oft für *i* ein, seltener *i* für *e*, *o* für *u*
erscheint besonders vor den Liquiden. Dagegen hat sich
â reiner erhalten und ist weder mit *ê* noch mit *ô* ge-
radezu vertauscht, wie es die Mundart des Schreibers
von H häufig thut. Daß die Behandlung der Diphthonge
sich stark von dem mhd. Schema entfernt, versteht sich
von selbst. Neben *ei* gilt auch *ê*, besonders vor Nasalen.
Dieß *ê* ersetzt auch *ie*, wofür aber auch *î* stehen kann
oder vor Position *i*, sodaß z. B. die Formen *gienc*, *gênc*,
ginc (aber nicht *ginc*) gleichberechtigt sind. *Ô* ersetzt
das mhd. *uo*, das nur selten, fraglich ob überhaupt der
Mundart des Dichters zustehend, auftaucht. Mit *ô* theilt
sich *û* in dieselbe Function, vielleicht so, wenn Rück-
schlüße aus der späteren Geschichte dieser Mundart ge-
stattet sind, daß *û* als das jüngere, aber keineswegs etwa
bloß dem Schreiber von H zuständige zu betrachten ist.
Dieser würde wahrscheinlich eher *ô* oder *ôu*, vielleicht
auch *ôe* vorgezogen haben. *Ô* vertritt aber auch, ob-
gleich selten mhd. *ou*, aber im Reime können diese bei-
den *ô* nicht miteinander gebunden werden, ein Zeichen,
daß ihre Qualität eine verschiedene war. Die Mundart
von H geht hier offenbar viel weiter als die des

Dichters und manche ihrer ó = ou würden diesem sehr fremd-
artig geklungen haben. Û hat neben dem Ersatz von
ó = mhd. uo, wie schon bemerkt für iu, Umlaut von û zu
fungieren, aber auch im weitesten Umfange für den alten
Diphthong iu, der selten, aber dann doch wohl sicher, als
solcher geschrieben wird. Für den Ausfall so vieler
Diphthonge schafft die Mundart einigen Ersatz. Sie
bildet ein neues ie aus î vor Sibilanten, während der
Schreiber von H noch viel weiter geht und vor allen
Dentalen dieß neue ie begünstigt; ihm allein gehört auch
ie für î an, das gerade so wie das obige ie geschrieben,
doch in der Aussprache sich weit davon entfernt: ie ist
ein wirklicher Diphthong, ie für î ein unechter, eigentlich
eine Länge mit nachtönender Kürze. Für mhd. ie in
der Präteritalbildung der früheren redupl. V. steht oft
ei, was wir nicht als eine bloße «Umdrehung» der
Laute, sondern als Nebenform von ê = ie also eigentlich
êi faßen. Wenn H diesem ei auch noch weiteren Spiel-
raum gestattet, z. B. hei für hie, leit für liet schreibt,
so scheint dieß nach unsern Beobachtungen nur ihm,
nicht dem Dichter zuzugehören. Gleiches gilt für den
umgekehrten Fall, ie für ei, liet für leit u. s. w. Die
Reime beweisen schon, daß die Mundart des Dichters
damit nichts zu schaffen hat. Ebenso oi für ó, während
die seltenen Beispiele von ou für ó = mhd. uo möglicher-
weise nicht bloß dem Schreiber zugehören, was auch von
ou = mhd. ó gilt, wo es vor gewissen Consonanten selbst
wieder ein altes au ersetzt. Ob sich dieses in solchem
Falle erhalten, oder ob nicht vielmehr ou in zouch u. s. w.
erst im Durchgange durch ó in ou, d. h. dann wohl ôu
auseinandergezogen ist, wollen wir hier nicht weiter
erörtern.

Die hochbetonten Kürzen vor einfachem Consonanten-
schluß der Silbe haben schon eine deutliche Neigung, sich
durch die Aussprache zu dehnen, wie in allen mehr oder
minder niederd. gefärbten Mundarten dieser Zeit, ja wie
auch in denen, die man specifisch mitteld. nennen darf.
Selbst im Reime sind einige dieser neuentstandenen
Längen schon in Verbindung mit altberechtigten ver-
wandt worden, wie die Anmerkungen ergeben. Mag da-

durch auch die Rhythmik der Sprache gestört worden
sein, so ist doch ohne Frage ihre Klangfülle erhöht.

Außerhalb der Haupttonsilbe zeichnet sich die Mund-
art durch die weitgehende Erhaltung, resp. Erzeugung
lebhaft gefärbter Vocale aus, da wo mhd. ein *e* in ab-
steigender Schwächung des Nebentones bis zu seinem
völligen Verstummen zu stehen pflegt. Am häufigsten
erscheint *i* in dieser Function, in unzähligen Ableitungs-
und Flexionssilben. Hier und da, keineswegs aber in
der Mehrzahl der Fälle, geht es auf denselben historisch
berechtigten Laut zurück, so in *kuninc, Rotheris, heizit,*
aber nicht in *manic, zuhtin, heizin* u. s. w. Es erscheint
ebenso auch in den der Haupttonsilbe vorhergehenden
Compositions- (Partikel) Elementen, wie in *gi, in(t),*
vir u.s.w. neben den gewöhnlichen mhd. *ge, en(t), ver* u.s.w.
Metrisch ist es dem mhd. *e* ganz gleichwerthig.

In geringerem Umfange macht sich ein gleichfalls
nur theilweise auf altberechtigtes *ô* zurückzuführendes
tieftoniges *o*, das wohl immer oder meist *ô* sein wird,
geltend, besonders in abgeleiteten Verben aller Klassen,
wobei das uralte Schwanken unserer Sprache zwischen
den Ableitungen *jan, ên* und *ôn* in Anschlag zu bringen
ist. Noch seltener erscheint ein *a*, besonders in Infinitiv-
formen, wo es sich jedenfalls nicht von der Urzeit her
erhalten hat, weil es häufig auch die Ableitungen *ên* und
ôn ersetzt, und mit letzterer hier gelegentlich wechselt,
sodaß z. B. *dienan, dienôn* und *dienin* nebeneinander
gelten können. Auch ein tieftoniges *u* vor Consonanten-
verbindungen, die mit dem Nasal *n* beginnen, trägt
dazu bei, den Klang der Mundart kräftiger zu machen.

Im Bereiche der Consonanten weicht im ganzen,
wie schon bemerkt wurde, die Physiognomie der Mund-
art nicht so stark von der mhd. ab. Alle charakte-
ristischen Laute desselben sind auch hier und meist an
derselben Stelle zu finden, und das Selbständige erscheint
mehr wie eine bloße Abstumpfung oder wie ein Zurück-
bleiben hinter einem principiell auch hier gültigen Ziele.
Aber das ist ja überhaupt das Bild aller mitteldeutschen
Mundarten, älterer und neuerer Zeit, aus östlicher und

westlicher Heimat und insofern kein individueller Zug
der unseren. Nur daß hier gelegentlich wohl auch schon
einige echt niederd. Einflüße sich geltend machen, die
bei den Vocalen auch da nicht angenommen zu werden
brauchen, wo die Qualität der Laute mit der niederd.
stimmt, z. B. wo *é* für *ei* und *ie* u. s. w. eintritt. Das
ist alles allgemein mitteldeutsch und selbstwüchsig mittel-
deutsch. Anders aber ist es, wenn wie hier die Aspira-
tion der Media oder die weiche Spirans auf Kosten der
eigentlichen Media eine unverhältnissmäßige Ausdehnung ge-
wonnen hat, wenn in den Labialen die weiche Spirans *v* das
b allein oder in den Combinationen *lb*, *rb* verdrängt oder
beschränkt (natürlich nur im Inlaut, denn im Auslaut
tritt dann die harte Spirans *f* ein, also *gâven* aber *gaf*,
sterven aber *starf* u. s. w.). Oder wenn dieß *v* in fast
unmerkbarer Weise in seine Verdoppelung *vv* = *w* ver-
läuft, sodaß nicht bloß, wie es ja auch die ältere ahd.
Weise oberdeutscher Mundarten ist, nach den Dentalen
(*s* natürlich eingerechnet) *v* das spätere *w* ersetzt, also
svache, svaz, zvei, zvelf u. s. w., sondern auch fortwäh-
rend ein Schwanken zwischen den beiden Lautzeichen
eintritt, das wir in den meisten Fällen unzweifelhaft dem
entschieden niederrheinischen Schreiber der Hs., in man-
chen aber auch der Vorlage zuerkennen möchten — in
diesem Falle haben wir es, eben weil die Scheidung
über unsere Kräfte geht, überall mit dem gewöhnlichen
mhd. oder mitteld. *w* gegeben — oder wenn die Spiranten
der Gutturallaute sich im Verhältniss zum Mhd. oder auch
Mitteld. unverhältnissmäßig breit machen, wenn also z. B.
ch in *sibinzich*, *trôch*, *plach* u. s. w. steht, oder im In-
laut *sâgen*, *insagiz*, *negein* und dergl. Denn dieß *g*
darf nicht als Media, sondern als mediale Spirans gefaßt
werden und könnte wohl mit *gh*, wie es ahd. geschah
und im Mittelniederländischen geschieht, geschrieben
werden, daher es denn auch in der weichen Mundart
des Schreibers für *ch* vor Consonanten wie z. B. in *rigter*
für *richter*, oder im Auslaute *ig* für *ich*, gebraucht wird,
ebenso wie *ch* hier kein Doppellaut mehr ist, *c* + *h*, sondern
die einfache harte Spirans, für welche die deutsche Schrift
von Anfang an kein anderes Zeichen hat, daher man

denn auch entweder den in der Sprache so verbreiteten
Laut c oder $k+h$ mit demselben Zeichen zu geben ge-
nöthigt war, oder durch eine unbehülfliche Combination
cch, die bald verlaßen wurde, oder durch das für die
echte Tenuis gültige Zeichen c oder k. Daß dieses hier
wirklich die echte Tenuis ausdrückt, nicht die aspirierte
der meisten mittel- und aller oberdeutschen Mundarten,
bedarf keiner Bemerkung. Der Anlaut in *kuninc, kan*
u. s. w., lautet also hier ganz anders als in den auch in
oberdeutschen Denkmälern vorkommenden ganz identisch
geschriebenen Formen. Der Schreiber der Hs. geht noch
viel weiter, aber meist ohne andere Laute als die der
Mundart seiner Vorlage zu meinen. Wenn er *clache*,
manichis und dergl. gibt, so will er damit nur die Schär-
fung, nicht die Verhärtung des Lautes ausdrücken, daher
denn in solchen, sehr seltenen Fällen, unser Text, der
die Vorlage und nicht das Werk des zufälligen Schreibers
veranschaulicht, *g* setzt. Er thut dieß aber auch ander-
wärts, wo es nicht immer so leicht ist ihn zu contro-
lieren. So glauben wir z. B., daß die zahlreichen *sch*
die den *sc* fast die Wage halten, noch mehr die einzeln
dafür functionierenden *sg* oder *ssg* nur ihm zugehören,
daß also der Dichter *scal*, *scône*, *sculde*, ja sogar viel-
leicht auch noch *skellen*, *skilt* u. s. w. sprach und schrei-
ben ließ, und daß die Spirans, harte oder weiche, hier
den tiefer am Rhein herrschenden Dialekt verräth. Doch
haben wir uns nicht getraut, diese Ansicht in unserer
Ausgabe durchzuführen, weil die Fälle des *sch* so massen-
haft sind und der Schreiber sonst viel schüchterner seine
Besonderheit geltend zu machen pflegt. Wir haben so-
gar die einzelnen *sh* vor e und i bewahrt, weil sie mög-
licherweise doch der Mundart des Dichters gehören. Es
wäre ja denkbar, daß ebenso wohl aus Oberdeutschland,
wo *sch* für *sk* um die Mitte des Jahrhunderts sich schon
zu verbreiten begann, wie vom Niederrhein her dasselbe
auch in der Heimat des Dichters sich einbürgerte.
So zeigt es sich deutlich z. B. in dem so nahe ver-
wandten Arnsteiner Marienleich, während der Friedberger
Christ nur *sc* hat.
    Mit diesem *ch* ist aber ein anderes nicht zu ver-

wechseln, das sehr vereinzelt, aber desto merkwürdiger
durchbricht, z. B. im Anlaut in dem zusammengesetzten
Wort *échone*, im Inlaut in *nachit*, *bliche*, im Auslaut
roch für mhd. *roc* u. s. w. Dieß *ch* kann weder der
Mundart des Schreibers, noch der des Dichters gehören,
es ist specifisch oberdeutsch, nämlich jenes $c+h$, was
mit demselben Zeichen, das für die Spirans gilt, gegeben
wurde, und bekanntlich durch das ganze Mittelalter, be-
sonders auf bairisch-österreichischem Gebiete in Gebrauch
war. Wir sehen darin unbedenklich einen, wenn auch sehr
geringen Rest bairischer Einflüße, vielleicht des Schreibers
der Originalhandschrift, die in Baiern, wie sich aus an-
dern Gründen ergeben hat, geschrieben wurde, und die,
wenn sie auch die Laute der rheinischen Mundart des
Dichters wiederzugeben sich bemühte, doch selbstverständ-
lich allerlei Einflüßen aus der nächsten Umgebung Raum
gab. Wir haben es nur in *échone*, wo es kein Missver-
ständniss zuläßt, beibehalten.

In die Rubrik der specifisch niederrheinischen und
insofern niederdeutschen Momente gehört auch der Wechsel
zwischen den Spiranten der Gutturalen und Labia-
len, zwischen *ch* (resp. *h*) und *f* in der Verbindung *ft*. Eine
Menge von Reimen scheint diese bekannte Eigenthüm-
lichkeit des bezeichneten Kreißes zu erhärten: freilich
ist hier und da auch ein *cracht* u. s. w. geschrieben, wo
es nicht passt, dafür fehlt es auch oft, wo es nach dem
Reim stehen könnte. Erwägt man aber andere Fälle,
z. B. *wich*: *lif*, *hêrlich*: *lif* oder den zweisilbigen Reim
begriffin: *beswichin*, wo überall *f* auf der einen Seite
ebenso unantastbar fest steht als *ch* auf der andern —
denn die bequeme Conjectur *lich* für *lif* wird im Ernste
niemand vorschlagen, der erwägt, daß das Subst. *lich*
dem Gedichte ganz unbekannt ist — dann auch noch daß in
den zahlreichen Fällen, wo *haft* auf *macht*, *nacht* u. dergl.
gebunden ist, ein *hacht*, was zur Noth dem eigentlichen
Mittelniederländischen dieser Zeit zustünde, hier absolut
ausgeschloßen ist, ferner daß überhaupt in den übrigen
nächstverwandten Sprachdenkmälern dieß *ch* für *f* nicht statt
hat — denn die drei Fälle, wo im Herbort, einem späteren
Seitenverwandten dieser Mundart, *ch* für *f* im Reime

erscheint (5597, 6197, 7963), wird man bloß als Vel-
deke'sche Einflüße gelten laßen dürfen —: so glauben wir,
ist der Schluß berechtigt, daß nicht ein einziges dieser
fraglichen *ch* in *f* verändert werden darf, sondern daß
wir hier ungenaue consonantische Reime vor uns haben,
deren Analogien in andern Consonantenbereichen in wahr-
haft erdrückender Fülle zu haben sind. Dem Schreiber
waren sie sehr mundgerecht, daher hat er sie auch oft
gesetzt, wo sie auch ihm nicht nothwendig gewesen wären,
o wenn er 1194 *haftin: uncrachten* u. s. w. schreibt,
oder wenn er 4308 *cracfte* im Reime auf *hafte* setzt,
wo er *crachte* schreiben wollte, wie er sprach, aber der
Reim ihn doch zum Beharren bei der richtigen Form
crafte bewog.

Daß sich sonst einzelne Vertauschungen zwischen
f und *ch* finden, theils solche die der Mundart des
Schreibers zustehen, in welcher beide Laute sich sehr
nahe berührten, theils andere, die als bloße Schreib-
fehler anzusehen sind, berühren wir nicht weiter, ebenso
wenig die gleichfalls nur der Hs. angehörigen *ch* im Aus-
laut für *t*, wie *zich* für *zît*, *trûch* für *trût* u. s. w., worin
man keine Schreibfehler, wohl aber Formen, die dem
Originaltext gänzlich fremd sind, sehen darf.

Dagegen ist das niederd. *k* (*c*) für *ch* hier und da
sicher dem Original gehörig, so in *leike*, *rîke* im Inlaut,
sic, *durc* u. s. w. im Auslaut, deutlich durch folgende anlau-
tende Gutturalen veranlaßt. Ebenso *t* für *z* meist im Auslaut,
wie *hât: scat*, *gôt* (*gôz*): *brôt*, *vôt: geschôt*, also nicht
bloß die weit über das niederdeutsche Gebiet streifenden
dat, *wat*, *it*, *dit*, aber auch einzeln im Inlaut, wie
die Reime *riete: liete*, *vôte: berôrten* zeigen. Dem
Schreiber war dieß *t* natürlich noch viel mundgerechter,
wie man, wenn man es sonst nicht wüßte, aus den
vielen Correcturen sehen würde, wo er es wieder in das
seine Vorlage beherrschende *z* zurücksetzen mußte. Ueber-
haupt hat ihm dieß so fremdartige *z* Noth genug ge-
macht und zu vielen Fehlern Veranlaßung gegeben.
Parallel dem *k* und *t* zeigt sich *p* für *ph*, *pf* oder *f*.
Im Anlaut überwiegt es fast, wie *pelle*, *penninc*, *pin-
kesten*, *plegen* u. s. w. beweisen. Dieß *p* ist nun be-

kanntlich weit hinauf am Rheine bis in die gemischten
fränkisch-alemannischen Gebiete verbreitet und insofern
nichts Specifisches, aber im In- und Auslaute, hier eben
darum so selten erscheinend, gehört es niederdeutschen
Einflüßen an, oder weist nach dem niederdeutschen Sprach-
stand hin. Dem Schreiber war es angeboren, daher er
es öfter unberechtigt eindrängt.

Andere Lauteigenthümlichkeiten darf man, wenn man
überhaupt auf den Schematismus solcher Terminologien
Werth legt, auch dann als mitteldeutsch bezeichnen,
wenn sie sich in verwandter oder gleicher Qualität in
der niederdeutschen, speciell niederrheinischen Zone finden.
Dahin gehört das Festhalten der vorhochdeutschen dentalen
Media *d* im An-, In- und Auslaut, im Inlaut sogar in
der Verdoppelung *dd*, natürlich ohne die hochd. Tenuis,
die die gesammte Schriftsprache der Zeit, mit Ausnahme
der eigentlichen Niederlande und des friesischen und
sächsischen Gebietes beherrschte, ganz zu verdrängen.
Auf diese Art sind oft mehr für das Auge als für das
Gehör seltsame Mischformen entstanden, wie sie freilich
überall begegnen, wo sich weder die reine Mundart,
noch eine festgeprägte Schriftsprache allein durchzu-
setzen vermag, nicht bloß in diesem Specialfalle oder
auch nur in diesem Gedichte.

Mitteldeutsch ist das fast consequent durchgeführte
ch für *h* in Consonantenverb. *cht* für mhd. *ht*, *chs* für *hs*,
oder was im Princip damit identisch ist, die Ausstoßung
dieses *h*, sodaß beides, *liecht* und *liet*, richtige Formen
sind. Ihre Begründung liegt in dem Herabsinken des *h*
zu einem bloßen Hauche, der eben darum da, wo er dieß
nicht sein konnte, wie vor Consonanten, mit dem der-
beren *ch* vertauscht werden oder ganz verschwinden
mußte. Eben darum auch ist er im Auslaute so oft ganz
geschwunden und nur einzeln, wie in *ih*, *sah* u. s. w.
noch geschrieben worden, nicht um die ahd. Geltung
dieses Zeichens zu repräsentieren, sondern weil die Mund-
art hier auf bloß vocalisch auslautende Formen hinsteuert,
sie aber noch nicht erreicht hat. Der Schreiber von
H sprach im Anlaut dieses *h*, wie seine Landsleute noch
jetzt, so dünn und leicht, beinahe wie den sogenannten

spiritus lenis des Griechischen, daher er denn sehr oft
es da setzt, wo seine Vorlage es nicht hatte, in der es,
wie in ihren andern mitteldeutschen Verwandten, immer
dem spiritus asper gleichwerthig ist, umgekehrt es auch
wegläßt, wo es dort stand. Mitteldeutsch ist ferner die
sichtliche Neigung, auch im Auslaut die Media festzu-
halten, während die an das eigentliche Niederländische
nahe streifende Mundart des Schreibers umgekehrt die
Tenuis begünstigt. Da diese auch von der andern Seite,
von Oberdeutschland her, wo sie sich wahrscheinlich
schon damals im Auslaute, wie im späteren Mhd. durch-
gesetzt hatte, Einfluß auf die Sprache des Dichters üben
konnte, so ist es unmöglich, in jedem einzelnen Falle
gerade hier das ihm oder seinen Intentionen Entsprechende
herauszufühlen.

Mitteldeutsch ist auch das Bestreben, gewisse End-
consonanten abzuwerfen oder möglichst abzuschleifen.
Dahin gehört vor allem *t* nach *n* und *s*, besonders in
den Verbalformen, doch keineswegs nur in ihnen — die
Mundart des Schreibers geht auch hier, wie die Reime
zeigen, weiter als die des Dichters, dem Formen wie
rech, nich u. s. w. fremd sind — desgleichen mitteldeutsch
die Einbuße, welche *n* und *m* im Auslaut allein stehend
oder vor Consonanten, namentlich *t*, an ihrer Qualität
als reinlich geschiedene Nasale der Dentalen und Labialen
erlitten haben. Für sie ist wie heute in derselben Mund-
art, unbedingt nur die Qualität eines nach- oder vor-
klingenden Nasenlautes an sich, ein richtiges Anuswara,
zuzugeben, sodaß also Reime wie *quam: kan* oder *samt:
lant* für das Ohr des Dichters viel weniger als für unser
Auge anstößig sind. Wollte man dafür aber *quan: kan,
sant: lant* schreiben, so hätte man weder ein historisch
berechtigtes, noch auch ein wirklich den Sachverhalt
treffendes Kunststück gezierter Pedanterie geliefert, an
dem wir unsererseits wenig Geschmack finden. Denn *n*
bezeichnet eben einen ganz anderen Laut und für den,
den es in diesem besondern Fall bezeichnen soll, besitzt
die deutsche Schrift kein allgemein angenommenes Zeichen.

Dagegen ist das gänzliche Schwinden des *n*, worauf
so viele Reime wie *gewinnen: minne, lande: handen* u.s.w.

zu deuten scheinen, nirgends für die Vorlage, sondern
nur für die Hs., in deren Mundart es noch jetzt so
verbreitet ist, zuzugeben. Andere mitteldeutsche Dialekte
älterer und neuerer Zeit haben auch diesen Zug mit
ihr gemeinsam, nur nicht gerade die auf dem rechten
Rheinufer von der Lahn bis zur Sieg. Jene Reime werden
also für wirklich unregelmäßige zu halten sein, nur ist
diese Unregelmäßigkeit keine sehr auffallende.

Desgleichen gehört der Mundart des Schreibers eine
entschiedene Abneigung gegen *r* in Consonantenverbin-
dung oder im Auslaut — dem Dichter in diesem Fallé
höchstens in *dî* für *dir*, *mî* für *mir* — an. Noch jetzt
ist ihr und ihrer nächsten Verwandten, der kölnischen,
dieser Zug so eigenthümlich, daß er sehr häufig zu ihrer
volksmäßigen Charakteristik benutzt wird. Ebenso sind
die aus derselben Quelle stammenden Umsetzungen des *r*,
wenn *troste* für *torste*, *trûlich* für *tûrlich* steht, oder
ebenso gut umgekehrt *torste* für *tröste*, *virst* für *vrist* (wo
r dann im völligen Verhallen begriffen ist) meist nur dem
Schreiber, nicht dem Dichter zuzurechnen, wofür die Reime
ausreichende Beweise liefern. Für den letzteren ist nur
zuzugeben, daß *r* vor Consonanten ihm zwar nicht ver-
schwand, aber doch nicht in seiner reinen dentalen Qua-
lität tönte, sodaß Reime wie *varn: Aspriân*, *wart: hât*,
oder auch *vôte: berôrten*, ihm nicht so auffällig klangen,
wie uns.

Diese Skizze mag hierbei abbrechen, da es hier ja
doch nicht auf eine systematische Darstellung der Mund-
art, sondern nur auf eine vorläufige Verständigung über
ihre auffallendsten lautlichen Züge abgesehen ist. Zur
Mundart gehört aber noch sehr viel anderes, was hier
nicht einmal berührt werden kann. So weit es zur Er-
kenntniss der Formen, der Wortbedeutungen und syntak-
tischen Structuren nöthig ist, suchen es die Anmerkungen
unter dem Texte zu berücksichtigen, auf die hiermit
verwiesen sein soll. Wir haben es aus leicht begreif-
lichem Grunde für praktisch gehalten, überall die ent-
sprechenden mhd. Formen danebenzustellen, nicht als
wenn diese die mustergültige Schablone wären, sondern

weil sie der Mehrzahl der Leser die geläufigeren der
ältern Sprache sind.

Ebenso will die nun folgende Uebersicht der wesent-
lichsten Eigenthümlichkeiten in der poetischen Technik,
im Versbau und Reimgebrauch, auch für nichts weiteres
als für eine bloße Skizze gelten. Eingehendere Erörte-
rungen darüber, sowie über das sprachliche Moment be-
halten wir einer anderen Gelegenheit vor.

Unser Gedicht besteht im Großen und Ganzen aus
den bekannten paarweise gereimten Versen, welche die
deutsche erzählende Poesie geistlichen oder weltlichen
Inhalts schon lange vor ihm und lange nach ihm vor-
zugsweise verwendete. Diese Verse selbst bestehen auch
hier aus vier rhythmischen Hebungen mit dazwischen ge-
schobenen Senkungen, die jedoch nicht immer durch be-
sondere Worttheile dargestellt werden müßen, sondern
auch als bloße Pausen zwischen den Hebungen vorhan-
den sein können. In solchem Falle wird man bei der
Recitation dem Austönen der Hebung dasselbe Maß zu
geben haben, was sonst für Hebung und wirklich ge-
schriebene Senkung erforderlich wäre, sodaß der Um-
fang des ganzen Verses, nicht bloß seine rhythmische
Bewegung sich immer gleich bleibt, mögen die Sen-
kungen, wie man sich ausdrückt, ausgefüllt sein oder
nicht. Dem Verse kann ein sogenannter Auftakt von
einer oder mehr Silben vorhergehen, der metrisch
und rhythmisch indifferent ist und deshalb ebenso gut
auch fehlt.

Dieses allgemeine Schema erleidet aber manche Modi-
ficationen. Es sind im ganzen dieselben, die in allen
deutschen Gedichten der Zeit begegnen, und Rother zeichnet
sich weder durch strengere Regelrichtigkeit im spätern
Sinne, noch durch größere Freiheit aus. Für die aus-
gebildete Verstechnik der eigentlich mhd. Periode gilt
der Grundsatz, daß sowohl die Hebungen, wie die Sen-
kungen nur einsilbig sein können, oder jede von ihnen
nur dann zweisilbig, wenn eine dieser beiden Silben ein
in der gewöhnlichen Aussprache verstummendes e ent-
hält. Auch hier gilt dieser Grundsatz, aber in bedeut-
samer Erweiterung. Jenes der Mundart und Zeit so

charakteristische *i*, was sich für alle Arten von *e* eindrängt, wird, wie schon bemerkt, dem mhd. *e* an derselben Stelle ganz gleich gerechnet. So wie also das mhd. *künec* wegen seines stummen *e* einem eigentlichen einsilbigen Wort wie *kint* in der Hebung gleich im Werth ist, so auch hier das entsprechende *kuninc*, oder wie mhd. *sibenzec*, *klagete*, *sagete* u. s. w. Hebung und Senkung füllt, so hier *sibinzich*, *klagite*, *sagite*.

Das Gleiche gilt auch für die Senkung. Auf diese Art sind zweisilbige Senkungen z. B. in *zornetis*, *ûweris*, *anderin*, ebenso wie die mhd. *zurnetest*, *iuweres*, *anderen* statthaft.

Schwieriger, d. h. von dem gewöhnlichen mhd. Schema abweichender, gestaltet sich aber der metrische Gebrauch in unserm Gedichte dadurch, daß die Senkungen häufig eine Ueberladung zeigen, die der kunstgerechten Poesie der späteren Zeit fremd ist. Zwei unbetonte Silben, in denen die eine dem vorhergehenden, die andere dem folgenden Worte angehört, können hier unbedenklich, auch wenn die erste consonantisch schließt, die zweite ebenso beginnt, für die Senkung verwandt werden z. B. *vrouwen ge/zême*, *mözen ge/niezen*. An der Stelle einer solchen untrennbaren Vorsatzpartikel kann auch ein 'selbständiges Wort von geringem, oder gar keinem eigenen Ton, also kein für den Sinn bedeutsames stehen, wie *hélfet mer*, das ebenso gut aber auch einen andern beliebigen, kurzen oder langen Vocal haben kann, z. B. *vólget mir*, *wâren die*, wo man auch *mer* und *di* oder *de* oder *volgt*, *wârn* schreiben könnte, aber nicht zu schreiben braucht; *begúnden sie*, *vindit sie*, *zúhtin an*, oder *alle sô* u. s. w., wo man gleichfalls nicht *al*, die flexionslose hier häufig vorkommende Form, schreiben wird. Wenn in solchen zweisilbigen Senkungen die zweite Senkung die untrennbare Vorsatzpartikel *ge* enthält, wie in *nu/héiz dir ge/winnen, nie/mán sin ge/want* u. s. w., so kann, braucht aber nicht die dem deutschen Munde fast allerwärts so beliebte unmittelbare Lautverbindung *gw* einzutreten. Dagegen in *wâren ge/vazzôt*, *stêt uns ge/vôchlîche* u. s. w. bedarf es weder eines *wârn* für *wâren*, noch eines *vazzôt*,

f*

vôchliche für *gev.*, sondern es ist und bleibt eine für das
Ohr der späteren Zeit überladene Senkung, an der aber
die frühere Kunst keinen Anstoß nahm, schon darum
nicht, weil ihre Verse, wenn auch im Rhythmus und all-
gemeinen metrischen Verhältniss identisch mit denen
eines Veldeke oder Hartmann, doch entsprechend den
zahlreichen volleren vocalischen Elementen in Ableitung
und Flexion im langsameren und getrageneren Tempo
einherschritten. Das Maß des einzelnen Fußes ist also
hier ein größeres als das entsprechende in der höfischen
Kunstperiode. Natürlich vertheilt es sich auf Senkung
und Hebung, und wenn wir der Senkung eine größere
Ausdehnung zuschreiben, nehmen wir auch für die Hebung
ein stärkeres rhythmisches Gewicht und dem entsprechend
eine größere Zeitdauer in Anspruch, ohne jedoch zu be-
haupten, daß sie deshalb sich von dem ihr naturnoth-
wendigen Gesetz der Einsilbigkeit, abgerechnet jene schon
oben erwähnten Fälle, dispensieren könne.

Wer unserer eben vorgetragenen Ansicht beistimmt,
wird mit uns auch die nicht seltene Ueberladung des
sogenannten Auftaktes, dessen Wesen schon berührt ist,
daraus erklären. Zwei Silben in ihm können nicht auf-
fallen, falls sie nur die Bedingungen erfüllen, die oben
angedeutet sind, besonders wenn sie, wie *wene* 18, *die
ich* 20, *so ich* 121 u. s. w., auf die eine oder andere
Weise kaum über das Maß einer Silbe hinausgehen.
Ebenso ist ein *daz ich* 35, *dat er* 37, *dô sprach* 139
und dergl. erlaubt. Aber auch dreisilbige sind häufig
wie *daz ime* 17, *unde vir/skiede* 29, *daz du mir* 1110,
ich wil daz 1130 u. s. w., am liebsten, wie ja auch noch
in viel späteren Gedichten, so daß die mittelste Silbe
das relativ größte Gewicht hat, wie *er sprach, swer* 190
u. s. w., ja sogar viersilbige wie *de ime zu* 28, was leicht
beinahe zweisilbig gesprochen werden kann, oder *alser
vor den* 102, was niemand dreisilbig sprechen wird,
kommen nicht so ganz selten vor. Keiner dieser über-
ladenen Auftakte widerspricht dem Begriffe desselben,
wenn er auch dem ausgebildeten höfischen Vers zu viel
Ballast gäbe.

Die Mehrzahl aller Verse in unserm Gedicht geht,

wenn man die obigen Bemerkungen über die Behandlung
der Senkung und des Auftakts in Anwendung bringt,
nicht über das allgemein gültige Maß von vier Hebungen
hinaus. Aber für eine Anzahl derselben ist doch eine
Ausnahme zuzugeben und zwar nach zwei Seiten hin:
es gibt, um die gewöhnliche Bezeichnung zu gebrauchen,
auch im Rother, wie in der ganzen Gruppe seiner Ver-
wandten, Verse, die zu lang und solche, die zu kurz sind.
Selbst wenn man berücksichtigt, daß die auf einer einzigen
keineswegs tadellosen Hs. beruhende Textüberlieferung
häufig den Boden, auf den sich die Untersuchung über-
haupt zu stellen hat, etwas unsicher macht, sind die
Beispiele doch so zahlreich, daß sie nicht allein daraus
zu erklären sind, noch viel weniger würde eine solche
Erklärung anderswo zureichen. Zu lange Verse stehen:
1) Im Beginn eines neuen Abschnittes der Erzählung
Lûpolt der sprach zi aller êrist 63, wo fünf Hebungen
anzusetzen sind, da *êrist* zwei dergleichen enthält, wie
sich später ergeben wird. *Nu sagit man uns van silver
und van golde* 414, mit sechs Hebungen aus demselben
Grunde. *Des antworde dô Rôther der getrûwe man* 498.
Ichne darf nicheinis gerichtes hie zô hove 735. *Er
sprach «der hêrre nemach vor Rôthere nicht genesen*
949 u. s. f. 2) Am Ende eines solchen Abschnittes *):
der werbit dir aller trûwelichis umbe daz megetîn 99,
helit, nu saltuz durc din selbes frumicheit dôn 115,
daz wir âne laster vor ein kuninc mugin tragen 133,
ich wil diner schiffe wol mit trûwen plegen 217 u. s. f.
viel häufiger als 1. 3) Auch innerhalb eines dem Sinne

---

*) In diesem Falle kann wohl auch noch ein gewöhnlicher
Vers nachfolgen, aber nur dann, wenn das Ende des Abschnitts
besonders scharf einschneidet, also um moderne für das
Auge geschaffene Hülfsmittel zu vergleichen, wenn nicht bloß
ein Paragraph, sondern ein Kapitel zu Ende ist. So 825: *sie
gelobetin daz sie hietin Rôthere Thiderich, daz dâten die hêrren
hêrlich.* Wenn, wie in dem unter 3) citierten Verse 165, nur
ein einzelner Vers vorhergeht, so könnte man diesen Ge-
brauch unter 1) stellen und für eine absichtliche Umkehrung
desselben erklären.

nach genauer zusammengehörenden größeren Abschnittes,
innerhalb der Rede einer und derselben Person u. s. w.,
aber immer nur dann, wenn an solcher Stelle eine
gewisse Pause des Vortrags gestattet ist: *und weit
ouch wol wê iz umbe daz wîf stât* 94, *von den stade
wolde Liupolt der helit gôt* 165, *und bat got dene
richen unde den gôden* 186, *gegin Constinopole dár zô
Krêchen* 200, *her wolde dine tochtir zeiner kuniginne
hân* 319 u. s. f. nicht so häufig wie 2), aber häufiger
als 1). Ueberall könnte unsere Interpunction nach einem
solchen Langvers Punkt und Gedankenstrich füglich
verwenden, ohne daß eine solche compliciertere Inter-
punction gerade nöthig wäre, weil der einfache Punkt
auch genügt.

Keiner dieser Langverse reimt je mit einem andern,
der über seine herkömmliche Länge von vier Hebungen
ausgedehnt wäre. Auch stehen nie zwei nacheinander,
selten auch in größerer Nähe beieinander. Sie erschei-
nen in allen Theilen des Gedichtes, doch in der ersten
Hälfte um vieles häufiger als in der zweiten, niemals
aber da, was damit aufs engste zusammenhängt, wo wir
aus ganz andern Gründen die Arbeit der letzten Hand
ausschließlich vor uns zu haben glauben, also nicht in
den specifisch bairischen Zuthaten, auch nicht in den er-
baulichen und lehrhaften Ergüßen, die wohl schwerlich
der ursprünglichen Grundlage angehören, wohl aber dem
letzten Umarbeiter oder Dichter, nicht dem Schreiber
unserer Hs.

Neben diesen zu langen Versen sind die zu
kurzen leicht dahin zu charakterisieren, daß ihnen ein
Fuß fehlt, ohne daß der Sinn u. s. w. dieß als zufälligen
Mangel der schriftlichen Ueberlieferung vermuthen läßt.
Sie stehen überall, obwohl sehr viel seltener als ihr
Gegentheil. Sie finden sich aber ebensowenig wie dieses
in den Partien, die wir für das Werk des letzten Um-
arbeiters ansprechen. Dazu gehören nicht Verse wie
alle geliche; kleine gewierôt; zô Dieterîche, die richtig
betont, vier Hebungen haben (*àllè gelìchè, klèinè gewìe-
rṑt, zö̀ Diétèrîchè*), sondern solche wie *óster over sê* 65,

her in unser lant 257, *her in diz lant* 291, *hin zô
Kriechen* 515, *ûz der nôte* 1411 u. s. w. *)
Ungefähr die Hälfte aller Verse ist in der gewöhnlichen Weise stumpf gereimt. Der stumpfe Reim ist entweder einsilbig: *man: kan*, *in: bin* u. s. w., oder die
erste Silbe enthält eine reine betonte Länge, die zweite
ein *e* oder *i*, welches *e* man als stumm zu bezeichnen pflegt,
obwohl es immer mehr oder weniger gehört wurde, so
lange die Schrift es noch bewahrt hat; so *mere: here,
mite: site, gevin: levin, widir: nidir.* Ein solcher
stumpfer Reim kann entweder eine ausgefüllte Senkung
vor sich haben oder nicht: *hê/riste man: undertân* u.s. w.
oder *geröchis: gértis, virsvéllit: missevürit* u. s. w., die
letzte Art etwas seltener als die erste, die sich gleichsam von selbst bietet.

Die Genauigkeit dieser Reime weicht von dem, was
die spätere ausgebildete Kunst erlaubte oder forderte,
selbstverständlich oft weit ab. So reimen häufig: *a: á,
i: î, o: ô,* gleichviel vor welchem consonantischen Schluße
der Silbe oder auch in offener Silbe unbedenklich aufeinander: *man: getân, in: sîn, got: gebôt,* aber nicht
eine der verschiedenen Arten des *e* auf *ê* (auch nicht

---

*) Beide Abarten von der regelmäßigen Verskunst einer
späteren Zeit bezeichnet der oben (LXI) citierte Umarbeiter des
Reinhart schon ganz charakteristisch. Beide sind auch aus
dem Versbau der erzählenden Poesie seit Veldeke und wie es
scheint, schon vor ihm verschwunden, denn schon das Gedicht
von Pilatus hat sie nicht mehr. Alle älteren, namentlich die
dem Rother zunächst verwandten, zeigen sie dagegen im Wesen
in derselben Gestalt und Function wie hier, und überall sind
die zu langen Verse häufiger als die zu kurzen. Für die
ersteren wird eine zureichende Erklärung weiter unten versucht werden: die letzteren müßen nach den jetzt allgemein gültigen Ansichten über unsere ältere Metrik einfach als Unregelmäßigkeiten angesehen werden, für die es an einer innern Erklärung gebricht. Denn ihre Gegenstücke in der ahd. Periode
z. B. das Otfridische *fingàr thinùn*, oder im Ludwigsliede
Bruòdèr sinèmo u. s. w. werden durch die dafür beliebte, von
uns beibehaltene Accentuation zu ganz regelmäßig vierfach gehobenen Halbversen. Ob man aber für das 12. Jahrhundert
ôstèr óver sê, oder *hér in únsèr lant* u. s. w. accentuieren dürfe,
scheint uns wenigstens mehr als zweifelhaft.

ë: *e*, während doch *ie*: *î* einzeln erscheint). Größere Frei-
heiten noch erlauben die consonantischen Bestandtheile des
Reimes. Daß auslautendes *n* fast gleichgültig ist, kann nach
dem oben bemerkten (vgl. LXXX) nicht auffallen, also *mîn*:
sî, bî: dîn u. s. w.   Auch nach sogenanntem stummen *e*
namen: have, geve: leven u. s. w.   Ebenso wenig, daß
m : n unzählige male sich bindet *sam: man, samt: lant,*
lossam: gewant, oder im zweisilbigen stumpfen Reime
ane: schamen, namen: dane. Ebenso wechseln die Liqui-
den (*l,r*) unter sich und mit *n*: *gezalt: lant, gewone: vore,*
ferner die Medien aller Art, besonders im zweisilbigen
stumpfen Reime: *hoven: tragen* (*v* die weiche Spirans),
hove: gelogen, scubin: zugin (wo man vielleicht rich-
tiger *scuvin* schreiben würde). Desgleichen die Tenues:
mâc: rât, niet: liep, blanc: lant, und die harten Spi-
ranten *bodescaf: mach* (einer der häufigsten Fälle von
f: ch vgl. oben LXXVII), oder harte Spirans und *s, hof:*
ros, ritirschaf: was, was: nibrach, schaz: was, auch
gisaz: sprach, was: virsaz, wo *z* im Auslaut dem harten
s ungefähr gleich zu rechnen ist, sogar *schaz: bode-*
scaf (oder mit weiterem Zusatz: *schaz: magenkraft*), wo
vielleicht der Doppellaut *z* (*t+s*) für eine einfache
Spirans gerechnet wird, ähnlich wie in *nacht: sprach, tisc:*
gewis, was: kraft, grôz: trôst u. s. w. gleichsam nur der
erste Consonant für den Reim zählt, oder umgekehrt
in *man: varn, stat: kraft,* sogar *wart: hât* der
zweite.   Endconsonanten nach Vocalen können auch
außer dem oben berührten *n* gleichfalls entbehrt werden,
besonders *r* und *t, sê: hêr, gelovet: hove.* Vereinzelt
geht die Freiheit so weit, daß der Reim auf eine bloße
Assonanz reduciert ist, wie in *din: sîs* 933, *stôl: stônt*
915. In Fällen, wie *gân: sagen,* muß man das zwei-
silbige Wort durch die Aussprache der Mundart, wie in
so vielen mitteldeutschen, auf eine einsilbige Form ge-
bracht denken, also *gân: sân,* was freilich für *degen:*
kelen und dergleichen nicht gilt.
    Fällt, wie nicht ganz in der Hälfte aller Verse ge-
schieht, die letzte Senkung vor der letzten Hebung aus,
so erfaßt der Reim gewöhnlich, aber wie schon gezeigt,
nicht immer auch die vorletzte Hebung, und es entsteht

auf diese Art ein zweisilbiger Reim, über zwei volle
Versfüße, so um von den massenhaften Beispielen nur
die ersten sich bietenden anzuführen 3 fg.: *in der stat
zô Bärè, dâ lebete er zü wärè mit vil grôzin ërèn,
ime dientin andere hërèn.* Ueberall ist hier das *e* als
tieftoniges behandelt, füllt einen ganzen Fuß und wird
im Reime ebenso gehört wie der vorhergehende gleich-
falls reimende Vocal. Natürlich gilt dasselbe auch für
das ein *e* ersetzende *i*, also *ërìn: hërìn* u. s. w.

In diesen zweisilbigen Reimen können noch größere
Freiheiten stattfinden als in den stumpfen. Sind die Vocale
in beiden gleich, so kommt es auf die Consonanten we-
niger an, so *lange: manne, lande: behalden, sande:
danne, vazzen: machin, grâven: wâren, burgâre: vrâgen,
werde: berge, reckin: trechtin, Krêchen: stêzen, wîben:
sîden, minnen: bringen, sinnin: vindin, schiffen: wistin,
crône: Rôme, rôchten: gemôte* oder mit Diphthongen:
*eide: unmeine, sicheiner: leiden, kiele: schiere, ziehen:
kielen, vrouwen: louge, ougin: gelouwin.* Oder es wird
bei wirklicher oder annähernder Genauigkeit in den
consonantischen Bestandtheilen des Reimes der Vocal
weniger beachtet und so findet, wie wir annehmen, eine
Art von zweisilbigem auch statt in Fällen wie: *senden:
landen, zoumstrenge: vorlange, schenkin: tranke, bezzir:
wazzir, valde: wolde, alle: vulle, mannin: intrunnin;
wollen: snelle, sinnen: bekennen, sorgen: herbergen, vorten:
Berten, vluchten: trechten, luften: kreften, gierin: hêrin,
diete: nôte, diete: gôten,* wo für *diete* auch die mund-
artlich gleichberechtigte Form *dête* angesetzt werden
könnte. Und nach dieser Analogie eine Menge von Rei-
men wie *quêmen: lônen,* neben *quâmen: lônen,* was man
deshalb nicht überall zu substituieren braucht, da *m: n*
kaum als ungleiche Consonanten empfunden werden, wäh-
rend die Hinneigung des *a* zu *o* oder auch umgekehrt, einen
fast richtigen Reim für das Gehör hervorbringt, weshalb
auch im stumpfen einsilbigen Reime z. B. *Jûdas: virlôs*
zwar als besondere Reimfreiheit, aber doch nicht eigent-
lich als Fehler gelten darf.

Als eine nicht ganz seltene Abart dieser Doppel-
reime, wie man sie wohl nennen darf, sind diejenigen zu

erwähnen, die zwischen den beiden Hebungen die Senkung wirklich ausgefüllt haben. Die vorletzte Hebung ist in diesem Falle immer eine hochbetonte Kürze (auch ohne Position), die Senkung ein sogenanntes stummes *e* oder *i*. Hierfür genügt natürlich noch eher ein ungefährer Gleichklang der ersten Silben, so *kuninge: vrumige*, wo die Aenderung *kunige: vrumige* allzu wohlfeil ist, *magene: samene, kamerin: wagenin, gedigene: nidere, ged.: himele, menige: helide, vertrivene: gesidele* u. s. w.

Nicht als Doppelreime sind aber diejenigen zu rechnen, in denen die letzte Silbe ein unbetontes *e* enthält, das für den Reim ebenso gleichgültig ist wie für den Rhythmus und die metrische Ausdehnung des Verses. Es sind die überall in gleichzeitigen und schon älteren Gedichten auftauchenden eigentlich einsilbigen Reime, die nur den Schein der Zweisilbigkeit haben. Romanischen Einfluß darin zu sehen, ist nach ihrem mindestens seit Beginn des 12. Jahrhunderts nachweisbaren Vorkommen in Deutschland unstatthaft. Sie zeigen vielmehr, daß die in der gewöhnlichen Sprache mehr und mehr um sich greifende Neigung, den Tiefton, überhaupt das Gesetz der absteigenden Betonung zu vernachläßigen, besonders wenn jener auf eine Silbe traf, in welcher das klanglose *e* frühere klangvollere Vocale verdrängt hatte, einzeln auch in der Dichtkunst, neben dem von ihr gehegten Gesetze der Tieftonigkeit Eingang fand. Auf diese Art entstehen Verse mit vier Hebungen und sogenanntem klingendem Reime, ein Ausdruck, der als völlig unzweckmäßig in der That aufgegeben werden sollte, weil er gelegentlich gerade das Gegentheil von dem bezeichnet, was er eigentlich bezeichnen müßte. Diese Art Verse ist immer, und mit Recht, nur mit ihres gleichen gepaart, niemals mit solchen, in denen die beiden letzten Silben rhythmisch accentuiert sind und ganze Versfüße vorstellen, während in ihnen die letzte Silbe so wenig zum Vers nothwendig ist, wie der Auftakt. Sie sind in der Praxis leicht daran zu erkennen, daß sie richtig gelesen, vier volle Hebungen oder Füße vor diesem gleichgültigen Versschluß haben. So hier:

100 Rüther sánde bóden / dräte
    nâch / Lûpòlde in éine kéme/nǎte,
wo abgesehen von der schwebenden Betonung Lûpòlde
jedenfalls die erste Hebung trägt.

144 éilf grǎvin íme dô swŏren
    daz si ir hĕrren úmbe die mágit vŏren
394 nu nekán û nichéin mán geságen
    die wúnder díe in den kíelen lágen,
zugleich mit Verlängerung des an sich kurzen *a* in *sagen*, ein)
Umstand, der eben hier metrisch völlig gleichgültig ist.

672 sowilich ín intwîchit vór der stángin
    unde hér in mít dem swérte gelángit u. s. f.

Hier und da kann es zweifelhaft sein, ob man einen
solchen Versausgang oder einen der viel gewöhnlichern
mit wirklich zweisilbigem Reime (wozu alle diese an sich
auch fähig wären) vor sich hat, wenn nämlich die Schei-
dung des Auftakts von dem eigentlichen Verse schwieriger
ist als in den angeführten Beispielen, so:

140 hĕrre woldet ir mich senden
    hinnen zô der erden enden. *)

Neben der großen Ueberzahl paarweise gestellter
Reime, die auch hier schon mit Vorliebe so geordnet
sind, daß die nächstzugehörigen Satz- oder Sinnes-
glieder nicht auch noch durch den Reim verbunden und
dadurch allzu isoliert würden, eine Kunst, die man ge-
rade nicht von französischen Vorbildern zu lernen brauchte,

---

*) Als relativ für die Erkenntniss der Technik im Rother
gleichgültigere Erscheinungen seien hier unten noch erwähnt:
1) die rührenden Reime, die hier nicht häufiger aber auch nicht
seltener als in älteren und gleichzeitigen Werken sich finden.
Die stumpfen einsilbigen sind genau, denn *sîn: sî* ist kaum als
Fehler zu rechnen; die zweisilbigen schon freier, so *wide:
wider*; die sogenannten klingenden, die immer Doppelreim
haben (siehe oben) noch freier, so *willen: willes; hĕrre: hĕren.*
2) Die Verlängerung eigentlich kurzer Vocale im klingenden
Reime, die gleichfalls schon an einem Beispiele gezeigt wurde,
findet entsprechend der Mundart öfter statt, überall aber, mit
Ausnahme eines oder zweier Fälle — 2498 wiederholt 2563 —
tritt sie nur dann ein, wenn die letzte Silbe des Verses nicht
selbständig rhythmisch betont, also tonlos ist.

obwohl sie z. B. im Alexander noch systematischer als im Rother durchgeführt ist, findet sich auch häufig derselbe Reimklang einsilbig oder zweisilbig, doch öfter das erste als das letzte, durch vier Verse festgehalten. Beispiele sind allenthalben, das erste 326—329 in dem besonders beliebten Reime *an* (*àn*). Auffallend ist gelegentlich nicht bloß derselbe Reim, sondern dasselbe Reimwort zweimal gesetzt 1708—11 *man: quam, spileman: quam,* gleich darauf *mêre: wêrc, mêre: wêre,* wo wenigstens 1714, 1715 sehr verdächtig sind und jedenfalls ohne Schaden ausfallen könnten.

Viel seltener sind sechs dergleichen zusammengefügt, die man dann in drei Paare aufzulösen hat, um sie auf das gewöhnliche Schema zu bringen.

Dieß ist aber unmöglich mit dem nicht häufigen, aber doch ein Dutzend mal erscheinenden, durch drei Verse gehenden Reim, dessen erstes Beispiel 49 fg.:

> ir dienet aller degenlîche.
> daz wizze aber got der rîche,
> umbe dê stât iz môwelîche.

Das zweite Beispiel 519 fg. *bevàngàn: dàn: lossam* und 19 fg.: *gelîchè: rîchè: Thiderîchè,* das dritte Beispiel, veranschaulichen zwei weitere Spielarten. Auffallend ist es, daß sie, abweichend von der sonst bekannten Verwendung, nicht immer, sogar nicht vorzugsweise zur Markierung größerer Abschnitte, sondern mitten in solchen, allerdings immer so, daß wenigstens nach unserer Interpunctionsweise ein Punkt oder Semikolon stehen könnte, auftreten.

Ihre eigentliche Erklärung scheint uns nur möglich im Zusammenhang mit der Erwägung eines andern Problems, ob unser Gedicht noch Spuren strophischer Zusammenfaßung und welche? aufweist. Es ist das mit großer Bestimmtheit, gerade nicht für den vorliegenden hs. Text, aber für seine Grundlage behauptet worden. Wie anderwärts sollten auch hier sechszeilige, paarweise gereimte Strophen sich finden, wir sind aber der Meinung, daß selbst der Urheber dieser Vermuthung jetzt wohl schwerlich mehr daran glaubt und

noch weniger irgend jemand, der sich genauer mit der
Composition des Rother vertraut macht. Als Reste sol-
cher Strophen können also weder diese dreifachen, noch
die oben erwähnten sechsfachen Reime gelten.

Wo diese dreifachen auftreten, dürften überall auch
jene über das gewöhnliche Maß hinaus gedehnten Verse
stehen, die, wie sich gezeigt hat, keineswegs zufällig
oder an jeder beliebigen Stelle vorkommen. Sie bezeich-
nen immer einen, wenn auch nicht immer einen tief ein-
greifenden Abschnitt der Darstellung oder Rede. Sie
sind also wie diese als bewußtes Kunstmittel und nicht
als bloße Spielerei oder Kunststückchen anzusehen, wo-
für man die vierfachen Reime unbedenklich halten darf,
da diese mit dem Sinne in gar keiner nachweisbaren
Verbindung stehen, und nur zufällig hier und da einmal
mit einem Abschnitte zusammentreffen. Daraus folgern wir,
daß beide Formen, die überlangen Verse und diese drei-
fachen Reime begrifflich identisch sind. Aelter ist natürlich
jener Fall, wo ein zu langer Vers erscheint. Ein solcher
ist nichts weiter als eine wirkliche alte Langzeile von
ursprünglich acht Hebungen, die aber durch Cäsur in der
Mitte und Pause am Ende allenfalls auf fünf, häufiger
auf sechs, seltener sieben Hebungen reduciert ist. Nie
kann sie acht haben, so wenig wie vier. Der Reim, der
in der Mitte stehen sollte ist eben deshalb an das Ende
verlegt. Sobald man nun an diesen Langzeilen Anstoß
nahm, lag nichts näher als sie auf der Cäsur wieder mit
einem Reime zu versehen und dann auf das gewöhnliche
Schema von vier Hebungen zu bringen. Dieß ist der
Ursprung und die Bedeutung der dreifach gereimten Verse
hier und in anderen Denkmälern der Zeit. Später ist
daraus ebenso natürlich eine bloße Mode geworden, die
aber nicht viel Anklang gefunden hat, bis sie z. B. im
Passional zu einer Reimspielerei herabsinkt.

Ein strophisches Element im eigentlichen Sinne kann
man also darin nicht erkennen. Dazu müßte das Mittel
viel systematischer oder pedantischer verwandt sein. Die
Möglichkeit bleibt freilich immer offen, daß die Vorlage
oder die älteste in ihren Umrißen uns noch erkennbare
Gestalt des Gedichtes sich desselben viel häufiger, schwerlich

aber regelmäßiger bediente. Darauf deutet die schon
erwähnte Thatsache, daß überall da, wo wir aus andern
Gründen die Hand des letzten Dichters erkannten, solche
Langzeilen fehlen.

War der Rother nicht strophisch abgefaßt, so wurde
er auch nicht gesungen, sondern gelesen oder recitiert
und die *liet*, auf welche der Marner anspielt, sind ent-
weder ein ungenauer Ausdruck, was das Wahrscheinlichste
ist, oder es gab daneben auch noch eine zum Gesang
eingerichtete Bearbeitung, von der wir nichts wißen. Daß
die aus bloßen Zweckmäßigkeitsgründen, um dem Leser
von heute die Uebersicht zu erleichtern, durchgeführte
Eintheilung in größere Abschnitte auch nicht in der ent-
ferntesten Beziehung zu der möglichen Gestalt des Rother,
wenn wir ihn gesangsmäßig verarbeitet denken, noch
weniger aber etwa zu den Liederkeimen, aus denen er
vielleicht einmal erwachsen ist, steht, sei hier nur noch
mit einem Worte bemerkt.

INHALT.

KÖNIG ROTHER.

KÖNIG ROTHER.

I.

In der Stadt Bari hielt der König Rother Hof. Ihm dienten
72 andere Könige als Vasallen. Er war der allerbehrste, der
je die Krone des römischen Reiches trug. Alles besaß er, nur
eine Gemahlin fehlte ihm. Seine Mannen riethen ihm, die
Tochter des Königs Constantin von Konstantinopel als die einzige
seiner würdige zu freien. Aber ihr Vater hatte bisjetzt jeden,
der um sie geworben, mit dem Tode bestraft, weil er sie nicht
von sich laßen wollte. Dennoch wird einer von den Mannen
des Königs Rother, Lupolt, mit der Werbung beauftragt. Ehe
er und elf andere ihn begleitende Grafen die Schiffe zu der
Meerfahrt besteigen, spielt ihnen Rother auf der Harfe drei künst-
liche Weisen vor; wenn sie diese hören, sollen sie wißen, daß
er zu ihrer Hülfe nahe ist. Die edelen Boten kommen glücklich
über das Meer, landen und erscheinen mit großem Gepränge,
von allem Volke angestaunt, an dem Hofe des Königs Con-
stantin. Dort richten sie ihr Gewerbe aus. Der König, traurig
und zornig darüber, schont zwar ihres Lebens, weil sie als
Boten gekommen sind, wirft sie aber in einen finstern Kerker,
wo sie große Noth leiden. Ihre Schätze, Kleider, Zierath,
Geschmeide, Rosse, die sie auf den Schiffen mitgebracht haben,
nimmt er in sorgfältige Verwahrung.

Bî deme westeren mere
saz ein kuninc, der heiz Rôthere.

---

1 *deme*, das im Mhd. gewöhnlich abgefallene auslautende
stumme *e* des Dat. sing. der starken Declination des Masc. und
Neutr. der Adj. u. Pron. ist hier meist erhalten, daher z. B.
auch unten 6 *ime* nicht *im*, 31 *weme* u. s. w.; *wester* adj.,
westlich; *wester mere*, das Adriatische Meer im Gegensatz zu
dem Aegäischen. — 2 *kuninc*, diese alterthümliche Form des mhd.
künec stm., König, ist die hier durchweg herrschende. Das
Schwanken zwischen der Schreibung *kuninc* und *koninc* erklärt
sich aus der mundartlich schwankenden Aussprache des *u*, die
dem *o* sehr nahe kommt, wie auch umgekehrt ein mhd. *o* ge-
legentlich durch *u* ersetzt werden kann. — *heiz* 3 sing. præt. des
starken Verbums *heizen*, mhd. *hiez. heiz*, durch Vocalumstellung,
wie sie die Mundart des Gedichts und noch mehr die des Schrei-
bers der zufällig allein fast vollständig erhaltenen Hs. liebt, aus

1 *

in der stat zû Bâre,
dâ lebete er zû wâre
mit vil grôzen êrin.   5
ime dientin andere hêrin.
zwêne unde sibinzich kuninge,

---

hiez entstanden, wechselt doch an einigen Stellen mit der ge-
wöhnlichen Form *hiez*. — *Rôthere;* dieser Name erscheint da-
neben auch in der Form *Rûthere*. *ô* und *û* verhalten sich in der
Mundart des Gedichts gerade so zueinander wie *o* und *u*, d. h.
ein vorhochdeutsches *ô*, das in den eigentlichen hochdeutschen
Mundarten meist zu *uo* oder *üe* geworden ist, kann hier ent-
weder in seiner reinen Qualität oder als *û* auftreten, so *gôt*
und *gût*, *môt* und *mût* u. s. w.   Sehr selten findet sich nach
mhd. Weise *uo* dafür gesetzt.   Das auslautende *e* in *-here* ist
hier gewöhnlich erhalten, obgleich es im mhd. Gebrauche als ein
stummes nach der Liquida *r* stehendes meist verschwindet. —
3 *in der stat zû Bâre*.   Die ältere Sprache pflegt den Ortsnamen,
die wir jetzt appositionell neben die allgemeinen appellativen Be-
zeichnungen: Stadt, Land u. s. w. setzen, noch eine Präposition
vorauszuschicken.   Die Præp. *zû* erscheint hier nicht bloß in der
gleichwerthigen Form *zô*, sondern auch in den Formen *zi* und *ze;*
als Præp. ist *zu* u. *zo* wahrsch. oft kurz, als Localadv. immer lang. —
Bâre, die deutsche Form des apulischen Stadtnamens Bari, im
12. und 13. Jahrh. ein Haupteinschiffungsplatz der den Seeweg
nach dem heil. Lande einschlagenden Kreuzfahrer aus Deutsch-
land und dem Norden von Europa überhaupt. — 4 *zû wâre*,
in Wahrheit, sehr häufig eine bloß ausfüllende Formel, auf der
kein Nachdruck liegt. *wâre* dat. sing. des substant. gebrauchten
Neutr. des Adj. *wâr*. In demselben Sinne wird auch der Plur.
zû wâren angewandt und mit Anlehnung der Præp. an das Haupt-
wort *zwâre* und *zwâren*. — 5 *vil*, das indeclinable Adj. *vil* wird
auch als steigerndes Adverb gebraucht. — 6 *ime*, vgl. 1. — *andere
hêrin*.   Er war so mächtig und vornehm, daß ihm andere, die
auch dem Herrenstande angehörten, fürstlichen und sogar könig-
lichen Ranges waren, als Vasallen dienten.   Rother ist von Anfang
an als römischer Kaiser gedacht, wenn auch König genannt, weil
der Name Kaiser die selbstverständliche Zubehör eines Königs ist,
der über Rom gebietet und in Rom seine ideale Hauptstadt hat. —
hêrin, die niederd. Form für das mhd. *hêrre*, *herre*; der Reim
weist hier immer auf *hêre*, obgleich oft *herre* dafür geschrieben
erscheint, was auch im Innern des Verses unbedenklich steht.
Einmal 2483 als Titel vor einem Eigennamen erscheint auch *her*,
die kürzeste Form. — 7 *zwêne unde sibinzich kuninge*.   Die Zahl
72 = 6 × 12 ist wie die einfache Zwölfzahl und andere damit mul-
tiplicierte eine solenne für die volksmäßig epische Tradition und

biderve unde vrumige,
die wâren ime al undertân.
er was der aller hêriste man   10
der dâ zû Rôme
ie intfinc die crône.

Rûther was ein hêre,
sîne dinc stunden mit êren
und mit grôzin zuhtin an sînen hove,   15
iz ne haben die bôche gelogen,

---

ihren poetischen Stil. *sibinzich* Dialectform, für mhd. *sibenzic.*
ch im Auslaut als Verhärtung des stammhaften *g* in -*zig*, indem *g*
dieser Mundart nach und vor Vocalen als eine sogenannte weiche
Spirans oder weicher Reibelaut gilt und daher mit *gh* bezeichnet
werden könnte. — 8 *biderve*, mhd. *biderbe* adj., tüchtig. — *vru-
mig*, mhd. *vrümec* adj., eigentlich nützlich, brauchbar, mittellat.
utilis, mit allen den Eigenschaften ausgerüstet, welche zu dem
Begriffe «König» gehören. — 9 *al*, flexionslose Form des Nom.
pl. masc. von *al*. — 10 *hêriste* mhd. *hêreste*, superl. von *hêr*, adj.
hehr. — 11 *dâ zû Rôme*. *dâ*, wie gewöhnlich zur Verstärkung der
Ortspræposition bei Länder-, Städte- etc. Namen zugesetzt, wenn
sie allein, ohne appellative oder generelle Bezeichnung, *lant*,
stat u. s. w. stehen. — 12 *intfinc*, mhd. *entfienc* von *entfâhen* stv.,
empfangen. Die Kürze des *i* in *finc* gehört, wie die durch den
Reim 1847—48 *ginc: sint* bewiesene des Præt. von *gân* zu den
feststehenden Zügen der Mundart. Daneben steht die Form *fênc*,
wo *ê* den Diphthong *ie* ersetzt.
   14 *sîne* mhd. *sîniu*. Die Endung *iu* des Nom. acc. pl. der
neutr. starken Declination des Adj. ist hier stets erloschen und
durch *e* ersetzt. — *dinc* stn., alles, was eine Person angeht, ihr ge-
hört. — *stunden*, mhd. *stuonden*, præt. von *stân*, unregelm. stv. Die
Kürze des *u* bewiesen durch 2178—79 *stunt: junc*. — 15 *an sînen
hove*. *sînen* ist nicht die schw. Adjectivform, sondern es ist mund-
artlich *m* der Endung des starken Dat. sing. in *n* geschwächt. —
16 *iz*, neutr. des Pron. der 3. Person. Selten erscheint hier die
mhd. gewöhnliche Form *ez*. — *iz ne haben die bôche gelogen*, ein-
geschobener hypoth. Satz mit einfacher Negationspartikel *ne*. —
die bôche könnte nom. pl. des Fem. *diu bôche* sein, das ahd. neben
dem gewöhnlichen *daz buoh* noch im Gebrauch ist. Da aber
hier in Rother überall sonst, wo sich das Genus sicher er-
kennen läßt, nur *daz b.* vorkommt, so ist *die bôche* auch als
neutr. pl. anzusehen = mhd. *diu buoch*. Ueber die Bedeutung
dieser Berufung auf die Quelle vgl. die Einleitung. —

daz ime dâ an nichtes ne gebrach,
wene daz er âne vrouwen was.
dô rededen die jungen grâven,
die in deme hove wâren,   20
wie se âne vrouwen
ir erbe solden bouwen.
dô dûchte sie daz michel recht,
swâr sô wêr ein gût knecht,
deme die rîche wêrin al undertân   25

---

17 *daz*, so daß, abhängig von V. 15. — *dâ an*, so und nicht *dar an*,
was man erwartet, scheint die auf der ersten Seite fast unleser-
liche Hs. zu geben.   *dâ an* bezieht sich auf die vorhergegangene
Schilderung von der Herrlichkeit Rother's. — *nichtes*, gen. der
subst. Negation, abhängig von *gebrach*, es gebrach ihm nichts
an aller Vollkommenheit. — 18 *wene daz. wene*, mhd. *wane*,
wan, außer daß. — *âne vrouwen*, ohne Gemahlin, Herrin am Hofe
und im Lande, denn die Stellung der mittelalterlichen Königin
ist eine weit über das jetzige wesentlich privatrechtliche Ver-
hältniß, in alle Sphären des öffentlichen Lebens eingreifende,
daher denn auch das «Volk» oder seine geborenen Vertreter,
die vornehmsten Mannen das Recht und die Pflicht haben, sich
um die Wahl einer solchen zu bekümmern.' — 19 *dô*, Zeit-
partikel, zugleich die innere Verknüpfung mit dem Vorher-
gehenden andeutend. — 21 *se* nom. pl. masc. des Pron. 3. Pers.,
Abschwächung und Verkürzung von *sê = sie*; daneben auch *si*.
— 22 *ir erbe bouwen. erbe* stn., der Besitz, der jemand durch Geburt
und Herkunft zugehört.   *bouw. bûwen* swv., buchstäblich unser
«bauen», hat doch einen ausgedehnteren Begriff, der wohnen, be-
wohnen, das Grundeigenthum nach allen Seiten benutzen u. s. w.
umfaßt. — 23 *dûchte* præt. von *dunken* swv. — *michel recht. michel*
adv., groß, sehr, verstärkend zu dem Adj. *recht* gesetzt. — 24 *swâr
sô. swâr = sô wâr* correlativ, wo nur immer, durch nachgesetztes
sô noch verstärkt. — *wâr*, die ältere Form für *wâ*, wo. — *wêr*,
mhd. *wære* conj. præt. von *wesen*. — *gût knecht. knecht* bezeichnet
im Gegensatz zu *rîter* den noch nicht zur Ritterwürde ge-
langten, also meist jüngeren Mann ritterbürtigen Standes.
Wenn aber der Gegensatz zu *rîter* nicht ausdrücklich oder still-
schweigend zu verstehen ist, so hat die oft vorkommende
Formel *gût knecht* ungefähr den Sinn unseres heutigen «ein
guter Geselle», kann von jung und alt gelten. — 25 *die rîche*
nom. pl. von *daz rîche* stn. Der Plur. wird hier für uns ohne
merklichen Unterschied von dem Sing. gebraucht, weil der ab-
stracte Collectivbegriff *rîche* aus einer Menge einzelner Herr-
schaftsrechte besteht. — *al* s. zu 9. —

unde sô manic wol geboren man,
daz er ein wîp nême,
de ime zû vrouwen gezême;
unde virsciede er ân erben,
sô wânden sê irsterben: 30
weme sie dan die crône
sulden geben zô Rôme?

---

26 *wol geboren*, von hoher Geburt; der gewöhnliche Ritterstand
konnte damals dieses Prædicat, das nur für den Adel im eigent-
lichen Sinne (vgl. 6) galt, nicht beanspruchen. — *man*, hier
nicht der Mensch männlichen Geschlechts, sondern wie *homo*
im Mittellatein, der im Dienste eines anderen stehende, ihm
daher eigene, wenn gleich selbst noch so vornehme Mann.
Ob ein solcher außerdem auch noch persönlich frei, d. h. außer-
halb seines Dienstrechtes auch noch zu Landrecht geboren war,
ändert an seiner «Mannschaft» nichts. — 27 *nême*, mhd. *næme*,
conj. præt. von *nemen* stv. — 28 *de*, mhd. *die*, dem Laute
nach, während nach der Form *diu* entsprechen würde; dieser
Nom. der starken Declination des Fem. ist aber hier nur
in sehr seltenen Fällen erhalten, gewöhnlich durch *die* ersetzt.
de ist die abgeschwächte Form, die volle *dê*, wo *ê* = mhd.
ie. Die Construction nach dem natürlichen Geschlecht von
wîp versteht sich von selbst. — *gezême* conj. præt. von *ge-
zemen* stv., passen. Die Satzfügung wird deutlich werden, so-
bald man 27 *daz er ein wîp nême* unmittelbar an 23 schließt,
dô dûchte sie daz michel recht, und den zwischengeschobenen
Satz als die Bedingung betrachtet, unter der die Forderung
ausgesprochen ist: es däuchte sie recht, daß ein guter Geselle,
dem so viel Ehre aber auch Verantwortung gehörte, ein Weib
nehmen sollte. Die Begründung nach mittelalterlicher Auf-
faßung ist im Folgenden enthalten. — 29 *unde*, nicht bloß ein-
fache Satzverknüpfung, sondern Begründung des vorigen «näm-
lich». — *virsciede* præt. conj. von *virsceiden*, mhd. *verscheiden*
stv. — 30 *wânden* præt. von *wênen = wænen* swv., glauben, mit
sicherer Erwartung sein. — *irsterben*, mhd. *ersterben* stv., so
wäre es ihr Tod, Untergang. — 31 mhd. meist *wem*. Ueber
die Form vgl. 1. — 32 *sulden*, oben 22 *solden*, beide Formen
wechselnd, vgl. 2. — *die crône zô Rôme* wird nicht von
den jungen Grafen allein verliehen, wie der Verfaßer des
Rother recht wohl weiß, aber sie fühlen sich als Sprecher
aller Wahlberechtigten. Wahl ist nach älterer deutscher Auf-
faßung gleichbedeutend mit der freien Anerkennung des
durch das Blut gegebenen Anspruches auf das Reich und die
Krone. Erst im 13. Jahrhundert bildete sich die von den

Alsus redte der hêre
«ich vorchte vil sêre
daz ich kuninges dochter gehige   35
unde iz tan uvele gethige,
dat er iz gewrechen an mînen lîf.
gerne hetich ein wol geboren wîf,

Päpsten aufgebrachte Vorstellung eines unbedingten Wahlrechtes,
noch dazu einer beschränkten Anzahl von Fürsten. In dieser spä-
teren Zeit wäre der Kummer dieser deutschen Fürsten, denn
solche sind doch selbstverständlich gemeint, nicht zu begreifen.
33 *Alsus*, durch *al* verstärktes *sus*, Demonstrativpart. so.
alsus wird hier nicht wie anderwärts bloß auf das Vorher-
gehende bezogen, sondern dient auch zur Einführung eines
noch nicht bekannten Folgenden. — 34 *vorchte*, mhd. *vurhte*,
vürhte swv. — *sêre* adv., schmerzlich, bekümmert, dann aber
auch bloße Steigerung. — 35 *dochter*, mhd. *tohter* stf. — *g* in *gehîge*
für *j* der Ableitung, also für *hîje*. *ge-* bedeutet hier das Fut.
exact. oder Condit., wenn ich gefreit haben werde oder freien
würde, gehört also nicht zu dem Begriffe des Verbalstammes. —
36 *tan*; *d* in *t* verwandelt durch das vorhergehende *z*. — *uvele*, mhd.
übele adv. — *gethige*, mhd. *gedîhe*. *gedîhen* stv., gedeihen, von
statten gehen. *th* hier, wie in einigen anderen seltenen Fällen noch
ein Rest der alterthümlichen Orthographie, vielleicht der ältesten
Vorlage. *g* mundartlich zwischen Vocalen Ersatz des *h*; es ist in
solchen Fällen immer als ein geschärfter Laut, *gh*, zu faßen;
vgl. 7. — 37 *dat*, neben der bei weitem überwiegenden Form
daz, einzeln auch die niederd., wo *t* den Uebergang in *z* nicht
vollzogen hat. — *er*, mhd. *ir*, ihr, pron. der 2. Person im Pl.
Der Wechsel zwischen den beiden Formen *er* und *ir* ist hier,
ähnlich wie bei *der* und *dir*, *mer* und *mir* von dem größern
oder geringern Gewicht der Betonung abhängig. Die Formen
mit *e* gelten als die leichtern. — *gewrechen*, mhd. *gerechet*,
2. Person pl. conj. præs. des starken Verbums. *wrechen* hat
noch das stammhafte *wr*, was schon in den ältesten Sprach-
denkmälern zu *r* vereinfacht ist, in dieser Mundart erhalten.
Der Ausgang der 2. Person pl. ind. und conj. præs. und præt.
auf -*en* für -*et* (oder -*ent*, was in der höfischen Sprache weit
verbreitet ist) steht durch Reime wie 1167—68 *leven: nemen;*
1416—17 *sîn: drechtîn*; 1550—51 *sâgin: wârin* u. s. w. ganz
sicher. Erklärt, d. h. genetisch erklärt, darf er aber keines-
wegs etwa durch einen bloßen Abwurf des *t* von jener Form
ent statt *et* werden. — *an mînen lîf. mînen* für *mînem* s. zu 15.
lîf, die harte Spirans für die weiche des Inlautes *v*, beide für
mhd. *b* und *p*. — 38 *hetich*, für *hete ich*, præt. von *haben*, *hân*. —
wîf, vgl. *lîf*. —

die van allem adele
gezême eime koninge   40
unde zû vrouwen rîchen herzogen.
ich ne weiz sie niergen in deme hove,
die mir sô wol gevalle,
daz ir sie lobit alle.»

Dô heter einen grâven,   45
der half im wol zû wâren
mit listen grôzer êren:
sô diente er sîme hêren.
des quam er sît in grôze nôt:
Lûpolt heiz der helit gôt.   50
der was in Rôtheris hove
mit grôzeme vlîze gezogen:
er was sîn man unde mâc,
an deme stunt ouch sîn rât.
der was der aller getrûiste man,   55

---

39 *van*, allgemein mittel- und niederd. Form für mhd. *von*. —
40 *eime* = *eineme*, durch Ausstoßung der lautlich der letzten
Silbe *me* so nahe liegenden vorletzten *ne* und Erhaltung des
sonst gefährdeten vocal. Ausgangs des Dat. sing. gebildete
Form. — 42 *niergen* adv., in den damaligen mehr nach Ober-
deutschland gehörigen Literaturwerken nicht zu Hause, ist unser
nirgend, nirgends.
    45 *heter*, s. zu 38, für *hete er.* — 46 *zû wâren* = *zû wâre*, vgl. 4. —
47 *mit listen grôzer êren*, gen. von *half* abhängig, er verhalf ihm zu
großen Ehren durch seine klugen Anschläge (*list*). — 48 *sîme*
= *sîneme*, wie *eime* für *eineme*. — 49 *des*, absoluter Gen. des
Neutr. *daz*, davon, darob. — *quam* præt. von *komen* stv., früher
queman. — 50 *helit*, *helet*, mhd. *helt*, Held, stm. — 52 *mit
grôzeme vlîze gezogen*, mit großer Sorgfalt erzogen. Der Hof
ist die Schule und Erziehungsstätte der durch ihre Geburt
zu Genossen (und Unterthanen) des Herrschers Bestimmten. —
53 *man unde mâc*, die alte alliterierende Formel, um das
innigste Zugehörigkeitsverhältniß auszudrücken: durch Blut
und erbliche Dienstbarkeit verbunden. — 54 *stunt ouch sîn
rât. rât*, das, was für ihn den König zur Förderung in
irgend einer Beziehung, nicht blos mit «Rath» in unserm
Sinne, sondern mit «Rath und That» gereichen konnte, be-
ruhte wesentlich auf Lupolt. — 55 *getrûiste*, mhd. *getriuweste*,
getreueste. —

den ie sichein rômisc kuninc gewan.
die tûren volcdegene,
die giengen zô samene,
die wîsen althêren,
die plâgen grôzer êren   60
unde gûter zuchte under in.
sie nanten ein megetîn.

Lûpolt der sprach zi aller êrist
«ich weiz, wizze Crist,
ôster over sê   65
einis rîken kuninges tochter vil hêr
dâ zû Constantînopole,
in der mêren burge:
ir vater heizit Constantîn:
schône ist die tochter sîn.   70
siu lûchtit ûz dem gedigene,

---

56 *sichein*, das unbestimmte Pron. oder Zahlwort *ein*, durch den
noch nicht ganz durchsichtigen Vorschlag *sich-* noch mehr verall-
gemeinert: irgend ein. — *gewan*, besaß, præt. von *gewinnen* stv. —
57 *tûren*, mhd. *tiure*, theuer, werth. — *volcdegene*. *volc*, wie *diet*
ein verstärkender ehrender Zusatz: die überall bekannten *degene*.
degen, der *man* nach seinen Leistungen als Krieger gedacht,
ursprünglich freilich nur das Geschlecht und eine gewisse Reife
des Alters (waffenfähig) bezeichnend. — 59 *althêren*, im Gegen-
satz zu den vorlauten jungen Grafen in 19. 442 heißen sie die
alden râtgeben. — 60 *plâgen*, mhd. *pflâgen* mit gen., etwas in
Uebung haben. — 62 *nanten* præt. von *nennen* swv. — *megetîn*,
Verkleinerungsform zu *maget*, Mägdlein.
    63 *aller êrist. êrist*, superl. von *êr; aller*, verstärkend vor-
tretender gen. pl., zu allererst.. — 64 *wizze Crist*, Betheuerungs-
formel; *wizze* conj. von *weiz*. — 65 *ôster*, Ortsadverb, auf die
Frage wo? im Osten. — *over*, mhd. *über*. — *sê*, jede größere
Waßeransammlung, besonders das Meer. — 66 *rîken*, mhd.
rîchen, hier in der Mundart das alte *k* erhalten. — 68 *mêren*,
mhd. adj. *mære*, berühmt, viel genannt. — *burg*, jeder befestigte
Ort größern oder geringern Umfangs, also kann auch die große
Stadt Konstantinopel so genannt werden. — 70 *schône*, mhd.
schœne adj. — 71 *siu* nom. sing. fem. des Pron. 3. Person,
daneben gelten die Formen *sie, si*, selten *sû*. — *lûchtit*, mhd.
liuhtet von *liuhten*, leuchten swv. — *gedigene* stn., eigentlich
die Gesammtheit der *degene*, dann das gesammte Hofgesinde. —

sô daz gesterne van deme himele.
siu lûchtit vor anderen wiben,
sô daz golt von der siden.
siu ist in midin alsô smal,   75
sie gezême eime hêrren wal,
und mochte von ir adele
gezemen eime kuninge.
ir dienet aller degenlîche.
daz wizze aber got der rîche,   80
umbe dê stât iz môwelîche,
wande ir ne bat nie nechein man,
er môste den lîf virloren hân.»

Alsô der kuninc dô virnam
den rât der was getân,   85
ein marcgrâve der heiz Herman,
mid deme er iz reden began,
wer der bote mochte sín,
dê ime irwurbe daz megetin.
dô sprach der marcgrâve   90
«ich sage dir ze wâre,

---

72 *sô*, relat. wie. — *gesterne*, mhd. nhd. *gestirne* stn., die Gesammtheit der Sterne. — 74 *von der síden*, wie das Gold, das
zum Schmuck in oder auf Seidenzeug gewirkt oder gestickt
ist. — 75 *in midin*, mhd. *enmitten* adv. Die schlanke Taille
gilt in der damaligen vornehmen Welt als eine Hauptschönheit.
— 76 *wal*, *wale*, mittel- und niederd. Form für mhd. *wol*, *wole*,
hier und anderwärts durch den Reim gesichert. — 79 *aller degenlîche*, eigentlich gen. von *degen* verbunden mit *lîche* adj., so
beschaffen, geartet: danach *aller degenlîche*, jeder Degen. Hier
erscheint der erste dreifache Reim, 79, 80, 81, vgl. darüber die
Einleitung. — 81 *umbê dê*. *dê*, acc. sing. von *diu*, fem. des demonstr. Pron. *der*. — *môwelîche*, mhd. *müelîche* adv., mühselig,
gefährlich. — 82 *ir*, der Genitiv, abhängig von *bat*. — *nechein*,
nichein, *nehein*, *ein* mit der Negationspart. *nih* verbunden, kein.
84 *Alsô*, sobald als. — 87 *er iz*, die Hs. gibt *erist*, aber da
zu *reden* nothwendig ein Object gehört und auch, wenn man *êrist*
lesen wollte, das Pron. *er* fehlte, wird Maßmann's Conjectur
in den Text aufgenommen. — *iz reden*, eine Sache bereden. —
89 *dê*, mundartliche Form für *der*, noch häufiger *die* für
der, vgl. 93. — *irwurbe* conj. præt. von *irwerben*, mhd. erwerben. —

hêrre, iz tôt Lûpolt,
die ist dir van allen herzen holt
und weit ouch wol we iz umbe daz wîf stât.
trûwen, daz is mîn rât,   95
machtu in mit minnen
in dê rede bringen,
daz er dîn bode wille sîn,
der werbit dir aller trûwelîchis umbe daz megetîn.»

Rûther sande boden drâte   100
nâch Lûpolde in eine kemenâte.
alser vor den kuninc quam gegangen,
dô wart er wol untfangen.
der marcgrâve rûmt ime den stôl,
daz heiz in sîn hêrre dôn.   105
alsô Liupolt gisaz,
der kuninc gezugenlîche sprach

---

92 *iz tôt*, mhd. *ez tuot*, das thut. — 93 *die*, mittel- und niederd.
Form des Nom. sing. masc. von *der*, daneben auch *dê* oder
de, vgl. 89. — *allen* s. zu 15. — 94 *weit*, niederd. *t* für
hochd. *z*. — *we* für *wê = wie*. — 95 *trûwen*, zum Adverbium
geworden, dat. pl. von *trûwe* stf., mhd. *triuwe*, unser «traun».
— *is* für mhd. *ist*. — 96 *machtu=maht du*, kannst du, 2. Per-
son sing. von *mac* præteritopr. — 97 *in dê rede bringen*. *rede*,
Verabredung, gegebenes Wort. — 98 *wille* conj. von *wil*;
neben der gewöhnlichen mhd. Form mit *e welle* gilt hier die
sprachgeschichtlich eigentlich richtigere mit *i* für den Conj.,
aber auch neben *wil* für den Ind. — 99 *werbit*, mhd. *wirbet*. —
trûwelîchis adv. Superl., mhd. *triuwelîchest*, treulichst. *t* mund-
artlich abgefallen, vgl. 255.
101 *kemenâte* hier stf., sonst gewöhnlich schwach, eigentlich
ein heizbares Gemach, das gewöhnlich zum Schlafgemach, zum
Frauengemach, oder auch im Winter zum eigentlichen Wohnzim-
mer des Burgherren dient. — 102 *alser = alse er; alse*, abge-
schwächte Form von *alsô*, vgl. 84. — *vor*, mhd. *vûr*. — 103 *unt-
fangen:* neben *int- in-* für mhd. *ent-*, ursprünglich *and-*, erscheint
in Zusammensetzungen gelegentlich auch *unt-*. — 104 *stôl* stm.,
mhd. *stuol*, Stuhl, Sitz. Es ist eine besondere Ehre, wenn der
Vasall von seinem Herrn zum Sitzen eingeladen wird und sitzend
dessen Aufträge annimmt. — 105 *dôn*, mhd. *tuon*, unregelmäßiges
Verbum. — 106 *alsô*, vgl. 81. — *gisaz*. *gi*- gibt die Bedeu-
tung des Plusquamperf.: niedergesessen war. — 107 *gezugenlîche*

«ich hân durch michele nôt
nâch dir gesant, helet gôt,
daz tu mir werbes umbe daz megetîn,   110
die dâ sô wundrin scône sî,
und hilf mir mîner êrin:
jâ sprechint dise hêrin,
du sîst aller best dar zô.
helit, nu salt tuz durc dîn selbes frumicheit dôn.»   115

   Alsus redte dô Liupolt,
(deme kuninge Rûther was er holt)
«hêrre, dune salt mich sô verre manin niet.
dîn êre sîn mir alsô liep,
daz ich dir werbe die bodescaf,   120
so ich aller trûwelîchis mach,

---

adv. (*u* für *o* vgl. 2), auf höfliche «gebildete» Art, wie es sich
für einen, der *zuht* hat, schickt. — 108 *hân*, die hier durch-
gängig erscheinende auch gewöhnlich mhd. Form der 1. Person
sing. pr. ind. von *haben*. — 110 *werbes* 2. sing. conj. præs.
Die Formen der 2. sing. ind. und conj. ohne das schon ahd.
sehr verbreitete zugesetzte *t*, überwiegen hier wie in den an-
dern Denkmälern dieser Mundart und in verwandter mittel- und
niederd. — 111 *wundrin scône*, mhd. *wundern schœne*. *wundern*
ist ein adv. gebrauchter Ausdruck — noch jetzt in vielen Mund-
arten — von dunkelem, wahrscheinlich aber nicht, wie ge-
wöhnlich angenommen wird, adject. Ursprung. Die Umstellung
des *ern* in *ren*, *rin* ist dem Dialekte zugehörig. — *sî* conj. als
Dubitativ: soll sein. — 112 *hilf mir mîner êrin. helfen* mit gen.
wie 47. — 114 *best*, die unflectierte Form des Superlativ gibt
eine unpersönliche Färbung, wie unser «am besten dazu». —
115 *salt*, mhd. *solt* von *sol*, præteritopr. Auch 1. 3. Person lautet
hier stets *sal*. — *tuz=tu iz*, *t* für *d* durch Einfluß des auslautenden *t*
in *salt* verhärtet, vgl. 36, 110. — *durc* mit verhärtetem Auslaut
neben dem gewöhnl. *durch*. — *frumicheit*. Das mhd. *vrumekeit*,
vrümekeit stf. enthält den Begriff männlicher Tüchtigkeit und
Redlichkeit.
  118 *dune*, *du* mit angehängter Negativpart. *ne*. — *sô verre*
manin, so stark, so weitgehend, mahnen. — *niet*, die im Reime
und im Verse häufig vorkommende Form der subst. Negation
mhd. *nieht*. — 119 *sîn*, wechselt mit der gewöhnlichen mhd.
Form *sint*, denn es ist hier selbstverständlich Indic. und nicht
Conj. — 120 *bodescaf*, mhd. *boteschaft*. Die Composs. mit *scaf*
erscheinen hier theils in der alterthümlichern Form ohne *t*,
theils in der gewöhnlichen mit *t*. —

umbe daz vil scône wîp,
oder ich virlêsen den lîp.
nu heiz dir gewinnen hêren,
die du mit dînen êren   125
wole mugis senden
ûz disen landen,
eilf rîche grâvin;
der zvelfte bin ich zwârin.
ich wil daz have grâven igelich   130
zvelf rîtâre hêrlich,
die alle sô gût gewant haven,
daz wir âne laster vor ein kuninc mugin tragen.»

---

123 *virlêsen* 1. Person sing. præs. ind. mit erhaltenem oder
wieder zugesetztem, uraltem nasalen Ausgang als Bezeichnung der
1. Person. *ê* in der Stammform für *ie*, wofür mhd. hier *iu* steht.
Die Form entspricht also buchstäblich einem mhd. *verliese*,
während ihr in der Bedeutung die mhd. *verliuse* gleichkommt.
— 126 *mugis* 2. Person sing. conj. von *mac*. Ueber den Mangel
des *t* (mhd. *mugest, mügest*) vgl. 110. — 129 *zvelfte*. Nach den
Dentalen (die verschiedenen *T*-laute, *Z* und *S*) wird in den
meisten früheren ahd. Denkmälern das einfache *v*, nicht das dop-
pelte *u u* = *w* geschrieben, offenbar wegen eines merkbaren Unter-
schieds in der Aussprache, der sich später verloren hat, aber
in manchen ältern, besonders mitteld. Werken der mhd. Pe-
riode doch noch nachklingt, obgleich er nirgends consequent
— hier unter den gleichzeitigen relativ noch am consequen-
testen — durchgeführt wird. — *zwârin* = *zewaren, zewâre*. —
130 *have* 3. Person sing. conj. præs. von *haben*. — *igelich*,
mhd. *iegelîch, lich*. Neben der diphthong. Form erscheint hier
wie in *imer, nimer* u. s. w. auch die mit einfachem verkürzten
Vocale. Die Kürze des *i* in *lich* geht aus den Reimen z. B.
hêrlich: wider dich; *êrlich: dich* hervor. Sobald durch Flexion
oder Ableitung ein Zusatz erfolgt, also *-liche, lichen* u. s. w.
erscheint, tritt die ursprünglich lange Form wieder ein. Die
Fügung *grâven igelich* ist ähnlich wie in *degenlîche* 79. —
131 *rîtâre*. Diese Form ist die hier gewöhnlichste, denn aus
der einmaligen Schreibweise *rittare* ist kein *rîtâre* zu beweisen.
Daneben gilt die abgekürzte *riter*, in der ein *î* stehen wird. —
132 *haven*, mhd. *haben*, kann zwar der Conj. sein, einfacher aber
ist es den Ind. anzunehmen. In diesem Falle ist das auslau-
tende *t* der 3. Person pl. ind. præs. abgefallen, wie häufig in
diesem und verwandten Sprachdenkmälern. — 133 *âne laster*,
ohne Schimpf, Vorwurf: die heutige Bedeutung von *laster* ist
der älteren Sprache fremd. — *ein*, synkop. für *einen*.

Der kuninc dô sînen hof gebôt,
sowaz er vursten hete gesamenôt,   135
zvô und sibenzich crône,
die dêntin ime scône.
den sageter sînen willen.
dô sprach vil manic helit snelle
«hêrre, woldet ir mich senden   140
hinnen zô der erden enden,
daz ne widerredtich durch neheinen man,
wir sulen ûch alle sîn undertân.»
eilf grâven ime dô swôren,
daz si ir hêrren umbe die magit vôren.   145
sie wâren dem kuninge alle holt,
daz machete silber unde golt,
daz er in kuninclîche gaf.
sie wurben des hêrren bodescaf.

Alse die vart wart gelovet,   150
dô nam swert ûf deme hove

---

134 *gebieten* stv., feierlich verkündigen. — 135 *sowaz*, vgl. 24.
— *gesamenôt*, part. pr. pass. von *samenôn*, mhd. *samenen*, sammeln, mit erhaltenem tieftonigen *o*, was hier auch außerhalb des Reimes manchmal statthat. — 137 *scône*, mhd. *schône* adv. zu *schœne* adj. — 139 *snelle*, die schwache Form des Adj. *snel*, die hier attributiv dem Hauptworte nachgesetzt ist, steht offenbar nur des Reimes wegen. Wenigstens ist für das damalige Sprachgefühl der früher entschieden merkbare Gegensatz zwischen der starken und schwachen Form des Adj. in diesem concreten Falle erloschen gewesen. — 142 *widerredtich* = *widerredete ich*. — *neheinen* vgl. 82. — 143 *ûch*. Die ahd. mhd. Dativform des Pl. des Pron. der 2. Person ist *iu*, mittel- und niederd. *û*, daneben erscheint in diesen Dialekten häufig die accusat. Form *ûch* = mhd. *iuch*, wie sie auch nhd. für beide Casus gilt. Die Form *ûch* wird hier, so viel man sehen kann, am liebsten vor folgendem vocal. anlautendem Worte gebraucht, *û*, wofür einzeln auch die mhd. Schreibung *iu* vorkommt, vor Conson. — 144 *swôren*, mhd. *swuoren*, præt. von *swern* stv., schwören. — 145 *hêrren*, dat. comm. für. — *vôren* conj. præt. von *varn* stv., mhd. *vüeren*. — 148 *gaf*. *f* für mhd. *p* (statt *b* im Auslaut). — 149 *wurben* 3. Person pl. præt. von *werben*.
150 *gelovet*, mhd. *gelobet*, festgesetzt. — 151 *swert nemen*, das Schwert als Hauptsymbol der Ritterwürde feierlich empfangen, Ritter werden. —

ein vil junger degen.
beide zabel unde kelen,
ein grâve der heiz Erewîn,
dâr mite zîreter die riter sîn: 155
die anderen hêrren dâten sam,
vil wol vazzeten ire man.
ir ros wâren alle blanc.
iz quam nie in nihein lant
sô manic bate wol getân.   160
sie leite ein vil listiger man,
der was deme kuninge vile liep
unde ne hâte der untrûwen niet.

Die kiele wâren gevazzôt,
von den stade wolde Liupolt der helit gôt.   165
der kuninc heiz in stille haven
und bademe sîne harfen dar tragen.

___ ___

152 der *vil junge degen*, dessen *swertleite* erwähnt wird, ist
Erewîn, der jüngere Bruder Lupold's. — 153 *beide zabel unde;*
beide — unde, sowohl — als auch. *zabel unde kelen: zabel*, mhd.
zobel, das bekannte Pelzwerk von schwarzer Farbe; *kelen* des-
gleichen von rother. Das Satzgefüge ist hier wie oft durch
selbständige Voranstellung des Objects frei belebt. — 155 *zîreter*
= *zierete er.* — *dâten*, mhd. *tâten*, præt. von *dôn, tuon.* —
157 *vazzen* swv., technischer Ausdruck für mit Kleidern,
Waffen u. s. w. in vollen Stand setzen. Die beiden coordinierten
Satzglieder in 156, 157 können ebendeshalb in ihrem zweiten
Theile der Setzung des *sie* entbehren. — 160 *bate* für *bote*,
niederd. *a* für *o.* — *wol getân*, schön geschmückt. — 161 *leite*
præt. von *leiten* swv., leiten, führen. — 163 *hâte*. Neben dem
Præt. *hete* ist auch die Form mit *â* hier heimisch, daneben noch
eine dritte *hête*. Aber auch die ganz regelmäßige fehlt nicht,
mit erhaltenem *b* (*v*) des Stammes *habete, havete. hette* und *hatte*,
was mitunter geschrieben ist, erweist sich durch die Reime als
falsch. — *der untrûwen* gen. pl. von *untriuwe* stf., abhängig
vom negat. Subst. *niet.*
164 *kiel*, das Schiff überhaupt, nicht bloß der Theil, den
wir jetzt allein Kiel nennen. — *gevazzôt*, mit erhaltener tief-
toniger Endung *ôt; vazzen* vgl. 157. — 165 *von den stade. den*
für *deme, dem* s. zu 15. *stade*, dat. des stn. *stat*, Gestade. —
166 *haven*, mhd. *haben*, halten. — 167 *bademe = bat ime* enklit.
in geschwächter Form angefügt. *ime* bezieht sich auf das Sub-
ject, also: sich. —

einis zeichnes her ime gedâchte,
daz her sint vollenbrâchte.
er hiez die hêrren alle gân,   170
oven ûfen kiel stân.
drî leike er in nande,
die sie sint wole irkanden.
dô sprach der hêrre vile gôt
«kumit ir imer in decheine nôt,   175
swa ir virnemet die leiche drî,
dâ sulder mîn gewis sîn.»
des vrouwete sich manic man,

---

168 *her.* Bis dahin ist mit einer Ausnahme 117 in der Hs. die Form
er durchgeführt, die von jetzt immer seltener erscheint, bald,
wie man sieht, um den Hiatus mit vorhergehendem auslauten-
dem Vocal zu vermeiden, bald auch ohne solchen Grund. Ge-
wiß ist. daß das Gedicht die beiden Formen *her* und *er* neben-
einander gebraucht, ihre Vertheilung auf jeden einzelnen Fall
ist aber nicht mit Sicherheit zu bewerkstelligen. Ebenso sicher
gehört aber die gelegentlich auch vorkommende Form *he* nur
dem Schreiber der Hs. an. 117. wo *her holt* geschrieben steht,
wird eben des *h* in *holt* wegen, *er* zu lesen sein; bei der Wieder-
holung dieser Formel, 312, steht *er.* — *im gedâchte . ime* wie
167, für sich. — 169 *sint* adv., dann, später, identisch mit
sît. — *vollenbrâchte*, von *vollen-*, *volle - bringen.* — 170 *hiez*, die
gewöhnliche mhd. Form des Præt. von *heizen*, die neben der
hier häufigern *heiz* (vgl. 1) erscheint. — 171 *oven*, mhd. *oben.*
— *ûfen = ûf den.* — 172 *leike*, niederd. älteres *k* für späteres
hochd. *ch* wie in *rike* 66. *leich* stm., ein musikalischer Satz
mit oder ohne Begleitung von Worten. — *nande* von *nennen*,
die Leiche führen besondere Namen. Es ist aber nicht so
zu verstehen, als habe er ihnen bloß diese Namen genannt,
sondern er spielt die Leiche ihnen vor und nennt ihre Namen.
Daß der König, das Haupt der Ritterschaft, hier die Harfe
spielt, ist ein sehr alterthümlicher Zug. In der zweiten Hälfte des
12. Jahrh. gehört die Harfe nur noch den gewöhnlichen Spiel-
leuten. An ihre Stelle ist als vornehmes Instrument die *gîge*
getreten. — 175 *imer*, jemals, die kürzeste Form des aus *ie*
und *mêr* zusammengesetzten Zeitadv. — *dechein*, gebildet wie
sichein und von gleicher Bedeutung. — 176 *swa*, correl. = *sô*
wâ, wo immer. — 177 *sulder = sult ir.* — *mîn*, gen. sing. des
Pron. der 1. Person, abhängig von *gewis.* — *yew. sîn*, sicher
rechnen auf mich. — 178 *vrouwete* von *vrouwen*, mhd. *vröuwen*,
vreuwen swv., freuen. —

der sint in grôze nôt quam.
iren rûf sie dô hôben,   180
von deme stade sie vôren.
eiâ, wie die segele duzzen,
dô sie inouwe vluzzen.

Die hêrren vluzzin in dat mere.
dô stunt der kuninc Rôthere   185
und bat got den rîchen unde den gôden
durch sîne ôthmôde,
daz er sie sande
wider heim zû lande.
er sprach «swer danne wil scaz nemen,   190
deme sal ich in âne zale geben.
wil er aber burge unde lant,
des gibich ime in sîne gewalt,

---

180 *iren*. Das Pron. der 3. Person, das im Mhd. dieser Zeit
gewöhnlich in genitiver Form zu dem Nomen tritt in possessive
Function, wird einzeln schon ahd. und in den meisten nicht
strenghochd. Mundarten adject. flectirt, wie es nhd. all-
gemein geschieht. Der Schreiber dieser Hs. geht aber weiter
als der Dichter. So ist 145 falsch *erme* für *ir* gen. plur. ge-
setzt. — *rûf*. Damit kann ein Lied oder ein Gesang, den die
Scheidenden, Ausziehenden anzustimmen pflegen, gemeint sein.
Häufig aber besteht der *rûf* bloß, wie unser Schlachtgeschrei,
aus wenigen Worten oder nur aus Interjectionen. — 182 *eiâ*
Interjection, hier die Verwunderung ausdrückend, aus dem ein-
fachen *ei* und *â* zusammengesetzt. — *duzzen*, 3. Person plur.
præt. von *diezen* stv., stark tönen. — 183 *inouwe*, eigentlich
von der Flußschiffahrt gebraucht, den Strom hinab, mit der
Strömung, ein adverb. gewordener Ausdruck, zusammengesetzt
aus der Præp. *in* und *ouwe* stf. — *vluzzen*, 3. Person pl. præt.
von *vliezen* stv., schwimmen.
    187 *ôthmôde*, mhd. *ôtmuote*, *üete* stf., in der eigentlichen
mhd. Sprache nicht gebräuchlich, eigentlich *humilitas mentis*, in-
sofern unserer Demuth entsprechend. Aber es bedeutet auch
überhaupt die Herablaßung, und so ist es hier und an andern
Stellen, wo Gott *ôtmüete* gegen den Menschen bezeigt, ge-
braucht. — 190 *swer*, correl. Pron. = *sô wer*. — *danne*, wenn
die Werbung glücklich vollbracht sein wird. — *scaz*, mhd.
stm. *schaz*, gemünztes und ungemünztes edles Metall. — 191 *âne
zale*, ohne Zahl, ohne zu zählen. — *sal* für mhd. *sol*, vgl. 115. —
193 *des*, davon. — *gewalt*, hier stf., mhd. gewöhnlich masc. —

unz in des selven dunket vil —
wê gerne ich daz dôn wil! —   195
und helfe ime daz beherten
mit mînes selbes swerte.»

Dô vôren die boten hêre
ûffe den sê verre
gegin Constînopole dâr zô Krêchen.   200
ir kiele sê dô stêzen
in daz fremede lant.
sie trôgen riterlich gewant
alle gelîche:
sie vôren vermezzenlîche.   205
dô bat Liupolt einen koufman
eine wîle zô deme schiffe gân,
unz sie von hove quêmen,
des wolder ime wol lônen.
einen mantel her ime gaf.   210

---

194 *selven. v* für mhd. *b,* nach niederd. Weise. — 195 *wê,* mhd.
wie. — 196 *helfe,* mhd. *hilfe,* nicht auf dem schon oft bemerkten
Uebergang des *i* in *e,* wie in *gesterne* 72, *werbit* 99, sondern
auf einer vor der ahd. mhd. verschiedenen Grundform der
1. Person sing. beruhend, aus der auch unsere heutige ebenso
lautende stammt. — 197 *mînes selbes swerte:* 115 *dîn selbes.*
dîn entsprechend *mîn, sîn,* ist die eigentliche pronom. Form
des Gen. der Personalpron. *mînes* u. s. w., die adject., die wir
in unserm meiner, deiner, seiner, neben mein, dein, sein fest-
gehalten haben.
200 *dâr zô Krêchen,* dort in Griechenland, vgl. 16. *Krêchen,*
ê niederd. für *ie.* — 201 *ir kiele* wird wohl zu lesen sein,
denn aus dem handschriftlichen *vor k.* läßt sich nichts machen. —
stêzen, mhd. *stiezen* von *stôzen* stv., *den kiel in daz lant stôzen*
paßt für die kleinern Fahrzeuge dieser Zeit, die gewöhnlich
nicht in tiefer See vor Anker gehen, sondern halb oder ganz
an das Land gezogen werden. — 204 *gelîche* adv., auf gleiche
Weise. — 205 *vermezzenlîche* adv., in stolzem Aufzuge. —
207 *zô deme schiffe gân.* Hier ist scheinbar nur von einem Schiffe
die Rede, während 163, 217 u. s. w. deutlich mehrere da sind:
aber hier ist das Schiff gemeint, auf welchem sich Lupold
selbst befindet und wo der Vertrag mit dem Kaufmann ge-
schloßen wird. — 208 *quêmen,* 3. Person pl. conj. præt. von
kumen, kommen, *ê* Umlaut des *â,* mhd. *æ.* —

«drî tage unde nacht
hôdich dir, sprach der koufman,
swar du wilt rîtin oder gân.
daz weiz der waldindiger got,
der mir zô lebene gebôt,   215
du hâs mir sô kuninclîche gegeben,
ich wil dîner schiffe wol mit trûwen plegen.»

Die hêrren vazzetin sich,
alsech kan virstân mich,
daz nie vor nicheinen man   220
sô manich schône bode nc quam.
ir mantel wâren gesteinit bî der erden
mit den besten jâchanden die dorften gewerden:
die drachen van schîren golde,
alsô siez haben wolden;   225
herze unde hinden,
maneger slachte wunder,
truogen die helede gôde

---

212. *hôdich* = *hôde ich*, mhd. *hüete. hüeten* mit Dat. der Pers.,
für jemand Wache halten. — 213 *swar* = *sô war*, wohin immer.
— 214 *der waldindiger got*, formelhafter, im Rother sehr oft
gebrauchter Ausdruck, gleich dem einfachen *waldende got. der
waldendiger*, die starke Form des Adj. hier nach dem be-
stimmten Artikel gleichfalls formelhaft gesetzt. — 215 *der mir
zô lebene gebôt*, der mir durch seinen freien Entschluß das
Leben gegeben hat, gleichfalls formelhaft. — 216 *du hâs*, mhd.
hâst, vgl. 110. — 218 *vazzetin*, vgl. 157. — 219 *alsech* = *alse
ich*, soweit ich. — *kan virstân mich. sich virstân* = etwas er-
kennen, hier bloß zur Ausfüllung des Verses. — 221 *quam*,
vgl. 49. — 222 *gesteinit*, mit Steinen besetzt. — *bî der erden*, am
Saume. — 223 *jâchant*, ein Halbedelstein, sprachlich, aber
wahrscheinlich nicht sachlich identisch mit *Hyacinthus.* — *dorften
gewerden. dorften* 3. Person pl. præt. zu *darf.* Nach solchen
sogenannten Præteritopr. wie *kan, mac, sol* u. s. w. pflegt der
abhängige Infinitiv durch *ge* die Bedeutung eines Inf. perf. an-
zunehmen. *gewerden* ist also dem einfachen *werden* lexikalisch,
aber nicht syntaktisch gleich. — 224 *drachen*, wie *herze und
hinden*, goldene Verzierung in der Gestalt dieser Thiere, sowohl
als Schmuck der Waffen wie der Waffenröcke. — 225 *siez* =
sie ez oder *iz.* — 226 *herze*, mhd. *hirze*, pl. von *herz, hirz* stm.,
unser Hirsch. —

ûz van golde an ir gewêde.
mit samîte und pfellel   230
wâren die sadilschellen
gezîrôt, dat was michil lof.
sie quâmen schône ûffe den hof.

Die hêrren ritin ûf Constantînis hof,
dâ intfênc man in dê ros.   235
dô lûchte manic jâchant
von ênander in daz gewant.
der tûrlîchir degen Erwîn
der heiz die zvelf rîtâre sîn
mit zuchtin nâch ime gân;   240
die anderen hêrren dâden sam,
sie gêngen alle in sunderlich schare:
ir gewandes nâmen sie grôze ware.
dâ quam dieme kuninge mêre,
daz ûffe deme hove wêre   245

---

229 *ûz van*, die beiden synon. Præp. stehen oft zusammen,
jedoch nicht in der classischen Sprache, um den Stoff zu be-
zeichnen, aus dem etwas gemacht ist, oder auch den bloßen
localen Ausgang. — *gewêde*, mhd. *gewæte* stn., Gewand. —
230 *pfellel*, feinster Seidenstoff, daher oft = *samît*. — 231 *sadil-
schellen*. Nach der Weise der ritterlichen Staatstracht sind
besonders am Reitzeug, Sattel, Riemwerk, Stegreif u. s. w.
des Rosses Schellen, wo möglich aus Silber, angebracht. Aber
auch an den Waffen und Kleidungsstücken selbst. — 232 *gezîrôt*,
mhd. *gezieret*.
235 *intfênc*, vgl. 12. *d. r. i.*, nahm sie ihnen ab. — *dê*, acc.
pl. neutr. des Art. = mhd. *diu*. — 237 *von ênander*. *ênander*, mhd.
einander, d. h. von einem Gewande auf das andere; wir würden
sagen «auf einander». — 238 *der tûrlîchir*. Ueber die starke
Form vgl. 214. *tûrlich*, mhd. *tiurlich*, dem einfachen *tiure* gleich
an Bedeutung. — 242 *gêngen*, mhd. *giengen*. — *in sunderlich
schare*, sie, d. h. alle die Fremden vertheilten sich in einzelne
Abtheilungen, je einer der 12 Grafen hat je 12 Ritter. —
243 *grôze ware n. ein d.*, etwas sehr aufmerksam beachten. *ware*
stf., Aufmerksamkeit. — *sie* vertritt hier nicht dasselbe Haupt-
wort wie in der vorigen Zeile, wo es auf Lupold und sein Ge-
folge geht. Hier sind unter *sie* die Leute in der Stadt zu ver-
stehen, die sie aufmerksam betrachten. — 244 *dieme*, Neben-
form von *deme*, *dem*. — *mère*, mhd. *mære* stn., Kunde. —

ein lossam ritirschaf.
heiâ, waz der kaffêre was,
die den vrouwen sageten
wilich gewant dê geste haveten!

Alsus redete dû gôte kuningîn   250
«nu stant ûf, hêrre Constantîn,
und intfâ wir dise geste.
wê gerne ich daz weste,
wannen sie kumen wêren.
ir gewant is seltsêne.   255
swer sie hât ûz gesant
her in unser lant,
der ist ein statehafter man.
of ich mî rechte versinnen kan,
mich dunket gôt, hêre,   260
daz wir dise boden êren.

246 *lossam*, ein Lieblingswort des Gedichts = mhd. *lustsam*,
was anmuthig zu sehen ist, vgl. darüber 749. — 247 *heiâ*, in
der Zusammensetzung und Bedeutung = *eiâ*, vgl. 182. — *waz
der kaffêre was*, der Gen. pl. *kaffêre* abhängig von dem als
Subst. gebrauchten Neutr. des Fragepronomens. *kaffêre*, mhd.
kaffære von *kapfen*, gaffen. — 249 *wilich*, mhd. *welich*, hat hier
durchgängig das historisch berechtigte *i* der ersten Silbe erhalten.
250 *dü*, die seltene Form des Nom. sing. fem. des Pron.
oder bestimmten Art. *der*, gewöhnlich *die* oder *dê*, *de*. Dieß
dü tritt dem goth. *sô* am nächsten. — 251 *stant*, imp. von
standen, *stân*, unregelmäßiges Verb. — 252 *intfâ wir*. Vor dem
nachgesetzten Pron. ist die Personenbezeichnung des 1. Pl. *n*
abgeworfen. — 253 *weste*, conj. præt. von *weiz*; 393 steht
wiste, also, wie anderwärts die ältere *i*-Form mit der jüngern
e-Form wechselnd. — 255 *is*. *t* abgeworfen, wie in den meisten
mittel - und niederd. Mundarten; ähnlich fehlt das *t* im Super
lativ (*trûwelîchis* 99, 121), in der 2. und 3. Person pl., vgl. 37,
132. Dagegen ist der Ausgang *s* für *st* der 2. Person sing.
anders zu erklären, vgl. 110. — *seltsêne*, mhd. *seltsœne* adj.,
seltsam. — 258 *statehaft* adj., der seine *state*, alles was
zur vollen Existenz gehört, besitzt, also angesehen, wohl-
habend u. s. w. — 259 *of*, mhd. *obe*, ob, falls. — *mî*, die
dialekt. Nebenform des hochd. Acc. *mich* und des Dat. *mir*, wo-
durch dann öfters, falls hochd. Formen dafür substituiert werden
sollten, Verwechselungen eintreten, wie noch heute in so vielen
niederd. Mundarten. —

sine sint der antworte nicht gewone
die du tôs manigen boten vore.
ich wêne daz nie sô manic man
schône in diz lant nequam. 265
sie sint alle wol getân,
beide ros unde man.
iz nequâmen nê lûte sô wunnenclîche
in diz Constantînis rîche.»

Ûf den hof der kuninc ginc, 270
die helede er alle wol intfinc,
und die gôte kuningîn,
sie hiez sie willekume sîn
alle gelîche
und neigen gezugenlîche. 275
sich hôf ein grôz gedranc:
sie dûchte seltsêne daz gewant.
von rîtârin und von vrouwen
dâr wart ein michil schouwen.
dô redite ein vrouwe die heiz Herlint 280
«swannen dise hêrren kumen sint,
daz ist ein wunderlîchiz lant.

262 *antworte*, mhd. *antwurte*, *antwürte*. — *gewone*, *gewon* adj.,
gewohnt. — 263 *tôs* für *tuost*, vgl. 110. Man erwartet hier
das Præt. denn *vore*, zuvor, weist darauf hin. Nichtsdesto-
weniger ist die Lesart zu halten und das Præs. durch den be-
herrschenden Einfluß der vorhergehenden Præsentialform *sint*
zu erklären. — 265 *diz*, neutr. zu *diser*. — *nequam* = ne
quam. — 266 *wol getân*, vgl. 160. — 267 *beide*, vgl. 153. —
268 *nê*, mhd. *nie*. — *lûte*, mhd. *liute*, Leute, von *liut* stm. u. neutr.
— *wunnenclîche* mit mundartlich eingeschobenem *n* für mhd.
wunneclîche adj., was Freude, Wohlgefallen erweckt. —
273 *willekume*, flexionsl. Adj., eigentlich schwache Form
des Adj. neben dem Partic. *willekumen*. — 275 *neigen* = *neic in*,
von *nîgen* mit dat., jemanden mit der Geberde des Grußes,
nîgen, empfangen. — *gezugenlîche*, vgl. 107. — 276 *hôf*, mhd.
huop von *heben*. — 277 *dûchte*, præt. von *dunken*, däuchte. —
280 Daß die Lesart der Hs. *ein alt vrouwe* falsch ist, ergibt
sich aus dem Folgenden, wo Herlint (2090) als *mayet wol
getân*, Altersgenoßin der jungen Königin erscheint. — 282 *wun-
derlîchiz lant*, ein seltsames Land, hier Ausdruck der staunen-
den Verwunderung über den Reichthum der Fremden. —

sie tragen sô manigen jâchant
gezîrôt mit deme golde,
daz daz got wolde·   285
daz wir den kuninc gesêhen,
des dise boten wêren!»

Lûpold zô deme kuninge sprach
«nu irlouve mir mînes hêrren bodescaf,
dar umbe ich bin gesant   290
her in diz lant,
daz ich der sage, hêrre gôt,
waz dir ein rîche kuninc inbôt.
der ist der aller schôniste man
der ie von wibe gequam,   295
unde veret mit grôzer menige.
ime dienint snelle helide.
scal unde vedirspil,
des ist in mînis hêrren hove vil,
ros unde juncvrouwen   300
und ander rîtâris gezouwe,
des vlîzit sich mîn hêre.

---

283 *tragen* für *tragent* mit abgefallenem *t*, vgl. 132. — 286 *ge-
sêhen*, mhd. *gesæhen*, conj. præt. von *sehen*, sehen sollten, könn-
ten. — 287 *des*, die Zugehörigkeit durch den Gen. bezeichnet.
— *wêren*, der Conj. ist durch das Gesetz der Continuität des
Ausdrucks aus dem vorhergehenden *sêhen* entstanden, denn be-
grifflich ist hier der Indic. gefordert. — 289 *irlouve*, mhd. *erloube*. — 292 *der*, Nebenform von *dir*, dir;
diese abgeschwächte Form wird immer nur dann gesetzt, wenn
kein rhetorischer oder rhythmischer Accent auf dem Worte liegt,
vgl. 37. — 293 *inbôt* von *inbieten*, mhd. *en(t)bieten* stv. —
295 *gequam*, gekommen ist. — 296 *veret mit grôzer menige*, er zieht
einher mit großem Gefolge, d. h. er hat eine große Vasallen-
und Ritterschaft. — 298 *scal*, mhd. *schal* stm., in der Bedeu-
tung Getöse, wie es bei festlichen Gelegenheiten stattzufinden
pflegt, nicht bloß der Klang der Musik und des Gesanges. —
vedirspil stn. Die zur Jagd abgerichteten Vögel (Falkenbeize),
die im Mittelalter und später wesentlich zur Signatur des vor-
nehmen Lebens gehören. — 301 *gezouwe* stn., eigentlich Aus-
rüstung, Geräth, Werkzeug, alles, was dazu gehört, das ritter-
liche oder höfische Treiben zu vervollständigen. —

van dû machtu mit êren
mir irlouben mînes hêrren bodescaft,
wande her weiz aller tugende kraft.»   305

Alsus antwarde Constantin
nu sal iz dir irloubit sîn
durch dînes hêrren willen,
nu werf svaz du willes.
du bist ein wêtlîcher man,   310
du salt mînen urlob hân.»
dô sprach Lûpolt,
(deme kuninge Rôther was er holt)
«nu virnim mich, kuninc Constantin,
mîn hêrre gerit der tochtir din,   315
der is geheizen Rôthere
und sitzit westert uber mere.
her ist ein statehafter man,
her wolde dîne tochter zeiner kuninginne hân.
unde wil daz got von himele,   320
daz sie kumen zô samene,
sone gewan nie bezzer wunne
wîp mit einem manne.»

Trûrich sprach dô Constantîn,
(zurnich was der môt sîn)   325
«daz ich die rede irloubit hân,
des môz ich lange trûrich stân.

---

303 *van dû*, mhd. *diu*, absolut gebrauchter Instr. von *daz*, des-
halb. — *machtu = maht du*. — 305 *weiz aller tugende kraft*.
er versteht alle ritterlichen oder fürstlichen Vorzüge (*tugende*)
in höchster Kraft darzustellen. — 306 *antwarde*, mhd. *antwurte*, præt. von *antwürten; a* er-
setzt *o* und dieses das mhd. *u*. — 309 *werf*, mhd. *wirp*,
imp. von *werben* oder mit der Spirans für Media *werven*. —
willes, 2. Person sing. conj. von *wil*. — 310 *wêtlich*, mhd. *wætlich*
adj., stattlich, schön. — 311 *urlob* stm., Erlaubniß. — 315 *gerit*
von *gern* swv., begehren mit gen. des Obj. — 316 *is*, vgl. 255.
— 317 *westert* locales Adv., nach Westen hin. — 318 *state-
hafter*, vgl. 258. — 322 *sone = sô ne*.
324 *Trûrich* adj., traurig; wegen des auslaut. *ch* vgl. 7; ebenso
in 325 *zurnich*, zornig. — 327 *des* absoluter Gen., davon, darob. —

wêre mîn site sô getân,
daz ich sie gêbe deheinen man,
sô mochtich sie mit êren   330
senden dîme hêren.
daz weiz aver got der rîche,
du tâtes wislîche,
du vurreditis umbe die bodescaf,
dune bescôwetis anderis nimmer mêr den tach.   335
wande mîner tochter nebat nie nichein man,
erne môste sîn hôvet virlorin hân.
sô magiz û nicht irgân,
ir sît alle gevân
und ne gesêt ûweris hêren   340
rîche nimmer mêre.»

　　Der kuninc heiz die botin kêren
in einin kerkêre,
dâ wârens inne manigen tach,
daz ir nie nichein de sunnen gesach,   345

---

329 *deheinen man*, vgl. 15. — 330 *mochtich=mohte, möhte ich.* —
331 *dîme = dîneme.* — 332 *aver =* mhd. *aber.* — 333 *tâtes*,
2. Person sing. conj. præt. von *tuon*, mhd. *tuetest.* — 334 *vur-reditis*, mhd. *verredetest. verr.* ist etwas von sich ablehnen, sich
entschuldigen; *umbe*, in Bezug auf. — 335 *dune=du ne.* — *bescô-wetis*, mhd. *beschouwetest*, würdest beschauen. — *anderis* adv.
gen., anders, in anderm Falle, sonst.　Du hättest weislich ge-handelt, hättest du die Botschaft von dir abgelehnt, denn an-ders, wenn du sie übernehmen wolltest, würdest du nimmer mehr
das Licht sehen, d. h. wie sich sofort ergibt: in ein Gefäng-niß geworfen werden, wohin keine Sonne scheint. — 336 *nebat*
= *ne bat nie nichein*, die dreifache Negation verstärkt das Ge-wicht des Ausdrucks ungemein. — 337 *môste*, mhd. *müeste*
von *muoz.* — *hôvet*, mhd. *houbet* stn., Haupt, Kopf. — 338 *û*,
mhd. *iu*, euch. — *irgân*, mhd. *ergân*, nach Wunsch zur Vol-lendung kommen; außerdem hat *irgân* auch die Bedeutung aus-,
zu Ende gehen, vergehen. — 339 *gevân*, part. præt. pass. von
vâhen, *vân* stv., mhd. *gevangen.* — 340 *gesêt*, mhd. *gesehet.* —
ûweris, mhd. *iuweres*, eueres.
　　343 *kerkêre*, *kerkâre* stm., Kerker.　Die Form *kerkenêre*
426 u. s. w., nach der Analogie von *barmenære*, *wildenære* u. s. w.
gebildet, gehört nur der Hs. an. — 344 *wârens=wâren sie.* — 345
daz, in der Weise, daß. — *ir* gen. pl. abhängig von *nichein.* —

noch den mânen sô liecht.
leider sie ne heten vrowede niecht,
wene vrost unde naz.
hei, wî grôz ir arbeit was!
sê hâten hungir unde nôt,   350
sie wâren nâ blibin tôt.
die dar heime gnôc habeten,
mit deme wazzere sie sich labeten,
daz under in svebete.
wê kûme die hêrren lebeten!   355
dô weinte manic man
sînen lib wol getân.
ir herzerûwe was grôz:
sie nehetin zô niemanne trôst.
iedoch half in got der gôte   360
durc sîn ôthmôte,
daz sie alle samen gesunde
quâmen heim zô lande.

Nu mugider hôren mêre
dê nôte von den hêren.   365
dô sprach der hêrre Erwin
zô Lûpolde, deme meister sîn
«owî, lieber brûder min,
wie lange sul wir hie sin?

---

347 *vrowede* gen. sing. des starken Fem. *vr.*, Freude, abhängig
von *niecht*. — 348 *wene*, mhd. *wane*, *wan*, außer, sondern. —
naz, neutr. des Adj., Nässe. — 351 *nâ* adv., mhd. *nâhe*, *nâch*,
beinahe. — *blibin*, part. præt. von *b(e)liben*, stv. bleiben. —
352 *gnôc* adj., genug, mhd. *genuoc*. — 354 *svebete*, *sweben* swv.,
in leiser rhythmischer Bewegung sein, wie beim Fließen,
Schwimmen, Fliegen u. s. w. — 355 *wê*, mhd. *wie*. — 356 *weinte*
sînen lib, beweinte seinen Leib. — 358 *herzerûwe* stf., Herzens-
kummer. — 359 *nehetin* ⚊ *ne heten*. — 361 *ôthmôte*, vgl. 187.
— 364 *mugider* = *mugit*, *muget ir*. — 367 *meister*. *Lûpolt* als
der älteste Bruder ist insofern schon Erwin's *meister*, noch mehr
weil er das Haupt der Gesandtschaft ist. — 368 *owî*, Interj.
des Schmerzes, dem häufigern *owê* ähnlich in Bedeutung, aber
nicht identisch. — 369 *sul wir* für *suln wir*. —

wer helfit nu den mâgen, 370
den wir gôtis schuldic wâren?
oder weme sal unser erbe
zô jungestin werden?
der Adâmen gebiledôte
der helfe uns ûze derrer nôte.» 375
dô vielen sie al in crûces stal,
michil wart der ir scal,
dô sie zô gote riefen.
wê trûrich sie wiefen!
vil trûrich iz ûz ir herzen gienc. 380
etlîchir in daz wazzer viel,
daz er dar inne belochen lac.
sît gesâhen sie den tac,
daz sie vrôlîche
besâzen dâ heime ir rîche. 385

Der kuninc heiz dô hinnen gân
beide mâge unde man,
daz sie die zîrheit gesâgen
die in den kielen lâgen.
dô giengin die juncvrouwin 390
durc wunder schouwin

---

370 *mâgen*, dat. pl. von *mâc*, Verwandter, unsern Verwandten,
formelhaft wie *man und mâc*.; s. zu 53. — 372 *erbe*, vgl. 22. —
373 *zô jungestin* adverbiel gebrauchte schwache Form des Superl.,
zuletzt. — 374 *gebilidôte*, *yebilidôn* swv., ein *bilede*, *bilde*, eine Ge-
stalt völlig *(ge)* darstellen. — 375 *derrer*, seltene dial. Form für
den Dat. sing. fem. von *diser*, *dirre*. — 376 *in crûces stal*, die be-
kannte Geberde des inbrünstigen Gebetes, was auch *venie*
v. heißt, die Arme ausgestreckt niederfallen und so die Ge-
stalt, *stal*, des Kreuzes darstellen. — 377 *der ir*, das Pron. der
3. Person sing. im gen. pl. zwischen Artikel und Nomen ge-
setzt. — 379 *wiefen*, præt. von *wuofen* stv., Wehruf erheben. —
381 *etlîchir*, mhd. *etelîcher* adj., mancher. — 382 *belochen*, part.
præt. pl. von *beliechen* stv., fest machen, beschließen. —
385 *rîche*, was ihnen gehörte, ihr Besitz.
388 *die zîrheit* stf., *zierheit*, Schmuckgegenstände, Kostbar-
keiten, plur. Begriff. — *gesâgen*, mhd. *gesæhen*, conj. præt. von
gesehen. *g* für *h* zwischen Vocalen vgl. 36. — 391 *durc*, um zu. —
wunder, Gegenstand der Verwunderung. —

mit in zô den schiffin
dâ sie daz gôt wistin.
nu nekan û nichein man gesagen
die wunder, die in den kielen lâgen. 395
dâ inne was daz golt rôt
kleine gewierôt,
nuskele unde vingerîn,
daz die botin mitsam in
hêtin brâcht den vrouwen, 400
vunf dûsint bouge,
die sie al geben wolden,
sô sie widir kêren solden.
rossekleit unde vanen
lac dâr ein michil teil ane, 405
unde wêhe gezelde
wole geworcht mit golde
gâben in ir holden,
dô sie von lande varn solden,
die sie in selben heten irwelit. 410
dâ was manic sneller helit

393 *daz gôt* stn., die Schätze u. s. w. der Boten. — *wistin*, præt. von *weiz*, vgl. 253. — 394 *û*, mhd. *iu*, euch. — 397 *gewierôt. wierôn* swv. bezeichnet ungefähr das, was wir Filigranarbeit nennen. — 398 *nuskele*, mhd. *nüschel* stm. neben *nusche* fem., Spange, Schnalle. — *vingerîn* stn. hier plur., der sich in der Form nicht vom Sing. unterscheidet, Fingerring. *nuskele* und *vingerîn* sind als appositionelle nähere Bestimmung zu *golt* gesetzt, sie und *die bouge* stellen das rothe Gold dar. — 399 *daz*, alles eben Genannte, was. — *mitsam in. sam*, præp. mit dat., verstärkt durch *mit*, wie *van* durch *ûz* verstärkt wird. — 400 *brâcht*, part. præt. pass. von *bringen*. — 401 *bouge, bouc* stm., größere Ringe oder Reife, an den Armen, Hals u. s. w. zu tragen. — 403 *solden*, wenn es ihnen vergönnt gewesen wäre. — 404 *rossekleit*, die kostbaren Decken für die Rosse. — *vane* swm., damals schon das Fahnentuch und insofern die Fahne selbst, nicht mehr bloß Tuch im allgemeinen. — 405 *ein michil teil*, eine sehr große Anzahl, denn *teil* allein ist schon ein «gutes» Theil. — 406 *wêhe*, mhd. *wæhe* adj., fein, kostbar. — 407 *geworcht*, part. præt. pass. von *würken*, ganz unser «durchwirkt». — 408 *ir holden*, Angehörigen = *man* und *mâc*, vgl. 53; sie sind zu jeder Hülfe, auch zur Ausrüstung ihrer Herren verpflichtet. —

vil virmezzinlîche ûz komen,
iz ne haben de bôche gelogen.

Nu sagit man uns van silver und van golde,
sower daz sien wolde,   415
des lac dâ ein vil michil magen.
der kuninc heiz iz abe tragen
unde beval iz sîme kamerêre,
daz er is alsô plêge,
sowanne man iz haben wolde,   420
daz er iz halen solde,
iz wâre wâfen oder vane,
daz is icht quême dane.
swâ ein ros irsturbe,
daz ein ander widir gewunnin wurde,   425
daz gebôt er ime an sîn leben
und heiz iu des sô plegen,
ob man iz immir wider gegêbe,
daz iz dâr allez wêre.

---

412 *virmezzenlîche*, vgl. 205. — 413 *iz ne haben de bôche ge-
logen*, vgl. 16.
    415 *sien*, mundartlich für *sehen*. — 416 *magen* stn., Menge,
Größe, Stärke, in der damaligen Sprache schon selten mehr
allein, gewöhnlich in Zusammensetzung gebraucht. — 418 *beval*,
mhd. *bevalch* von *bevelhen* stv. *h* des Auslautes im Dialekte
entschwunden, wie nhd. allgemein. — *kamerêre* stm., mhd. *kame-
rære*, *kemerære*, Kämmerer. Auch hier wechselt *kam.* und
kemer. — 419 *is*, gen. sing. des Pron. 3. Person neutr. gen.
abhängig von *plêge*, *pflæge*. — 421 *halen*, wie die Hs. liest
= mhd. *holn*. Schon ahd. häufiger *holôn* als *halôn*. In den
mittel- und niederd. Denkmälern hat sich das stammhafte *a*
gehalten. — 422 *wâfen* stn., speciell Schwert. — 423 *is icht*.
is, vgl. 419, abhängig von *icht* abstr. Subst. Etwas, hier in dem
abhängigen Satze negativ gefaßt und mit Nichts zu über-
setzen. — *dane* adv., von da weg. — 424 *irsturbe*, præt. conj.
von *irsterben* stv. — 425 *gewunnin*, dasselbe von *gewinnen*,
schaffen. — 426 *an sîn leben*, bei seinem Leben. — 428 *immir*,
jemals. — *gegêbe* conj. præt. *ge* erzeugt den Sinn des Condit.
oder Fut. exact., wieder geben würde.

II.

Jahr und Tag liegen die Boten Rother's gefangen, der
König ahnt ihr trauriges Los, und geräth darüber in tiefsten
Kummer. Er ist zu ihrer Befreiung entschloßen und will selbst
nach Griechenland ziehen. In seiner Noth beruft er seinen
alten Erzieher und Waffenmeister Berchter, Graf und Herzog
von Meran, um sich mit ihm über die Befreiung seiner Mannen,
worunter Berchter's sieben Söhne, zu berathen. Berchter räth
einen eigentlichen Heereszug, die andern Mannen aber wider-
rathen das, weil es der Tod der Gefangenen sein werde, falls
sie überhaupt noch am Leben seien, und so wird beschloßen,
daß Rother selbst mit einer stattlichen Anzahl Ritter «*in recken
wîs*», d. h. als fahrender Held den Zug nach Griechenland an-
treten und dort durch List die Gefangenen befreien solle.

Nu wertiz jâr unde dag,   430
daz vil manic man lag
in deme kerkêre
unde qualtin sich sêre:
grôz was ir weinen,
unde ouch Rôthere dâ heime   435
vil sêre trûrôte
umbe die botin gôte.
her wranc sîne hende
unde gedâchte in manigin ende

---

430 *jâr unde dag*, formelhaft auch jetzt noch gebräuchliche
Zeitbestimmung: ein volles Jahr — 433 *qualtin* præt. von *queln*
swv. quälen; der Plural durch das dem Begriffe nach plurale
manic veranlaßt. — *sêre*, vgl. 38. — 435 *unde ouch*, aber auch,
doch auch. — 436 *trûrôte* von *trûrôn* swv., trauern. — 438 *wranc*,
præt. von *wringen*, hochd. *ringen* stv. — 439 *in manigin ende*.
ende stm. *in m. ende* adverb. Ausdruck, nach manchen Rich-
tungen hin. —

wê er daz besâge   440
wâ sîne boten lâgen.
dô giengen die alden râtgeben,
der vrunt dâ wâren under wegen,
die weinôtin vil sêre
und bâten ouch ir hêren,   445
daz er sie selbe gesêhe
ob sê lebende wêren.

    Rôther ûf eime steine saz —
wê trûrich ime sîn herze was!
drî tage unde drîe nacht,   450
daz er zô˙ niemanne nichtne sprach,
wene daz ˙her allez dâchte,
wê er kumen machte
ze Kriechin in daz lant,
dâ er hête gesant   455
manigin boten hêrlich.
dô heiz er gên vor sich
Berchter, einen alden man,
zô deme er allen sînen rât nam —

---

440 *besâge*, mhd. *besæhe* von *besehen*, ersehen. — 442 *die
alden râtgeben*, dieselben, die 59 *die wîsen althêren* genannt
werden. — 443 *vrunt*, mhd. *vriunt*, die flexionslos gewordene
Form des Plur. von *vriunt*, Freund, hier stets in dem solennen
Sinn von Blutsfreund. — *under wegen* adv., unterwegs, d. h. in
der Ferne, Fremde. — 446 *gesêhe*, mhd. *gesæhe*, erspähen sollte.
   448 Das Sitzen auf einem Steine, im Gegensatz zu dem
Sitzen auf dem grünen Grase oder Klee, Symbol des tiefen
Kummers, wie schon das bekannte Walther'sche *ich saz ûf
einem steine* zeigt. — 450 *drî*, der Acc. des Masc., *drîe*, des
Fem. der Dreizahl. — 451 *daz*, in der Weise, daß. — 452 *allez*,
adv., stets, unabläßig. — 453 *wê*, die niederd. Form von *wie*,
vgl. 93. — *machte*, præt. von *mac*; neben der gewöhnlichen
mhd. Form *mohte*, hier, wo meist *ch* ein hochd. *h* vor
Conson., besonders vor *t* und *s* ersetzt, gewöhnlich *mochte* ge-
schrieben, ist auch die alterthümliche *machte* durch viele
Reime gesichert. — 457 *vor*, mhd. *vûre*, *vür* mit Acc., jetzt vor.
— 458 *Berchter*. Neben dieser Form des Namens ist auch die
andere, *Berthere*, als dem Originaltexte gehörig anzusehen,
beide gehen auf *Berhthere* zurück: *Berkere* u. s. w. gehört bloß
der Handschrift. — 459 *zô deme*, bei dem, von dem. —

des sune wâren ir sibene — 460
der ne legitiz ouch niergin nidere.
her sprach «du salt mir râtin, Berchter,
wê wir kumen ober mer
zû Constînopole in de stat.
is daz des got gestadet hât, 465
daz der kuninc Constantîn
gehoubetit hât der baten mîn,
sone willich nimmer mêre
belîven an rômesker erden,
êr iz ime an den lîb gât; 470
owî wê trûric her mich gemachit hât!»

Alsus redete dô Berchter, der alde man
(er was ein grâve von Merân)
«ih hete eilif sune hêrlich,
der zvelfte hiez Helfrich, 475
den santes du uber Elve

460 *ir sibene*, wie noch jetzt, gen. pl. des Pron. 3. Person zu
Zahlbegriffen gesetzt, um sie als Einheit zusammenzufaßen:
ihrer sieben. — 461 *legitiz = legite iz*, præt. von *legen. nidere
legen*, etwas, hier durch das allgemeine *iz* bezeichnet, das
was einem aufgetragen wird, von ihm gefordert wird (den
rât) vernachläßigen. — 465 *is daz; is*, vgl. 255; ist es der
Fall, daß. — *gestaden* mit gen. etwas zulaßen, gestatten. —
467 *gehoubetit. houbeten* swv., enthaupten; 517 steht die alter-
thümliche Form *gehoubitôt. — der boten mîn* gen. part., von
meinen Boten, welche von meinen Boten. — 468 *sone = sô
ne.* — 469 *belîven*, mhd. *belîben*, bleiben. — *an rômesker
erden*, auf römischem Boden; römischer Boden ist das ganze
Gebiet des Kaiserreichs, man könnte also, von der Heimat des
Dichters aus, es auch mit «auf deutschem Boden» geben. —
470 *êr* adv. und conj., früher, vorher, bevor, und häufig so
gewandt, daß man es mit «bis» übersetzen kann. — *an den
lîb gât*, an das Leben geht.
475 *der zvelfte.* Zwölfzahl, auch hier wie immer formel-
haft; vgl. 7. — 476 *santes*, vgl. 110. — *uber Elve;* in dieser
Wendung, wo nicht sowol der Fluß selbst als das Land jen-
seit desselben bezeichnet wird, steht der bestimmte Artikel,
der sonst nicht fehlen dürfte, nicht dabei, wie mundartlich
noch gesagt wird: über Rhein gehen, in das Land jenseit des
Rheines. — *Elve* kann nur die niederd. Form von *Elbe*, Elbe,

mit vil grôzer menige.
dâ vôr er hereverte
und manigen sturm herte,
da er die heidinen quelete,   480
die sunder êwe leveten.
an godes dienste wart er irslagen.
den ne muge wer nummer verklagen.
nu sîn ir sibene an desse vart.
owî daz ich ie geborn wart,   485
ich vil weiniger man,
waz ich lieber kinder virlorin hân!
Lûpolt ende Erewîn
wâren die eldesten sune mîn.

---

sein, jede andere Erklärung ist unstatthaft. Helfrich hat im
Dienste des römischen Kaisers (und deutschen Königs) Rother,
des Schutzherren der Christenheit, Kriegszüge zur Bekehrung
der Heiden rechts von der Elbe gemacht, wie so einer seit
der Zeit der sächsischen Kaiser bis zu den Staufen gemacht
wurde. Es ist möglich, daß die auf Bernhard's von Clairvaux
Betrieb gleichzeitig mit dem Zug in den Orient angeregte Kreuz-
fahrt gegen die Slawen über der Elbe 1147, wobei die deutschen
Heere sehr große Unfälle erlitten, dem letzten Dichter oder Um-
arbeiter des Rother vorschwebt. — 479 Zu *manigen sturm herte* ist
aus 478 das entsprechende Verbum, etwa «bestand», zu entnehmen.—
480 *heidinen* pl. von *heiden*, ahd. *heidan*, eigentlich Adject.
und durch Ergänzung von *man* Substantiv geworden, daher
schon frühe als solches declinirt: im Mhd. ist die adjective
Form sonst nur gebräuchlich, wo ein Substantiv dabeisteht;
sobald das Wort allein erscheint, gilt es als Substantiv. *die
heidinen* ist also im Vergleich mit mhd. *die heiden*, oder *heidene*,
eine Alterthümlichkeit der Sprache. — 481 *êwe* stf., mhd. *êwe*,
gewöhnlich *ê*, Recht, Glaube, eigentlich das Dauernde, für
immer Gültige. — *leveten*, mhd. *lebeten*. — 483 *muge wer. muge*
1. Person pl. von *mac*, vgl. 369; entweder fällt bloß die
Personalendung *n* oder auch der Verbindungsvocal weg. *wer*
die durch Inclin. geschwächte Form für *wir*. — *nummer*
dialekt. Nebenform von *nimmer*, niemals. — 484 *sîn*, vgl. 119.
— *ir sibene*, vgl. 460. — *desse* acc. sing. fem. von *diser*. —
486 *weiniger*, mhd. *wênic*, klagehaft, unglücklich. Die Mund-
art hat hier den alten Diphthong (gothisch *wáinags*) entweder
bewahrt oder wiederhergestellt, doch kommt auch die Form
wêniger unten vor. — 487 *waz — lieber kinder. l. k.* gen., ab-
hängig von dem absttract collectiv gesetzten *waz*, vgl. 247. —

sowanne ich der vunver virdage, 490
dise zwêne nemach ich nimmir virklagen.
Rôther, lieber hêrre mîn,
daz sal nu mîn rât sîn,
daz wir varen herevart
und ir beide Ungerin und Krêchen slât. 495
ich vôruch rîtâre dûsint.
mich rûwent sêre mîne kint.»

Des antworde ime dô Rôther der getrûwe man
«des saltu imer lôn hân.
jâ hôrtich mînen vater hî bevorn sprecken: 500
swer sô wêr ein gôt recke,
daz her unrechte tête,
sô man ime gôten rât gêbe,
daz er des nicht ne nême.
nu wil ich ûffe den hof gân. 505
wir sulu iz den hêrren allen sân
unde kunden iz gôten knehten —
dar an tô wir rehte —
wie iz in gevalle,
unde bedenken unsich alle. 510

490 *sowanne* correl. Zeitpart., wenn auch immer, vgl. 414. —
der vunver. Das Zahlwort *vunf, vunve* hier adject. flect. und
zwar in starker Form, vgl. 214. — *virdage*, mhd. swv. *ver-*
dagen, verschweigen mit gen. des Objects. — 491 *nemach = ne*
mac. — 495 *beide*, vgl. 153. — *Ungerin und Krêchen. Ungerin* ist
eigentlich der Dat. pl. von *Unger* stm., also, wie gewöhnlich in
der ältern deutschen Sprache, der Name des Volks zum Landes-
namen geworden (wie unser Baiern, Franken, Thüringen u. s. w.).
Krêchen könnte auch acc. pl. von *Krieche* sein, wird aber hier
gerade so wie *Ungerin* zu erklären sein. — 496 *vôruch*, mhd. *vüere*
iu. Ueber *ûch* für *iu* vgl. 143. Hier wird durch Incl. Kürze des
u eingetreten sein. — 497 *rûwent*, mhd. *riuwent*, bekümmern. —
498 *Des* adverb. gen., darauf. — 500 *hôrtich = hôrte ich*
von *hœren*. — *hî*, mhd. *hie* zu *bevorn*, zeitlich gebraucht, vor-
her, einst. — *sprecken*, niederd. Form für hochd. *sprechen*. —
501 *recke* swm., Held, hier in ganz allgemeiner Bedeutung,
ohne Beziehung auf das fahrende Heldenthum. — 504 *daz*,
wenn er, falls er. — 506 *sân* für *sagen*, nach der Aussprache
der Mundart. — 507 *gôten knehten*, vgl. 24. — 508 *tô wir*,
vgl. 369. — 510 *unsich*, acc. pl. des Pron. 1. Person. —

3*

wat ob ittelîcher ist,
der hât bezzere list
dan wir uns haben genumen?
war umbe solde wir mit sô manigime kumen
hin zô Krîchen,   515
wî ne wisten wêrlîche
ob se wâren gehoubitôt?
waz ob sie der grimmige tôt
noch hât nieht bevangan?
sôche wir sie mit here dan,   520
sô quelit men die helede lossam.
daz weiz der waldendiger got,
der mir zô lebene gebôt,
sô rûwin sie mich sêre.»
dô weinitin de hêren.   525

    Alsus redite dô Berther, der alde man,
«kuninc, du ne mochtis nimmer sô gôte sinne hân,
ich ne wolde dir gerne gevolgich sîn.
die leit die sîn half mîn.
nu samene, hêrre, dîne man,   530
ich wil is gerne irn rât hân

---

511 *wat ob*; 518 *waz ob*. *wat*, niederd. Form. *w. ob*, eine
elliptische Redewendung, im Sinne unserm «vielleicht» ent-
sprechend. — *ittelîcher*, Nebenform von *ette* — *etelîcher*. —
513 *dan*, als nach Compar. — 514 *solde wir*, vgl. 483. — 516 *wî*,
Dialectform für *wir*, wie *mî* für *mir* u. s. w. — *wî ne wisten*,
wenn wir nicht. — *wêrlîche* adv., in Wahrheit. — 519 *be-
vangan*, tieftoniges *a* für *e*, hier durch den Reim erzeugt; viel-
leicht stand aber *bevân*. — 520 *sôche wir*, vgl. 483, = *suochen wir*,
aufsuchen. — 521 *quelit men*. *men*, inclin. Form für *man*, könnte
daher auch, wie es die Hs. thut, mit dem Accentworte zusammen-
geschrieben werden. — 522 *waldendiger got*, vgl. 403. —
524 *rûwin*, vgl. 497, hier mit abgefallenem *t*, vgl. 132.
    527 *mochtis*, vgl. 110, mhd. *möhtest*. — 528 *ich ne wolde dir
gerne gevolgich sîn.* Die beiden negativ gefärbten Sätze 527. 528
werden uns in positiver Wendung deutlicher: jedem guten Vor-
schlage, gutem Rathe, den du gibst, werde ich gerne folgsam sein.
gevolgich adj. — 529 *leit* stn., im Plur. — *half*, mhd. *halp*, halb. —
530 *samene* imp., versammele. — 531 *is* gen. von *iz*, abhängig von
rât. — *irn*, die flect. Form des Pron. 3. Person, vgl. 180. —

mit wie getânen sinnen
wir Kriechen bekennen.
des is nôt, hêre.
mich rûwent vil sêre 533
mîne sune wol getân,
die ich wunderlîche virlorn hân.
die sandich durch dîn êre.
nu wêstu, lieber hêre,
alsô vil als ich, 540
wie iz an irn dingen kumen is,
wene got durch sîne krefte
helfe mir schadehaften,
daz daz muge geschên
daz ich mîne kint lebende gesê.» 545

    Rôthere ginc zô hove
mit deme alden herzogen
unde bat sîne liebesten man
vor sich an den rât gân.
dô dê hêrren virnâmen 550
die starken nûmâre,
dâ hôrde man manigin vromen man
vromiclîche rede hân,

---

532 *wie getânen*, wie geartet, beschaffen. — *sinnen*, Anschlägen.
— 533 *bekennen* swv., erkennen, kennen lernen, d. h. sehen,
wie es dort steht. — 534 ist unvollständig überliefert: das
deutlich nach *is* geschriebene *kin* gibt keine ausreichende Hand-
habe zu einer Conjectur, obgleich im Text eine solche aufge-
stellt ist. — 537 *wunderlîche* adv., auf seltsame Weise, vgl. 282.
— 538 *sandich* = sande ich. — *durch dîn êre*, um deiner Ehre
willen. — 539 *wêstu* = weist du. — 540 *alsô vil als ich*, ebenso
gut als ich, d. h. ebenso wenig. — 541 *irn*, vgl. 180. *dinc*,
wie jetzt «Sache» gebraucht wird, als unbestimmte Bezeichnung
des ganzen Zustandes. — 542 *wene*, außer, wenn nicht. —
543 *helfe* conj., helfen will. — 544 *geschên*, zusammengezogene
Form für *geschehen*. — 545 *gesê*, desgl. für *gesehe*.
   551 *starken*, gewaltigen Eindruck machend. — *nûmâre* stn.,
im Plur. mhd. *niumære*, eigentlich neue Kunde. — 552. 553 *vro-
men man. vromiclîche. vrom, vrum* adj., tüchtig; *vromiclich*, das-
selbe. zweckmäßig; die Wiederholung ist absichtlich gerade
so wie in den so häufigen Wendungen *minneclîche minne* u. s. w. —

dâ mite sie ir hêrin
hulfen grôzer êrin.   555
sie giengen zô samene
sprâchen vor die kamere.
sie rieten iren hêrin,
er solde mit grôzen êrin
in recken wîs over mere varn,   560
sô mochter sîn êre aller bezzist bewarn:
wente ein ald herzoge
was in Rôtheris hove,
der riet daz man iz solde irwendin.
dô half der vater sînen kindin.   565
er sprach «jâ, du zagehafter man,
wie torstis du an disen rât gân?»
mit der vûst er in sclôch,
daz ime ûze dem halse vuor daz blôt,
unde er ouch lach drîe nacht,   570
daz er nehôrte noch ne sprach.
dô sprâchen Berchteris man,
her hête ime al rechte getân.
war umbe her in solde sêren?
ir hêrre hete doch schaden mêre   575
dan der anderin sicheiner,
man ne soldene nicht leiden.

---

555 *hulfen* conj. præt. von *helfen*. *helfen* mit gen. vgl. 47, 112.
— 557 *sprâchen* swv., sich berathen. — 558 *iren*, vgl. 180;
über *n* für *m:* vgl. 15. — 560 *in recken wîs*, hier ein tech-
nischer Ausdruck, als ein fahrender Held, meist als ein durch
Krieg u. s. w. vertriebener, der aber keineswegs als ein armer
Flüchtling aufzutreten braucht. — 561 *mochter = möhte er.* —
562 *wente*, Nebenform von *wene, wan*, außer, nur. — 564 *ir-
wendin* swv., *erwenden*, abwenden, verhindern. — *iz*, die Fahrt.
— 567 *torstis*, 2. Person conj. præt. von *tar*, ich wage. —
568 *sclôch*, mhd. *sluoc;* mundartlich sind hier und da zwischen *s*
und *l* falsche Gutturale hineingekommen, sodaß *scl* dem ge-
wöhnlichen *sl* entspricht. — 571 *nehôrte = ne hôrte*, nicht
hören konnte. — 573 *al* adv., ganz, gänzlich. — 574 *sêren*
swv. von *sêr* stn., Schmerz, abgeleitet, verletzen. — 577 *sol-
dene = solde ene*, enklit. angehängte Form für *ine, in* acc. sing.
von *er*.

Der herzoge hete den schaden,
ime was ein michel slach geslagen.
die hêrren gingen drâte   580
vor den kuninc mit deme râte   •
unde reditin under in,
ob er is gevolgic wolde sîn.
sie sprâchen «wir haben einis dingis gedâcht,
daz mac wol werden vollebrâcht.   585
der herverte ist ein têl zô vil,
unde ob du iz tûn wil,
sô machtu dich aller best bewarn,
wiltu in recken wîs over mere varn.
wande sôche wir die Krîchen,   590
daz wizzestu wêrlîche,
sie tûn uns vil zû leide,
unde lebit der boden sicheiner,
sie môzen alle kiesen den tôt,
des is den Kriechen michil nôt.   595
nu vôre golt unde schaz,
des ein michil magenkraft
in dîner kamere
is gelegit zô samene:
des bistu, kuninc, rîche.   600
nu têlene vrumelîche,

---

581 *mit deme râte*, Ergebniß ihrer Berathung. — 583 *is
gevolgic*, vgl. 528, hier mit gen. des Gegenstandes — 586 *ein
têl*, mhd. *teil*. Die Phrase *ein teil* bedeutet immer prägnant: ein
gutes Theil, ein gutes Stück, vgl. 405. — Der Gen. *der her-
verte* hängt von *zô vil* ab. — 587 *unde*, vgl. 435, doch, aber.
— *wil*, 2. Person sing. von *wil*, gewöhnlich *wilt*. — 588 *machtu*
= *maht du*, von *mac*. — 589 *wiltu* = *wilt du*. — 590 *sôche wir*,
vgl. 53. — 591 *wizzestu* = *wizzest du* conj. von *weiz*, magst
du wißen. — 592 *tûn*, mhd. *tuont*, vgl. 132. — 593 *unde*,
vgl. 387. — 595 *des is den Kriechen michil nôt*. *ez ist nôt
eines d.*, ein Ding muß nothwendig geschehen. — 596 *golt
unde schaz*. *golt*, Kostbarkeiten von Gold. — *schaz*, geprägtes
und ungeprägtes edles Metall, vgl. 190. — 597 *des*, davon. —
magenkraft stf., eine Zusammensetzung von ungefähr gleicher
Bedeutung beider Theile, vgl. 410. — 600 *des*, daran. —
601 *têlene* = *teile in*, vgl. 577 u. 586. —

mîn vil lieber hêre,
dâ mide stênt dîu êre.
wir nemugen mit unsen sinnin
nicht bezziris râtis vindin.   605
ne volgis du des nicht, Rôthere,
sone kumistu nimmer uber mere.»

Dô sprach der kuninc rîche
harte williclîche
«ir habet vrumiclîche getân,   610
ich wil û gerne volgan,
svaz mir ie war, daz was û leit.
diz ist ubergulde aller wârheit,
daz ir mir nu sô vaste bestât,
nu iz mir an die nôt gât.   615
ich hân gewisse michelin scat,
nu môze er gewinnin gotis hat,
der sîn immer icht gespare,
swilichin enden er gevare.»
viere boten er dô sande   620

---

603 *stênt*, bleiben bestehen. — 604 *nemugen* = *ne mugen*, plur.
von *mac*. — *unsen*, die einfache Form des Possess. neben der
weiter abgeleiteten *unser*. — 605 *bezziris râtis*, gen. abhängig
von der subst. Neg. *nicht*. — 606 *ne volgis*, wenn du nicht fol-
gest. — *des*, darin. — 607 *sone* = *sô ne*. — *kumistu* = *kumist*,
est, *du*.
   609 *harte* adv., bloß verstärkend, wie unser «sehr» gebraucht.
— 611 *volgan*, durch den Reim, wie noch an einigen andern Stellen,
ein tieftoniges *a* im Inf. erhalten, was im 10. und 11. Jahrhundert
besonders in fränkischen und rheinischen Denkmalern sehr ver-
breitet ist. — 612 *war* præt. von *werren* stv. *iz wirret mir*, es
ist ein Anlaß zur Verwirrung, Kummer. — *û* = *iu*, euch. —
613 *ubergulde*, mhd. *übergulde* stf., der Ueberzug von edelstem
Metall über einen andern Gegenstand, hier, wie oft, bildlich.
— *wârheit*, das gegebene Wort, Treue. — 614 *vaste* adv. von
veste. — *bestât* von *bestân*, fest bleiben. — 615 *nu*, in rela-
tivischer Construction, wie noch jetzt gebräuchlich. — 616 *gewisse*
adv. — *scat* und *hat* sind niederd. Formen für hochd. *schaz*,
haz, die hier wahrscheinlich stehen, obgleich die Hs. *z* schreibt.
— 618 *sîn* auf *scat* bezogen. — 619 *swilichin enden* adv.,
nach welchem Ende. —

vil wîtin inme lande
unde inbôt in al gelîche,
dê dâ woldin werdin rîche,
daz sie zô hove quêmen,
der dâ solde sîn zû Rôme,   625
dâ bedorfter ir zô eime dinge,
daz ne mochter nicht volbringen
âne gôte knechte,
iz ne quême ime unrechte.
einin brief er dô sande   630
zô eime unkundigen lande,
dâ was ein riese, der hiez Asprîân
der nimêr zô hove nequam.
durch die starken nûmâre
hûb er sich zewâre   635
mit unkundiger diete
vor den kuninc gôten.
der vuorte riesiniske man,
die trôgin stangin vreissam.

Des kuningis nûmâre,   640
daz sagech û zwâre,

---

621 *witin*, mhd. *wîten*, weithin. — *inme = in deme*. — 626 *be-
dorfter = bedorfte er* von *bedarf*. *ir* gen. pl. von *bed.* abhängig.
— 627 *mochter = mohte er*. — 628 *gôte knechte*, vgl. 24. —
629 *iz ne quême*, wenn es ihm nicht als Unrecht gerechnet
werden sollte. — 631 *unkundigen lande*. *unkundec* adj., von
dem man nicht viel weiß und wißen mag. Es ist etwas von
unserm «unheimlich» darin. — 632 *riese*. Durch Erweiterung
der accentuierten kurzen Stammsilbe ist *ie* für *i* hier durch-
gedrungen, wie auch in einigen andern Fällen vor *s* und ganz
vereinzelt vor *r* (vgl. 704); die Hs. geht in dem Gebrauche
dieser Vocaldehnung viel weiter, indem sie dieselbe auch öfter
vor *d, t* eintreten läßt, wo sie der Sprache des Dichters fremd
ist. — 633 *nimêr*, niemals. — 634 *durch die*, wegen. — *starken
nûmâre*, vgl. 551. — 635 *hûb er sich*. *sich heben*, sich erheben,
sich aufmachen. — 636 *unkundiger*, vgl. 631. — *diet* stf., Volk,
Haufe Leute. — 638 *riesiniske man = risisch*, aus dem Geschlecht
der Riesen. — 639 *stangin*, stählerne Stangen: Keulen, die Waffen
der Urzeit, also auch der Riesen. — *vreissam* adj., furchtbar.
641 *sagech = sage ich*. — *û*, mhd. *iu*. — *zwâre = ze wâre*,
in Wahrheit. —

die irschullen harte wîde.
die hêrren begunden rîden.
dâ vazzite sich man wider man,
daz er schône zô hove quam.   645
durch daz iz ein hovesprâche was,
ir nehein iz ne virsaz.
dô gewan her michele heres kraft.
sie ritin dicke scharehaft,
dô zvâ unde sibinzich krône   650
vor den kuninc quâmen zô Rôme.

Dô sân sie in deme melme gân
einin wunderlîchen man,
den ne mochte nichein ros getragen.
der dûchte sie ein seltsêne knabe.   655
der trôch eine stâline stangen,
vier unde zweinzich ellene lange.
des wart sie ein michel kaffen an getân:
sie brâchte ein riese, der hiez Asprîân.

642 *irschullen* plur. præt. von *irschellen* stv., erschallen. — *harte*,
vgl. 609. — *wîde* adv., mhd. *wîte*, weithin. — 643 *begunden*
plur. præt. von *beginnen*. *began* und *begunde* hier nebeneinander,
beide durch Reime gesichert. — 644 *vazzite*, vgl. 157. 218. —
man wider man, ein Mann gegenüber, neben dem andern, Mann
für Mann. — 646 *durch daz*, weil. — *hovesprâche* stf., eine be-
rathschlagende Versammlung aller derer, die zum *hof* des Kö-
nigs gehören, seine «Mannen» sind. — 647 *virsaz* von *versitzen*
stv. mit acc., etwas gleichsam in müßigem Dasitzen versäumen.
— 648 *her*, bezieht sich auf Rother. — 649 *dicke* adv., häufig,
d. h. an vielen Stellen. — *scharehaft*, scharenweise. — 650 *zvâ*,
hier die ältere Form des Nom. pl. fem. des Zahlwortes, da-
neben *zwô*. — *krône*, Kronenträger, vgl. 7 u. 136.
652 *sân*, mhd. *sâhen*, zusammengezogene Form. — *melm* stm.,
die aufgewühlte, zertretene Erde, Staub u. s. w. — 653 *wunder-
lîchen man*, vgl. 537. — 655 *seltsêne* adj., seltsam. — *knabe*,
ironisch gesagt «Bursche». *knabe* ist nicht bloß Knappe, für
den Waffendienst, sondern auch «Page», also Inbegriff zier-
licher Jugendlichkeit. — 656 *stâline* adj. von *stahel*, *stâl*,
stählen. — 657 *ellene*, die umfangreichste Form des mhd. *elle*,
elne stf., Elle. — 658 *des*, deshalb. — *wart sie ein michel kaffen
an getân*. *sie* abhängig von *ane*. *michel kaffen* inf. subst. ge-
braucht. Ueber *kaffen* vgl. 247.

Alsô Berther die riesen an gesach,   660
nu mugit ir hôren wie her sprach
«ich sie dort guote knechte,
die turrin wol vechten.
uns kumit zô vôze ein schône schare,
die sîn harte wiclîche gare.   665
mîn vil lieber hêre,
intfâ sie nâch dînen êren.
si sint zô den brusten vil grôz.
wâr gewan ie sicheinis kuningis gnôz
sô manigin wîchgaren man?   670
swâr sie einin zorn willen hân,
sowilich in intwîchit vor der stangin
unde her in mit dem swerte gelangit,
der ne dorfte umbe daz sîn leben
nimmir einin pfenninc gegeben.   675

Nu vôre, kuninc Rôthere,
derre wîgande zwelfe ober mere,
sone dar uns nehein man
mit sîme volke bestân,
her ne môze virlêsin den leben.   680
al sî in de hof ungelegen,

---

662 *sie* = mhd. *sihe*, 1. Person sing. præs. von *sehen*. —
633 *turrin* plur. von *tar*, ich wage, præteritopr. — 665 *wic-
lîche* adv., für den *wîc*, Streit. — *gare* adj., bereit, gerüstet. —
667 *intfâ*, imp. von *intfân*, empfangen. — 668 *grôz*, breit,
stark. — 669 *kuningis gnôz*, ein Genoße eines Königs ist selbst
ein König. — 670 *wîchgaren*, vgl. 665. — 671 *willen* conj.
von *wil*. — 673 *unde her*. *her*, ein anderes Subject als des
vorigen Satzgliedes, hier auf *riese* bezogen.

677 *derre* gen. plur. von *deser, diser*. — *wîgand* stm., der
Kämpfer, Held. — 678 *dar*, mhd. *tar*, vgl. 663. — 679 *be-
stân* mit acc., jemand im Kampfe bestehen. — *sîme* = sî-
neme. — 680 *her ne*, wenn, daß er nicht, ohne daß. — *vir-
lêsin*, mhd. *verliesen*, verlieren. — *den leben* stm. und stn., hier
wie in andern Denkmälern des 12. Jahrhunderts. — 681 *al*,
adverbial und conjunctionel: wie das auch sein mag, obgleich,
wenn auch; bei eigentlich hochdeutschen Schriftstellern nicht
anzutreffen.

sie sîn doch sô wîchgare kumen
dir zô helfe unde zô vrumen.»

Die riesen in deme melme
trôgen liechte helme   685
unde brunjen snêwîze,
geworcht mit allen vlîze,
die swert zô den stangen,
de geislen alsô lange:
daz die riemin solden sîn,   690
daz wârin ketenen îserîn,
grôze knopfe hingen dar an.
michel wunder sie des nam,
die sê hêten gisên,
waz en solde geschên.   695
sie wâfenden sich mit grimme
in die liechtin ringe.
ir gebêre wârin vrumelîche getân.
do irsag iz der herzoge van Merân,

---

684 *melme*, vgl. 652. — 686 *brunje*, ahd. *brunja*, mhd. *brünne*
swf., Brustpanzer. Neben dieser alterthümlichen Form gilt die ge-
wöhnliche mhd. auch hier wenigstens im Reim. 4108: *mannin,
brunnin* u. öfter. — 687 *geworcht* part. præt. pass. von *würken*,
arbeiten, fertigen. — 688 *zô* bedeutet auch das Zueinandertreten
zweier coordinierten Begriffe, daher hier nicht mit unserm «zu»,
sondern «sammt» oder noch beßer «und» zu geben. — 689 *geislen*,
mit in allen rheinischen Mundarten gewöhnlicher Umsetzung der
Liquidæ statt *geiseln*, von *geisel* swf., Geisel mit Knöpfen, eine
herkömmliche Waffe der Zwerge, Elbe, überhaupt der dämo-
nischen Unholde, die in der Sage und in den Epen auftreten. —
690 *daz*, an der Stelle von Lederriemen, wo man Leder er-
wartet hätte, sind eiserne Ketten. — 694 *gesên*, mhd. *gesehen*.
— 695 *waz en solde geschên*, was ihnen, d. h. den Einwohnern
der Stadt, die die herankommenden Riesen mit Furcht be-
trachten. *en* die vocalgeschwächte Form für mhd. *in*, dat. pl.
des Pron. der 3. Person. — 697 *ringe. rinc* stm., hier in der
technischen Bedeutung Panzerring, also *ringe = brunje* 686. —
698 *gebêre* stn., mhd. *gebœre*, auch stf. Im Rother, wie 1426
beweist, nur neutr. — *vrumelîche*, hier specialisierter als 601,
auf die Kriegstüchtigkeit, Tapferkeit bezogen. — 699 *irsag iz*,
mhd. *ersach ez*, oder noch näher *ersahez*, indem *g h* zwischen
Vocalen ersetzt. —

vil lutzil er dô twalte,   700
unze her daz volc irrante.
her sprach «wer hât irhaben diesin scal?
den verbêdich uber al.»

Dô sprâchen die stormgierin
«wir untforten gene hêrin.   705
den sule wer unsich nîdlîche werin,
durch daz wir uns generin.»
dô sprach der alde herzoge
«sie kumint dur gôt here zô hove.
iz ist der kuninc Asprîân   710
unde bringit riesinische man.»
wol untfênc der kuninc rîche
dê riesin al gelîche
unde manigen vromen man,
der zô sîme hove quam,   715
und sagete in allen sîne nôt,
die dâr hete der helit gôt.
her sprach «nu virnemit, tûrin wîgande,
ich môz ûzime lande

---

700 *twalte* præt. von *tweln*, zögern, zaudern. — 701 *unze*,
unz adv. und conj.; hier das letztere: bis. *vil lutzil er — unze*,
es dauerte nicht lange, bis. — 702 *irhaben*, mhd. *erhaben*,
part. præt. von *erheben* stv. — *diesin*, *ie* wie in *riese* 632. —
703 *verbêdich = verbêde ich*. *verbêde*, mhd. heißt diese Form
verbiute, nicht *verbiete*, vgl. 196.
704 *stormgierin*, adj. *storm*, mhd. *sturm*, Kriegssturm. *giere*,
ahd. *giri* und *gîri*, begierig. *ie* für *i* vgl. 632. — 705 *untforten*, mund-
artliche Form für *int-*, *ent-* (vgl. 103) *vorhten* mit Ausstoßung des
h, wie gerade in dem Thema *vorht-* sehr oft. — *gene*, auch mhd.
gilt *gener* und *jener* nebeneinander; jetzt hat sich die Schriftsprache
für *jener* entschieden. — 706 *sule wer*, vgl. 483. — *nîdlîche*
adv., *nît*, nicht unser Neid, sondern Haß, feindselige Gesinnung
im allgemeinen. — *unsich* acc. pl. des Pron. 1. Person. —
sich wern, mit dat. des Obj., gegen jemand sich vertheidigen. —
707 *durch daz*, auf daß, damit. — *uns generin = genern* swv.,
erhalten, retten. — 709 *dur gôt*, in guter Absicht. *dur = durch*,
mit abgew. gutturalem Auslaut. — *here zô hove*, hierher an den
Hof. — 712 *untfênc*. *unt* für *int*, vgl. 103. *fênc = mhd. fienc*. —
718 *tûrin*, mhd. *tiuren*, die schwache Form durch den Vocativ
bedingt. — *wîgande*, vgl. 677. — 719 *ûzime = ûz deme*. —

in einis recken wîse varen 720
unde wil mich anderis namen.
ich wêne, der kuninc Constantîn
gehoubitit habe die botin mîn.
des is nu jâr unde dach
daz ich ir negeinen nê gesach.» 725

Dô begunden die hêrren dringen
vaste zô deme ringe
unde machitin eine schare vil breit.
dô zîrete sie wîsheit,
unde reditin under in, 730
Berchter solde kuninc sîn
biz ir hêrre quême,
wande her der krône wole pflêge.
dô sprach der herzoge
«ichne darf nicheinis gerichtis hie zô hove, 735
wande biveldir mir daz ûwer lant,
iz wirt beroubit unde virbrant,
virhert die marke,
virwôstent vil starke.

725 *negeinen*, *ch* oder *h* des ersten Theiles des Wortes nach
mittel- und niederd. Weise zwischen Vocalen in die Media er-
weicht, die aber selbst als sogenannte aspir. Media betrachtet
werden muß, wie schon öfter gesagt ist, vgl. 7, 36 u. s. w.
726 *begunden* von *beginnen*, vgl. 643. — 727 *ringe. rinc*
stm., hier wieder im technischen Sinn, aber in ganz anderem
als 698. Hier bedeutet es den Kreis, der sich durch das Zu-
sammentreten der zur Berathung u. s. w. Berufenen bildet. —
732 *biz*, mehr der mitteld. Sprache angehörig als der eigentlichen
hochd., synonym mit *unze, unz*, und hier zuerst erscheinend; von da
ab *unz* fast verdrängend. — 733 *her*, bezieht sich auf Berchter. —
pflêge, mhd. *pflæge*, gewöhnlicher ist hier nach niederd. Laut-
gebung die Form mit *p* für *pf*. *pflêge*, pflegen würde, dürfte. —
735 *darf*, bedarf, d. h. es paßt nicht für mich, darum be-
gehre ich es nicht. — *gerichtis. gerihte* stn., durchaus nicht
bloß unser Gericht, sondern das, was wir Rechtspflege und
Verwaltung nennen, also höchste amtliche Stellung. Der König
hat das oberste *gerihte*. — 736 *biveldir*, mhd. *bevelhet ir*, vgl.
418. — *ûwer* possess. pron., mhd. *iuwer*, euer. — 738 *die marke*,
eigentlich Grenze, dann Grenzland, offenes Land überhaupt. —
739 *virwôstent*, so in den Text aufgenommen statt des nicht

von dû kiesit û einin anderin man 740
ich wil nâch mînen sonen varn.
nu bitit Amelgêren,
die mach wol wesen hêre.»
deme bevâlen sie die krône
unde daz gerichte zô Rôme 745
an eime vil schônin ringe;
her was von Tengelingen.

---

unrichtigen aber bedenklichen *virwôsten* *sie* *vil* *starke*. *virwôstent* part. præt. von *virwôsten=enen*, was von einem neben dem gewöhnlichen mhd. *wüeste* stf. erscheinenden *wüestene* abgeleitet ist. Aus der Form *virwôsten*, die der Schreiber für 3. Person pl. von *virwôsten* halten mochte, ist das eingeschobene *sie* zu erklären. — 740 *von dû. dû* instr. von *daz*, mhd. *diu*, darum. — *û*, mhd. *iu*, euch. — 741 *sonen*, dial. Form neben der gewöhnlichen *sunen*, mhd. *sünen*. — 743 *die*, Nebenform von *der*. — 744 *bevâlen*. Durch den Ausfall des stammhaften *h* (vgl. 418. 736) von *bevelhen* ist dieß starke Verbum in eine andere Conj., in die mit einfacher Liq. schließende, getreten, und so aus *bevulhen bevâlen* geworden. — 745 *gerichte*, vgl. 735. — *ringe*, vgl. 727. — 747 *von Tengelingen. Amelg.* von *Teng.* vgl. die Einleitung.

Rother bricht mit 12 Herzogen, von denen jeder 200 Ritter
führt, nebst dem Riesen Asprian und dessen 12 Riesen von
dem Tage zu Rom auf nach Bari, wo er sich einschifft.
Die Schiffe sind mit allen möglichen Schätzen beladen, der
König vergißt aber auch seine Harfe nicht. Unterwegs be-
fiehlt er seinen Mannen, ihn in Konstantinopel nicht bei seinem
wahren Namen, sondern Dieterich zu nennen, was ihm eidlich
versprochen wird. Gelandet, erregen sie allgemeines Erstaunen
und Entsetzen durch die Riesen in ihrer Mitte. Die Kunde von
ihnen wird nach Hofe gebracht, und die Fremden rüsten sich
auch in feierlichem Aufzuge dort zu erscheinen. König Con-
stantin, schon in großer Bestürzung durch die ihm zugebrachten
Nachrichten über die Furchtbarkeit der Riesen, wird sammt
seinem Hofe noch mehr erschreckt, als Dieterich nun selbst
mit ihnen eintritt. Dieterich wirft sich vor Constantin auf die
Knie und bittet für sich und die Seinen um Schutz und Auf-
nahme: er sei von Rother vertrieben und nun landflüchtig.
Constantin, nach eingehender Berathung mit seinen Mannen,
sichert ihm sein Begehren zu. Dieterich wird somit am Hofe
aufgenommen, wo Asprian sofort einen Beweis seiner Stärke
gibt, indem er einen gezähmten Löwen, dem sonst alle aus
dem Wege gehen, mit der Hand ergreift und an die Wand wirft,
daß er in Stücke zerschmettert. Der König Constantin zürnt
zwar über den Tod seines Lieblingsthieres, aber wagt nichts
zu sagen; die Königin aber, die von Anfang an den Fremden
gewogen ist, macht ihm Vorwürfe, daß er jetzt alles von sol-
chen dulden müße, die vor Rother nicht hätten bestehen kön-
nen, und doch habe er Rother seine Tochter versagt. Das wäre
jetzt ein Helfer in der Noth. Dieterich beurlaubt sich zunächst
und sucht seine zurückgebliebenen Mannen auf.

Der kuninc Rôther zô ime nam
zvelf herzogen lossam,

---

749 *zvelf herzogen lossam.* Vgl. 256; so gut wie dort die Ritter-
schaft, 521 die Helden *lossam* genannt werden, können hier auch die

unde herzogeu iegelich   750
zvei hundert rîtâre êrlich,
sô sie alle schônist wâren kumen.
die vil tûrlîchen gumen
under deme volcmagene,
die hôben sich zô samene.   755
dô vôrte der kuninc Asprîân
mit ime zvelf sîne man.
da under hete her einiu riesin vreisam,
des môste man grôze hôte hân.
der gienc gebunden als ein lewe   760
unde was der aller kûnisten eine

—

herzogen, die in jenen beiden Bezeichnungen eingeschlossen sind,
so heißen. Doch ist neben *lustsam = lossam* im Rother auch das
in Form und Bedeutung anklingende *loresam*, mhd. *lobesam*, vor-
handen, was mundartlich wohl auch *lossam* geschrieben werden
konnte. Es ist daher sehr oft schwer zu entscheiden, wo das
eine oder das andere anzunehmen ist, denn es paßt häufig beides. —
750 *herzogen iegelich*, vgl. 130. — 751 *êrlich*, die das besitzen.
was die Zeit unter *êre* verstand, also fast dem *hêrlich* gleich
und hier, wo häufig von dem Schreiber nach seiner besondern
Mundart *h* im Anlaut falsch, d. h. gegen die mhd. und auch
die Art seiner Vorlage gesetzt ist, gewiß oft damit verwech-
selt. — 752 *sô*, hier die zeitliche Bedingung ausdrückend. —
schônist, adv. superl. von *schône* in temporeller Bedeutung, die
in der frühern Sprache selten, jetzt in «schon» die alleinige ge-
worden ist. Dies *schônist* tritt somit in der Bedeutung dem
schierest sehr nahe. — 753 *tûrlîchen gumen. tûrlich*, so viel
wie das einfache *tûre, tiure*, vgl. 238; *gumen* swm. *gume, gome*,
selten in der mhd. Sprache, der Mann zunächst in Bezug auf
sein Geschlecht, dann der Mann überhaupt. — 754 *volcmagene*
stn. *volcmagen*, die Volksmenge, vgl. 416. 597. — 758 *vreisam*
mit vereinfachtem *ss*, wie oft. — 759 *des* von *hôte*, mhd. *huote*,
Hut, abhängig. — 760. 761 *lewe: eine* kann nicht richtig sein,
wegen des gestörten Reimes, während gegen Sinn und Construction
nichts einzuwenden ist. — *der aller kûnisten eine.* Gewöhnlich
mhd. wäre die Wendung «ein der aller kûniste», während sie
in dieser Form unserm heutigen Gebrauche näher steht. Durch
eine Abweichung von der formalen Regelrichtigkeit setzen
auch wir, wie es hier geschieht, häufig in dem zugehörigen
Relativsatz Subject und Prädicat in den Sing., nicht in den
Plur. —

der ie môtirbarn gehiez.
svenne man in von der ketenin liez,
deme nitete nieman einin zorn,
er ne hete den lîb virlorn. 765
der was verre gegangen
van der riesin lande
durch degenheite willen.
mit drôwe und mit minnen,
sô virwant in Asprîân, 770
daz her wart sîn man.
er was vrêslîche gemôt.
Witolt hiez der helit gôt.

Der kuninc hiez daz gedigene
mit Emilgêre rîtin widere, 775
unde daz sie daz rîche
bewarten vromelîche
vor aller slachte ubelen mannin.
dô kârde der hêrre dannin

---

762 *môterbarn*, mhd. stn. *muoterbarn*, eigentlich Mutterkind,
alterthümliche volksmäßige Formel für Mensch überhaupt. —
gehiez, geheißen war. — 763 *svenne*, häufiger hier *swanne* (*sô
wanne*), wie auch *danne* häufiger als *denne; aber beide Formen
in völlig gleicher Bedeutung. — 764 *netete*, mhd. *entete* —
er ne hete, negat. hypoth. Sätze, die wir lieber positiv wenden. —
einem einen zorn t., etwas thun, was Zorn erregt. — 768 *durch
degenheite willen*, um ritterliche Dienste zu thun, Ritterschaft zu
üben. — 769 *drôwe* stf., Drohung. — *minnen*, dat. plur. vom
stf. *minne*, freundliche Anerbietungen u. s. w. formelhaft mit
drôwe verbunden. — 770 *virwant* præt. von *verwinden* stv., zu
etwas bringen, nöthigen. — 771 *man*, Dienstmann, Vasall. —
772 *vrêslîche* adv., mhd. *vreislîche*, furchterregend. — *gemôt*
adj., mhd. *gemuot*.
    774 *gedigene* stn., die Gesammtheit der *degen*, Ritter,
Dienstmannen, vgl. 71. — 775 *Emilgêre*, oben 742 *Amelgêr*;
E für *A* mundartliche Schwächung wie in *wente* für *wante*,
wele für *wale* u. s. w.; denn das secundäre *i* in *Emil.* (aus altem
Amal.) zeugt keinen Umlaut. — *widere* adv., zurück. — 778 *aller
slachte*, diese genet. Formel wird rein adverb. wie unser «aller-
hand» gebraucht. — *ubelin mannin*, so viel als Räuber, Landfriedens-
brecher. — 779 *kârde* præt. von *kêren*, mittel- und niederd.
sehr gewöhnlich. Das *a*, weil Ersatz des *ê*, jedenfalls lang. —

ingegin der stat zô Bâre,   780
dâr die kiele wâren
sô wîtine gereitôt,
dar inne der helit gôt
over mere solde varen.
mit golde wâren sie geladen   785
unde mit grôzer zîrheit.
samît unde pfellile breit,
den schaz man âne zale nam
unde trôg in allez daz an
ûz des kuningis kamerin.   790
sie vôrtin ûffe den wagenin
hinne zô den kielen
maniger slahte gewiere.

    Der kuninc heiz ime gewinnen man,
die gôt gesmîde kunde slân   795
schône ûzer golde,
alse iz dê riter haben wolden.
daz worter allez uber acht.
iz newirt biz an den tûmistach
nimmer mê nichein man   800
der suliche wunder muge begân.

— — — —

780 *ingegin* præp., mhd. *engegen*, entgegen. — 782 *wîtine* adv.,
vgl. 621. — *gereitôt* part. præt. pass. von *gereitôn*, rüsten: *ge-
reite* machen. — 789 *in* den Schiffen. — 790 hier *kameren*
swf., oben 557 stf., was bei einem Fremdwort nicht auffällt. —
792 *hinne* adv., von hier. — 793 *gewiere* stn., eigentlich Filigran-
arbeit, dann allgemein künstlich gearbeiteter Schmuckgegenstand.
    794 *man* sing. ohne den unbestimmten Artikel, wie es
die ältere Sprache, selten das eigentliche Mhd. kann. —
795 *die* nicht plur. sondern sing. mundartlich = *der*, vgl. 93.
— *slân*, mhd. *slahen*. *gesmîde slân*, technischer Ausdruck für
die Goldschmiedekunst. — 796 *ûzer* præp. = *ûz*. — 798 *worter*
= *worte*. *worhte er* præt. von *würken* swv. — *allez* hier Adv.
nicht adj., Verstärkung des Folgenden. — *uber acht* adv. Aus-
druck: über Begreifen, Vermuthen, auf eine unbegreifliche
Weise. — 799 *tûmistach*, Gerichtstag, jüngster Tag, hier sehr
oft gebraucht. — 801 *wunder*, Proben von wunderbarer Ge-
schicklichkeit.

Dô wâren des kuningis kiele
gereitit vil schiere.
sîne harfen her zô ime nam.
her heiz daz lût und die riesin în gân.   805
von deme stade sie scubin,
die segilriemen sie zugin.
sie vôrin zô Constînopole,
der vil mêren burge,
uber dê sê vil breit.   810
der kuninc gedâchte ein wîsheit.
er sprach zô hêrren allen samt
«wir sulen in ein unkundegiz lant.
iz nist nichein kindis spil
daz ich û nu sagen wil.   815
wir môzin mit gôtin listin
unser lîb gevristin.
ich bituch alle gelîche,
armen unde rîche,
heizit mich Thîderîche.   820

---

803 *gereitit*, vgl. 782 *gereitôt*, wie oft die schwachen Con-
jugationen auf *ôn* und *en*, d. h. *jan* miteinander wechseln. — *vil
schiere*, sehr bald. — 805 *daz lût* stn., mhd. *liut*, collect. sing.,
die Leute. — *în*, hinein, d. h. in die Schiffe. — 806 *scubin*,
= mhd. *schuben*, nämlich die Fahrzeuge. — 807 *segilriemen*,
Tauwerk. — *zugin* 3. Person pl. præt. von *ziehen*. — 810 *uber
dê sê*; 199 ist *sê* Masc. in derselben Bedeutung, denn die heu-
tige geschickte Begriffsspaltung von See je nach dem ver-
schiedenen Geschlecht ist der Sprache des Mittelalters noch
unbekannt. — 811 *ein wîsheit*. Wie *zierheit*, 388 den einzelnen
kostbaren Gegenstand bedeutet, so *wîsheit* hier den einzel-
nen guten, klugen Einfall. — 812 *zô hêrren allen samt*. Der
im gewöhnl. Mhd. nöthige bestimmte Artikel zum Subst. in
alterthümlicher Weise fehlend, vgl. 794. *samt* adv., zusammen. —
817 *unser lîb*. Hier *lîb* stn. in derselben Bedeutung wie das
Masc.: Leib, Leben, Person. — 818 *bituch = bite iuch*. Ueber
die wahrscheinliche Kürze des *u = iu* in solchen enkl. Formen
vgl. 496. — 820 *Thîderîche*. Neben dieser Form mit erhal-
tenem alterthümlichen *Th* des Anlautes und *d* des Inlautes sind
auch andere, bald mehr mundartliche, bald mehr mhd. im Ge-
brauch; die rein mhd. *Dieterich*, ihr zunächst *Thiederich*, dann
Thêde(i)rich, wo *ê* = mhd. *ie*, wie in *Thîderich î = ie; Thîderîche*
ist die acc. Form; Nom. *Thîderich* 825 u. s. w. —

sone weiz nichein vremede man,
wie mîn gewerf sî getân.»
des swôren sie im eide,
die liezen sie unmeine.
sie gelobetin daz sie hietin Rôthere Thîderich,   825
daz dâten die hêrren hêrlich.

  Dô dê recken schône
zô deme stade quâmen,
dô liefin die burgêre
durch wunderis mêre   830
unde wolden ir zîrheit gesên hân.
do begundin die riesin sân
zô vechtene an deme sande.
sich hôb die vlucht danne.
ettilîcheme ward sô leide,   835
daz her des anderin nicht ne beide.
dô quam einir harte hestelîche
vor den kuninc rîche.
her sprach «owî, kuninc Constantîn,

---

821 *sone = sô ne*, dann, infolge dessen. — 822 *gewerf* stm. zu *werben*, Gewerbe, Geschäft treiben. — 823 *des*, darüber. — 824 *unmeine* adj., unbeschädigt, unverletzt. *liezen unmeine* scil. sein, bestehen. — 825 *hietin*, niederd. *t* für *z*. 827 *schône*, jedenfalls Adv. obwol es der Form nach auch Adj. sein könnte. Die Bedeutung ist hier nicht die 752 bemerkte temporelle, sondern die gewöhnliche, auf angenehme Art, etwa durch glückliche Fahrt. — 829 *burgêre*, *burgâre*, die Einwohner der *bury*, Stadt, vgl. 68. — 830 *durch wunderis mêre*. *mêre*, mhd. *mære*, Erzählung, Gerücht. *wunderis*, von einem wunderbaren Ereigniß. — 831 *gesên*, mhd. *gesehen*. *gesên hân* ist hervorgerufen durch das Præt. *wolden*. Wir pflegen in solchen Fällen den einfachen Inf. also hier «sehen» zu setzen. Der zusammengesetzte Inf. der ältern Sprache ist aus demselben Motiv hervorgegangen, das nach dem Præs. *mac, wil* u. s. w. nicht den einfachen Inf. etwa *sehen* u. s. w. sondern den mit *ge-* verbundenen setzt. — 832 *sân* adv., sofort. — 833 *sande*. *sant* stm., Ufersand, Ufer. — 835 *leide* adv. *mir wirt leide*, es wird mir übel zu Muthe. — 836 *beide* præt. des swv., mhd. *beiten*, erwarten, mit gen. — 837 *hestelîche* adv., mit Hast. Die unumgel. Form *haste(c)lîche* ist häufiger. Man beachte auch die Alliteration. —

wannen mac diz volc sîn?   840
daz veret mit sô getâner kraft,
daz iz nêman gesagen nemach.»

Alsus redite dô die kuningîn
«wilich mach ire geverte sîn?»
dô sprach der burgâre   845
«war umbe suldir mich des vrâgen?
wande unser was ein michel têl,
dê nê zû rechte ne besâgen den kêl.
wer vorten die vreislîchen diet;
dâ newart schouwenis niet.   850
dâr ligit ein gebunden vor sîme zorne:
wir wêrin anderis die virlorne.
ich nekan ûch nicht mêr gesagen,
war mite die kiele sîn geladen,
wene mit îsirînen stangen,   855
· grôzen unde langen.
lach och anderis icht dar ane,
des ne kan ich û niet gesagen.»

Sie hiezen den vreissamen man,
der dâ lac gebunden an,   860
daz er an deme stade wêre
unde her des gôdes plêge.
wol gezierôt was ir lîf,
sie trôgin alle bônît hêrlîch.

---

842 *nêman* = *nieman; ê* in der Mundart für *ie*, wie so oft.
844 *geverte* stn., Aufzug, Ausrüstung. — 848 *besâgen*, mhd.
besâhen. — *kêl* wie *têl*, mundartlich für hochd. *kiel* und *teil*,
denn *ê* vertritt sowol *ie* wie *ei*. — 849 *vorten* præt. von
vürhten mit ausgestoßenem *h (ch). — vreislich* adj., vgl. 772. —
diet, vgl. 636. — 850 *schouwenis* gen. des Inf. abhängig von
niet subst. neg. — 851 *ein*, einer, unbestimmte Bezeichnung
des Schreckens und der Furcht. — *vor* præp., kann hier mit
«wegen» übersetzt werden. — 852 *anderis* adv., wenn es nicht
so wäre, wenn er nicht gebunden wäre. — *die virlorne,*
vgl. 214. — 853 *ûch*, vgl. 143. — 855 *wene* adv., außer. —
857 *och* = *ouch.*
864 *bônît.* Ein Fremdwort, das französische *bonnet*, Baret,
Staatstracht der Ritter. —

sie ritin snêwîze mûle,   365
dê wâren dâ zô Kriechen tûre.
manich appelgrâ marc,
beide schône unde starc,
die giengen in an den henden.
den wâren dê manen bewunden   370
mit borten alsô kleine,
da inne was gôt gesteine.
sowar die hêrren hinnin ritin,
dê riesin liefen alliz mite
in ire wîchgewête.   375

Dâr saz in manigen rêten
der kuninc Constantîn,
wie dê hêrren mochten sîn.
dô sprach sîner râtgeven ên
«hêrre, dir ist uvele geschên   380
an den boten wal getân,
die du hâst gevangin lân.
unde sîn diz ir hêren.

---

865 *mûl* stm., Maulthier. — 866 *tûre*, mhd. *tiure*, selten. —
867 *appelgrâ*. Apfelschimmel galten nicht bloß in der Periode
des höfischen Lebens, sondern während des ganzen Mittel-
alters als besonders schön. — *marc* stn., das zum Reiten im
Kriege und auf Reisen bestimmte Roß. — 870 *manen;* hier
mundartlich swf. *mane*, Mähne, mhd. stf. — 871 *borte* swm.,
Borte, gewöhnlich aus Seide und gesponnenem Golde. Gold-
fäden, nicht bloß zur Verzierung der Kleidungsstücke. — 872 *da
inne*, in den Borten. — 873 *sowar*, wohin immer, vgl. 24. —
874 *alliz* adv., vgl. 452. — 875 *wîchgewête* stn., mhd. *wîcgewæte*,
Streitgewand, Rüstung.
876 *rêten*, pl. von *rât* stm., davon hängt 877 ab, wo *wie*
die mundartliche Form für *wer* ist. — 879 *ên* = *ein*, einer,
irgendeiner. — 880 *dir ist uvele* (adv. mhd. *übele*) *geschên* (mhd.
geschehen), es hat sich dir übel gefügt, eine mildernde Wen-
dung, um die eigentliche Thätigkeit der Person, die stets dabei
gemeint ist, zurücktreten zu lassen, eigentlich also: «durch dich
ist Böses geschehen»; ähnlich wie die heutige Volkssprache
«mir ist eine dumme Geschichte passiert, d. h. ich bin schuld
daran» sagt. — 882 *gevangin lân*, nach *lân* (hier = *lâzen*, ge-
lâzen part. præt. pass.), Ellipse eines Verbums wie «sein,
liegen», vgl. 825. —

sie môgint unsich alle sêre.
des intgeldet ettelîcher man,   885
der is nie scult ne gewan.
die dâ mit den stangen
kumen sint sô langen,
den nemach nehein man widirstân:
du hâst den vâlant getân.»   890

Dô quam iz an einin ôstertach,
daz Constantîn mit scalle was
an deme Pôderamis hove
mit grâvin unde mit herzogen
unde mit vrîgin hêren,   895
dê hete er durch sîn êre
heim zô sîme hûs geladit.
die wurden mit swête gebadit,
den sie von vorchten haveten,
wande die riesin gebârtin alsô sie doveten.   900

Dô Thiederich unde sîne man
vor den kuninc quam gegân,
eme wart ein schône dênest getân.
intgegin in gingen de herzogen lossam,
unde die gôte kuningîn,   905

884 *môgint*, mhd. *müejent*, belästigen. — 886 *is* gen. von *iz*,
ez, davon. — 890 *du hâst den vâlant getân. vâlant* stm., so viel
als Teufel, böser Geist, wie das mhd. und unser «den Teufel
gethan», formelhaft gebraucht, schlimmer als nichts.
893 *Pôderamis hove*, der Hippodromos in Konstantinopel,
in der Nähe des kaiserlichen Palastes; der herkömmliche Schau-
platz aller großen Festlichkeiten. — 894 Die eigentliche her-
kömmliche Reihenfolge ist *herzogen, grâven, vrîe* oder *vr. hêrren*, die
zusammen die *nobilitas*, altd. *adel*, bilden, dann folgen die ge-
wöhnlichen ritterlichen Dienstmannen. — 898 *swête*, mundart-
liche Form für mhd. *sweize* dat. von *sweiz*, Schweiß. — 900 *do-
veten*, mhd. *tobeten*. Wegen *haveten* auch *daveten* (was der
Mundart allerdings zusteht) zu schreiben, ist unnöthig.
902 *gegân* part. præt. pass. von *gangen, gân*. — 903 *dênest*
stn., mhd. *dienest*. Der Begriff dieses Wortes umfaßt auch alle
die Aufmerksamkeiten und Dienstleistungen, die dem Gaste
freiwillig (oder nach dem Gebote der Sitte) erwiesen werden. —

sie hiez sie willekume sîn.
sie neic in allen gelîche
unde intfênc sie gezogenlîche.
dô solden zwêne grâvin
Asprîânis staugin intfâhin.   910
dâ was sô vil stâlis zô geslagin,
sie ne mochtin sie hebin noch getragin.
ân iren danc viel sie dar nider,
sie liezin sie durch nôt ligen.

Constantîn saz ûffe sînin stôl.   915
Thiederich gezoginlîche stônt
vor ime an den knien.
her sprach «kuninc, man sagete mer ie
von dir grôze vrumecheit.
leider nu ist mîn arbeit   920
alsô grôz zô mîme schaden,
daz ich in dir nimmer ne mochte gesagen.
nu irkenne got an mir armen man,
wand mich hât in âchte getân
ein kuninc der heizit Rôthere,   *   925
unde sitzet westrit ober mere.
des gewalt ist sô getân,
ime nemach nieman widerstân.
dô her mir sîn rîche virbôt,
dô môstich iz rûmen durch dê nôt.   930
done trûwidich in negeineme lande

---

906 *willekume*, vgl. 273. — 911 *zô*, daran. — *geslagin*. ge- oder
verschmiedet. — 913 *ân iren danc*, gegen ihren Willen. —
914 *durch nôt*, gezwungen.
    915 *sînin*, vgl. 15. — 917 *an den knien stân*, auf den
Knien liegen. *stân* kann diese Geste bezeichnen im Gegen-
satz zu dem ganz Ausgestrecktliegen der Verzweiflung, des
inbrünstigsten Gebetes u. s. w. — 923 *irkenne got*, bekenne
Gott; zeige, daß du Gottes Gebote kennst und thust. —
924 *âchte* stf., Acht, Verbannung. — 926 *westrit*, dasselbe
nur mit umgestellter Ableitungssilbe wie 317 *westert*. —
930 *môstich = môste ich.* — *durch dê nôt = durch nôt* 914. —
931 *done = dô ne.* — *trûwidich = trûwide ich* von *trûwen* swv.,
glauben. —

mînin lif sô wol behalden,
sô hîr zô deme hove dîn.
mir is gesaget, daz du sô gewaldich sîs.
mîn dienist biedich dich an: 935
nu nim iz, tugenthafter man.
durch genâde quam ich here gevarin.
du salt dîn êre an mir bewaren.
ne wiltu mich an dîn dienist nicht nemin,
sô môz ich Rôthere den lif gebin.»   940

    Al de wîle Rôthere den kuninc bat,
Asprîân der riese trat
in dê erden biz an daz bein.
Constantîn wart inein
mit den bidervisten mâgin,   945
die an sînem hove wâren,
wê her dê hêrren lossam
mochte behaldan.

Er sprach «der hêrre nemach vor Rôthere nicht genesen,
nu wolder gerne mit mir wesen.   950
her bûtit sich an dê gewalt mîn

---

933 *hîr*, mundartlich für *hier*, die alterthümliche, im Mhd. ge-
wöhnlich durch *hie* ersetzte Form des Localadv. *hie, hî* er-
scheint auch im Rother, vgl. 369 u. 500. — 934 *gewaldich*
adj., gewaltig, mit der Schärfung des auslautenden *g* in *ch*,
nicht nach mhd. Art in *c* verhärtet. — 935 *biedich* = *liede ich*,
mhd. *biute ich. ane bieten* mit acc. des Personalobjects und acc.
des sächl. — 937 *genâde* stf., eigentlich: erbarmende Herab-
lassung, Erbarmen, je nach den Umständen subjectiv oder ob-
jectiv gebraucht: Erbarmen, das man selbst beweist, oder das
man bei einem Andern sucht.
    944 *inein* adverb. Ausdruck. *inein werden*, wie unser «über-
ein» kommen. — 945 *mâgen;* weil die Formel *mâge u. man*
einmal gilt, können hier auch, offenbar des annähernden Reim-
klanges wegen, die *man* zusammen als *mâge* bezeichnet wer-
den. — 948 *behaldan,* das tieftonige *a* des Reimes wegen
erhalten.
    949 *genesen* stv., sich retten; vgl. das schwache Verbum
genern 701. — 950 *wolder* = *wolde er.* — 951 *bûtit,* mhd. *biutet*
von *bieten.* — *an dê gewalt mîn,* er unterwirft sich meiner Gewalt. —

unde sagit mir ouch daz her nôtic sî.
waz wert iz umbe den virtrivenen man?
mir is leit daz er ie here quam,
unde die sîne holden   955
dunkint mich harte irbolgen.
die haben sô nôtlîche site.
dâ stêt ein unde tritet,
der gezême wol in der helle
deme tûvile zeime gesellen.»   960

    Dô rietin ime de hêrren, daz her ir alsô pflêge,
daz siez vur gôt nêmen:
«wir ne wizzen umbe Rôthere niet.
diz ist ein vreislîcher diet,
den sul wir grôzlîche geben,   965
daz sie uns lâzen daz leben.»

    Constantîn sprach hêrlîche
wider Thiederîche
«mir râtin genôge mîne man,
wir sulin dich miuniclîche unfân.   970
ob siez aber widerredit habetin,
wie ungerne ich en virsagete!
deme ellenden,

---

952 *nôtic* adj., ahd. *nôtac*, in Noth. — 953 *waz wert iz*, so statt
des handschriftlichen *is*, das keinen Sinn gibt; *s* ist hier häufig
für *z* geschrieben. *wert* für *wirt*, d. h. *wirdet*: was soll ge-
schehen mit, in Bezug auf (*umbe*) den ... — 955 *der holde*,
in der technischen Bedeutung von Dienstmann, aber auch
Angehörige überhaupt, vgl. 408. — 956 *irbolgen* part. præt.
pass. von *irbelgen* stv., sich erzürnen. — 957 *nôtlîche site* acc. plur.
nicht sing., da *site* stm. ist. *nôtlich* adj., gewaltthätig, gewaltsam.
960 *zeime = ze eime*, dat. von *ein*. — 962 *siez = sie ez*. —
964 *vreislîcher diet. diet* hier stm. sonst fem. — 965 *grôzlîche*
adv., massenhaft, sehr viel.
967 *hêrlîche*, wie es einem Fürsten geziemt. — 969 *genôge*
mîne. genôc, mhd. *genuoc* adj., hier attributiv im gleichen Num.
und Casus zum Subst. — 972 *en*, mhd. *in*, dat. pl. von *er*. —
versagen swv., widersprechen, das Object zu suppliren. —
973 *ellende* adj., hier nicht bloß der Landesflüchtige, Heimat-
lose, sondern auch der dadurch in Noth gerathen ist. —

swilichin mir got gesendet,
deme wirt gedienit, wizze Crist, 975
alse her is wert ist.
doch ne achtich in zô nicheinen vrumen man,
der dâ ie durch rîchetôm ûz quam
her zô Kriechen in dit lant.
tûre degen vile balt, 980
dîn geverde daz ist grôz:
du bist ir aller obergnôz.
nu gebût dir an dê gewalt mîn;
du salt hie selve wirt sîn,
wandiz mir zô danke is, 985
daz du mînis gôtis gerôchis.
wer wândin daz du gertis
einir magit wol getân,
die ich mit vlîze irzogin hân,
sô têtich alsô Rôthere, 990
der dich virtreib ober mere.
den hân ich iedoch bedwungin:
sîne botin sîn hier gebundin
in mîme kerkêre.
her ne gesiet sie nimmer mêre. 995
dar under wârin zvêne man,
daz sie ein keiser mochte hân
gerne in sîner gewalt.
si vuortin manigin helt balt.»

977 *achtich* = *ahte ich*, halte ich. — *nicheinen*, vgl. 15. —
978 *durch rîchetôm*, um des Reichthums willen, um sich sol-
chen zu erwerben.— *ûz quam*, hinausgezogen ist.— 979 *dit*, niederd.
Nebenform von *diz*, Neutr. von *diser*. — 980 *balt* adj., kühn, im
Volksepos sehr beliebtes Wort. — 981 *geverde*, vgl. 844. —
982 *obergnôz* stm., mhd. *übergenôz*, nicht bloß gleich, sondern
größer oder mehr. — 983 *nu gebût dir an dê gewalt mîn. gebût* imp.
von *gebieten*, befiehl über das, was in meiner Gewalt steht, zu
deinen Gunsten (*dir*). — 984 *selve*, mhd. *selbe*. — 986 *ge-
rôchis. gerôchen* swv., mhd. *geruochen* mit gen., sich um etwas
bemühen, etwas begehren. — 987 *wer* = mhd. *wir*. — *wândin*
von *wênen* = *wænen* swv. — 991 *virtreib* præt. von *virtrîben*, ver-
treiben. — 992 *bedwungin* part. præt. pass. von *bedwingen*, bewäl-
tigen, bezwingen. — 995 *gesiet*, mhd. *gesiht; ge-* ersetzt hier das
Fut. er soll, wird sie sehen.— 997 *daz*, von der Beschaffenheit, daß.

Alsô Asprîân dise rede virnam,   1000
den scilt er vazzen began
unde vordirte sîn wîcgewête.
her sprach «man bûtit uns hî unrechte.
ir habit mînen hêrren zô svache gezalt.
Rôther sante gôte knechte in diz lant,   1005
sower die heiz binden,
des mochte her noch lîchte untgelden.
nu sî wir hî vor ûwen handen;
êr wir werdin gevangin,
daz weiz der waldindiger got,   1010
êr geligit ettelîcher tôt
der aller tûrist wil sîn,
mirne zôbreche die stange mîn.»

Snellîche her an den rinc trat.
Constantîn zô ime sprach   1015
«hêrre, ir zurnit âne nôt,
wande ûch hî nêman missebôt.
die rede die ich hân getân,
die sulder nicht zô nîde hân.
mich macheten trunkin mîne man,   1020
daz ich hûte als ên tôre gân.

1003 *bûtit*, d. h. *biutet it* = *iz*, *ez*. *einem ez unrechte* (adv.)
bieten, einem es übel erbieten, einem schmählich begegnen. —
hî, vgl. 500. — 1004 *zô svache* adv., zu gering. — *gezalt* part.
præt. von *zeln*, rechnen. — 1007 *lîchte* adv., wahrscheinlich. —
untgelden = int- entgelden. — 1008 *sî wir*, vgl. 369. — *ûwen*,
mhd. *iuwern*, possess. des Pron. der 2. Person im Plur.,
vgl. 604. — 1013 *mirne zôbreche*, falls mir nicht... *zôbreche;*
zô ist das mhd. *zer*, *ze*.
    1014 *Snellîche* adv., kampflustig. — 1017 *ûch*, vgl. 143. —
missebôt præt. von *missebieten*, das Gegentheil von *êre*, *guot* u. s. w.
bieten. — 1019 *zô nîde*. *nît* stm. oder neutr., Mißgunst, Haß, vgl.
705. — 1021 *hûte* adv., mhd. *hiute*, heute. — *ên tôre*, ein Thor,
Narr, besonders ein berufsmäßiger Possenreißer, die damals schon
zum höfischen Apparat gehören, obgleich sie sich noch nicht
so breit machen durften, wie seit dem 14. Jahrhundert. —
gân 1. Person sing. præs. ind. von *gân*, gehen; daneben *ich gên*
und *gê*; im Reime stets die *â*-Form, wie auch bei *stân*. —

von dû ne kan ich nicheime gôten knechte
geantwarten zô rechte.
mîn drôwe newart nie von sinne getân,
des geloubit mer, hêrre Asprîân;   1025
wan diz mer noch in deme lîbe umbe gât
unde mich sô geweldigit hât,
daz ich widir ûweris hêrren man
negeine gôte rede ne kan.»

    Asprîânis zorn was irgân.   1030
sich herbergetin Thiederîchis man
der porten alsô nâhen,
daz sie sich wol undersâhen.
dô giengen die kamerâre,
die mit Thêtirîche dâ wâren,   1035
unde gewunnin zvelf wagine,
die gingin sibin nacht geladine.
sie trôgin golt unde schaz
unde allez daz in den kielen was,
ein vil michel macht des gôtis.   1040
dâ mite vôr ein der iz wol behôte,

1022 *von dû*, vgl. 303. — 1023 *geantwarten*, mhd. *geantwürten*
swv., Antwort geben, so viel als das einfache *antwürten*; *ge-* bloß
durch das vorhergehende Præteritopr. *kan* bedingt. — 1025 *des*
gen. abhängig von *gelouben* swv. — *mer*, vgl. 214. — 1027 *wan*
für *wande*, *wand*, weil. — *diz*, vgl. 1020.
    1030 *irgân* part. præt. von *irgân*, vorüber- vergehen;
338 steht *irgân* in anderer Bedeutung. — 1032 *der porten
alsô nâhen*; bekannt ist das mhd. swf. *porte*, von dem lateinischen
porta, Thor, Pforte: hier aber muß es etwas anderes bedeuten,
den Hafen, lat. *portus*, der gewöhnlich als *port* stm. in ver-
deutschter Form erscheint, aber wofür auch ein fem. *diu porte*
oder *porten* nicht abzuleugnen sein wird. — 1033 *undersâhin*.
undersehen stv., sich gegenseitig sehen. Sie haben Witold und
andere am Hafen zurückgelaßen, vgl. 859 f. — 1035 *Thêdirîche*,
wieder eine andere Form des Nom. *Dieterich*, halb nieder-,
halb hochdeutsch, vgl. 820. — 1040 *michel macht* = 410 *m.
magen*; möglich, daß in der Vorlage auch so stand; die alli-
terierende Formel, auf die es hier zumeist ankommt, ist so und
so gewahrt. — 1041 *behôte* præt. von *behüeten* swv. —

dene triven ses riesin vrêsam
unde heizene ungebêre hân,
daz die burgêre
immer sageten mêre   1045
von. Dietherîches mannen.
dô strebete her an der lannen.
zvêne steine her in de hant nam,
die wrêf der grimmige man,
daz darûz vôr dû vlamme.   1050
die Kriechen hôven sich danne,
doch volgete ume manich man,
unze her vor Constantîne quam.
dô sprach ein grâve ober lût
«hîr veret des tûvelis brût.   1055
mochtich die schande
immer mêr gewandeln,
sô mir daz heilige licht,
ich negebeite sîn vor dem kuninge nicht.»

Alsô die kuningîn gesach   1060
den dê dâr gebunden lach,
sie sprach «sich nu Constantîn,
hî vôren sie den meister dîn
in einer ketenen zwâren.

1042 *dene*, seltener neben *den* acc. sing. von *der*, als *ine*, *ene*
acc. sing. von *er*. — *ses*, mundartliche Form für mhd. *sehs*.
vrêsam = *vreissam*. — 1043 *heizene* für mhd. *hiezen in*. — *unge-*
bêre stn., auffallendes, anstößiges Betragen, Lärm, Unfug. —
1047 *streben* swv., sich heftig bewegen. — *lanne* swf., Kette. —
1049 *wrêf*, mhd. *reip;* hier das uralte *wr* des Anlauts erhalten. —
1050 *dû*, vgl. 70. — 1052 *ume*, mundartlich für *ime*. — 1054 *ober*
lût adverb. Ausdruck=*lûte*, laut, mhd. *über lût*, nicht «übermäßig»
laut. — 1057 *gewandeln* swv., (zum Bessern) wenden. — 1058 *sô*
mir daz heilige licht, Betheuerungsformel: ellipt. *sô helfe, schîne*.
licht, mundartlich für mhd. *lieht*. — 1059 *negebeite*, præt. conj.
von *gebeiten* swv. Das einfache *beiten* verstärkt, ab-, erwarten
mit gen. des Objects *sîn*, nämlich des *gewandeln* der Schmach;
«ich würde nicht zögern, selbst nicht vor dem König, bis der
mir den Befehl oder die Erlaubniß gäbe».
1062 *sich* imp. von *sehen*. —

owî, wê tump wir dô wâren,   1065
daz wer unse tochter virsageten Rôthere
der dise virtreif uber mere.
iz ne gewêlt nicht grôzer wîsheit.
got der môze geven leit
dîneme ungemôte.   1070
owî, hêrre gôte,
nu mochtistu dise vân oder slân,
ob wer mînen rât heten getân.
ich wêne aber, sowes sie dich bêten,
daz du iz vor vorchtin têtes   1075
mêr dan dur gôte.
owî, heten sie nu mîn gemôte,
sô hieziu sie in geben daz selve wîf,
dar umbe du manigen man daz lîf
hâst benumen unde brâcht in arbeit,   1080
só wolde ich sien dîn kundicheit.
dise ne sîn dir aver kumen nicht rechte:
sie vôren gôte knechte;
mich dunkit, daz sie dîne meistere sîn.
du torstis baz in daz ouge dîn   1085
gegrîfin mit thîner hant

1066 *unse*, vgl. 604. — 1067 *virtreif*, mhd. *vertreip* von *ver-
trîben* stv. — 1068 *iz ne gewêlt*, mhd. *gewielt* von *gewal-
ten*, walten, mit gen. in Besitz von etwas sein und über
etwas verfügen. — *iz*, unbestimmtes Subject: dein Betragen. —
1070 *ungemôte* stn., mhd. *ungemüete*, übele, verkehrte Verfassung
des Gemüthes, Verstimmung, Zorn u. s. w.; bezieht sich hier
auf des Königs zorniges Vorgehen gegen die Gesandten Rother's. —
1071 *gôte*, schwache Form weil Vocativ. — 1074 *bêten*, mhd.
bæten von *biten*. — 1076 *gôte* stf., mhd. *güete*. — 1077 *gemôte*
stn., mhd. *gemüete*, Gesinnung. — 1079 *daz lîf* hier stn., vgl.
817. — *manigen man*, vgl. 15. Aus dem Dat. *m. man* ist das
1080 bei *brâcht in arbeit* fehlende Object herauszunehmen:
manigen man acc. — 1080 *arbeit*, hier in der möglichst energischen
Bedeutung «Mühsal, Noth». — 1081 *sô*, dann, in diesem Falle. —
sien, mhd. *sehen*. — *kundicheit* stf., weltkluges Benehmen, List,
Verschlagenheit. — 1085 *torstis* conj. prœt. von *tar*, ich wage. —
baz, besser, eher. — 1086 *gegrîfen*, so viel als *grîfen; ge* nach dem
Prœteritopr. *tar* zu dem Inf. gesetzt. — *thîner hant; th* hier wie
an einigen andern Stellen in alterthümlicher Schreibung für *d*. —

den du zornetis wider dessen wîgant
immer mit eineme hâre.
hûde nis dîn gebâre
nicht kuninclîche getân: 1090
du zuckis dich trunkenheit an.»

   Die recken stalletin ir ros
unde geherbergetin ûffe den hof.
in ir mantelîn sie sich beviengen,
vor Constantîne sie giengen   1095
harde gezoginlîche
mit ern hêrren Thiederîche.
selbe trôgen sie die svert.
under in ne hete nigên wert
der unwizzende hoveman,   1100
noch ne dorfte niergen zô in gân.
wande sie vôrin mit sô getânen statin
daz den Dieterîchis gatin
nie nebelûchte der tach.

1087 _den_, gewöhnlich _dan_, Part. der Vergleichung nach Compar. —
dessen, acc. sing. von _diser_. — 1088 _mit einem hâre_, bildlicher
Ausdruck, um etwas ganz Geringes, so viel wie nichts zu be-
zeichnen, wie wir noch «um ein Haar. ein Haar breit» an-
wenden. — 1089 _hûde_, mhd. _hiute_, vgl. 1021. — 1091 _zuckis dich
trunkenheit an_. zucken, mhd. _zücken_, intens. zu _ziehen_. _sich ane
ziehen_, mit acc. der Sache, etwas als einem gehörig in Anspruch
nehmen, sich einer Sache anmaßen, wenn sie einem nicht ge-
hört, oder auch wie hier, etwas vorspiegeln, was nicht ist. —
1092 _stallen_ swv., in den Stall bringen. — _ros_ ist acc.
plur. — 1094 _mantelîn_ dem. von _mantel_, hier plur., Mäntel.
die kurzen Ueberwürfe von kostbaren Stoffen, die Hoftracht
der Männer und Frauen. — _sich bevâhen, bevân_ stv., sich ein-
hüllen. — 1098 _selbe trôgen sie die svert_, d. h. sie erscheinen
gewaffnet, was nicht überall Hofsitte war. — 1099 _nigên_ mhd.
nehein, nechein. — _wert_ stn., Werthschätzung, Bedeutung. —
1100 _der unwizzende hoveman_, einer, der zwar für das höfische
Leben bestimmt oder ihm zugehörig, doch die eigentliche _zuht_ oder
das Gepräge der _hovischeit_ nicht an sich trägt, weil er sie nicht
hat lernen wollen. — 1102 _state_ stf., Veranstaltung, Aus-
rüstung, Aufzug; vgl. 258 _statehaft_. — 1103 _gate_ swm., der
Genoße, Gleiche. — 1104 _nebelûchte_ = _ne belûhte_, præt. von _be-
liuhten_ swv., beleuchten. —

sîn holde der dâ gebundin lach,   1105
der hete sich gezîrôt,
van ume schên daz golt rôt;
her trôch ein brunjen guldin,
die bezeichnôte den rîchetôm under in.
dar ober trôch der helit gôt   1110
einin stâlînen hôt,
deme was die lîste
gewarcht mit allen vlîze,
gewierit vile kleine.
dâ trôch her an den beinen   1115
zwô hosen schônir ringe,
die schouwetin die jungelinge.
einen gôden wâfenroc trôch er an.
dô sprâchen Constantînis man
«hûte gesie wer daz beste gewant,   1120
daz ie quam in diz lant.
dise recken sîn alle rîche.
wir leven bôslîche,
daz wir dienin eime zagin,
der ime vil seldene grôzen schadin   1125
durch unsir siheinis willen tôt,
wande en erbarmet zô harde daz gôt.»

1105 *holde* bezieht sich auf Witolt. — 1107 *ume*, vgl. 1052. —
schên, mhd. *schein*, præt. von *schînen* stv. — 1111 *hôt* von
Stahl = Helm. — 1112 *lîste* swf., der Rand. — 1113 *gewarcht*
für *geworht* von *würken*. — 1114 *gewierit*, vgl. 397. — 1116 *zwô*
hosen. hose swf., Beinharnisch. — *schônir ringe* gen., den Stoff, aus
dem die *hosen* zusammengesetzt sind, bezeichnend. *rinc*, vgl. 697. —
1118 *wâfenroc* stm., Gewand über dem Panzer, der aus Ringen
besteht. Witolt erscheint also nicht wie die andern in Hof-
tracht, sondern kampfmäßig gerüstet. — 1120 *gesie wer*, vgl.
369, für mhd. *yesehe wir*. — 1123 *bôslîche* adv., auf ärmliche
Weise. — 1124 *zage* adj., substant. gebraucht; geht nicht bloß
auf den Muth (*manheit*), sondern auch auf die andere fürst-
liche Haupteigenschaft, die *milte*, Freigebigkeit, was aus der
Grundbedeutung des Wortes sich leicht begreift: «befangen,
ängstlich zurückhaltend». — 1125 *grôzen schadin*, nämlich an
seinem Vermögen. — 1127 *en*, durch Incl. für *ine*, *in*, ihn.

Die umbehange man ûf hienc.
der kuninc Constantîn zô tische gienc
ûf ein schône palas.   1130
Constantîn dâ inne was
mit vil grôzime gedrange
von Dieterîchis mannin.
der was ein schône menige:
ein dûsint snellir helide   1135
vôrte der virtrivene
zô hove in daz gesidele.
die kamerêre quâmin,
die des gôtis plâgin,
unde satten Dieterîche   1140
harde vromiclîche.
truzzâten ende schenken
die solden bedenken
zucht mit grôzen êren:
sie vorchten die geste sêre.   1145

Dô zôch man vor Constantînis disch einin lewen
                                       vreissam,

1128 *Die umbehange. umbehange* stm., Vorhang und ungefähr
unserm Tapete gleich, Draperien, die wie noch jetzt hier und
da, bloß für die Dauer der geselligen Benutzung eines Raumes
angebracht und dann weggenommen werden. — 1130 *palas*
stn. Dies Fremdwort, lat. *palatium*, hat hier die technische Be-
deutung von Speisesaal. — 1134 *der* gen. plur. von *me-
nige* abhängig. — 1137 *daz gesidele* stn., in collectiver Bedeu-
tung, eigentlich die Gesammtheit der Sitze, überhaupt die
Anstalten zur Unterbringung der Gäste, insofern auch = Fest-
saal selbst mit seinen Bänken, Tischen u. s. w. — 1140 *sat-
ten* præt. von *setzen*, mittel- und niederd. Form, die aber
auch bis weit nach Oberdeutschland hin in der damaligen
und spätern Schriftsprache verbreitet ist. — 1142 *truzzâten*,
mhd. *truh(t)sæze*, Truchseß. — 1143 *bedenken zucht mit grôzen
êren*, was der höchste Anstand und die Ehre des Hofes er-
fordert, im Auge haben. —
    1146 Dieser seinem Inhalt nach unanstößige Vers ist doch
von der metrischen Seite her mehr als bedenklich. Ein solches
Versungethüm mit 8 vollständigen Hebungen ist undenkbar.
Eine Conjectur liegt so nahe, daß sie hier stehen mag: *dô zôch
man vor den disc des kuninc Constantînis einin lewen vreissam* u. s. w. —

                                                    5*

derne wolde niemanne vor nicht hân.
her nam den knehten daz brôt,
her teten over deme dische grôze nôt.
Asprîân begreif ene mit der hant   1150
unde warp en an des sales want,
daz her al zebrach.
wê leide eme der kuninc dô saz!
her ne geregite doch nie dê vôze.
«got môze uns gebôzen   1155
(sprâchen zwêne herzogen)
diser hêrren hêr zô hove.»
der eine rûmite den sal
und sagetiz deme ingesinde over al
«dâr hât der eine vâlant   1160
den lewin geworfen an die want,
durch daz her ime sîn spîse nam.
ir sulit gewerlîche gân:
wildir mînis râdes volgen,
ir vermîdet den unholden   1165
unde lâzit en mit gemache
werven sîne sache.
hôdit ûch alle ûffe daz leven,
daz ir ime sîn brôt nicht ne nemen.
begrîfet her ieman mit der hant,   1170
her werfit in an des sales want.»

1149 *teten = tete en, in*, ihnen. — 1151 *warp* mit erhaltenem
altem *p*, während sonst wie im Hochd. auch hier fast überall
altes in- und auslautendes *p* als *f* (*pf* u. s. w.) erscheint. —
1152 *al* adv., gänzlich. — 1153 *wê leide eme der kuninc dô saz*.
leide adv., betrübt. *eme* ist der Dat. des Pron. *er*, der reflex.
zu *leide* gehört. — 1155 *gebôzen* swv., mhd. *gebüezen*, Schaden
ersetzen mit gen. des Gegenstandes. — 1159 *ingesinde* stn. die
ganze Dienerschaft, vornehm und gering, alles was zu dem
Hofe gehört. — 1160 *vâlant*, vgl. 89. — 1162 *durch daz*,
weil. — 1163 *gewerlîche* adv., vorsichtig, von *war*. — 1164 *wildir*
= *wellet ir*. — *volgen* swv. mit gen. des sächlichen Objects. —
1166 *gemach* stn., Ruhe, Ungestörtheit. — 1167 *werven*, mhd.
werben stv. — 1168 *ûffe daz leven*, bei Gefahr eures Lebens. —
1169 *nemen* für *nement*, *nemet*, vgl. 37. — 1171 *werfit* für
wirfet, vgl. 72.

Die kuningîn sach gerne den zorn,
daz der lewe was virlorn.
sie lachete Constantîne an
«nu warte, sprach sie, wie genir hoveman   1175
dîn vedirspil irzogen hât,
der dâ vor deme dische stât.
iz kumet noch an die rede mîn.
jane hetes du die tochter dîn
nicht vorloren an Rôthere,   1180
der diese vertreif over mere.
owî, wê gerne ich noch riete,
daz men die boten liete
rîtin hin zô lande
unde vazzete sie mit gewande;   1185
sulicher slachte iz wêre,
daz man en mochte geven mit êren:
wê mochte iz bat bestadet sîn?
nu gedenke, hêrre Constantîn,
daz sich dise nicht nemochten erweren: 1190
wê woldistu den dich vor Rôthere generen?
gedenket her an sîne man,
sô môz dîn lant enouwe gân.
wane givestu mir noch die haftin,
die dâr ligint an unkraftin,   1195

1175 *warte* imp. des schwachen Verbums *warten*, schauen. —
genir, mhd. *gener* und *jener*, hat hier gewöhnlich, wie schon
bemerkt, *g* für *j*, doch nicht ausschließlich. — 1176 *vedirspil*,
vgl. 298. — 1179 *jane = jâ ne.* — 1180 *vorloren. vor* für *vir*,
mhd. *ver*, oft aber nicht regelmäßig durch Lautangleichung
dann gesetzt, wenn noch ein *o* im Worte, z. B. *vorholne*, aber
vir oder *verliesen* u. s. w. — 1183 *liete* mit altem *t* nach niederd.
Weise für *z*, von *lâten*, *lâzen*, hier durch den Reim auf *riete*
nothwendig. — 1186 *sulicher slachte*, vgl. 227; dieses Satzglied
ist ein bedingender Zusatz zu dem vorigen. — 1188 *bat* für
baz. — bestadet, angebracht. — 1191 *den = denne*, also, nun
denn. — 1193 *enouwe* im eigentlichen Sinne 183, hier über-
tragen. Unser «flöten gehen», ein mißverstandener niederd.
Ausdruck, ist dasselbe Bild. — 1194 *wane* conj., dient zur Be-
zeichnung der unwilligen Frage: warum nicht? — *haftin* adj.
haft, verhaftet, gefangen. — 1195 *unkraftin* für *unkreftin. unkraft.*
stf., verschärftes Gegentheil von Kraft, Mangel, Elend. —

daz ich sie môze ûz nemen.
sie havent ein vil swâre leven.»

Der kuninc, joch einer nôte,
sprach daz her diz nîne tête,
ir bete wêre al verlorn;   1200
sê môsten dolen sînen zorn.
iz wêre ir leit oder liep,
sie nequâmin von Kriechen niet,
sô lange sô er lebete.
dô sprach aber die kuningîn   1205
«waz wunderis wiltu an in begân?
ir vader hiez Adâm,
danne wir alle quâmin.
du soldes gotis schônin
an der vil armer diete,   1210
unde liezis sie ûz der nôte.
nu sîn sie virsvellit,
harte missevûrit.
owî des ir vil schônin lîbes!
der mir armen wîbe   1215
einin sulichin helfêre
wider den kuninc gêbe,
alsô die dâr ligit gebundin,
sô môstin sie zô lande.
dune rietis mir nicht sô vaste mite...   1220

1196 *ûz*, heraus. — 1197 *swâre*, mhd. *swære* adj.
1198 *joch einer nôte*, zwischengeschobener Bedingungssatz:
auch wenn einer *nôte*, præt. von *nôten, næten*, nöthigen, zwingen
würde, wollte. — 1199 *nîne* verstärkte Negation, durchaus nicht.
Aus metrischen Gründen ist hier die Länge des *i* wahrscheinlich.
Anderwärts erscheint auch *nine*. — 1204 Nach *lebete* fehlt das
Reimwort. In der Hs. steht ein sinnloses *gen*. — 1207 d. h. sie
sind auch Menschen wie du. — 1209 *schônen* swv., Sorge für
etwas, auch für eine Person tragen, Rücksicht nehmen, mit gen. —
1210 *der vil armer diete*, vgl. 214; *diet*, vgl. 636. — 1212 *ver-
swellen* swv., durch Hunger krank machen, verderben. —
1213 *missevûrit. missevüeren* swv., in übeln Zustand, insbesondere
was *vuore* im specifischen Sinne=Nahrung, betrifft, versetzen. —
1218 *alsô die*, wie der; *die=der*, vgl. 93. Sie meint Witolt. —
Nach 1220 ist mindestens ein Vers ausgefallen, wahrscheinlich

êr iz der âne danc wêre,
svî schêre er iz verbêre.»

Berchter sprach zô deme hêrren sîn
«ich trôste mich an dê kuningîn.
iz kumit uns wol, daz Aspriân   1225
deme lewen sô wê hât getân.
sie vroit sich in ir gemôte.
die anderin nerôchten,
ob wir alsô verre wêrin,
daz sie unsich nimmir nî gesêhin   1230
hie in ir lande.
sie gênt sô rûnande
beide ûz unde în.
wêne wir in icht dancnême sîn.
ir 'nechein ne wênit vor uns genesen.   1235
nu sulen sie mit genâdin wesen:
irlâzent sie der sorgin
unde var zô den herbergin,
daz die ellenden môzen geniezen
des dir dîn vater lieze;   1240
der hie vil maniger umbe gât

---

aber mehrere, deshalb ist hier auch eine Lücke des Sinnes. —
1222 *svî schêre* = *swie schiere*, so schleunig auch immer. —
verbêre conj. præt. von *verbern*, etwas über sich er- oder an
sich vorübergehen laßen.
   1227 *vroit* von *vreuwen*, *vröuwen* swv. Wahrscheinlich
würde die Schreibart *vröit* richtiger sein. — 1228 *nerôchten:*
gemôte. rôchten wahrscheinlich hier mit ausgestoßenem *h* (*ch*)
vor *t*, wie es die Mundart liebt, gesprochen, von *rôchen* swv.,
sorgen. — 1232 *rûnande*, mit durch den Reim erhaltenem,
tieftonigem *a*, vgl. 519; *rûnen* swv., raunen, heimlich sich
unterreden. — 1234 *wêne*, 1. Person sing. præs. des Verbums
wænen, hier als Betheuerungspartikel: traun; nach *wænen* steht
gewöhnlich der negativ gedachte Satz ohne negative Bezeichnung,
so hier *icht* und nicht *niht*. — 1238 *unde var*. Der rasche Ueber-
gang von dem höfischen und höflichen *ir* der Anrede zu dem
volksthümlichen *du* ist in Gedichten dieses Stils sehr gewöhnlich.
— 1240 *des*, durch Attraction für *des*, *daz* oder *swaz*. — *lieze*,
dieser Conj. (der Form nach könnte es hier auch Ind. sein) durch
das Gesetz der Concinnität zu erklären, weil Conj. *môzen*
das ganze Satzverhältniß beherrscht. —

unde habit vil grôzen unrât
von deme armôte.
got durch sîne gôte
der irgetze sie ir leides.   1245
jô mochtin sie heime
wole wesen rîche.
sie leben jâmerlîche:
daz irbarmit mich sêre.
nu hilfen dur dîn êre: 1250
du bist rîcher danne Constantîn;
war umbe soldistu an sîner spîse sîn?
iz ne wêre uns nicht mugelich.»
dô sprach der hêrre Dieterich
«du hâst einin stêdigen môt.   1255
daz der got geve gôt:
svanne ich ûz dîme râte gân,
sone volgich nimer neheinen man.»

Alsô man daz wazzer genam,
Dieterich vor den kuninc gienc stân.   1260
her sprach «ich wolde gerne, Constantîn,
zô den herbergen sîn
mit mînen holden.
sine mugin mer nicht gevolgen;
alsô ich hare zô hove gân,   1265

1242 *unrât* stm., verstärktes Gegentheil von *rât*, wie alle Zu-
sammensetzungen mit *un* nicht bloß einfach negieren: schlechter
Zustand, Mangel an allem, vgl. 1196. — 1243 *daz armôte*
stn., unten stf. die *armôt* in derselben Bedeutung. — 1245 *ir-
getze. ergetzen* stv., *einen eines d.*, einen Ersatz für — geben. —
1246 *jô = joch*, und doch, wirklich. — 1250 *hilfen = hilf in*,
ihnen. — 1253 *mugelich* adj., thunlich, passend, gehörig. —
1255 *stêdigen môt*, einen beständigen, treuen, auf das Wahre und
Richtige gelenkten Sinn. Eine der weltlichen Haupttugenden
stœtekeit (viel weiter und tiefer als unser «Beständigkeit») ist
in dir. — 1256 *daz dir got geve gôt*, Betheuerung in Form
eines Wunsches.
1259 *wazzer nemen*, Beginn der Mahlzeit, die noch ohne
Gabeln vor sich geht. *genam* plusquampf., genommen hatte. —
1265 *hare*, Nebenform von *here, her*, hierher. —

sô ist dâr vile manich man
dâ wir al samen sîn.
nu helfet mer, vrouwe kuningîn,
wande ich vôre ein helfelôse diet,
der vromigistin nevolget mir niet.   1270
swaz so ich der mochte haben,
die hât Rôthere irslagen.
her virtreif mich ûz deme lande mîn.»
dô sprach der kuninc Constantîn
«wir virzîhen dîn ungerne.   1275
nu vare zô dînen herbergen.
gerôchis du icht des ich hân,
dat sal dir wesin underdân.
ich wil dich gerne mieten
unde wil dir êre bieten,   1280
daz du dînin hoveman
zogenlîche heizis hî zô tische gân,
wander irsrecket mir daz wîf,
die mir ist alsô der lîf.
mînen mannin ne magit nicht schade wesen,   1285
die sint is dicke genesen.
in disme sale ist iz aber selden getân.»

1266 *dâr*, nachdrücklicher Gegensatz zu *hare*, dort. —
1269 *helfelôse diet*, hülflose, armselige Schar, Haufe, vgl.
636. — 1270 *vromigistin*. *vrumec* adj. = *vrum*, tüchtig, vgl. 551.
— 1275 *virzîhen* = *verzîhen* stv. mit gen., eine Sache, Person
aufgeben, fahren laßen. — 1276 *vare*, verlängerte Nebenform
des Imper. — 1277 *des*, vgl. 1241. — 1278 *dat* für *daz*. —
1279 *mieten* swv., eigentlich einem *miete* geben, einen gewinnen
durch Geld, Sold, Geschenke. — 1282 *zogenlîche* mit abgewor-
fenem *ge* = *gezogenlîche*. Dieser Abfall der untrennbaren Vor-
satzpart. *ge* ist in wirklichen Compos., nicht bei dem Part. præt.
pass. ein specifisches Zeichen niederd. Einflusses. — 1283 *irsrecket*,
diese mundartliche Form für *irscrecket*, mhd. *erschrecket*, ge-
hört vielleicht nicht bloß dem Schreiber der Hs. an; ander-
wärts freilich gibt auch sie das gewöhnliche *scr.* Es ist diese
Ausstoßung des Gutturalen zwischen *s* und *r* das Gegen-
stück zu der Einfügung desselben zwischen *s* und *l*, in *sclahen*
u. s. w. — 1285 *magit* = *mac iz*, *ez*, kann es. — 1286 *is*, gen.
von *iz*, davon; abhängig von *genesen*. —

dô sprach der riese Asprîân
«hêrre, iz tete mir michil nôt:
mer nam dîn berwelf mîn brôt.»   1290

1289 *michil* adv., vgl. 27. — 1290 *berwelf*, wahrscheinlich stn.,
junger Bär; *welf* ursprünglich nur das Junge des Hundes, in-
dem sich der alte eigentliche Ausdruck für den jungen Bär,
bracchio, in dem mhd. *bracke*, in eine andere Bedeutung =
die jetzige «Bracke» umgesetzt hat. Der Riese erscheint hier
wie überall in der Volkssage, als unbekannt mit dem Luxus,
wozu in dieser Zeit an den Höfen, namentlich denen des
Orients und den von ihnen beeinflußten, auch das Halten sel-
tener gezähmter Thiere gehört. Das ihm als deutschem Riesen
am besten bekannte Thier ist der Bär, daher und nicht etwa
verächtlich nennt er den Löwen so. Die Komik des Ausdrucks
ist nur für die Hörer oder Leser vorhanden, nicht von Asprian
beabsichtigt.

IV.

Dieterich begibt sich, vom König entlaßen. zu seinem am
Hafen zurückgebliebenen Gefolge und hält sich dort 14 Tage
stille, bis ihm massenhaft die armen Landesflüchtigen, die in
der Stadt weilen, zuströmen, die er nach Berchter's Rathe
gastfreundlich aufnimmt und reichlich beschenkt. Darunter war
auch ein Graf Arnold, durch Krieg vertrieben und verarmt,
sammt drei freien Herren, denen ein Kaufmann räth bei Rother
zu bitten. Sie thun es und auf Berchter's Rath gibt Rother
dem Grafen Arnold Geld, um ein Haus in der Stadt zu er-
werben. Asprian sorgt für den Unterhalt von 30 Rittern.
Constantin's Mannen, die von der übergroßen Freigebigkeit
Dieterich's hören, wollen alle ihren kargen Herrn verlaßen
und jenem dienen.

Dieterich der hêre
vôr zô dên herbergen
unde gebârte verzên nacht
alsô her wêre unstadehaft,
alwante ime die ellenden   1295
got begunde senden,
den wâren die porten ûf getân;
sie liezen si ûz und în gân.
selve her iz in wol gebôt:
her bôttin vlîzelîche ir nôt.   1300

1293 *verzên* = mhd. *vierzehen nacht,* die gewöhnliche volks-
thümlich deutsche Bezeichnung der Zeitfrist nach Nächten, wie
sie sich im englischen *fortnight* erhalten hat. — 1294 *unstade-
haft,* das pos. *stadehaft* vgl. 258. — 1295 *al* adv., das folgende
wante, bis, verstärkend. — 1297 *die porten,* hier von *porte, porta.* —
1298 Das erste *sie* bezieht sich auf Dieterich und seine Leute,
das zweite *si* auf *die ellenden.* — 1299 *iz in wol gebôt. ez einem
wol geb.,* einem gute Behandlung zu Theil werden laßen. —
1300 *bôttin* für *bôtte in* von *bôten,* niederd. für *büezen,* beßern. —

Berther unde Aspriân
unde andere Dieterîchis man,
wol entfêngen sie die armen
ande lêzen sich er nôt erbarmen.
dicke richte man den tisc;   1305
dâ was daz inbîz gewis
allen die des gerôchtin
daz sie den helit gesôchtin,
den bescheinte men grôze minne
unde brâchte se alles gôdes eninne.   1310
des was den ellenden nôt,
wandez en nieman ne bôt
over alle die stat.
ir zôch zô Dicterîche die kraft,
die von degenheite   1315
gelidin hâten arbeite.
sie ne hâten die kleider noch die ros,   ,
dar umbe verbôt man en Constantînis hof.
des levete vile manich rîche
harte jâmerlîche.   1320

Sich virstônt die nôtige diet,
dat sie deme rîchen wâren liep,   .

1304 *ande*. Die Form *ande*, *inde*, *ende* hier und da mund-
artlich für das gewöhnliche mhd. *unde*, *und*, öfter auch in der
Hs. geschrieben, wo die Vorlage *unde* hatte. — *lêzen*, mhd.
liezen. — 1305 *richte*, præt. des schwachen Verbums *rihten*.
den tisc richten, zubereiten und mit Speisen besetzen. —
1306 *inbîz* stn., Imbiß, Mahlzeit. — 1307 *gerôchtin*, vgl. 987. —
1309 *bescheinte men*. *bescheinen* swv., zeigen, zu erkennen
geben. *men*, durch Inclin. geschwächt für *man*. — 1310 *eninne*,
præp. *in* zu *inne* getreten, verstärkend, zu übersetzen wie das
einfache *inne* br. *einen eines* d., einem etwas zum Bewußtsein
bringen, einen überzeugen von einer Sache, machen daß er
sie inne wird. — 1312 *wandez = wande ez*, weil *ez*, d. h.
solche gütige Behandlung (*gôt*) ihnen niemand sonst erbot. —
1314 *ir* gen., abhängig von *kraft*, Menge. — 1315 *degenheit*,
vgl. 768. — 1317 *die kleider noch die ros*. *die*, d. h. die zu
der höfischen Erscheinung gehören. — 1319 *des* adv., deshalb.
— *rîche*, der sonst reich gewesen war.
1321 *sich verstân* so viel als das bloße *verstân*, verstehen,
einsehen. — 1322 *deme rîchen* geht auf Dieterich. —

der in Constantînis hove was.
ir zôch dâr hine ein grôz heris kraft
zô Dieterîche.   1325
her gaben vrumelîche.
her genôzte sich in,
her sazte sie inebin in,
unde hiez ir dê schenken
hôtin mit deme tranke,   1330
unde gebôt den truhtsêzin
daz sie ir niene virgêzin.
den vremedin gesten
wart die aller beste
lîfnare vore getragen   1335
die man iergen mochte haven.

Alsô die hêrren gesâzin,
ir leides ein teil virgâzin,
swê dâr hâte rîtâris namen,
die sundirte man dane   1340
unde gaf en gôte rosse
unde pellelîne rocke:

1323 *der in Constantînis hove was*, d. h. der nicht gerade immer
anwesend im Palaste Constantin's war, sondern als zu seinem
Hofe gehörig betrachtet wurde. — 1324 *heris kraft*, vgl. 1313. —
1326 *gaben* für *gap in*, ihnen. — 1327 *genôzte. sich genôzen
einem*, sich einem als Genoßen geben, jemand als Gesellen und
Freund behandeln. — 1328 *inebin*, præp. aus *in* und *eben*, neben
mit dat. und acc. je nach der Natur des Verbums. — *in*,
acc. von *er*, pron. der 3. Person für das Reflex., wie so oft,
hier noch um einen rührenden Reim *in*, ihnen: *in*, ihn zu gestal-
ten, besonders motiviert. — 1329 *ir hôtin*, *hüeten* swv., mit gen.
des Objects. — 1331 *truhtsêzin*, 1142 steht die noch mehr
mundartliche Form *truzzâte*. — 1335 *lîfnare* stf., Leibesnahrung,
Speise. — 1336 *iergin* adv., irgend.

1337 *gesâzin*, gesessen waren. — 1339 *swê*, mundart-
liche Form für *swer*, wer nur immer, wie *dê*, *de* für *der*. —
1340 *die* plur., dem Sinne nach auf *swer*, eine Mehrzahl, be-
zogen. — *dane*, davon, vgl. 423, gewöhnlich *danne*, *dannen*. —
1341 *rosse*, gewöhnlicher ist die flexionslose Form des Plur. *ros*. —
1342 *pellelîne*, adj. von *pellel*, *pfellel*, vgl. 230. —

zô den rossin stâlîne ringe,
daz sie mit swerte nieman ne kunde gewinnen.
dô trôch der riese Asprîân   1345
manigen mantel wol getân
ûze der kamerin Dieterîches
unde vazzite sie al gelîche.
die svert her en umbe bant
unde gaben die vanen an die hant.   1350
do begunden sie behurdieren
unde vrouweden sich vor lieve.
des lovete man Dieterîche
. dâr zô hove grôzlîche.

Dô quam ein hêrlich schare,   1355
die hâte sich virsûmit gare,
daz sie sô lange wâren.
sie vorchtin daz man en icht gâve.
Berchter gienc se umbe
allez schouwunde,   1360
wê ir gelâz wêre getân.
dô saz dâr manich nakit man
unde schametin sich vil sêre.
dô sprach Berchter zô sîme hêrren
«nu warte zô disin armen!   1365
daz mochte got irbarmen.
sie schament sich vor schanden.

1343 *zô*, noch dazu, außerdem noch. — *stâlîne* von *stahel*, *stâl*,
stählern. — *ringe*, vgl. 697. — 1344 *gewinnen*, Kriegsausdruck:
überwältigen. — 1348 *vazzite*, vgl. 157. — 1350 *vanin*, vgl.
404. — 1351 *behurdieren* swv., romanisches Wort: Ringelrennen
treiben. — 1352 *vor lieve. liebe* stf., Gefühl des Wohlbehagens.
1357 *sô lange wâren*, ausgeblieben waren. — 1358 *icht*,
nichts; die negative Bedeutung kommt durch den Begriff des
vorchten, in bangem Zweifel sein, vgl. 1235. — 1359 *gienc se
umbe. umbe gân* mit acc., um etwas (spähend) herumgehen. —
1360 *allez* adv. — *schouwunde*, mit tieftonigem *u* an der Stelle
eines alten *ô* für *schouwende*. — 1362 *nakit* adj., hier mit ein-
facher Gutturale, anderwärts in der gewöhnlichen Form *nacket*.
nackt ist nicht im strengsten Sinne zu verstehen, so wenig
wie das lat. *nudus*. — 1365 *warte zô*, schaue auf. —

sie netragent niht umbez lif unde in den handen.
du salt sie alle vazzen
unde rechte machen.   1370
sie sint zô deme gurtele alsô smal.
en stât er lif harde wal.
sie vlîzen sich zû wâre
nâ riterlîchen gebâre.
die togintlîchin blicke   1375
begân sie sô dicke,
daz iz von ungeslechte
kumin nîne mechte.
ne sîn under in nicht edele man,
sô heit mir mîn hôvet ave slân.»   1380
«ich volge dir gerne, sprach Dieterich.
swer sô genâde sôchit ane mich,
her vindit sie, ob iz got wil.»
dâr wart des gôdis harde vil
den ellenden vor getragen.   1385
sie entfêngen iz al an Cristis namen.

Done stund iz borlange,
êr Dieterich der manne
ses dûsint gewan,
die ime wâren underdân   1390
mit dieniste aller tagelich:
sîn ingesinde was hêrlich.

1368 *umbez* für *umbe daz*. *daz lîf*, vgl. 1078. — 1370 *rechte*,
wie es sich gehört. — 1371 *gurtele* stm., mhd. *gürtel*. —
1374 *nâ* für *nâch*. *sich vlîzen nâch*, sich Mühe geben ein Vor-
bild zu erreichen. — *riterlîchen*, vgl. 15. — *gebâre*, vgl. 1424. —
1375 *togintlîchen*, so beschaffen, wie es mit *tugent* im Sinne
von höfischer Bildung übereinstimmt, vgl. 305. — 1376 *begân*,
laßen sie gehen, zeigen sie. — 1377 *ungeslechte* stn., niedere
Geburt. — 1378 *mechte* conj. præt. von *mac*. — 1379 *ne sîn*,
wenn nicht sind. — 1380 *heit* imper. von *heizen*, niederd. *t*
für *z*. — *hôvet* für mhd. *houbet*. — *ave* für *abe*.
1387 *borlange* adv., lange, mit *bor*, überaus, zusammen-
gesetzt. — 1388 *êr*, eher als, bis. — 1389 *ses* für mhd. *sehs*,
vgl. 1045. — 1391 *aller tagelich*, täglich, wie *aller degen-
lich* u. s. w. gebildet.

Dô quam ein verorloget man
zô Constantînopole gegân,
ein grâve der hiez Arnolt,   1395
der vôrde ein nôdigiz volc,
drî vrîge hêren,
die hâten grôze êre
virloren in er lande.
die giengen trûrande   1400
vil blôzlîche in der stat,
daz en nieman nicht negap.
dô sprach der beste koufman
der ie vêle gôt gewan
«ich sie an û hêrren wole,   1405
er ne sint der armôte nicht gewone.
wildir nu drâte
volgin mîme râte,
sô gât vor Dieterîche:
her helfit û vrumelîche   1410
ûz der nôte,
unde gerôchtir mînes gôtes,
ich give û ein gewant,
daz ir ûch sô harde nicht ne schamt,
daz ir sô nackit sîn.»   1415
«nu lône dir mîn drechtîn»,
sprach Arnolt der grâve.
«daz saldu wizzen zwâre,
of mir Dieterich genâde dôt,
ich vergelde dir dîn gôt.»   1420

1393 *verorloget* swv. von *orloye*, *urloge* stn., Krieg, durch
den Krieg vertrieben. — 1400 *trûrande* von *trûren* swv., trauern,
mit tieftonigem *a*, vgl. 519. — 1404 *vêle*, mhd. *veile* adj., feil. —
1405 *sie* für mhd. *sihe* von *sehen*. — 1406 *sint* für *sît*, 2. Per-
son plur. von *ich bin*. 1415 steht die Form *sîn*, vgl. 37. —
gewone für mhd. *gewon* adj., gewohnt. — 1410 *helfit*, mund-
artlich für *hilfet*, vgl. 72. — 1412 *gerôchtir* für *geruochet ir*. —
1416 *drechtîn*, mhd. *trehtîn*, *truhtîn*, der Herr an sich, d. h.
Gott. — 1419 *of* für mhd. *obe*, falls. — 1420 *vergelde* für mhd.
vergilte, vgl. 196.

Der ellende grâve
nam sîne mâge
unde vôr vore Dieterîche.
der intfênc ene vrumelîche
mit gôdeme gebâre   1425
unde vrâgeten wie her wâre.
dô sprach her trûrande
«mich hânt mîne vîande
virtriven dur iren overmôt.
nu is mir tûre daz gôt.   1430
swê arm sô ich sî,
ich bin doch von mînin mâgen vrî
und hân durch genâde
her zô dir gevrâget.»
«die vindistu, sprach Dieterich: 1435
mit Berchter besprach her sich,
waz sie deme hêrren solden geven,
daz her mit êren mochte nemen.

Alsus riet dô der alde man
«got hât vil wole zô dir getân   1440
mit grôzeme gôte.
nu helf in ûzir nôte,
und wiltus mînen râd haven,
sô heiz den schaz her vore tragen.
hîr newirt der bôsheit nicht geplegen.   1445
man sal en dûsint marc geven
unde itwaz geven mêre,
sô helfit iz ouh den hêren

1425 *gebâre*, mhd. *gebære* stn., nicht bloß Gebärde, sondern auch Gebahren. — 1426 *vrâgeten* für *vragete en*, ihn. —
wie für *wer* wie *die* für *der*. — 1428 *vîande. viant* stm., der
Feind. — 1430 *tûre*, mhd. *tiure*, d. h. ich habe keines. —
1431 *swê — sô = swie, sô wie — sô*, so arm ich auch bin, sein
mag, so... — 1432 *vrî*, d. h. aus dem Herrenstande. — 1433 *genâde*, hier etwa «um Erbarmen zu finden».
    1443 *wiltus=wilt du es*, gen. von *rât* abhängig. — 1445 *newirt* für *ne wirdet* von *werden*. — *bôsheit* stf., hier wie oft
Geiz, nie unser «Bosheit». — 1446 *marc* stf., das bekannte
Gewicht, hier bei Zahlengrößen unflect., wie noch jetzt. —

daz her den besten hof gewinne,
den man in der stat vinde.»   1450
«in trouwen, sprach Aspriân,
her sal ouch einen hân,
dar inne wil ich ime, daz is wâr,
drîzich rîtâre vazzen ein jâr.»

Dieterîche dûchte die rede gôt.   1455
den mêren scaz man vor in trôc
inde gaf deme edelen manne.
dô vôr her vrôlîche danne
hin vor Constantînin
unde sagete ime unde den sînin   1460
«diz hât mir Dieterich gegevin:
got lâzene mit genâden leviu.»
dô sprach de edile kuningîn
«weiz got, her mach wol edile sîn.
hîr schînit Constantînis sin.   1465
eiâ arme, wiech nu virstôzin bin,
daz mîn tochtir deme virsàgit wart,
der disen helit virtriven hât!
dirre tôd sô vrumichlîche.
ich weiz wol, Rôther der ist rîche   1470
unde mac wol gewalt hân.»
dô sprâchen Constantînis man
«vrouwe, û ist der rede nôt.
der tûvil tô in den dôt,
die iz ie irwanden,   1475
wir wêren ûz deme lande
mit deme kuninc Rôthere;

1449 *hof*, Gesammtheit der Gebäulichkeiten, die zu einem Grund-
stück gehören, also Haus und Hof. — 1451 *in trouwen*, in
Wahrheit, soviel wie das einfache *trûwen*, vgl. 95. — 1454 *vazzen*,
vgl. 157, 167; hier «den ganzen Unterhalt geben».
    1456 *mêren*. *mære* adj., berühmt, hochgelobt, ein specifisch
volksmäßig episches Wort. — 1466 *eiâ*, vgl. 182. — *arme wiech*=
wie ich arme. — *virstôzin*, uneigentlich: ins Unglück gebracht. —
1469 *tôd*, mhd. *tuot*. — 1474 *tô in den dôt*, mhd. *tuo in den tôt*,
tödte sie. — 1475 *irwanden*, præt. von *ir*, *erwenden* swv.,
abwenden, verhindern; davon hängt das folgende Satzglied ab. —

der hête unsich widir over mere
gesant mit grôzen êren.
nu dunkit uns bezzer mêre,   1480
nu des nicht nemach irgân,
daz wer werdin Dieterîchis man.
her gevet uns vromelîche
und machit uns alle rîche.»

Die ellende grâve   1485
nam sîne mâge
unde vôr vur Dieterîche:
her entfienc sie vrumiclîche
unde sante in vor in dê stat.
Berchter ime einin hof gap,   1490
dar zô gab ime Asprîân
drîzic rîtâr lossam
mit grôzime gôte.
dô wart vaste zô môte
des kuningis ingesinde,   1495
sine woldin nicht irwinden
sine wurdin Dieterîchis man.
dar begunden vrîge hêrren gân,
dar nâch die edilen grâven
unde alle die dâ wâren   1500
in Constantînis hove
âne die rîken herzogen,
die irlâzis daz liet:
sie ne tâdens ouch niet.

1480 *bezzer mêre*, so wohl statt des corrumpierten *bezzere* der
Hs. zu lesen; über *mêre* vgl. 830, hier aber, wie auch oft
rede, bloß Sache, von der gesprochen wird. — 1481 *nu*, rela-
tiv, vgl. 608. — 1483 *gevit*, mhd. *gibet*, *gibt*.
    1485 *Die* für *der*. — 1494 *dô wart vaste zô môte*, da-
von abhängig der negat. Satz in 1496, es wurde ihnen stark
zu Sinne, *sine woldin irwinden*, nicht davon abzustehen, d. h.
positiv nach heutiger Ausdrucksweise gewandt: sie wollten
durchaus. — 1502 *âne*, præp. ohne, mit Ausnahme von...
— 1503 *irlâzis* = *erlâze es*, gen. von *erl.* abhängig; über den
eigenthümlichen Ausdruck vgl. die Einleitung. — 1504 *tâdens*
= *tâten es*, abhängig von *niet*, subst. Neg. —

swaz der anderen vrome was,   1505
die zugin hin mit heres kraft
zô Dieterîche.
her gaben tagelîche
mit golde deme rôtin
dô pellele ungescrôtin,   1510
dar zô mantele snêvare:
dar nâch hôven sie sic dare.
dô môste der riese Asprîân
dicke zô der kameren gân,
biz her sie gewerte   1515
des sie an den hêrren gerten.
dô lovetemen Dieterîche,
die hêrren al gelîche.
dâr ne was ouh nichein man,
her ne mochte mit ime bestân,   1520
ob sie virsant wâren,
die sînen schaz nâmen.

1506 *mit heres kraft*, in der Stärke eines Heeres. — 1508 *gaben*
= *gap in.* — 1509 *mit*, sammt, neben dem Golde, sodaß man
hier, ohne den Sinn zu schädigen, *mit* mit «außer» übersetzen
könnte. — 1510 *ungescrôtin*, unzerschnitten, ganz. — 1511 *snêvar*,
schneefarbig, gewöhnlich *snêwîz.* — 1512 *sic*, mit niederdeutsch
erhaltener Tenuis für die sogenannte Asp. *ch*; selten, aber in
einigen Fällen sicher in der Mundart des Dichters. — 1515 *gewerte.*
gewern mit acc. der Person, gen. der Sache, einem etwas ge-
währen. — 1517 *dô lovetemen* = mhd. *lobete man;* das unbe-
stimmte Subject *man* wird durch das folgende Satzglied *die
hêrren* lebendig gefärbt. — 1521 *ob sie virsant wâren*, falls die
«*virsant*» fortgeschickt gewesen wären, die sonst von seiner
Milde lebten.

Dietrich's Ruhm dringt auch in die Kemenate der Königin
und ihrer Tochter und erregt bei dieser das lebhafteste Ver-
langen den vielgepriesenen Helden zu sehen. Da sie selbst
keinen Rath weiß, findet Herlint, eine ihrer dienenden Frauen,
einen solchen: sie solle ihren Vater, den König, bitten, auf
nächste Pfingsten ein großes ritterliches Fest zu veranstalten,
wozu dann auch Dietrich kommen werde. Sie thut so; ihr
Vater willfahrt ihrer Bitte sehr gerne. Dietrich rüstet sich
mit den andern Gästen: wie für die andern ihre Kämmerer,
besorgt für ihn Asprian auf dem Platze, wo das festliche Mahl
und die festlichen Ergötzlichkeiten abgehalten werden sollen,
in dem Poderamus Hofe, Bänke und Tische, um sein Gefolge
unterzubringen, kommt aber dabei in Streit mit den Kämmerern
eines Herzogs Friedrich, die den Ehrenplatz für ihren Herrn
behaupten wollen. Der Streit wird dadurch bedenklich, daß
sich Witold hineinmischt und nur mit Mühe von großem
Wüthen unter den Feinden seines Herrn zurückgehalten und
beschwichtigt werden kann. Constantin ist zwar sehr un-
muthig über solche gefährliche Gäste, traut sich aber nicht
mit seinem Zorne heraus, wofür er von der Königin im Hin-
weis auf Rother, dessen Hülfe er verscherzt, bittern Hohn
duldet. Bei dem Feste überstrahlt Dietrich durch eigene Pracht
und die seiner Mannen alle andern Gäste, aber gerade deshalb
kann ihn die junge Königin in den drei vollen Festtagen nicht
zu schauen bekommen, weil die Gaffer immer zu dicht um
ihn herum sind.

Alsô die rîtâre wider quâmen
mit den schônen gâven,
dô hôb sich harde tougin   1525
daz rûnin under den vrouwin

1524 *gâven*, mhd. *gâben.* — 1525 *tougin* adv., verborgen. —
1526 *rûnin*, vgl. 1232. —

beide vrô unde spâte
an der vrouwen kemenâte
von deme hêrren Dieterîche,
her levete vromiclîche.   1530
«owî, wê sal ich, sprach die kuningín
irwerben umbe den vater mîn,
daz wer den selven hêren
gesien mit unsen êren?»
«ich ne weiz in trouwen, sprach Herlint;   1535
du bist einigiz daz kint,
dînen vater alsô lîbe;
nu bite in eime hôcgezîte
daz der dene helit zô hûse lade,
zô wâren ich dir daz sage,   1540
sô mog wir in aller beste gesên,
iz ne mac ouch nimmir baz geschên.»
die juncvrouwe ginc în drâte
zô ir vatir kemenâte
unde sprach «wolditer nu, vater mîn,   1545

1527 *vrô* adv., früh. — 1530 *her levete*, abhängiger Satz auf
rûnen bezogen. — 1531 *wê=wie*. — *die kuningín*, deren Name
nicht genannt ist, s. die Einleitung, so wenig wie die ihrer
Mutter: zum Unterschied von ihr heißt sie mitunter die *junge
k.*, sonst aber *die juncvrouwe, maget, megetîn*, aber auch mit dem
allgemeinen Ehrentitel verheiratheter und unverheiratheter
vrouwe, wie auch 1529 *an der vrouwin kemenâte* sich auf sie,
möglich allerdings auch auf ihre Mutter, beziehen wird. —
1532 *irwerben umbe*, bei meinem Vater es durchsetzen. —
1534 *gesien*, mhd. *gesehen*. — *mit unsen êren*, auf eine Art, bei
der unsere «*êre*» besteht. — 1535 *in trouwen*, vgl. 1451. —
1536 *einigiz daz kint*, beachtenswerthe alterthümliche Wort-
stellung. — 1537 *lîbe* für *liebe*, die schwache Form des als Appo-
sition gesetzten Adj. gegen die gewöhnliche mhd. Regel, vgl. 119. —
1538 *daz hôcgezît* (c für *ch*, einzeln hier mundartlich besonders vor
andern Gutturalen) stn., daneben auch stf. sing. und plur. Das
große Fest, besonders die Hoffeste an den kirchlichen Hauptfesten.
— 1539 *zô hûse laden*, in sein Haus laden. *lade* ist als Conjectur
in den Text gesetzt, da das hs. *neme: sege*, wegen des sonst
im Reime hier kaum statthaften *ē : e* sehr bedenklich ist. — 1540 *zô
wâren* = *zô wâre, zwâre*, vgl. 4. — 1541 *aller beste* adv. Superl.
— *gesên*, mhd. *gesehen*. — 1542 *geschên=geschehen*. — 1545 *wol-
diter*, *er* für *ir*, ihr plur., die ehrende Anrede, hier noch spar-

dise pinkesten hîr heime sîn,
daz dûchte mich ein êre getân,
unde sameneten ûwere man
daz die reckin sâgin,
ob ir ieht rîche wârin.   1550
ich ne weiz war zô der vurste sal,
her ne hête ettewanne schal
mit vroweden in deme hove sîn.»
dô sprach der kuninc Constantîn
«wol dich, tochter, daz du levis!   1555
wê du nâch den êren strevis
unde rêtis ie daz beste!
ich wille haven geste,
daz man immer sagete mêre,
waz hie schalles wêre   1560
zô disen hôchgezîten.
mîn gewalt gêt sô wîte,
virsitzet iz danne ieman,
der môz den lif virloren hân.»

Widir zô kemenâtin ginc daz megetîn.   1565
dô sante der kuninc Constantîn
wîde sîne mâre
unde gebôt den rîtâren

---

samer als der Sing. und ziemlich willkürlich damit wechselnd,
wie überhaupt in den älteren Gedichten des 12. Jahrh. —
1546 *pinkesten*, mhd. *pfingesten* plur. t. Pfingsten. — *hîr heime*,
hier zu Hause bleiben. — 1548 *sameneten* wie *wârin* 1550
2. Person plur. vgl. 37; der Conj. hier als Precativ zu faßen. —
1549 *sâgin*, mhd. *sæhen*. — 1550 *ieht*, hier als Partikel oder
Adverb. gebraucht wie unser «etwas». — 1552 *ettewanne*, irgend
einmal, zu irgend einer Zeit. — *schal*, vgl. 298. — 1553 *schal*
mit vroweden, Schall und Freude: *vrowede*, Festfreude, also un-
gefähr dasselbe wie *schal*. — 1555 *wol dich*, wohl dir, Heil dir. —
daz du levis, daß, weil du lebst, Segensformel. — 1556 *wê* =
wie. — *strevis*, mhd. *strebest*. — 1557 *rêtis*, mhd. *rœtest* von
râten stv. — 1559 *mêre* stn., Kunde. *m. s.* rühmend von etwas
sprechen, erzählen. — 1562 *wîte* adv., weit, weithin. — 1563
virsitzen vgl. 647. — *iz*, nämlich das Gebot, was ausgehen soll.
1567 *wîde* = *wîte* 1562. — *mâre* = *mêre* 1559. Die un-
umgelautete Form gilt hier ebenso wie die umgelautete. —

hin zô der wertschefte,
die was gelovit mit krefte.   1570
her hiez sie sichirlîche varen.
dô môstin sie alle dare.
swer sich icht sazte dar wider,
deme gebôt man iz bî der wide
daz her gerne dar gienge,   1575
danne man in hienge.
done torstiz nieman irlân.
sich gesellete man wider man
zô sîme gelîchen
unde vazziten sic vlîzelîche.   1580

1569 *wirtschefte.* *wirtsch.* stf., so viel als *hôchgezît* etc., eigentlich
Bewirthung, dann Festlichkeit. — 1570 *gelovit.* *geloben* swv.,
ansagen. — 1571 *sichirlîche* adv., er gebietet einen besondern
Bann oder Frieden für die, welche an den Hof ziehen oder
geladen sind, wie gewöhnlich im Mittelalter. — 1574 *bî der*
wide. *wit* stf., eigentlich Weidenstrick, dann gerichtlicher Aus-
druck für die Todesstrafe des Stranges, die gewöhnlichste und
leichteste des Mittelalters. — 1575 *gerne—danne.* Die Form
gerne ist der Positiv, während der Sinn und die Part. *danne* den
Compar. erforderte. Es fragt sich, ob man in solchen Fällen,
deren die Literatur des 12., 13., 14. Jahrh. nicht wenige auf-
weist, einen wirklich unvollständigen Comparativ annehmen
soll, d. h. einen solchen, wo der Begriff der vergleichenden
Steigerung in der Part. *danne* allein enthalten ist, also
gerne eine wirkliche, nicht bloß eine scheinbare Form des Po-
sitivs wäre, oder ob bloß eine verderbte Aussprache oder
Schreibung eine scheinbare Form des Positivs für den Compar.
gewährt. In unserm Falle wäre für diese Auffaßung geltend
zu machen, daß der Schreiber von H. theils in seiner gewöhn-
lichen Fahrläßigkeit, theils mundartlichen Einflüßen folgend,
häufig ein *r* im Auslaut unterdrückt, auch gewährt er sonst
überall die richtige Comparativform. Ohne hier weiter auf
dieß Thema einzugehen, sei nur bemerkt, daß einige der in
andern Sprachdenkmälern sich findenden Stellen unmöglich auf
diese Weise als mundartliche oder Schreibefehler erklärt wer-
den können und daß darum auch eine solche Erklärung für
alle zweifelhaft wird. — 1577 *done=dô ne.* — *torstiz=torste iz,*
præt. von *tar,* ich wage. — 1578 *man wider man,* vgl. 638. —
1579 *zô sîme gelîchen,* zu seines gleichen. *gelîche,* subst. ge-
brauchtes Adj. — 1580 *vazziten,* vgl. 157. — *sic* für *sich,*
mundartlich. —

dâr ne hete nichên mantil namen,
her ne wêre mit golde besclagen,
unde mochte daz sô lîchte sîn getân,
daz sîn nieman niheine war ne nam.
Die vorsten rîche   1585
hôven sich gelîche
hin zô deme Pôderamus hove.`
seszên herzogen
unde drîzic grâvin,
mit scalle sie dâ wârin   1590
unde nuzzin Constantînis gôt,
sô man noch manigis hêrren tôt.
Dô sie quâmin zô Constantînopole
der vil mêren burge,
die vorstin wâren dâr ober nacht,   1595
daz man ire dâ wole plach.
der tac begunde ûf gân.
iegelich kamerâre nam
sîme hêrren eine stat,
die men eme von hove gap.   1600
Dô heizin sie Asprîâne
daz gesidile vâhen

1581 *nichên* = *nichein*. — 1582 *her ne wêre*, wenn er nicht...
— *besclagen*, wie gelegentlich *sr* für *scr*, so erscheint umgekehrt
zwischen *s* und *l* häufig neu auftauchendes *c*, vgl. 568. —
1583 *lîchte* adv., ohne besondere Mühe zu finden, gewöhnlich. —
1584 *niheine war*, keine Aufmerksamkeit; *war* stf.
  1586 *gelîche* adv., zugleich. — 1587 *Pôderamus hove*, vgl.
886. — 1588 *seszên*, mhd. *sehszehen*. — 1591 *nuzzin*, pl. præt.
von *niezen* stv., genießen. — 1592 *sô*, wenngleich, wie.
  1596 *daz*, in der Weise, daß. — *plach*, mhd. *pflac*. —
1599 *stat* stf., Stätte, Stelle, bestimmter Platz. — 1600 *von
hove*, vom Hofe aus, d. h. von den Hofbeamten, denen die
Besorgung des Festes obliegt, vgl. 1629. —
  1601 *sie*, d. h. die Leute Dietrich's sind gemeint, die
Asprian hier im Namen ihres Herrn mit dem Amte seines
Kämmerers betrauen. Der Reim *Asprîâne: vâhen* würde leicht
durch die Umänderung in *Asprîân: vân* regelrechter werden, aber
1602 ist in der jetzigen Gestalt stilgerechter als nach dieser
Umänderung. — 1602 *gesidile* stn., vgl. 1137. — *vâhen*, hier
«anfangen ein- oder aufzurichten». —

deme hêrren Dieterîche.
dâr benketer vlîzelîche
mit aldime gestôle   1605
daz verre was gevôret
hie vor von Irlande:
iz trôgin elphande
wîlen in den gebeine.
dar inne lac gôt gesteine.   1610
swê dinster die nacht was,
sie lûchtin alsô der tach.
her sazte einen tisch hêrlich,
dar mochte der rîche Dieterich
âne laster zô gân.   1615
dô was ein harte hêr man
ein herzoge, der hiez Friderich,
des kamerâre virsûmede sich.
der hiez Asprîâne
sîne benke rucken nâher,   1620
unde sagite ime zwâre,
wie rîche sîn hêrre wâre:
her wolde alsô tûre sîn
sô der kuninc Constantîn.
er sprach «nu rûmit, grôze bulgân,   1625

1604 benkete. benken swv., Bänke und Tische richten. —
1605 gestôle stn., Gestühle, Anstalt zum Sitzen. — 1607 hie
vor = hie bevorn, vgl. 494. — 1608 d. h. es war aus Elfenbein
mit Edelgestein besetzt. — 1609 wîlen, adverbial: einstmals,
vormals. — den für deme, dem, s. zu 15. — 1611 dinster adj.,
finster, auch lautlich dasselbe Wort, in den hochd. Mundarten
selten. — 1612 lûchtin, præt. von lûchten, liuhten, leuchten. —
sie, d. h. die Steine zusammen, daz gesteine. — 1615 âne
laster, ohne Schimpf, vgl. 133. — 1618 sich virsûmen swv.,
sich säumen und versäumen. — 1625 rûmit, selten ohne Ob-
ject: weicht. Das Object versteht sich hier von selbst. —
grôze bulgân. grôz = ungeschlacht, schwerfällig, zur Bezeich-
nung des Riesen Asprian sehr passend. bulgân wird doch wohl
ein Volksname sein, der zum Schimpfwort gestaltet ist, wie
so häufig in alter und neuer Zeit, z. B. gegenwärtig die deut-
lichen Volksnamen Krawat, Pollack etc. Daß bulgân nichts
anderes ist als das russische und überhaupt ostslavische polkan,
eine Art gespenstigen Ungeheuers, hat schon J. Grimm erkannt,

wir sulin daz geginsidele hân.»
«in trouwen, sprach Aspriân
daz newirt nûwet gedân.
von hove schôf man mir die stat,
daz sie û niman ne gap.   1630
irhevet ir wider mich sicheinen zorn,
den mochter gerne hân virborn
biz zô eime anderen mâle, ·
so iz hie heimlîcher wâre,
daz dûchte mich wîstûm getân.   1635
nu kiesit einin anderen man
unde lâzit mich mîn gestôle hân.»

    Der kamerêre hêre
der zornite sich sêre
unde trôste sich zô hundert mannen,   1640
die mit ime wârin gegangen,
unde dûchtin tôrlîche getân,
daz der riese Aspriân
icht torste reden dâ wider.
her stêz eme einin banc dar nidir.   1645

---

aber keine weitere Erklärung gewagt, nachdem er selbstver-
ständlich die abgeschmackte Dobrowsky's und anderer Slavisten
polkan = *pol kon*, Halbpferd, zurückgewiesen. — 1626 *gegin-
sidele* stn., Sitz gegenüber, der vornehmste für die Gäste, dem
Wirthe gegenüber nach altd. Sitte, nicht neben ihm. —
1628 *nûwet*, aus dem ursprünglichen *niewiht* umgebildete Form,
mit nachdrücklicher Bedeutung: durchaus nicht; aus ursprünglich
niwiht entsteht *niwet* oder *niwit*. — 1629 *schôf* von *schaffen* stv.,
verschaffen, geben. — 1630 *daz*, sodaß, daß folglich. —
1631 *zorn*, Zorn und Folge davon: Streit. — 1632 *mochter* für
mochtet ir. — *virborn* von *verbern*, vgl. 1222. — 1634 *heimlîcher*
Comp. des Adv. *heimlich*, wie unser «heimlich» auch noch
gebraucht wird, und es namentlich mit der Negat. «unheimlich»
ganz allgemein gültig ist. — 1635 *wîstûm getân* = *wîslîche*.
wîstûm so viel als *wîsheit*.
    1639 *zornite sich*, mhd. *sich zürnen* = unser «sich erzürnen». —
1640 *trôste*, præt. von *trôsten*, *træsten*; *zuo*, sich verlaßen auf. —
1642 *dûchtin* = *dûhte in* von *dunken*. — *tôrlîche* adv., thöricht.
— 1645 *stêz*, mhd. *stiez.* — *banc* hier stm.

Asprîân der helit gôt,
die hant her ûf hôf
unde sclôc eme einin ôrsclach,
daz eme der kopf al zobrach.
nâch den schilden giengin sîne man   1650
unde woldin Asprîâne slân.
der herzoge Friderich
selve wâfinter sich
unde rief sînen sellen.
dô hôf sich ein geschelle,   1655
daz Thiederîchis kamerêre
dâ zô hove bestanden wêre
mit michilîcher kraft.
jenir der dâ gebunden lach,
der begunde bremin alse ein berc,   1660
die ketenin die zobrach er gare
unde begreif eine stâlîne stangen
vier unde zvênzic elle lange.
swaz ime des volkes widirstiez,
wie lutzel her des genesen liez!   1665

1648 *sclôc*, über diese Form mit *scl* vgl. 1582. — *ôrslac*
stm., Ohrfeige. — 1649 *der kopf*, Hirnschale. — *zòbrach*, mhd.
ze- *zerbrach*. — 1653 *wâfinter = wâfente er*. — 1654 *sellen*, die
niederd. Form mit abgeworfenen *ge-* für *geselle*. — 1655 *geschelle*
stn., Schallen, Lärm. — 1657 *bestanden. einen best.*, im Kampfe
bestehen, nicht bloß Stand halten, sondern den Kampf aufnehmen,
also auch beginnen. — 1658 *michilîche*, so viel als das einfache *michel*,
vgl. 679. — 1660 *bremin* stv., brummen. — Im Reime *bere : gare*
ist kein Fehler, wie auch der Text dem Sinne nach zu kei-
nem Bedenken Anlaß gibt. Erwägt man, daß das *ë* des Mhd.
in der Mundart des Dichters mitunter eine Neigung nach dem
a hin hatte, wie *hare* für *hëre* u. s. w., vielleicht auch die
gelegentliche Schreibung *hælfit* für *hëlfit* und dergl. beweisen,
ebenso daß andererseits *a* öfters nach dem *e* sich hinneigte,
wie *wene* für *wane*, *wele* für mhd. *wal* u. s. w. zeigt, so liegt
es auf der Hand, daß trotz der für das Auge divergierenden
Form für das Ohr *bere* und *gare* ein leidlicher Reim ist. Das ge-
meinniederd. *bar* für *bër* ist ohnehin bekannt genug. — 1661 *gare*
adv., gänzlich. — 1663 *zvênzic*. 657 steht die Form *zweinzich*,
dort auch für das gewöhnliche *elle* stf., das etwas seltenere *ellene*.
— 1664 *widirstiez* von *widerstôzen* stv., aufstoßen. — 1665 *des*,
abhängig von *lutzel* neutr. des Adj. subst. gebraucht «wenige». —

dô sprach ein riese die hiez Grimme
«iz wirt hie ubil inne.
ich sie Widolde varn.
nu gedenket, hêrre Aspriân,
ûwir grôzer gôte.   1670
mit listigeme môte
vrâgit den grimmigin man,
waz eme daz lût hete getân,
daz her in sô vîant sî.»
«mir wart gesegit, hêrre mîn,   1675
sprach dô Widolt der helit gôt,
sie heten dich brâcht an grôze nôt.
done wistich wê iz hete getân:
ich wolde sie alle irslagen hân.
wêre der dan zô iemanne zorn,   1680
der môste den lîf haben virlorn.»
«in trouwen, sprach Aspriân,
sie ne heten mer niecht getân
wane êre unde gôtis.
nu wîchit ûwers gemôtis   1685
unde gebit die stangin diesim man.»
ein riese sie im ûz der hant nam.

Den herzogen hêren
rou sîn kemerêre.
daz volc al zô samene   1690

1666 *die = der.* — 1668 *sie*, mhd. *sihe*, 1. Person sing. præs.
ind. von *sehen.* — *Widolde*, acc. von *Widolt.* — 1673 *daz lût*,
vgl. 806. — 1674 *vîant*, subst. und adject. gebraucht, wie
unser «Feind, feind». — 1675 *gesegit* von *segen*, d. h. *saggjan*,
während sonst hier *sagen*, d. h. *sagên* die gewöhnliche Form
ist. — 1678 *wistich=wiste ich*, præt. von *weiz*. Neben *wiste* auch
weste 252 u. s. w. — *wê* für *wer*, vgl. 1426. — 1680 *der=dir.* —
ez ist mir zorn zô einem (wo *zorn* mehr adj. als subst. Geltung hat)
so viel als zornig sein auf jemand. — 1683 *sine=sie ne.* — *mer*
für *mir.* — 1684 *niecht wane*, nichts außer, nur; von *niecht* ist
der Gen. *êre* und *gôtis* abhängig. — 1685 *wîchit* von *wîchen*
stv., gen. des Ortes von woher, so viel als das häufigere *ent-
wichen.* — *gemôtis* von *gemüete* stn., das aufgeregte Gemüths
so viel als Zorn u. dgl.
1689 *rou*, præt. von *riuwen* stv. —

hôf sich dar zô gegene
unde wolden Asprîâne slân.
dô sprach Widolt, der kône man
«waz ist jeniz gedrenge?
owî mîner stangen!   1695
sie woldin dî schaden, hêre,
des ingelden sie hûte vil sêre:
iz nesî daz ich irsterbe,
in môz vile wê werden.
sie kumin vluchtic widir.»   1700
mit der vûst slôc einin her darnidir.
unde begreif den herzogen gôt
unde kratzitim ave den stâlîn hôt.
mit deme hâre her in ûf want,
do intfiel er eme in daz gedranc.   1705
swâ her die anderen gevienc,
wie strôdicke iz ûf gienc!
dâr wart gestôzen manic man,
daz her unsanfte nider quam.
nune weiz ich wie ein spileman   1710
zô hove vor den kuninc quam
unde sagite ime mêre,
daz dâr grôz vechte wêre.

Constantîn vrâgete mêre,
waz dâr schalles wêre.   1715
her sprach, «daz weiz der heilige Crist,
ich sage der alsiz ist,

1692 *wolden*, plur. aus *volc* entwickelt, was ein pluraler Begriff ist. — 1694 *daz yedrenge* stn., so viel als das häufigere *gedranc*. — 1696 *dî*, mundartliche Form für *dir*. — 1703 *kratzitim* für *kratzete im*. *kratzen* swv., nicht bloß unser «kratzen», sondern zerren, reißen überhaupt. — *ave*, mhd. *abe*, ab. — *stâlîn hôt*, vgl. 1110. — 1704 *mit deme hâre*, bei dem Haare, so daß das Haar die Handhabe abgibt. — 1706 *swâ*, wo immer, an jeder Stelle, wo. — 1707 *strôdicke*, so dicht wie die Halme, das Stroh eines Getreidefeldes. — *iz*, nämlich die Haufen von Gefallenen, die so dicht nebeneinander lagen, wie... — 1713 *vechte* stf., Gefecht.
1717 *der* für *dir*. — *alsiz* für *alse*, *alsô iz*, wie es. —

dâr gaf einer daz fôter
mit der lengistin rôten
die ich mit den ougin ie gesach, 1720
biz man sie ime ûze der hant brach,
dô wart her dancnême.
sie sîn ime alle gezême,
armen unde rîche.
her rôfit sie vreislîche. 1725
mir is lieb, daz ich sô vrô inran,
doch warf her mich over vêr man,
daz mîne vôte
die erden niene berôrten.
ich stônt ime ouch vor deme liechten: 1730
her ne bedorfte mîn dâr zô niechte.»

Widolt wart gevangin,
gebundin an die lannin.
alser zô den herbergen quam,
wie drâte iegelich man 1735
nâ deme anderen zôch!
vor deme kunige wart die klage grôz
over Dieterîchis kemerêre,

1721 *ûze der hant brach*, mit Gewalt herausriß. — 1723 *ge-
zême* adj., passend. — 1724 *armen unde rîche*. *armen* ist
hier die subst. gebrauchte schwache Form des Adj., wäh-
rend bei *rîche* die Sprache diese schwache Form in subst.
Bedeutung nicht entwickelt hat. — 1725 *rôfit*, mundartlich
für *roufet*, denn während gewöhnlich *ô* nur den mhd. Diphth.
uo (oder *üe*) zu vertreten hat, ist es einzeln nach den Ein-
flüßen der gröberen Volksmundart auch für *ou* verwandt. —
vreislîche, vgl. 772. — 1726 *vrô*, vgl. 1527. — *inran* für
intran, von *int*, entrinnen stv. — 1727 *vêr*, mundartlich für
vier. — 1728 *vôte*, niederd. *t* für *z*. — 1729 *niene*, vgl. 1324; hier
wäre *niener*, was freilich der Sprache des Gedichts fremd zu
sein scheint, beßer: *niener*, nirgends, an keiner Stelle, wofür
hier *niene* «durchaus nicht» steht. — *berôrten* von *berôren* swv.,
berühren. — 1730 *stônt ime vor deme liechten*, sprichwörtlich
wie noch heute.
1736 *nâ*, præp. *nâch*. — 1738 *kemerêre* und *kamerêre*
wechselt miteinander. Asprian ist gemeint, weil er den Streit
begonnen, in den sich Witold mischt. —

daz sie gerouft wêren.
«daz ist mer leith, sprach Constantîn,　　　　1740
nu sagit iz deme hêrren sîn.
wil her û richtin, daz is mer liep,
ichne underwindes mich niet.»

Alsiz Dieterich virnam,
her hiez zô eme sîne man gân,　　　　1745
Widolden den kônen
ûffe den hof vrônen.
«hât her iemanne icht getân,
iz sal ime an den lîf gân
zô ûwir aller gesichte.»　　　　1750
«wir irlâzin in des gerichtes,
sprach Friderich der herzoge,
ê der tûvil kume her zô hove;
swanner her quâme,
dâ wir in alle gesâgen.»　　　　1755
bî den henden sie sich beviengen,
vor den kuninc se giengen.
sie sprâchen «neinâ hêrre Dieterich,
nichtne ladene vore dich.
her ne hât uns sulechis nicht geschadit,　　　　1760
daz iz dir immir werde geklagit.

1740 *leith. th* alterthümliche Schreibung für *d*; mhd. würde im
Auslaut *t* stehen. — 1742 *û richten. richten* swv. mit dat., einem
zu seinem Rechte verhelfen. — 1743 *sich underwinden eines d.*
stv., sich einer Sache annehmen. 1747 *vrône* adj., was dem Herrn gehört, also herrschaftlich,
hier königlich. — 1750 *zô ûwir aller*, vor euer aller Angesicht.
— *gesicht* stf. — 1751 *einen erlâzen eines d.*, einem etwas er-
laßen. — 1753 *ê*, eher als, lieber als daß ... — *der tûvil*,
vgl. 960. — 1755 *gesâgen*, mhd. *gesæhen* conj. præt. von
sehen: wenn er herkommen sollte, wo wir ihn alle sehen
müßten oder könnten, dürften. — 1756 *sie*, Friedrich und seine
Leute. — *beviengen*, faßten. — 1758 *neinâ, nein* mit der
Interj. *â*, nein doch! — 1759 *nichtne. nicht* zur Verstärkung
des negativen Sinnes des Satzes vor das Verbum gesetzt. —
ladene = lade ene, ihn. — 1760 *sulechis. sulich* adj., solch, der
Gen. von *nicht* abhängig. —

nu du helith virtriven bist,
man sal dich êren, wizze Crist,
hie in diseme rîche,
daz stêt uns gevôhliche.» 1765
dô dankete in der hêre.
ettelîcher forte sêre,
her worde des roufens gedegit
mit vil grôzin bûlslegin,
ob der helit kône 1770
ûf den hof quâme,
dar umbe liezen sie die klage
unde swîgetin lasteris unde schaden.

Die gerouftin mit deme hâre,
die swîgitin is zvâre 1775
swilche wîs sie mochten.
der kuninc saz in richte
unde klagitiz der kuningîn
«eiâ arme, wiech nu gehônit bin
an den vremeden mâgin! 1780
die here geritin wârin
ûz anderen rîchen,
die sîn sô vreislîche
beide gerouft unde geslagin,

1762 *nu* als relat. Conj., da du, weil du, vgl. 615. — *helith,*
th vgl. 1740. — 1765 *gevôhlîche* adv. (*h* für mhd. *c* im
Auslaut, welches selbst für *g* steht, also *h* eigentlich für *gh.*
gevuocliche), schicklich, wohlanständig. — 1767 *forte* für *forchte*
von *vürhten* swv. — 1768 *worde* für *wurde* von *werden.* —
des roufens gedegit. degen swv., zum Schweigen bringen, mit
gen. in Beziehung auf... zum Schweigen gebracht mit seiner
Klage über das Raufen, das er erlitten, durch noch schlim-
meres. — 1769 *bûlslac* stm., Schlag, der Beulen gibt. —
1773 *swîgetin. swîgen* mit gen. wie 1768 und 1775.
1774 *gerouftin mit deme hâre,* vgl. 1705. — 1776 *swilche*
von *swilich, swelich,* auf welche Weise nur immer, d. h. sie
mochten selbst zusehen, wie sie es fertig brachten. — 1777 *in*
richte, adverbial von *rihte* stf., der rechte Augenblick, dann zur
Bezeichnung des sofortigen, schleunigen Thuns oder Geschehens;
man darf es hier weniger mit *saz* als mit *klagitiz* verbinden. —
1779 vgl. 1467. — *hônen* swv., beschimpfen. — 1780 *mâgin,* vgl.
946. — 1781 *die here geritin wârin,* die geladenen Gäste. —

daz siez immer mugen klagin.   1785
daz hât Dieterîchis man
umbe ein gestôle getân.
vluchtic quâmen sie widir.
her stiez sie mit der vûst nidir,
daz sie in deme hove lâgen.   1790
wane mochten sie umbe die schutzen vrâgen?
die mochten sie haven geschozzen,
sone heten sies nicht genozzen,
des woldich immer vrô sîn.»
«nu swîch, sprach die kuningîn,   1795
unde lâze wir daz geschutze.
dîn rede ist unnutze.
hete der dir sô nâ gesîn
daz du ene rechte hetis gesien,
dir ne gehulfe des nichein boge,   1800
dune môstis sîn gevlogen
zô aller vurdrist after wegen.
unde wêre aber Rôthere gegeven
die unse tochter schône,
sone torste dich nieman hônen.   1805

1787 *umbe ein gestôle*, wegen, aus Veranlaßung des *gest.*, vgl.
1605. — 1791 *wane*, warum nicht, vgl. 1194. — *schutze*, mhd.
schütze swm., die Bogenschützen der kaiserlichen Haustruppen.
— 1793 *sies* für *sie es*, dessen, von *geniezen* abhängiger Gen.;
sie bezieht sich natürlich auf ein anderes Vollwort als in 1792,
wo es die Gäste Constantin's, Friedrich und seine Leute
meint: hier geht es auf Asprian, Witold u. s. w. — *genozzen*,
sie wären dessen nicht froh worden. — 1795 *swîch*, imp. von
swîgen stv., in der Bedeutung dem swv. *swîgen* ganz gleich.
ch = mhd. *c*, d. h. *g*. — 1796 *lâze wir*, vgl. 483. — *geschutze*
stn., Anstalt zum Schießen, die Schützen und ihre Bogen. —
1798 *der*, der Riese Witold. — *nâ* adv., mhd. *nâhe* und *nâch*.
— *hete gesîn*. *gesîn* part. præt. zu *sîn*, verb. subst., hier und
1991 nach niederdeutscher Weise mit *haben*, nicht mit dem
Verb. subst. selbst verbunden. — 1799 *gesien* für *gesehin* part.
præt. pass. von *sehen*, muß als ein rührender Reim gefaßt
werden, da die Aussprache von *ie* der von *î* sehr nahe steht. —
1801 *dune*, daß du nicht. — 1802 *vurdrist* für *vorderist*, *vor-
derst*. — *after* præp. mit dat., hinterdrein, entlang. *after
wegen*, fort, weg. — 1805 *torste* von *tar*. — *hônen*, vgl. 1779. —

her hete dir ûz sîme lande
der tûrin wîgande
gesendit, daz dich nieman
mit here torste bestân.
von dû môz ich wole klagen.   1810
nu dulde hônede unde schaden
hîr in dîme lande
von Dieterîchis manne.»   ·

    Den zorn liez Constantîn bestân
unde hiez nâ sîner tochter gân,   1815
daz die maget schône
schîre zô dische quâme.
dar ane ne sûmete sie niet;
ir was ûffe den hof liep.
die vrouwe begonde vore gân.   1820
hundert megede lossam,
die volgedin ir zwâre,
alle valehâre.
manigin armbouc rôt
trôgin sie gewîrôt.   1825
uns sagit daz liet mêre
wie sie gevazzit wêren.
daz aller vordirste wîf
die hete gezierit den lif
mit einer krônen guldîn;   1830
daz gebôt ir vater Constantîn.

1807 *der tûrin wîgande* gen. den man partitiv nennen kann:
von seinen Helden eine Anzahl. — 1810 *dû = diu*, instr.
von *daz*, deshalb. — 1811 *hônede* stf., mhd. *hænede*, *hænde*,
Schimpf.
    1814 *bestân*, auf sich beruhen. — 1817 *schîre*, mhd.
schiere. — 1819 *ir was liep ûffe den hof*, sie hatte Begehren
nach dem Hofe. — 1821 *lossam*, vgl. 749, hier selbstverständ-
lich *lustsam*. — 1823 *valehâr* adj., mit hellem, blondem Haare,
wesentliche Bedingung der weiblichen Schönheit für das Mittel-
alter. Diese Compos. des Adj. mit dem Subst., um Adj. zu
bilden, ist ebenso selten in der deutschen Sprache als schön. —
1824 *armbouc* stm., Armring. — 1825 *gewîrôt*, vgl. 391. —
1828 *vordirste*, hier ohne Versetzung der Ableitungssilbe, vgl.
1802; *daz vordirste wîf* ist die voranschreitende junge Königin. —

L ɔî C.   7*

die anderen megide alle samt
die trôgin rîtârlich gewant
von grôzeme overmôte.
cyclât der gôte   1835
der was mit deme golde
gestickit allen halben,
dar undir zabil unde kelin.
sie môste manigir ane sehin,
ê die vrouwe schône   1840
hin zô dische quâme.

Dô hôf sich daz gedrenge
von manigeme snellen manne
mit deme hêrren Dieterîche,
die wâren wundirlîche   1845
gevazzit, alser vore ginc.
ir nehôrtit ê noch sint
gesagin von bezzerme gewête
dan die recken hêten.
ir hemide wâren sîdîn,   1850
sie trôgin bônît guldîn,
dâ inne gôt gesteine.

1832 *samt* adv., zusammen. — 1833 *rîtârlich* adj., kann
ebenso auf Männer wie Frauen bezogen werden, die dem
Ritterstande, d. h. der gebildeten Gesellschaft angehören. —
1834 *overmôt*, mhd. *übermuot* stm., niemals ganz unser «Ueber-
muth», sondern entweder weniger oder mehr. Hier bloß «stolzer
Sinn, wie er sich für Hochgeborene paßt». 1429 hatte es die
Bedeutung von Frechheit. — 1835 *cyclât* hier stm., ein Seiden-
stoff, mit Gold gestickt, daher *mit deme golde*, was dazu ge-
hört. — 1837 *allen halben* adverb., allenthalben. *halbe* stf.,
Seite, Raumabschnitt. — 1838 *zabil unde kelin*, vgl. 153.
    1845 *die*, auf *manigeme manne* bezogen. Durch eine
leichte Veränderung, indem man *gedranc*, das ohnehin hier
häufiger als *gedrenge* ist, und *man* schriebe, würde zwar nicht
ein ganz regelrechter Reim, aber doch ein beßerer als der
(übrigens an sich hier unanfechtbare) jetzige hervorgebracht
werden. Ebenso statthaft wäre aber hier und 1594 auch die
unumgelautete Form *gedrange*. — 1846 *vore*, nicht mhd. *vore*,
vor, sondern *vüre*, *vür*. — 1848 *gewête* stn., der Inbegriff der
wât, Gewand. — 1851 *bônît*, vgl. 865. —

ein karbunkel schône
ûffe Dieterîche stônt,
der virdructe manich gesmîde gôt,   1855
daz wole gelovit wâre,
ob man dit dar inne nichne sâge.

Wie mochtin ûffe der erdin
die mantile immer werdin
bezzer mit gevôge   1860
dan die hêrren trôgen?
die inville wâren hermelîn,
dar over gezogen cyclâtîn;
der in nâ bî was,
den dûchtiz schône als ein gras.   1865
alsô die varwe virlasc,
aller steine ubirglast
lûchte von der edelicheite sîn.
wie mochte tûrirs icht sîn?
dar zû smactiz sûze.   1870
iz brâchtin blatvûze

1853 *karbunkel* stm., Karfunkel, von dem das Mittelalter so
viel fabelt; eigentlich ist damit wohl der echte Rubin gemeint. —
1854 *ûffe*, nicht auf seinem *bônît*, woran man zunächst denkt, son-
dern als Mantelspange. — 1855 *virdructe*, præt. von *verdrücken*
swv., unterdrücken, d. h. nicht zur Geltung kommen laßen. —
1857 *dit*, niederd. Form für mhd. *diz*, *ditze*, dieses Geschmeide,
d. h. den Karfunkelstein. — *nichne* = *nichtne*, vgl. 1759.
1860 *mit gevôge*, kann zweifelhaft sein ob von *gevuoc* stm.
oder *gevuoge* stf., wahrscheinlich von dem ersten, weil hier die
Bedeutung Geschicklichkeit, Kunstfertigkeit hervortritt. — *mit*
= durch, infolge von. — 1862 *inville* stn., das Futter. —
1863 *cyclâtîn* adj., vgl. 1835, der Ueberzug von Cyclat. —
1865 *als ein gras*, wie das Gras, also grün von Farbe. —
1866 *virlasc* von *verleschen* stv., erlöschen, d. h. in der Ent-
fernung, wo man die Farbe der Mäntel nicht mehr unterscheiden
konnte. — 1867 *ubirglast* stm., Ueberglanz, alles übertreffender
Glanz; der Karfunkel ist wieder gemeint. — 1868 *edelicheite*
stf., *edelkeit*, Adel, natürliche edele Beschaffenheit. — 1869 *tû-*
rirs, mhd. *tiurers*, compar. von *tiure*, gen. von *icht* abhängig. —
1870 *smactiz* = *smacte iz* von *smecken* swv., riechen. *iz* bezieht
sich hier nur auf den Mantel Dietrich's. — 1871 *blatvûze*,
Plattfüße. *blatvuoz* aus der antiken, selbst wieder dem Orient

Aspriâne zêren.
her gaf iz sîme hêren.
von dû môstin sie al intsamt
des hêrren Dieterîchis gewant   1875
schouwin, dê dâ wâren.
von den kaffâren
virlôs die vrouwe ir hôchgizît,
daz sie niene besach des rîtâris lîf.

   Die hôchgezît wâren alle   1880
drî tage volle.
alsiz an den driten tach quam,
die varunde diet begunde gân
vor den Dieterîchis disc:
her gaf in schône, wizze Crist.   1885
den hals her neigôte.
her gaf sînin mantil gôten
eineme armen spilemanne:
her was zô heile dar în gegangen;
sô tâten die anderen al intsamt.   1890
dâr nebehêlt nieman sîn gewant.

---

entlehnten halb gelehrten, halb volksthümlichen Sage erst in
die Gelehrsamkeit des 12. Jahrhunderts übertragen, wo es in
Deutschland im Herzog Ernst zuerst auftauchen würde, falls
dieser in seiner ältesten Redaction älter wäre als Rother. —
1874 *intsamt* für *in- en- samt*, *t* euphonisch eingeschoben, adv.,
dem einfachen *samt* gleich an Bedeutung. — 1878 *ir hôchgizît,*
d. h. was ihr Fest sein sollte.
   1880 *alle*, hier in dem Sinne gebraucht, woraus sich unser
«alle = zu Ende» entwickelt hat, vollständig, bis zum rechten Ende
geführt. — 1883 *varunde*, mit tieftonigem *u* für *e*, also jedenfalls
die erste Silbe nicht so kurz gesprochen wie im gewöhnlichen
Mhd. *var*. *diet*, die Fahrenden. — 1886 *neigôn*, mit alterthüm-
lichem *ô*; mhd. *neigen*, weist auf bloßes älteres *neigjan*, nicht
auf *neigjôn*, neigen machen, Gebärde des freundlichen Ge-
hörs u. s. w. — 1888 *spilemanne*, deren natürliches Epithet. *arm*
ist; sie bilden einen Hauptbestandtheil der *var*. *diet* und sind
außer Musikern, Volkssängern und Dichtern auch noch in
allen andern Künsten erfahren und zu allen, auch zu den be-
denklichsten Dingen, zu gebrauchen, wie sich dieß in diesem
Gedicht ja deutlich genug zeigt. — 1891 *behêlt*, mhd. *behielt*.
Getragene aber noch tragbare Gewande, eins der beliebtesten
und anständigsten Geschenke des Mittelalters. —

die mit ime dâr wâren,
sie ne rôchtin zvâren,
wie iz iu ûz der hant nam: ·
ir mantele nequam nichên dan.   1895

Dô scheit sich die hôchgezît.
aller manne gelîch
reit zô sînen seliden,
âne Dieterîches helide,
die vôren zô den herbergen   1900
unde môstin gevazzit werden.
vrumicheit hete her dâr begân.
iz newart ouch nie nehein man,
die Dieterîche dorste bestân,
die recken namen hête.   1905
daz her sô vile getête,
von dû lobit in daz liet:
sine genôztin sich alle dar zô niet.

1893 *rôchtin* von *rôchen* swv., sich kümmern. — 1894 *wie* für
wer, niederd. Form. — 1895 *dan* Ortsadv. in kürzester Form,
daneben *dane*, *danne*, *dannen*, von der Stelle weg, d. h. sie
gaben von sich, verschenkten alle ihre Mäntel.
1896 *scheit* für mhd. *schiet* von *scheiden* stv., mit derselben
Umsetzung des Diphth. wie *heiz* für *hiez*. — 1897 *aller manne
gelîch*, jeder Mann. — 1898 *seliden*, mhd. *selede, selde* stf., oft
als Plur. für den Singularbegriff der einen Wohnung gebraucht,
wie schon im Gothischen. — 1901 *gevazzit werden*, d. h.
Dietrich kleidet sie sofort aufs neue, vgl. 1913, als Zeichen
seines überschwenglichen Reichthums und seiner Prachtliebe. —
1904 *die* für *der* = 1905. — 1908 *genôztin*, vgl. 1327.

VI

Das Verlangen der jungen Königin Dietrich zu sehen, wird
immer stärker. Endlich wendet sie sich wieder an Herlint,
sie solle gegen reiche Belohnung Dietrich in ihre Kemenate
rufen. Herlint übernimmt diesen Auftrag. Dietrich aber weicht
ihr schlau aus. Als sie fort will, gibt er ihr von zwei gol-
denen und zwei silbernen Schuhen je einen auf einen Fuß
passenden mit. Herlint gibt die Schuhe ihrer Herrin, die sie
ihr für Geld abkauft. Als sie sie anziehen will, zeigt sich,
daß sie beide nur auf Einen Fuß passen. Die Königin bittet
Herlint, noch einmal zu Dietrich zu gehen und ihm die rechten
Schuhe abzuverlangen. Auf Herlint's wiederholte Bitten be-
gleitet er sie selbst, nachdem er ihr den rechten Schuh ge-
geben. Freundlichst empfangen, zieht er der Königin selbst
den Schuh an, wobei er sich als Rother zu erkennen gibt.
Die Königin verspricht ihm übers Meer zu folgen, er aber
verlangt vorher die Befreiung seiner gefangenen Mannen.

Die hôchgezît was irgangen.
dô lief man wider manne   1910
zô vrôner kemenâte
unde sagite von der wâte,
die der recke Dieterich
hete gevazzit ane sich.
alsô der eine inne was,   1915
der ander vor den turin was,
wante die magit sô vil virnam,

1909 *ir-*, *ergân*, in der Bedeutung von «zu Ende gehen,
vergehen». — 1910 *man wider manne*, vgl. 658. — 1911 *zô
vrôner kemenâte*, vgl. 1747. — 1915. 16 *inne was: vor den turin
was* sind rührende Reime, die zur Noth auch vor den
strengeren Kunstforderungen bestehen, hier aber etwas Auf-
fallendes haben; ich vermuthe, daß für *was* 1915 *saz* gestan-
den hat: *z* und *s* reimen in dem Gedicht öfter aufeinander. —
1917 *wante* conj., bis. —

daz sie den tuginthaftin man
von aller slachte sinne
in ir herzen begunde minnen.   1920
noch dan was sie ime vremide,
sint gewan sie mit deme helide
manige werltwunne,
unde ouch trûbe dar under.

    In der kemenâtin wart iz stille,   1925
dô sprach die kuninginne
«owî vrouwe Herlint,
wie grôz mîne sorge sint
umbe den hêrren Dieterîche.
den hetich sicherlîche   1930
vorholne gerne gesên,
unde mochtiz mit gevôge geschên
umbe den tuginthaftin man.
vunf houge lossam
die mochte ein bote schiere   1935
umbe mich virdienen,
der den helit drâte
brâchte zô mîner kemenâte.»
«in trouwen, sprach Herlint,
ich wil mich heven an den sint.   1940
iz sî schade oder ne sî,
ich gê zô den herbergen sin.

1919 *von aller slachte sinne*, vgl. 779. — 1921 *noch dan, noch
danne*, damals noch. — 1922 *fg.* ist eine der volksmäßigen
Epik sehr geläufige Wendung: fast wörtlich, nur nicht in einen
Satz gedrängt, sondern auf beide Liebende vertheilt, steht das-
selbe auch Nibel. 44, 4; 46, 4. — 1924 *trûbe* stf., Betrübniss.
1931 *vorholne* adv. des Part. verhohlen; *o* in *vor* für mhd.
ver, vgl. 1180. — *gesên = gesehen*, *geschên = geschehen*. —
1932 *gevôge* hier stf., *geruoge*, Schicklichkeit. — 1933 *umbe*, in
Beziehung auf, nämlich auf das Sehen des Dietrich. —
1934 *lossam*, vgl. 749, auch hier wird es *lustsam* sein. — *houc*,
vgl. 401. — 1936 *umbe mich*, bei mir. — 1942 *ich gê*, die
gewöhnliche Form der 1. Person sing. præs. ind. ist hier *gân*
oder *gên*, doch wird auch diese nicht bloß dem Schreiber der
Hs. angehören. —

doch pflegit her sulicher zuchte,
daz wir sîn wâren âne lachter.»

    Herlint gienc drâte   1945
zô einir kemenâte
unde nam die tûrlîchin wât,
alsô manich vrouwe hât.
dar în zierte sie den lîf.
dô ginc daz listigez wîf   1950
zô deme hêrren Dieterîche.
her intfinc sie vromelîche.
vil nâ sie zô ime saz,
deme recken sie in daz ôre sprach
«dir imbûtit holde minne   1955
mîn vrouwe die kuninginne,
unde ist dir vruntshefte underdân.
du salt hin zô ir gân.
dâr wil die magit zvâre
dich selve wol intfâhen   1960
nicht wene durch dîn êre.
aller trûwin, hêre,
des machtu vil gewis sîn,
an der juncvrouwen mîn.»

1943 *pflegit* = mhd. *pfliget*. — 1944 *âne lachter*. Diese niederd.
Form des hochd. oder gemeind. *laster* muß hier im halben
Reime auf *zuchte* angesetzt werden, weil *zuchte: laster* selbst
über die sonst hier erlaubten Reimfreiheiten hinausgienge.
    1947 *tûrlich*, so viel als das einfache *tiure*. — 1949 *zierte*.
zieren swv., putzen. — *dar în*, in das Gewand, d. h. so daß das
Gewand ihn umhüllt. — 1950 *listigez*, vgl. 214. — 1955 *im-
bûtit* = *int-biutit* von *en(t)bieten* stv. — *holt*, hier in dem
durchgehenden Sinne der ältern Sprache: dienstwillig, dienst-
bereit. — 1956 *mîn vrouwe*, hier nicht bloßer Titel, son-
dern «meine Gebieterin». — 1957 *vruntshefte*, mhd. *vriunt-
schefte* gen. der Beziehung von *underdân* abhängig. *sh* ver-
einzelt für *sc* und *sch*, wie es scheint, nicht bloß dem
Schreiber zugehörig. — 1961 *nicht wene*, mhd. *niht wan, niwan*,
aus keiner andern Veranlaßung, Grunde. — 1963 *des* auf *allir
trûwin* bezogen.

Alsus redite dô Dieterich 1965
«vrouwe, du sundigis dich
an mer ellenden manne.
ich bin ouch zô kemenâten gegangen
hie vore, dô daz mochte sîn.
war umbe spotedir mîn? 1970
leider sô tôd man den armen ie.
ûwer vrouwe ingedâchte die rede nie.
hie is sô vile herzogen
unde vorsten in deme hove,
daz ir mit einen anderen man 1975
ûwerin schimf mochtin hân,
des hetter minnir sunde.
ir virdienit daz afgrunde,
daz er mich sô tôrecht woldit hân.
ich ne bin nie sô arm man, 1980
ine wêre doch zvâre
dâr heime ein rîcher grâve.»

Herlint sprach dem hêrren zô —
sie kunde ir rede wale gedôn —
«neinâ, hêrre Dieterich, 1985
nicht nedenke des ane mich.
ich ne hân is weiz got nicht getân;
mich hiez mîn vrouwe here gân.
sie nimit michil wunder,

1966 *sundigis dich. sich sundigen* swv., versündigen. —
1967 *mer* für *mir, der* für *dir.* — 1968 *zô kemenâte*, d. h. habe
mit Frauen gekost. — 1970 *spotedir = spotet ir*, d. h. du und
deine Herrin, obgleich der Wechsel zwischen *du* und *ir* hier
ganz deutlich, denn 1972 *ûwer* geht so wie die folgenden Plur.
nur auf Herlint. — 1972 *ingedâchte*, hier zuerst die Negationspart.
ne proklitisch als *in* erscheinend, außerdem noch an einigen
Stellen. Es ist zweifelhaft, ob dieß *in* bloß dem Schreiber zugehörig
ist oder schon in seiner Vorlage stand. — 1973 *hie is sô vile
herzogen*, gen. abhängig von *vile*, substantivisch gebraucht. —
1975 *einen*, s. zu 15. — 1976 *schimf* stm., Scherz, Spott. —
mochtin, vgl. 37. — 1977 *hetter* für *hetet ir.* — 1978 *daz af-
grunde* stn., ohne weitere Beziehung bedeutet den Höllenabgrund,
Schlund. — 1981 *ine* für *ich ne*, auch mhd. sehr gewöhnlich.
1987 *is* gen. von *nicht* abhängig. —

daz du sô manige stunde 1990
in desseme hove haves gesín
unde sie ne woldis nie gesien.
daz ist doch seldene getân
von eime sô statehaften man.
nu wîzet mir der rede niet: 1995
der kuninginne wâre liep
swelich êre dir geschêhe,
swie du sie nî gesêhe.
woldistu aber dar gân,
dune tâdis nicht ubelis dar an.» 2000

Dieterich zô der vrouwin sprach —
her wiste wole daz iz ir ernist was —
«hie ist der merkêre sô vil:
swer sîn êre behalden wil,
der sal gezogenlîche gân. 2005
jâ wênit der ellende man,
daz her nimmer sô wole getô
daz siez alle vur gôt
nemen, die in deme hove sîn.
nu sage der juncvrouwin dîn 2010
mîn dienist, ob sie is gerôchet.
ich ne mach sie nicht gesôchen
vor der missehelle.
ich vorte daz iz irschelle
uns beiden lasterlîche: 2015
so virbûtit mir daz rîche
Constantîn der hêre,
sô môz ich immer mêre

1991 *desseme*, dat. von *diser*. — *haves gesín: gesien*, vgl. 1798. —
1994 *statehaften man*, vgl. 258. — 1995 *wîzet. wîzen* stv., *einem*
ein d., einem einen Vorwurf machen wegen einer Sache.
2003 *merkêre* stm., Aufpasser. — 2011 *is gerôchit*, gen. *is*
auf *dienist* nur bezogen. — 2012 *gesôchen* swv., aufsuchen, be-
suchen. — 2013 *missehelle* stf., üble Rede, Nachrede, nicht
unser «Mishelligkeit», was es anderwärts auch heißt. — 2014 *ir-*
schelle von *erschellen* stv., erschallen, laut werden. — 2015 *laster-*
lîche adv., so daß «*laster*» Schimpf, Schmähung daraus ent-
stehe. — 2016 u. 2018 *sô* = dann, infolge davon. —

vluchtich sîn vor Rôthere
unde ne mach mich niergin generen.»   2020

Herlint wolde dannen gân:
der hêrre bat sie dâr bestân
unde heiz die goltsmide sîn
zvêne schô silverîn
îlinde giezin —   2025
wie sie dô zouwin liezin! —
unde zvêne von golde,
alser sie geven wolde.
dô bat her Asprîâne,
daz sie zô einime vôze quâmen,   2030
daz her die beide nême
unde der vrouwen gêve,
unde ênin mantil vile gôt,
zvelf bouge goltrôt:
sô sal men einir kuninginne   2035

_____

2020 _generen_, vgl. 707.
2022 _bestân_, bleiben. — 2023 Zu dem vollständigen Hof-
staat eines vornehmen Herrn gehören auch die unfreien Hand-
werker, sowie die Frauen, die in den Werkhäusern (fast
Fabriken im modernen Sinne) für die verschiedensten Be-
dürfnisse des Hofes arbeiten. Auf Reisen, Fahrten, die auf
eine längere Dauer berechnet sind, nimmt man wenigstens
die nothwendigsten der ersteren mit. — 2024 _schô_ für mhd.
schuohe von _schuoch_ stm. — 2025 _îlinde_ adv. des Part.,
eilends. — 2026 _zouwen_ swv., eilen, eifrig thun, häufiger
als sogenanntes unpersönliches Verbum construiert, _ez zouwet
mir. ich lâze zouwen = ez zouwet mir._ Wahrscheinlich ist das
Pron. _in_ nach _sie_ ausgefallen. — 2030 _sie_, d. h. die beiden,
die er geben wollte und die dann, wie durch ein Versehen
Asprian's, Herlint überreicht wurden. — _zô einime vôze_, für
einen einzigen Fuß paßten, also etwa je den rechten goldenen
und den rechten silbernen Schuh. — 2031 _daz_, damit er. — _nême_,
nehmen sollte. — 2033 _ênin = einen._ — 2034 _bouge_, vgl. 401. —
2035 _men_, abgeschwächte Form für _man._ — _einir kuninginne
ir boten_, einer von den, wie es scheint in der Umgangssprache
der Zeit gar nicht seltenen Fällen, wo zu dem Gen. des Be-
sitzes noch eine besondere Bezeichnung desselben durch Pron.
person. oder possess. tritt, wie die spätere und heutige Volks-
sprache in diesem Falle auch «der Königin ihre Boten» sagen
würde. —

ir botin minnin.
dô spranch sie vrôlîche
von deme hêrren Dieterîche.

Herlint quam drâte
zô ir vrouwin kemenâte   2040
unde sagete ir von deme hêren,
her pflêge sînir êren
harte vlîzelîche.
«daz wizzin wêrlîche,
ime sîn des kuninges hulde liep.   2045
her ne mach dich gesên niet
mit nicheinir slachte vôge.
nu warte an dise schôhe,
die gab mir der helit gôt,
unde tete mir liebis genôc,   2050
unde einin mantil wol getân —
wol mich, daz ich ie dare quam! —
unde zvelf bouge die ich hân,
die gaf mir der helit lossam.
iz ne mochte ûffe der erdin   2055
nie schônir rîtâr werdin
dan Dieterich der degin.
sô lâze mich got lebin,
ich kaffeden undankes ane,
daz ich mich is imer mach schamen.»   2060

2036 *minnin* swv. mit acc., jemand ein Zeichen von *minne* geben. —
2037 *spranch* für *spranc* von *springen*; *ch* für mhd. *c* vgl. 7. —
vrôlîche adv., fröhlich.
    2043 *vlîzelîche* neben *vlîzeclîche*, wie *vrumelîche* neben *vru-*
meclîche und andere bald mit bald ohne -*ec* gebildete Adj.
und Adv. in derselben Bedeutung: sorgfältig. — 2044 *wizzin*
2. Person plur. conj. (vgl. 37) von *weiz* (vgl. 59), jussiv ge-
braucht, und schon damals für das Sprachgefühl zu einem Im-
perativ geworden, den die spätere Sprache — wiße u. s. w. —
daraus gestaltet hat. — 2045 *hulde* stf., hier im Plur., für uns
der Bedeutung des Sing. gleich. — 2047 *vôge* von *vuoc* stm.
oder von *vuoge* stf., Schicklichkeit, während *gevuoc* und *gevuoge*
sich schärfer voneinander scheiden. — 2048 *warte*, schaue. —
2058 *sô lâze mich*, Betheuerungsformel. — 2059 *kaffeden* =
kaffede en, *in*. — *undankes* adv. gen., gegen meinen Willen. —
2060 *is* gen. abhängig von *schamen*.

«Iz schinit wol, sprach die kuningin,
daz ich nicht sêlich ne bin,
nu her mîn nicht wil gesehen.
machtu mir die schô geven,
durch des hêrren hulde,   2065
die vullich dir mit golde.»
schîre wart der kouf getân.
sie zôch dene guldînen an
unde nam dene silverînen schôch.
der ginc an den selven vôz.   2070
«owî, sprach die kuningin,
wie wer nu gehônit sîn,
dô diser schôhe lossam
ist missegrîfen getân.
ich nebringen nimer an.   2075
introuwen du môst hin widir gân
unde bitten Dieterîche
harte gezogenlîche,
daz her dir den anderin schô geve
unde mich selve wille gesehen,   2080
of her in sîme kunne
iet gôter slachte gewunne.»

———————

2062 *sêlich*, mhd. *sælec*, zu Glück bestimmt. — 2063 *nu*
relat. — *mîn* gen., abhängig von *nicht*, nichts von mir. —
2064 *machtu* = *maht du*, kannst, d. h. willst du. — 2065 *durch
des hêrren hulde*, gehört zu dem folgenden Satzgliede: wegen
der Ergebenheit, die ich gegen ihn habe; nicht, wie es sprach-
lich auch bedeuten könnte: die er gegen mich hat. — 2066 *vullich*
= *vulle*, *vülle ich*. — 2067 *schîre*, mhd. *schiere* adv. — 2072 *ge-
hônit*, hier nur so viel als «in Verlegenheit versetzt», denn
von einer wirklichen Schande oder Beschimpfung ist keine
Rede, da die Königin ja selbst sogleich ein *missegrîfen*, eine Ver-
wechselung annimmt. — 2073 *dô*, vielleicht *nu?* — *lossam*, vgl.
749. — 2074 *missegrîfen*, kann hier und unten (2104) nur der
subst. gebrauchte Inf. von *missegrîfen* stv., einen falschen Griff thun,
sein. — 2077 *bitten*; die gewöhnliche Form des Wortes ist
biten, aber die Form mit *tt*, da sie sprachgeschichtlich ebenso
oder noch mehr berechtigt ist, darf hier gehalten werden. Sie er-
scheint übrigens auch nach der Mundart als *bidden*, wo *dd*=hochd.
tt. — 2081 *sîme* für *sîneme*. — 2082 *iet* für *ieht*, *iht*. — *gôter
slachte*, wörtlich «guter Art». — *gewunne* conj. præt. von *gewinnen*,

«Owî, sprach Herlint,
wie gare die laster danne sint
unser beider, vrouwe! 2085
nu wizzistaz introuwen,
soldich immir schande hân,
ich môz abir widir gân.»
dô hôb die magit wol getân
ir wât lossam 2090
vaste an dê knie;
sine gedâchte der zucht nie,
vrouwelîcher gange sie virgaz.
wie schîre sie ober den hof geloufin was
zô deme hêrren Dieterîche! 2095
her infinc sie vromelîche
in allen den gebêre,
alser sie nie gesêge.
dô wiste der helit wole sân,
war umbe sie dar wider quam. 2100

Herlint sprach zô deme hêren
«ich môz immer mêre
in bodescheffe gân.
der schô ist missegrîfen getân.
sie sîn der kuninginne 2105
gegeven durch dînin willen.

_____

falls er in seinem Geschlechte, d. h. unter den Seinen das
erlangt hat, was zu *gôter slachte* gehört, d. h. falls er wirklich
edel von Geburt und Sinn ist. Ganz dieselbe Phrase 2112. —
2092 *nie*, den negativen Gehalt des Satzes verstärkend. —
2093 *vrouwelîcher gange*, wie sie für eine edele, oder
was damals identisch, gebildete Frau oder Jungfrau passen,
deren Gehen ein *slîchen*, nie ein *loufen* sein soll. — *ganc*
stm., hier in der ahd. nicht ganz seltenen Form ohne
Umlaut im Plur. und in der ebenfalls ahd. vorkommenden,
auch in der heutigen technischen Sprache der Jagd erhal-
tenen Bedeutung «Schritt». — 2097 *allen den gebêre*, vgl. 15
und 698. — 2098 *alser* = *alse*, *alsô er*, als ob er. — *gesêge*,
mhd. *gesæhe*, gesehen hätte. — 2099 *sân* adv., sofort.
2102 *immer mêre*, immer noch, wieder. — 2103 *bodescheffe*
von *bodeschaf*, mhd. *boteschaft* stf. — 2104 = 2073. *schô* für
schôhe. — 2106 *durch dînen willen*, um deinetwillen. —

solde wir den einin haven;
eiz dich mîn vrouve manen,
u ir den anderen schôch gêves
sie selbe gesêges,   2110
undir dîme kunne
geslechte gewunnes.»

Ich dâtiz gerne, sprach Dieterich,
die kamerêre meldin mich!»
sie, sprach Herlint,   2115
mit vroweden sie in deme hove sint.
die rotâre schiezen den schaft,
dâi is michil spilis kraft.
ich wil hin vore gân,
nu nim zvêne dîner man   2120
unde heve dich vil drâte
nâ mer zô der kemenâte.
mit deme grôzen schalle
virmissin sie din alle.
ich gescheffe ein gestille   2125
von der kuninginne.»

2109. 2110 *gêves: gesêges*, mhd. *gœbest: gesæhest*. Diese un-
bedeutende Aenderung an der hs. Lesart *scôch geven woldes:
unde sie resêges selve*, in welcher selbst über die hier erlaubten
Reimfreiheiten hinausgegangen wird, ist in den Text aufgenon... weil sie so nahe liegt. — 2112 vgl. 2081.
2113 *dâtiz = taete iz*. — 2114 *wane*, außer, hier ganz wie
das englische *but* in die Bedeutung «aber» übergehend. —
... swv., hat neben derselben Bedeutung wie jetzt auch
noch die von «verrathen». — 2115 *nein sie*; zu der adverb. Ver-
neinung oder Bejahung wird sehr häufig das Pron. der Person,
auf welche sich dieselbe bezieht, zugesetzt: *nein ich, du* u. s. w.:
jâ u. s. w. — 2117 *schiezen den schaft*, formelhaft allit.
Ausdruck, zunächst die Waffenübung mit dem *gêr*, dann
üb... auch für Waffenspiel, in 2118 *michil spilis kraft*, große
... lle von Spiel, d. h. Waffenspiel. — 2122 *nâ mer =*
— 2123 Ueber *schal* vgl. 298; hier im nächsten
Getöse, das bei einem solchen Waffenspiele ent-
nit, in Veranlaßung. — 2124 *virmissin* swv., etwas
an etwas nicht denken, mit gen. des Objects,
«nicht vermißen» hier entsprechend. — 2125 *ge-*
... *scheffen* swv., zu Stande bringen, *ge-* «ich will,

Herlint wolde dannen gân.
dô sprach der listiger man
«nu beide des kamerâres:
ich willen nâ den schôhen vrâgen.»   2130
schîre quam Asprîân.
her sprach «owî waz hân ich dir getân?
die wege ich nicht irlîdin ne mac.
du môwis mich allen disen tac
mit itenûwim mêre   2135
dan du ie getâtis, hêre.
ir was hie ein michel teil geslagin,
die hân die knechte zotragin.
ist ir dâr icht irvallen,
ich bringe dir sie alle.»   2140
dô nam Asprîân
de anderen schôhe lossam
unde einin mantil vile gôt
unde zvelif armbôge rôt
unde gab dê al der vrouwin.   2145
dô gienc sie alsô tougin

---

werde». — *ein gestille*; so wohl statt des hs. *gestalle*, was
weder ein irgend wo vorkommendes Wort ist, noch hier der
Reimverhältnisse wegen paßt. Aber die von den Wörter-
büchern für *gestille* angegebene Bedeutung: Ruhe, Beendi-
gung paßt auch nicht. Ich glaube, daß es nur die heimliche
Zusammenkunft, Stelldichein bedeutet, obwohl ich es nicht
weiter belegen kann. In diesem Falle würde es sich sehr nahe
mit der Bedeutung des ahd. *gestelli* berühren: *i* für *e*, wie noch
öfter für *ë* in *wille* für mhd. *welle, wilich* für *welich* u. s. w.
      2128 *der listiger man*, vgl. 214. — 2129 *beide*, imp. von
beiden, mhd. *beiten* swv., warten, erwarten mit gen. des Obj.,
vgl. 887. — 2134 *môwis*, mhd. *müejes; einen müejen*, einen
bemühen, in Arbeit setzen. — 2135 *itenûwe*, mhd. *iteniuwe*
adj., verstärktes *niuwe*, neu, das Neutr. des Adj., subst. ge-
braucht. — 2137 *ir* von *michel teil* abhängig, nämlich Schuhe. —
geslagin, oben wird die Arbeit als *giezen* bezeichnet, beides
richtig, insofern das *geslagin* die feinere Ausführung mit dem
Hammer oder dem Grabstichel bezeichnet, *giezen* die vorher-
gehende Procedur. — 2138 *zotragin*. zo- mhd. *zer- ze-tragen* stv.,
auseinander tragen, da und dorthin tragen. — 2139 *ir*, gen.
von *icht* abhängig, ein Stück, einer davon. — 2142 *de ande-
ren*, die zwei linken, zu den zwei rechten gehörigen Schuhe. —

vil harte vrôlîche
von deme hêrren Dieterîche
unde sagite ouch zvâre
ir vrouwen lief mâre.   2150

Der megede wartin was grôzlich.
sich beriet der hêrre Dieterich
mit Berchtere, deme alden man,
weiz mit gevôge mochte gân.
«vile wole, sprach der herzoge,   2155
an deme Pôderamus hove
sal ich machen grôzen schal.
dar zût daz lût ubir al,
sone wardit dîn nichein man.»
her heiz die riesen ûz gân.   2160
selve bedacter sîn ros.
sich hôf der lût ûffe den hof.
dô vôrte der alde jungelinc
dûsint rîtâr in den sint.
Widolt mit der stangen   2165
vôr dâr scrickande
in allen den gebere
alser heriz wêre.
dâ ubirwarf sich Asprîân,

2150 *mâre* = mhd. *mære* stn.
    2154 *weiz* für *wê*, *we*=*wie iz.* — 2156 *Pôderamus*, vgl. 886. —
2158 *zût*, mundartlich für *zûhet*, mhd. *ziuhet* von *ziehen* stv. —
daz lût stm., mhd. *liut*, vgl. 806. 2162 *der lût* in derselben
Bedeutung. — 2159 *sone* = *sô ne*, dann. — *wardit dîn. warten,*
in der gewöhnlichen Bedeutung «Acht haben» mit gen. des
Objects. — 2161 *bedecken daz ros*, d. h. satteln und völlig mit
den kostbaren Decken u. s. w. bekleiden. — 2164 *sint*, vgl.
1941. — 2166 *scrickande* mit tieftonigem *a*, vgl. 519. *scricchen*,
d. h. *scrik-jan* neben dem starken Verbum *screchan*, schon
ahd.; die Bedeutung ist hier die ursprüngliche des plötzlichen,
heftigen Aufsprungs, wie unser «Heu-schrecke, ab-schrecken»
(technischer Ausdruck beim Kochen) u. s. w. noch zeigt. —
2168 *alser* = *alse er*, als wenn er. — *heriz* stm., mhd.
hirz, unser «Hirsch», auf ahd. *hiruz* zurückgehend. — 2169 *sich
ubirwerfen*, sich um und um drehen, etwa unser «Purzelbaum
schießen». —

8*

der was der riesen spileman.   2170
Grimme zvelif klâfter spranc,
sô dâtin die anderin al intsamt.
her greif einin ungevôgen stein,
daz der merkêre nechein
Dieterîche virnam,   2175
dô sie begunden umbe gân.

In deme vensterc die junge kuninginne stunt.
schîre quam der helit junc
over hof gegangin,
dâ wart her wole infangin,   2180
mit zvên rîtârin êrlich.
dar ginc die recke Dieterich;
dô wart die kemenâte ûf getân.
dar în ginc der helit wol getân,
den hiez die junge kuningîn   2185
selve willekume sîn
unde sprach, swes her dâr gebête,
daz sie daz gerne dêten
nâ er beider êren.
«ich hân dich gerne, hêre,   2190
durch dîne vromicheit gesên;
daz nis durch anderis nicht geschên.

2170 *spileman*, d. h. diesmal stellte er einen solchen vor, der
dergleichen Kunststücke gelegentlich auch treibt, vgl. 1709.
Eigentlich ist er ja der Fürst oder König der Riesen, aber
weil er ein Riese ist, paßt für ihn so etwas. — 2171 *klâfter*
stf., das noch jetzt so benannte Maß; bemerkenswerth, daß hier
die hochd. Form *klâfter* steht, nicht die niederd. *lâchter*. —
2172 *intsamt*, vgl. 1875. — 2173 *her*, d. h. wohl Grimme,
es könnte aber auch Berchter gemeint sein. — *ungevôge* adj.,
mhd. *ungevüege*, übermäßig groß. — 2174 *merkêre*, vgl. 2003.
    2188 ist einfacher *dête*, mhd. *tœte* für das hs. *dêten* zu
setzen: *dête* bezieht sich nur auf die sprechende, *dêten* würde
auch Herlint mit einbegreifen. — 2189 *beider* geht auf die
Jungfrau und Dietrich. — *nâ*, *nâch* præp., in Gemäßheit. —
2190 *ich hân dich gerne gesên*, ich habe ein Verlangen gehabt,
dich zu sehen. — 2191 *vromicheit*, vgl 115. — *gesên* für *gesehen*. —
2192 *nis* für *ni*, *ne-is*, *ist*. —

desse schô lossam
die saltu mir zien an.»
«vile gerne, sprach Dieterich,   2195
nu irs gerûchit an mich.»
der hêrre zô den vûzen gesaz,
vil schône sîn gebêre was.
ûffe sîn bein sazte sie den vôt;
iz ne wart nie vrouwe baz geschôt.   2200
dô sprach der listiger man
«nu sage mer, vrouwe lossam,
mêre ûffe die trûwe dîn,
alsô du cristin welles sîn,
nu hât dîn gebetin manic man: 2205
ob iz an dînin willin solde stân,
wilich under in allen
dir beste gevalle.»

«Daz sagich der, sprach die vrouwe,
vil ernistlîche introuwen.   2210
hêrre, ûffe die sêle mîn,
alsich getoufet bin,
der ûze allen landen
die tûrin wîgande
zô ein ander hieze gân,   2215
sone wart nie nichein man,
der dîn genôz mochte sîn.
daz nemich an dê trûwe mîn,

2193 *desse* plur., ob nom. oder acc. unsicher, wahrscheinlich
nominativisch empfunden. — *schô* für *schuohe*. — 2194 *zien* für
ziehen, vgl. 2160. — 2196 *nu*, relat. — *irs = ir es* gen., von
gerûchit, verlangt, abhängig. — 2199 *vôt: geschôt*, niederd.
Formen für *vuoz: geschuot*, d. h. *geschuoht* von *schuochen* swv.,
beschuhen. — 2203 *mêre* stn., *mære*, hier nicht eine Erzählung,
sondern ein kurzes Wort, das Aufschluß gibt. — 2204 *cristin*
adj. im substant. Gebrauch, mhd. *kristen*, christlich. — 2205 *dîn*
gen., abhängig von *gebeten*. — 2208 *beste* adv., am besten,
vgl. 1542.
2210 *ernistlîche* adv., ernstlich, der Wahrheit gemäß. —
2212 *alsich getoufet bin* = 2204. — 2213 *der*, der Mann, der
d. h. wenn jemand. — 2217 *genôz*, vgl. 679. — 2218 *nemich*,
mhd. *nime ich*, vgl. 196. — *an dê trûwe = ûf dê trûwe.* —

daz nie nichein môter gewan
ein barn alsô lossam,   2220
daz iz mit zuchtin, Dieterich,
mochte gesitzin ineben dich.
von dû bistu der tuginde ein ûz genumen man.
soldich aber die wele hân,
so nêmich einin helit gôt unde balt,   2225
des botin quâmin her in diz lant
unde ligin hie zvâre
in mînes vater kerkâre.
der ist geheizin Rôthere
unde sitzet westert uber mere.   2230
ich wil ouch immer magit gân,
mer newerde der helit lossam.»

    Alsiz Dieterich virnam,
dô sprach die listege man
«wiltu Rôthere minnin,   2235
den wil ich dir schîre bringin.
iz nelevet nichein werltman,
der mer sô lêve hête getân.

2220 *barn*, in der Zusammensetzung *môterbarn* 762 bezeichnet
es dasselbe, unser «Menschenkind», das nur nicht in diesen
Stil paßt. — 2222 *ineben dich*, hier ist uns der Acc. auffällig,
der ältern Sprache auch bei *sitzen* ganz angemeßen. — 2223 *von
dû*, mhd. *diu*, deshalb, vgl. 303. — *ein ûz genumen man*, aus-
erwählt, wie wir das active Partic. «ausnehmend» ähnlich ge-
brauchen. — 2224 *wele*, mhd. *wal* stf., Wahl. — 2225 *nê-
mich* für *næme ich*. — *balt* adj., kühn, volksmäßig episches
Lieblingswort, vgl. 980. — 2230 *westert*, vgl. 317. — 2231 *ma-
git gân*. Wie zu *wesen* oder *sîn* das als Prädic. zugesetzte
Nomen ohne eine Partikel der Vergleichung: als und dergl.
treten muß, so kann es auch bei andern Verben geschehen. —
2232 *newerde = ne werde*, werde zu Theil.
    2234 *die listege man*, nicht *der listiger man*, bemerkens-
werth um die wahre Einsicht in den Ursprung der Formel *der
listiger* u. s. w. zu erhalten, vgl. 214. — 2237 *werltman* stm.,
ein Mensch, der in der Welt lebt, ein Mensch überhaupt, wie
es heißen könnte *zer werlde levet nichein man*. Von unserm
buchstäblich stimmenden «Weltmann» ist keine Spur darin. —
2238 *lêve*, mhd. *liebe* adv.; *einem liebe tuon*, einen gütig behan-
deln. —

des sal her noch geniezin.
bit in die hônede liezin,   2240
her bôzte mer dicke mîne nôt,
des lône ime noch got.
wir nuzzen vrôlîche daz laut
unde leveten vrôliche samt.
her was mir ie genêdich unde gôt,   2245
allên have mî nu virtriven der helit gôt.»

«In trûwen, sprach die junge kuningîn,
ich virstân mich an der rede dîn,
dir ist Rôthere alsô liep,
her ne hât dich virtriven niet.   2250
swannen du verist, helit balt,
du bist ein bode her gesant.
dî sint des kuningis hulde liep.
nune virhel mich der rede niet!
swaz mir hûte wirt gesagit,   2255
daz ist imer wole virdagit
biz an den jungistin tach.»
der hêrre zô der vrouwen sprach
«nu lâzich alle mîne dinc
an godes genâde ande dîn.   2260
jâ stênt dîne vôze
in Rôtheris schôze.»

___

2240 *bit*, niederd. für *biz* conj., bis, so lange als. — *die hônede*
plur. von *hônede*, mhd. *hænede, hænde* stf., hochfahrende Stim-
mung, Wesen und was daraus für Andere entspringt, Schmach u. s. w.
— *liezin*, es ihm zuließen. d. h. so lange er ein freundlicher
Herr gegen mich war. — 2243. 44 die Wiederholung von *vrô-
lîche* ist unbedenklich nach dem Stile des Gedichts. — *samt*
adv., zusammen. — 2245 *ie*, stets. — 2246 *allên* = *al ein*
so viel als das einfache *al*, obgleich, vgl. 681.
2248 *virstân mich an der*, ich verstehe bei, durch deine
Worte. — 2251 *swannen*, von woher immer. — 2253 *dî* für
dir. — *hulde* plur. des starken Fem., vgl. 2047. — 2254 *virhel*
imp. von *verheln* mit doppelten Acc. der Person und Sache.
virhel, mhd. *verhil*: e in *verhel*, vgl. 72. — *der rede niet*, nichts
von dem, wovon ich gesprochen, was ich besprochen. — *rede*,
der Gegenstand, von dem man redet. — 2256 *verdagen* swv.,
verschweigen. — 2259 *lâzich alle mîne dinc*, stelle alle meine
Sache an, auf...

Die vrouwe harte irscricte,
den vôz sie ûf zucte
unde sprach zô Dieterîche 2265
harde beltlîche
«nu newart ich nê sô ungezogen:
mich hât mîn ubermôt bedrogen
daz ich mîne vôze
sazte in dîne schôze. 2270
ande bistu Rôthere sô hêr,
sone machtu, kuninc, nimir mêr
bezzer tugint gewinnen.
der ûz genumener dinge
hâstu von meisterscheffe list. 2275
sowilchis kunnis du aber bist,
mîn herze was hellende.
unde hête dich got nu her gesendet,
daz wêre mer innenclîche liep.
ich ne mach is doch getrûwen niet, 2280
dune scheinis mir die wârheit.
unde wâriz dan al der werlde leit,
sô rûmde ich sichirlîche
mit samt dir die rîche.
sus ist iz aber immir ungetân. 2285

2263 *irscricte* von *ir-*, *er-scricken* swv., erschreckt auf-
springen, vgl. 2166. — 2266 *beltlîche* adv., fast in der heutigen
Bedeutung des Wortes *bald*, eifrig, rasch. — 2267 *ungezo-
gen*, der *zucht* so ganz vergeßen um so etwas zu thun, falls
ich gewußt hätte, was ich that. — 2268 *ubermôt*, unbedacht-
samer Sinn, vgl. 1430. — 2273 *bezzer tugint*, nämlich: als du
hast, zeigst. — 2274 *der ûz genumener dinge*, absolut oder
adverbial gebraucht: auf ausnehmende Weise, vgl. 2223; die
starke Form *genumener* vgl. 214. — 2275 *meisterscheffe* dat.
von *meisterschaf* stf. — 1276 *kunnis*, vgl. 2079. — 2277 *hellen*
stv., eine Stimme, einen Laut von sich geben, etwas laut an-
kündigen. — 2279 *innenclîche* adv., inniglich, mit mundartlich
eingeschobenem *n*. — 2280 *is—niet*; gen. *is* zu *getrûwen*. —
2281 *dune*, *du ne*, negat. hypothet. Satz: wenn du nicht. —
scheinen swv., scheinen machen, zeigen. — 2284 *mit samt*,
doppelte Präpos. vgl. 399, wo das einfache *sam* für das ab-
geleitete *samt* steht. — 2285 *sus*, so, d. h. auf andere Art,
sonst. — *ist iz ungetân*, es kann nicht gethan werden. —

doch nelebet nichein man
sô schône, den ich dâ vor nême,
ob du der kuninc Rôther wêres.»

Alsus redite dô Dieterich,
(sîn gemôte was harte listich)   2290
«nune hân ich vrunde mêre
dan die armen hêren
in deme kerkêre.
swâ mich die gesêhen,
dâr mochtis dich an en virstân,   . 2295
daz ich der wâr gesagit hân.»
«in trouwin, sprach die kuningin,
die irwerbich umbe den vatir mîn
mit etteliheme sinne,
daz ich sie ûz gewinne.   2300
her ne gevet sie aber nicheineme man,
her ne môze sie ûffe den lîf hân,
daz ir nichein intrinne,
biz man sie abir wider bringe
in den kerkâre,   2305
dâr sie mit nôtin wâren.»

Des antwarte dô Dieterich
«ich wil sie nemen ubir mich
vor Constantine deme richen.
morgin sichirlîche   2310
sô sal ich her zô hove gân.»

2287 *dâ vor*, mhd. *vûr*, an der Stelle, als Ersatz, wie unser
«dafür».

2292 *dan*, nach dem Compar. *mêre*, wo ebenso gut das
ausschließende *wan* stehen könnte. — 2294 *swâ*, wo, wann
immer. — 2295 *an en virstân*, erkennen an ihrem Betragen. —
2298 *die irwerbich*, die schaffe ich. *irwerben*, vgl. 196. —
umbe, vgl. 1532. — 2299 *etteliheme sinne*, durch irgend ein
sinnreiches Mittel. — 2300 *ûz gewinne*, herausbringe. — 2302 *ûffe
den lîf*, auf sein Leben, bei Gefahr seines Lebens = *ûffe daz
leven*, vgl. 1168.

2307 *antwarte*, mundartlich für *antwurte* præt. von *ant-
wurten* swv. — 2308 *ubir mich*, auf meine Verantwortung. —

die vrouwe alsô lossam
kuste den hêren.
dô schiet her danne mit éren
ûz van der kemenâte   2315
zô den herbergen drâte.
alsô daz Berchtere gesach,
wie schîre der rinc zelâzen was!
dô sagete der hêrre Dieterich
die mêre alsô wunniclich   2320
deme tûrlîchen herzogen.
des begundin sie beide got loven.

2318 *rinc*, der Kreiß, die Versammlung der Ritterspiele und
andere Schaukünste treibenden Riesen und des Volkes, was sich
um sie angesammelt hatte. — *zelâzen* stv., zerlaßen, zertrennen.

VII.

Die Jungfrau handelt nach dem Rathe Dietrich-Rother's
zur Befreiung der Gefangenen, in ihrem Sinne nur um dadurch
über Rother's Person Sicherheit zu erlangen. Unter der Vor-
spiegelung eines Gelübdes weiß sie ihren Vater zu bewegen,
ihr die Gefangenen auf drei Tage zu überlaßen, um sie in
ihrem Elend zu erquicken, zu baden, zu kleiden und zu speisen.
Constantin gestattet ihr dieß aber nur, wenn irgend einer von
seinem Hofe mit seinem Leben für sie haften wolle. Die
Jungfrau erhält der Verabredung nach diese Zusage von
Dietrich-Rother. Als die Gefangenen befreit werden, erregt
ihr trauriger Zustand das tiefste Mitleid bei ihren Freunden.
Sie werden in dem Gemach der Königin gepflegt und bei der
Mahlzeit, die ihnen dort vorgesetzt wird, nimmt Rother seine
Harfe und beginnt den ersten der drei Leiche zu spielen: daran
erkennen sie ihn sogleich, aber auch die Jungfrau weiß nun,
daß es Rother ist. Die Gefangenen werden am Tage wieder in
ihren Kerker gebracht, aber die Jungfrau hat durch einen
kunstreichen Mann unterdessen einen hohlen Gang von dem
Kerker zu Dietrich's Herberge graben laßen, mittelst dessen
sie ungestört aus- und eingehen und in Freuden leben.

Die juncvrouwe lac uber nacht:
wê grôz ire gedanc was!
alsiz zô deme tage quam,   2325
einin stab sie nam
unde slouf in ein swarziz gewête,
alse sie sich gewîlôt hête,
einin palmen sie ober ir achslen nam,

2324 *grôz,* schwer. — 2327 *slouf* præt. von *sliefen,* schliefen,
schlüpfen. — 2328 *alse,* als ob. — *wîlôn* swv., aus dem la-
teinischen *velare,* verschleiern. — 2329 *palme* swm., Palm-
zweig. — *achslen,* mundartlich für *achseln* wie *geislen* für *gei-
seln* u. s. w. von *ahsel* hier swf. —

alse sie ûz deme lande wolde gân, 2330
unde hôb sich vil drâte
zô iris vater kemenâte
unde klopfete an daz turlîn.
ûf dete dô Constantîn.
alsô her die magit an gesach, 2335
wie listichlîche sie zime sprach
«nu gebût mir, hêrre vatir mîn,
môter, er sult gesunt sîn.
mir ist sô getroumôt,
mer ne sende der waldindiger got 2340
sînin botin under dan,
ich môz in abgrunde gân
mit levendigen lîve,
des nist nehein zwîvel.
is ne mac mich nêman irwenden, 2345
ich ne wille daz elelende
bûwin immir mêre
ze trôste mînir sêle.»

2330 *alse*, vgl. 2328. — 2333 *turlîn* stn., demin. von *tür*,
Thürlein; die Kammer, hier das eigentliche Privatzimmer des
Königs, hat ein *türlîn*, was nur den Vertrautesten sich öffnet. —
2336 *zime* für *zo ime*. — 2337 *gebût* imp. von *gebieten*, höfische
Umgangsformel, vollständig *gebût mir daz ich var*; statt Er-
laubniß zu bitten, wird noch höflicher gebeten, daß der andere
einen gehen heiße. — 2338 *môter*; der Abschiedsgruß *er* (= *ir*,
Ihr) *sult gesunt sîn* = bleiben, richtet sich nämlich an beide,
wie das *gebût*, obgleich zunächst an den Vater gerichtet, auch
der Mutter mit gilt. — 2339 *getroumôt* von *troumôn*, neben
troumen, d. h. *troumjan*, swv. träumen, was die ältere Sprache mit
dem Hülfswort *sîn*, nicht *hân* zu verbinden liebte. — 2340 *mer*
ne, neg. hypoth. Satz: wenn mir nicht... — *der waldindiger got*,
vgl. 214. — 2341 *botin*, d. h. einen Engel. — *under*, hernieder
(vom Himmel) und dazwischen, als Retter. — 2342 *abgrunde*
stn., Hölle, vgl. 1978, der bestimmte Artikel, der 1978 nach ge-
wöhnlicher Art steht, kann bei diesem Worte mit seiner fest-
stehenden, beinahe zu einem Ortsnamen gewordenen Bedeutung
auch fehlen. — 2344 *nist* für *ni*, *ne ist*. — 2345 *is* von *irwen-*
den, abbringen, abhalten; davon hängt der folgende Satz ab:
ich ne, daß ich nicht. — 2346 *daz elelende bûwen*. *elelende* =
ellende stn., die Fremde bewohnen, d. h. in die Fremde auf
eine Bitt(Wall)fahrt gehen und dort als Büßende bleiben an
irgend einer heiligen Stätte oder in selbstgewählter Klause.

Trûrich sprach dô Constantîn
«neinâ, lieve tochter mîn,   2350
sage mer waz du welles;
jâ wegich dir der helle.»
«vater, daz ist immir ungetân,
mer newerden die botin lossam.
die wil ich vazzen unde baden,   2355
daz sie genâde môzen haben
an ir armin lîve
etelîche wîle:
ich ne gerer nicht wan drîe tage,
sô werden sie dî widir aber   2360
zô deme kerkêre.»
Constantîn der mêre
sprach dat her daz gerne dête,
ab sie einin burgin hêten,
der sie ûffe den lîf torste nemen   2365
unde sie ime widir mochte geven,
daz ir nichein intrunne.
dô sprach die magit junge
«ich bitis hûte sô manich man,
daz sie etelîcher môz bestân,   2370

2350 *neinâ*, vgl. 1759. — 2352 *wegich = wege ich. wegen*
swv., eigentlich «Weg zeigen, Rath schaffen», hier mit gen. der
Beziehung, in Beziehung auf die Hölle, nämlich: daß du ihr
entgehst. — 2353 *ist ungetân*, unthunlich, unmöglich. — 2354 *mer
newerden*, negat. hypoth. Satz: wenn mir nicht. — *werden*, zu Theil
werden. — 2359 *gerer = gere er* für *ir*, begehre ihrer. —
nicht wan, nur. — 2360 *werden*, vgl. 2354. — *widir aber*, zurück
wiederum, tautologisch ausgedrückt, um der Versicherung
möglichste Kraft zu geben. — 2364 *burge* swm., Bürge. —
hêten ist geschrieben und kann ebensowohl des Reimes, der
an einem überschüßigen *n* in keinem Falle Anstoß nimmt,
wie des Sinnes wegen, stehen bleiben. Die Verbeßerung *hête*
ist zu nahe liegend, als daß sie wahrscheinlich wäre. —
2365 *ûffe den lîf*, vgl. 2302. — *torste* præt. von *tar*. —
2369 *bitis = bite is*, es, darum. — *manich*, flexionslose Form
des Acc. sing. — 2370 *etelîcher*, unter vielen der eine und der
andere, irgend einer. — *bestân* mit acc. hier: auf sich nehmen,
für sie eintreten.

des lîf ist alsô tuginthaft,
dem du sie mit êren geven macht!»
dô sprach Constantîn
«daz tôn ich gerne, tochter mîn.»

Der zît iz nâhôte   2375
vil harde genôte,
daz Constantîn zô tiske gie.
Dieterich des nicht nelie,
her quême mit sînin mannen
vor den kuninc gegangen.   2380
dô man daz wazzer nam,
die juncvrouve lossam
ginc vor deme tiske umbe
heize weinunde,
ab sie iemanne sô lêve hête getân,   2385
der die botin lossam
ûffe den lîf torste nemen.
ir nechein torste sie des geweren:
herzogin die rîchen
virzigin ir gelîche,   2390
biz sie zô den recken quam
mit deme die rât was getân.
dô sprach die magit êrlich
«nu gedenke, helit Dieterich,

2375 *nâhôte* von *nâhôn* swv., nahen. — 2376 *vil harte*,
zwei Verstärkungsadv. nebeneinander. — *genôte* adv., enge,
von der Zeit und dem Raum. — 2378 *nicht nelie*, *her queme*,
negat. Satzfügung, wo wir einfach sagen: kam auch gegangen. —
2381 *daz wazzer nemen*, Händewaschen, Anfang der Mahlzeit,
wie schon bemerkt. — 2384 *heize* adv. — *weinunde*, mit tief-
tonigem *u* für *ô* von *weinôn* swv., vgl. 444. — 2385 *sô lêve*,
mhd. *liebe* adv., vgl. 2238. — 2386 *der* nach *sô* wie 2372. —
2388 *geweren* swv. mit acc. der Person, gen. der Sache. —
2390 *virzigen* præt. von *verzîhen* stv., mit acc. der Person und
gen. der Sache: etwas in Abrede stellen, einen mit einer Bitte
zurückweisen, vgl. 1275. — 2391 *den* für *deme*, *dem*, vgl. 15. —
2392 *die rât*. Es ist nicht nöthig, ein allerdings auch sonst
beglaubigtes starkes Femininum *diu rât* anzunehmen; *die* ist
die mundartliche Nebenform von *der*, wie so oft und gleich
2398 wieder. — 2393 *êrlich*, vgl. 751. —

aller dînir gôte 2395
unde hilf mir ûz der nôte.
nim die botin ûffe daz leven,
die heizit dir die kuninc geven.
irzagit sîn mînis vater man:
sie ne turrin sie nicht bestân. 2400
doch sal die edelecheit dîn
mit samt mir geteilit sîn,
daz ich der genieze.
swê gerne du daz liezes,
dich ne lâze dîn tuginthafter môt. 2405
du salt mich geweren, helit gôt.»
«gerne, sprach Dieterich,
sint irs gerôchit ane mich.
iz ne gât mî nicht wene an den lîf.
doch werdich dîn burge, schône wîf.» 2410

Die botin gab dô Constantîn
Dieterîche ûffe den lîf sîn.
der hêrre sie dô ober nam:

2397 *ûffe daz leven* = *ûffe den lîf*. — 2399 *irzayit*, verzagt. —
2400 *turrin* plur. von *tar*, Präteritopr. ich wage. — 2401 *edele-
cheit*, vgl. 1868. — 2402 *geteilit sîn mit samt mir*, mit mir ge-
theilt; ich soll Theil haben an... — 2403 *der* auf *edelcheit*
bezogen. — *genieze* conj., Vortheil haben möge. — 2404 *swê*
= *swie*, wie gerne du das, d. h. das Eingehen auf eine so ge-
fährliche Bürgschaft vielleicht auch unter andern Verhältnissen
unterließest. — 2405 *dich ne lâze*, zwischengeschobener negat.
hypothet. Satz: wenn nicht, falls nicht dich verläßt dein tugend-
hafter Sinn — so bist du doch verpflichtet mir zu gewähren
und wirst es thun — da nicht vorauszusetzen ist, daß dich
dein tugendhafter Sinn verläßt. Wir lieben dergleichen zwischen-
geschobene hypoth. Sätze nicht, überhaupt nicht die künst-
liche In- und Aneinanderreihung mehrerer, die hier doch im
Vergleich mit andern Beispielen noch sehr einfach ist. —
2408 *sint*, eigentlich Zeit-, dann auch Causalpartikel: weil; 2435
Zeitpart. — *irs* = *ir is*, es, von *gerôchit* abhängig. — 2409 *mî*, hier
für das hs. *mich* zu schreiben: *mî*, mundartliche Nebenform
von *mir*. — *wene* = *wane*, *wan*, es betrifft nichts anderes als... —
2410 *werdich* für *werde ich*; *werde* für mhd. *wirde*, vgl. 196.
    2413 *ober nam*, unser «übernehmen»; *ober*, mhd. *über*
nämlich *sich*, auf sich. —

dô volgetin ime des kuningis man
zô deme kerkâre,   2415
dâr sie mit nôtin wâren.
die ellenden haftin
lâgin in unkreftin
unde leveden bermelîche.
Berchter der rîche   2420
stunt unde weinôte,
dô her den schal gehôrte.
den kerkêre man ûf brach,
dar în schein dô der tach.
schîre quam in daz liecht,   2425
des newârin sie gewone niecht.

Erwîn was der êrste man
der ûz deme kerkêre quam.
alsen der vater an gesach,
wie grôz sîn herzerûwe was!   2430
her kârte sich hin umbe
unde wranc sîne hende,
her ne torste nicht weinen,
unde ne stunt ime nie sô leide,
sint in sîn môter getrôc.   2435
Erwîn der helit gôt
was von deme lîf getân
alsô von rechte ein arm man.

Sie nâmin die zwelf grâven
ûz deme kerkâre   2440

2417 *haftin* adj., substant. gebraucht: der Gefangene. — 2419 *ber-
melîche* adv., erbarmenswürdig. — 2426 *gewone* adj., gewohnt.

2429 *alsen* = *alse, alsô en*, in. — 2430 *sîn*, auf Berchter
bezogen. — *herzerûwe*, vgl. 358. — 2431 *kârte*, mundartliche
Form des Præt. von *kêren* swv. — 2432 *wranc*, vgl. 438. —
2434 *unde*, und doch, vgl. 587. — *stunt ime sô leide. ez stât
mir leide* adv., Gegensatz zu *liebe*, vgl. 835. — 2437 *von deme
lîf getân*: *lîf* im prägnanten Sinne: die volle Leibeskraft. —
2438 *von rechte*, wie es sich paßt, natürlich wäre für . . .

unde iegelich sînen man.
die rîtâr alsô lossam
sie wârin svarz unde sale,
von grôzen nôtin missevare.
Lûpolt der meister   2445
ne mochte nicht geleisten
wan ein bôse schurzelîn,ʼ
daz want her umbe den lif sîn.
dô was der weinige man
harte barlîche getân,   2450
zoschundin unde zeswellôt.
Dieterich der helit gôt
stunt trûrich von leide
unde ne wolde doch nicht weinen
umbe die botin lossam.   2455
Berchter der alde man
ginc al umbe
die haften schouwunde.
done rûwen in nichein dinc
harter dan sîne schônen kint.   2460

      Dieterich der hêre
heiz die botin hêren

2441 *iegelich* geht auf die Dienstmannen der 12 Grafen, die
mit ihnen im Kerker liegen. — 2443 *sale* adj., schmuzig. —
2444 *missevare* adj., mißfarbig, blaß. — 2446 *leisten* swv.,
zu Stande bringen; hatte nichts aufzuweisen. — 2447 *bôse*, wie
gewöhnlich «schlecht, armselig». — 2449 *weinige man*, vgl.
486. — 2450 *barlîche* adv. = *bar*, entblößt: außer dem arm-
seligen Schurze ist er bloß. — 2451 *zeswellôt*. *swellôn*, d. h.
swelljôn für *swelljan* swv. zu *swellen*, vor Hunger krankhaft ge-
schwollen, krank machen; *ze zer* gibt den Sinn unseres «da
und dort, an vielen Stellen», wie schon gothisch *dishuljan* u. s. w.;
1212 steht das fast gleichbedeutende *verswellen*. — 2458 *schou-
wunde*, mit tieftonigem *u* aus *ô* von *schouwôn*. — 2459 *rûwen*
plur. præt. von *riuwen* stv., schmerzen, vgl. 497.
   2462 *hêre: hêren*, ein wenn auch nicht ganz regelrechter,
so doch entschieden beabsichtigter rührender Reim, der wieder
sehr leicht, durch Tilgung des *n* in *hêren*, was noch dazu
auch die gewöhnliche entweder starke oder flexionslose Form
des nachgesetzten attrib. Adjectivs ist, ganz correct gemacht
werden kann. —

vôren zô den herbergen sîn,
wan Lûpolt unde Erwîn
die liez man eine gân, 2465
daz er ne plach nehein man.
dô sprach Erwîn der mêre
«Lûpolt, trût hêre,
sie du einin grâwin man
mit deme schônin barte stân, 2470
der mich schouwôte
wunderen nôte.
her kârte sich umbe
unde wranc sîne hande.
her ne torste nicht weinen, 2475
unde ne stunt ime doch nie sô leide.
waz ob got der gôte
durch sîne ôtmôte
ein grôz zeichin wil begân,
daz wir kumin hinnân? 2480
daz is wâr, brôdir mîn,
her mach wole unse vatir sîn.»
dô lachetin sie beide
von vroweden unde leide.

Die ellenden geste 2485
wârin hantfeste
biz an den anderen dac.

2464 *wan*, außer, nur. — 2465 *eine* adv., allein. — 2466 *daz*,
in der Weise, daß. — *er* für *ir* gen. plur. von *plach*, mhd. *pflac*
abhängig. — 2467 *mêre* adj., berühmt, gefeiert u. s. w., volks-
thümlich episches Wort. — 2468 *trût* adj., traut, lieb. —
2469 *sie* für mhd. *sich* imp. von *sehen*. — *grâwin. grâ* flect.
grâwer adj., grau. — 2472 *wunderen*, vgl. 111. — *nôte* adv.,
eifrig und zugleich ängstlich. — 2477 *waz ob*, vgl. 511. —
2478 *ôtmôte*, vgl. 187. — 2480 *hinnân*, so viel als *hinne, hinnen*,
von hier weg. — 2482 *unse*, vgl. 604.

2486 *hantfeste* adj., gegen eine *hantveste*, eigentlich förm-
lich ausgestellte mit dem Handmahl versehene Urkunde frei-
gegeben; hier ist bloß eine mündliche Verabredung vor Zeugen
zwischen Dietrich-Rother und Constantin die Basis ihrer be-
dingten Freilaßung. — 2487 *dac* mundartlich für mhd. *tac*. —

die juncvrouwe ern vater bat,
daz her sie lieze dare gân,
sie wolden selve dienan.   2490
orlof er der kuninc gaf.
wê schîre sie over hof getraf
zô deme hêrren Dieterîche!
dô hiez man al gelîche
die vremedin rîtâr ûz gân.   2495
dâr nebeleib nichein man
wan der verchmâge
die uber mere wârin gevaren.
den botin alsô lossam
den legete man gôt gewant an   2500
unde vazzede sie vlîziclîche,
daz quam von Dieterîche.
der tisc wart gerichtôt.
Berchter der helt gôt
was trochtsâze   2505
die wîle sîne kint âzen.

2488 *ern*, flectierte Form von *ir*. — 2489 *dare*, dahin, d. h. wo
sie weilte. — 2490 *wolden* = *wolde en*, *in*, ihnen. — *dienan*
mit tieftonigem *a*, vgl. 519. — 2491 *orlof*, niederd. Form
für hochd. *urlop* stn., Erlaubniss. — 2492 *getraf zô* von *ge-
treffen* stv., zusammentreffen mit... — 2495 *ûz*, d. h. aus
der Kemenate der Jungfrau. — 2496 *ne beleib*, præt. von *belíben*
stv., bleiben. — 2497 *wan der verchmâge*. Dieser und der
folgende Vers wiederholt sich, nach dem solches liebenden
Stile dieser Epik 2701; dort steht *die verch.*, was auch hier
einfacher wäre. *wan* außer, mit Ausnahme, *der* würde ver-
schieden erklärt werden können, am einfachsten auf die Ge-
fangenen zu beziehen. *verchmâc* stm., nächster Blutsverwandter,
also Berchter, der seine Söhne darunter hat, Rother selbst,
dessen *mâge* und *man* sie sind. Die in den Text aufgenom-
mene Lesart, die auch 2702 feststeht, an der Stelle des hs.
was gevaren, bedarf keiner Rechtfertigung. Der Reim wäre
hier und 2702 etwas regelrechter, wenn statt *wârin gevaren
gevarin wâren: mâge* stände. So muß man eine der hier sel-
tenen, aber sicheren Vocalverlängerungen in *gevaren* annehmen,
damit es einen zweifach gehobenen Reim gibt. — 2505 *trocht-
sâze*, vgl. 2507, d. h. er übernahm in diesem Falle das Amt
des Truchseßen.

Alse die hêrren gesâzen,
ir leides ein teil virgâzen,
dô nam die recke Dieterich
eine harfin, die was êrlich,　　　　　　　2510
unde scleich hinder den umbehanc.
wie schîre ein leich dar ûz klanc!
swilich ir begunde trinkin,
deme begundiz nidir sinkin
daz er iz ûffe den tisc gôt.　　　　　　　2515
swilich ir abir sneit daz brôt,
deme intfiel daz mezses durch nôt.
sie wurdin von trôste witzelôs.
wie manich sîn trûren virlôs!
sie sâzin alle und hôrtin　　　　　　　　2520
war daz spil hinnen kârte.
lûde der eine leich klanch:
Luppolt ober den tisch spranch
unde der grâve Erwîn.
sie heizin en willekume sîn,　　　　　　2525
den rîchen harfâre
unde kustin in zewâre.
wie rechte die vrouwe dô sach,
daz her der kuninc Rôther was!

Alsô die juncvrouwe hinnin widir quam,　　2530
dô liez man die botin ûz gân
allenthalven in die stat,

2511 *scleich*, mhd. *sleich* von *slîchen* stv., leise gehen. *scleich*
für *sleich* vgl. 1582. — *umbehanc*, vgl. 1128. — 2513 *ir*, von
den Gefangenen. — 2515 *iz*, *daz trinken*, der Trank im Becher.
— *gôt* für *gôz*, niederd. Form. — 2517 *mezses* stn., ahd. *mez-
zisahs*, Meßer. — *durch nôt* gezwungen, d. h. überwältigt durch
ihre innere Bewegung. — 2518 *von trôste*, den sie aus dem
wohlbekannten Leich empfangen. — *witzelôs* adj., eigentlich
«verstandlos, die Besinnung verlierend». — 2519 *virlôs* von *vir-*,
ver-liesen stv. — 2521 *war* Ortsadv., wohin. — *hinnen*, von
seinem Anfange an, wie es weiter gehe. — 2522 *lûte* adv.,
laut. — 2525 *heizin en* für *hiezen in*. — 2526 *rîche harfâre*,
vornehmer Herr, während sonst die Harfer als fahrende Leute
zu dem specifisch «armen» Volke gehören.
2530 *hinnin widir*, von da weg, zurück. —

daz ir nêman ne plac.
dô merketen iz des kuningis man
unde sagetin iz ir hêrren sân. 2535
«nu ne rôchit, sprach Constantîn:
ich bevalch sie eme ûffe daz leven sîn.
her pleget sô gôter sinne,
ir ne mach ime nichein intrinnen.»
der kerkêre wart gerûmôt, 2540
alse die juncvrouwe gebôt.
dô drîe tage irgiengin
die botin sie aber viengin
unde legetin sie zewâre
widir in den kerkâre. 2545
michil bettewâte
unde ander gôt gerâte
wart in virholne dar în getragin.
dô môsten sie genâde havin,
similen unde wîz brôt, 2550
des was den helidin vil nôt.
die juncvrouwe heiz ênin man
zô Dieterîchis herbergen gân,
der grôb ein hol zô berge
von deme kerkêre 2555
swar sie woldin hinnin kêren.

2533 *daz*, in der Weise, daß. — *nêman ne plac*, niemand auf sie
Obacht gab, sie als Hüter begleitete u. s. w. — 2535 *sân* adv.,
sofort. — 2536 *nune rôchit*, kümmert euch nicht, vgl. 1228. —
2537 *eme* für *ime*, Dietrich-Rother ist natürlich gemeint. —
bevalch von *bevelhen* stv., befehlen. — 2538 *pleget*, vgl. 72. —
2540 *rûmôn* swv., hier in dem auch jetzt gebräuchlichen
Sinne: säubern. — 2546 *bettewâte* gen. von *bettewât*, abhängig
von *michil*, das hier als subst. Neutr.=*vil* steht. — 2548 *vir-
holne* adv. des Part. von *vir-*, *ver-heln* stv. — 2549 *genâde*,
Erbarmen und der daraus abgeleitete günstigere Zustand. —
2550 *simele* swf., lat. Wort, Semmel. — 2551 *des—was nôt*, dessen
bedurften sie, nicht bloß etwa auf 2550 bezogen, sondern auf
alle die Veranstaltungen, wodurch ihr Los verbeßert wird. —
2554 *grôb*, præt. von *graben* stv. — *hol* stn., Höhlung, unter-
irdischer Weg. — *zô berge*, von unten, aus der Tiefe aufwärts. Der
Kerker ist, wie öfters erwähnt und im Mittelalter gewöhnlich, ein
unterirdischer. — 2554—56 wieder drei Reime, wie schon öfter. —

dô lâgin die haftin
in sanftin unkreftin.
die botin lâgen dâr alle
zvênzih tage volle   2560
unde haveten grôze wirtschaft.
sie wunnin an deme lîve kraft.

2558 *sanften unkreftin*, contrastierende Begriffe und daher hier
passend miteinander verbunden. — 2561 *haveten* præt. von
haven, haben. — *wirtschaft*, vgl. 1569, hier nicht bloß Gast-
mahl, Bewirthung, sondern fröhliches geselliges Leben. —
2562 *wunnin;* das einfache *winnen* bedeutet dasselbe wie das
zusammengesetzte *gewinnen.*

VIII.

Um dieselbe Zeit rüstet der König Ymelot von Babylon
in der Wüste mit 72 ihm unterthanen heidnischen Königen
einen großen Heereszug gegen Constantin. Der, anfangs über-
müthig pochend, geräth bald in große Angst über die unge-
heure Macht seiner Feinde. Da macht ihm Dietrich den Vor-
schlag, die Gefangenen, die sehr tapfere Ritter seien, aus dem
Kerker zu entlaßen, daß sie mit unter seinen Fahnen fechten
könnten. Constantin stimmt freudig zu und nun übernimmt
Dietrich mit seinen Mannen die Vorhut gegen die Heiden.
Durch einen kühnen Ueberfall fängt er Ymelot in Mitte seines
Heeres und übergibt ihn Constantin. Dieser trägt ihm das
ehrenvolle Amt der Siegesbotschaft an Frau und Tochter auf,
was Dietrich sehr gerne übernimmt. In Konstantinopel ange-
langt, verkündet er die gänzliche Niederlage Constantin's und die
Annäherung der Heiden. Die Frauen flehen ihn jammernd an,
sie auf seine Schiffe zu nehmen und mit ihm übers Meer ent-
fliehen zu laßen. Er willigt ein, aber als die jammernde Schar
am Hafen anlangt, nimmt er nur die Tochter aufs Schiff, die
Mutter läßt er stehen. Doch als er nun die ganze Wahrheit
sagt und sich als Rother zu erkennen gibt, ist diese ganz ge-
tröstet und kümmert sich nichts um Constantin's Zorn, wenn
er heimkomme.

Dô hûb sich under deme himile
von zvein unde sibinzic kuningen
von wôster Babilônje   2565
zô Constantîne deme kuninge
die aller grôziste hervart
die ie geriten wart.

2564 *von zvein unde sibenzic kuningen*, vgl. 7. — 2565 Ba-
bylon in oder an der Wüste ist das ägyptische Babylon, d. h.
Kairo. Die Namensform *Babilônje* geht auf die Nebenform
Babylonia für *Babylon* zurück. In der übrigen deutschen Lite-
ratur der Zeit ist *Babylôn* die gewöhnlichere Form. —

Ymelôt gertc sîn zô man,
her was ein heidin vreissam,   2570
ime ne mochte nicht widirstân,
her woldc die rîche alle hân
bedwungin mit grôzir gewalt.
uber al uncristin lant,
sone virsaz nieman sîn gebôt.   2575
her wolde selve wesen got.
Simelîn heiz sîn wîf.
her virlôs zô Jêrusalêm sint den lîf.

Dô quam ên îlinde man
vor deme volke gevarn   2580
zô Constantînopole
der vil mêren burge
unde sagete dem kuninge mêre,
wie nôt ime wêre,
ob her sich mochte irweren,   2585
in sôchte ein kreftigiz here.
alsus redete dô Constantîn
«wer mochte sô rîche sîn,
der mich torste bestân?»

2569 *sîn*, d. h. des Constantin. — *zô man*, zum Dienstmann, Va-
sallen. — 2570 *vreissam*, vgl. 639. — 2573 *bedwungin* von
bedwingen, *betwingen* stv., bezwingen. — 2574 *uncristin* adj.,
vgl. 2204 = *heidin*. — 2575 *sone* = *sô ne*. *sô* hier, wo es nicht
zur Einführung eines selbständigen Satzgliedes, sondern nur
zur Verbindung zwischen den einzelnen Theilen eines solchen
dient, für unser jetziges Sprachgefühl überflüßig. — *virsaz*,
vgl. 647. — 2576 *her wolde selve wesen got*. Diese im Mittel-
alter so oft wiederkehrende Beschuldigung orientalischer oder
islamitischer Herrscher hat ihren Grund in den für abendlän-
dische Sitte unbegreiflichen und von den Abendländern als
Götzendienst verstandenen Formen des orientalischen Hof-
ceremoniells, wie ja auch schon die Griechen die Huldigungen,
die den persischen und andern altorientalischen Königen her-
kömmlich von allen ihren Unterthanen dargebracht wurden,
als Anbetung bezeichneten. — 2578 *sint*, hier bloßes Zeitadv.:
später.
    2579 *ên* = *ein*. — *îlinde*, vgl. 2025, hier die flexionslose
Form des Part. — 2586 *sôchen* swv., hier auf-, heimsuchen. —
2589 *torste* præt. conj. von *tar*. —

dô sprach der gâhinder man 2590
«dîn grôze overmôt
der nis zô nichte gôt.
in trouwen sie havent genendôt.
iz is der hêrre Ymelôt
von wôster Babilônje. 2595
zvêne unde sibinzic kuninge
die sôchen daz lant dîn.
ich sach die vorreise sîn,
sô manich zęlt ûf geslagen:
sie mugin wol zênzic dûsint haven.» 2600

    Deme kuninge wurdin svâre
die starken nûmâre.
Dieterich der helit gôt,
der trôste wole sînin môt.
her sprach «halt dich wole, Constantîn, 2605
unde gib mer ûffe den lîf mîn
die ellenden haftin
ûz den unkreftin.
hêten sie ros unde gewant,
undir in is manich helit balt. 2610
dar zô besende dîne man,
wer sulen ingegin in varn.»
«nu lône dir got, sprach Constantîn,
ich bevalh den kemerêre mîn
beide ros unde gewant, 2615

2590 der gâhinder man, vgl. 214. gâhen swv., synonym mit
îlen. — 2592 nis = ni, ne ist. — 2593 nendôn, genendôn, d. h.
eigentlich nendjôn swv., wagen. — 2598 vorreise stf., Vorhut,
die äußersten Spitzen des Heeres. — 2600 zênzic für zehenzic
neben hundert, in dieser Zeit schon seltener als im Ahd.
gebraucht. zehenzic namentlich da, wo das kleine Hundert
10 × 10 bestimmt gemeint ist.
    2601 svâre adj., mhd. swære. — 2602 starken nûmâre. starc
von jedem großen Dinge, also auch einer gefährlich be-
drohlichen Kunde gebraucht. nûmâre, vgl. 551. — 2604 trôste
præt. von trôsten, mhd. træsten. — 2611 besenden swv. mit acc.,
technischer Ausdruck: das Aufgebot zur Heeresfolge erlaßen. —
2614 bevalh für mhd. bevalch von bevelhen stv., befehlen. —

daz sie bráchtin in diz lant.
iz wirt in allez widir gegevin,
nu du, tûrlîcher degin,
mit mir wênigin man
in derre nôte wilt bestân.»   2620

Constantîn gienc drâte
nâ Dieterîchis râte
unde sante wîde in daz lant.
dô quam vil manich helt balt
zô Constantînopole,   2625
der vil mêren burge
innirthalp drin tagin
dô mochter vunfzic dûsint havin.
dô giengin îlande
die tûrin wîgande   2630
unde nâmen die zvelf grâven
ûz deme kerkâre
unde iegelich sînen man.
wie schîre iz allez widir quam
daz sie brâchtin in daz lant!   2635
Dieterich der helit balt,
die nam sie zô sîner schare.
dô wârin sie dâr hêrlîche gare
ûffe rossen snêblanken.
dô was deme helide wal zô danke.   2640

2618 *nu*, relat. wie so oft gebraucht. — 2619 *wênigin*, hier die
gewöhnliche mhd. Form, sonst im Rother meist *weiniger*, vgl.
486. — 2620 *derre* dat. von *deser, diser.*

2623 *wîde* adv., mhd. *wîte*, weit, weit herum. — 2627 *drin*
dat. zu *drî*, Zahlwort. — 2628 *mochter=mohte er.* — 2629 *îlande*
mit tieftonigem *a*, während oben 2579 und 2025 *îlinde* steht.
îlande und *îlinde* geht auf *îljan* zurück. — 2630 *wîgande*,
vgl. 677. — 2634 *widir quam*, zurückgebracht, ihnen wieder-
gegeben wurde. — 2638 *gare*, vgl. 665. — 2639 *snêblanc*, so
viel als *snêwîz* oder *snêvar.* — 2640 *wol zô danke. danc* stm.,
nicht in der heutigen Bedeutung von Dank, dankbares An-
denken an etwas Vergangenes, sondern die auf zukünftiges
Gelingen gerichtete Hoffnung.

Den heleden vil jungin
giengin die ros in sprungin.
dô brâchte Dieterîchis van
zvênzic dusint lossam
in breiten blickin uber lant. 2645
manigin gôtin wîgant
vôrte der kuninc Constantîn
ingegin die vîande sîn.
sie ritin wol sibin nacht
ingegin der heris kraft. 2650

Die zvêne unde sibinzich kuninge
von wôstir Babilônje
die legitin sich alsô nâhe
daz sie den rouh gesâhen
von den herbergin. 2655
dô hôben sich die sorgin.
dô gaf in Dieterich den trôst.
her herbergete dô aller vurderôst
mit den sînin helidin
inzusken der menigîn, 2660

2642 *in sprungin gân*, der Gegensatz ist *vil ebene gân*, im
gleichmäßigen Schritt oder Pass gehen. — 2645 *in breiten blickin*.
Diese auffallende alliterierende Formel, wie so viele hier, kann
nichts anderes heißen als «mit weithin sich ausbreitendem
Glanze» (der Schilde, Schwerter, Ringpanzer u. s. w.); die
Formel *blic des schildes*, *swertes* wird sehr häufig gebraucht. —
2648 *ingegin die vîande*. An dem Acc., obgleich im Mhd. bei
in-, *en-gegen* ungewöhnlich, ist kein Anstoß zu nehmen, um
so weniger weil 2650 die gewöhnliche Dat. steht. Ein solcher
leiser Wechsel des Ausdrucks ist hier durchaus stilgemäß.
gegen mit acc. ist übrigens im Ahd. nicht selten und hat sich
bekanntlich nhd. völlig durchgesetzt.
2654 *rouh* für mhd. *rouch* stm., von den Lagerfeuern. —
2656 *die sorgin*, nämlich bei Constantin und den Seinen. —
2658 *vurderôst* adv. Superl. von *vorder*; 1802 steht *vurdrist*,
die mehr mundartliche Form. — 2660 *inzusken* = mhd. *en-zwischen*, zur Präpos. gewordener adv. Ausdruck, eigentlich
zusammengesetzt aus der Präp. *in* und dem Adj. *zwisc*, zweifach. *zusken* ist die nieder- und mitteld. Form. — *menigîn*, im
Reim auf *helidin*, die alterthümliche Form des mhd. *menige*.
Ob *menigîn* oder *menigin* anzunehmen, ist nicht zu ermitteln.

Schîre viel dô die nacht an.
dâr bevâlen Constantînis man
einin anderen die kint unde wîf.
ir nichein trôste sich an den lîf.
Dieterich unde sîne man   2665
begunden rûninde gân,
unde rietin an die heidenschaft
die dâr lach mit heris kraft,
wilich êre in daz wêre,
ob sie den kuninc mêren   2670
âne Constantînis schadin
gevâhen mochtin odir slahin.
«introuwin, sprach Widolt,
kume wir in daz volc,
sie sîn uncristine diet,   ,   2675
ichne werdin borsenfte niet,
des sulin sie vil gewis sîn.
unde lâzet man mî die hende mîn,
iz môz en an den lîf gân.»
dô wâfende sich Asprîân,   2680
unde zvelf rîtâre lossam
sluffen in er wicgewant.
in was zô deme storme harte lief.

2662 *bevâlen*, vgl. 418, dadurch auch das *â* des Plur.
veranlaßt. — 2663 *einen anderen* in alterthümlicher Weise
beide Wörter flectiert: *einen* nom., *anderen* dat., während mhd.
die flexionslose Fügung *einander* zu gelten pflegt. — 2664 *an
den lîf*, an das Leben, d. h. daß er lebendig bleibe. — 2666 *rû-
ninde*; 1232 steht *rûnande*, in demselben Wechsel von *a* und *i*
wie in *îlande*, *îlinde*, vgl. 2629. — 2667 *râten an einen*,
Anschläge machen gegen. — 2674, 2675 ist der Gegensatz
zwischen *volc* und *diet* zu bemerken: *volc*, ein Haufe Menschen
in kriegerischer Ordnung und Rüstung; *diet*, ein durchaus
ethnographischer Begriff, also unserm «Volk» entsprechend. —
2676 *borsenfte* adj. *bor*, verstärkender Zusatz: überaus; die
negative Wendung, die einen gewißen humoristischen Beischmack
hat, verstärkt die Drohung. — 2678 *mî* für *mir*. — 2679 *en*
für *in*, ihnen. — 2682 *sluffen* plur. præt. von *sliefen*. — *wîc-
gewant* stn., Rüstung, vgl. 875 *wîchgewête*. — 2683 *storm*,
sturm stm., Kriegssturm, wie noch jetzt, nur in noch be-
schränkterer Bedeutung, das Wort Sturm gebraucht wird. —

dô schein ein halsperge liecht,
die trôch der helit Asprîân. 2685
iz ne levet nichein sô kône man,
der ime widirstieze,
daz hern genesin lieze
under der heidinschefte.
sie hôben sich mit krefte. 2690

Der herzoge von Merân
heiz Dieterîchis man
vlîzelîche wachin
unde grôzen schal machin.
her sprach «mîn hêrre mit den sinen 2695
wil zô Constantîne,
der hât nâ ime gesendôt.»
dô was vil manic helit gôt
wol gewâfint an den wîch:
iz ne wiste niemannis lîf, 2700
wan die verchmâge
die over mere wâren gevaren.

Dieterich ginc zô den rossen sîn.
dô lûchte ein brunje guldîn
an daz marc lossam. 2705
die trôc der zurnigiste man
der von Adâme
zô der werlde ie bequâme,
unde eine stangin vreissam,
dane mochte nicht vor bestân, 2710
die trôste Dieterîches volc,
daz was der helit Widolt.

2684 *halsperge* stf., eigentlich Hals -, Brustpanzer, dann Panzer
überhaupt. — 2687 *widirstieze. widerstôzen* stv., aufstoßen. —
der ime, wenn er ihm . . . — 2688 *hern = her ine, in.*
2697 *gesendôt*=mhd. *gesendet.* — 2699 *wîch, wîc* stm., Kampf.
— 2700 *iz ne wiste niemannis lîf. niemannis lîf*, gewöhnliche
poetische Umschreibung für *nieman. iz*, niemand wußte es, es
war für alle ein Geheimniss. — 2701 *wan die verchmâge*, vgl. 2497.
2705 *marc* stn., vgl. 868. — 2707 *von Adâme*, seit
Adam's Zeiten. — 2708 *bequâme*, die besondere Färbung dieses
Conj. können wir durch unser «möchte, dürfte» u. s. w. uns
näher bringen. *bekumen*, verstärktes *kumen.* — 2710 *dane=dâ ne.*

Luppolt der getrûwe man
sprach zô den riesen al
«mit den ûren halspergin liecht   2715
nune kumit ûz der dicke niecht,
daz sie icht zô verre schînin.»
Dieterich mit den sînin
der reit umbe die heidenschaft,
die lac mit heris kraft,   2720
unde begunde vrâgen,
wâr sîn hêrre wâre,
her hête sich virsûmôt;
her brâchteme manigin helit gôt.
dô zeigite man zô man,   2725
unzer zô Ymelôte quam
in ein zelt lossam.
daz swert zuchte Asprîân
unde hiez in vil stille stân,
ob her den lîf wolde hân.   2730
der kuninc dô nichtne sprach,
alser die stangin an gesach,
die dûchtin harde vreissam:
gevangin was der rîke man.

2715 *mit ûren halspergin liecht.* In der Hs. steht *Uren den
halsp. liecht* (nicht *Usen*), was, wenn man *mit* ergänzt, viel-
leicht so wie es der Text gibt = *ûwer, iuwer,* euer, verstanden
werden kann. — 2716 *nune* = *nu ne.* — *ûz der dicke* stf., der
dickste Haufe. — 2717 *icht,* durch die negative Färbung des
ganzen Satzgefüges hier=*nicht,* vgl. 1234 u. s. w. — 2722 *wâr,*
die noch mit auslautendem *r* erhaltene Form des gewöhnlichen
mhd. *wâ,* wo, wie *dâr* neben *dâ,* hier neben *hie.* — *sîn hêrre,*
d. h. *Ymelôt;* er gibt sich für Ymelot's Mann aus, da die Hei-
den ihn nicht kennen, weil er ja nicht zu Constantin's Heere
oder Volke gehört. — 2723 *virsûmôt* = *versûmet,* verspätet. —
2724 *brâchtime* für *brâchte ime. brâchte,* hier unumgelauteter
Conj. von *bringen* unregelmäßiges Verb. — 2725 *zeigite man zô
man,* der eine Mann zu, nach dem andern, wies ihn der eine
zum andern. — 2726 *unzer* = *unze er,* bis er; es ist schon be-
merkt, daß *unze, unz* in diesem Theile des Gedichts seltener
als das synonyme *biz* erscheint. — 2728 *zuchte* præt. von
zucken swv. — 2733 *dûchtin* für *dûchte in* von *dunken* swv. —
2734 *rîke,* hier wieder einmal, wie 66, in diesem Worte das
altd. und niederd. *k* für hochd. *ch* erhalten.

Dieterich unde sîne man 2735
begunden deginlîche gân
under eine dicke schare,
dâr valtin sie daz here gare.
Widolt gab die stangin
niergin ûz den handin: 2740
swaz her der heiden ane quam
die sclouc her alse ên donir sân,
swâr er zô der dicke quam,
dâr sclouc her ûffe den man,
daz sie al zescreiten 2745
alsô ein stôp daz dâ hine weite.

Die zvelf riesen vreissam,
die sclôgin manigen man.
die heiden vluhin durch nôt,
sie jagete der grimme tôt. 2750
Widolt wart gevangin,
gebunden an die lannin.
Dieterich der hêre
vôr zô den herbergen
in allen den gebêren 2755
alsiz ime nicht geschên wêre.

Dieterich heiz sîne man
zô den herbergen gân,

2736 *degenlîche* adv., wie es sich für einen Kriegsmann
schickt. — 2738 *valtin* præt. von *vellen* swv. — *gare* adv. —
2740 *niergin* ist hier ergänzt, weil der Vers und der Sinn es
fordert. — 2741 *swaz der heiden* gehört zusammen: so viel
Heiden. — 2742 *sclouc* für *slôc*, *sluoc*, præt. von *slahen*,
slân stv. — *ein donir* stm., Donnerstrahl, Donnerschlag. —
2745 *zescreiten* von *zescreien* = mhd. *zerschræjen* swv., ausein-
anderfahren, sprützen. — 2746 *stôp* stn.=*stoup*, Staubwolke. —
weite von *weihen*, mhd. *wæjen* swv., wehen.
2749 *vluhin* plur. præt. von *vliehen* stv. — *durch nôt*, ge-
zwungen. — 2755 *in allen den gebêren*, plur. des starken Neutr.
gebêre, Gebärde, Benehmen. — 2756 *alsiz* = *alse iz*, als wenn
es. — *ime geschên*, sich ihm ereignet, d. h. für ihn und durch
ihn nichts sich ereignet hätte.

swaz schalles sie vernêmen,
daz sie icht zô den rossen quêmen.	2760
dô rief der wachtêre
obir daz here mêre
«wol ûf, hêrre Constantîn,
ich hôre die vîande dîn
mit grôzeme schalle:	2765
ich wêne sie here wollen.»
wê sêre sie irquâmen,
dô sie die vlucht virnâmen
von der heidenschefte,
die dâr lâgin mit heres krefte.	2770
Constantîn wart gewâfenôt
unde vil manich helit gôt.
dô sprâchen sumilîche
«nu siet zô Dieterîche:
her ligit dâr alse ein bôse zage,	2775
swê her unsich here gewîsit have;
von den untrûwin sîn
sît ir virrâtin, hêrre Constantîn.»

Constantîn dô rande,
als ime daz marc irhancte,	2780

2760 *icht*, negativ gefärbt durch den Begriff des Verbietens,
der hier vorausgesetzt ist. — 2762 *mêre* adj., vgl. 2467. —
2766 *wollen.* Die hier sonst gewöhnliche Form des Conj. von
wil ist *welle* oder *wille*, einigemale und so auch hier ist aber
wolle der Hs. beizubehalten. — 2767 *irquâmen.* *ir-*, *er-kumen*
stv., außer sich kommen, in Entsetzen gerathen. — 2768 *vlucht*,
die Flucht der ihrigen, derer, die ihre Vorhut hatten bilden
sollen. — 2769 *von.* Die Præp. *von* wird in demselben Sinne wie
vor bei *vlucht* angewandt: von weg, vor. — 2770 *die dâr lâgin*,
geht, wie 2855 beweist, auf *heidenschaft*, was ein pluralischer Be-
griff ist. — 2743 *sumilîche* adj., etliche, manche, die man nicht
nennen oder zählen kann oder will. — 2774 *siet = sehet.* —
2775 *bôse zage*, beide Wörter ziemlich gleichbedeutend hier
im Sinne der Feigheit. — 2776 *swê = swie*, wie auch immer,
wenn auch.
2780 *irhancte* præt. von *ir-*, *erhengen* swv., eigentlich: frei
hangen laßen, erlauben. —

vor ein gezelt êrlich:
«wol ûf, her Dieterich!
die heidin wellin uns bestàn.
hie nâchet der tôt manic man.»
lûte rief Ymelôt   2735
«hêrre, ir spotit âne nót.
hînacht zô mittir nacht,
do ich in mîneme bette lach,
dô quam ein vreislîcher man
unde trouc mich under sînen arme dan. 2790
mir sin die mîne gar irslagin,
sie ne mugin dir nicht geschadin.»

Alse daz Constantîn virnam,
dô kêrte her vrôlîche dan
unde sagite sînen mannin   2795
«Ymelôt is gevangin!
daz hât Dieterich getân.
nu môzin sie lasterlîche stân
die den hêrren âne nôt
zô verre habin gevalscôt   2800
mit grôzeme unrechte.»
dô gingin gôte knechte
zô deme hêrren Dieterîche
unde danketin ime grôzlîche.
daz marh virleiz Constantîn,   2805
ze vordirst her in daz gezelt ginc.
die hande nam her vor sich.
her sprach «got lône der, hêrre Dieterich.

2784 *nâchet*, mundartlich für *nâhet*. — *manic man* flexionsloser
Dat. des Adj. formelhaft. — 2786 *âne nôt*, ohne Ursache. —
2787 *hînacht* adv., in dieser, d. h. vorigen Nacht. — 2790 *trouc*
præt. von *tragen* stv., einer der seltenen Fälle, wo das hier ent-
weder durch ô oder û vertretene hochd. *uo* als *ou* erscheint, vgl. 2742.
2794 *dan* adv. von dannen. — 2798 *lasterlîche* adv., mit
laster, Schimpf und Schande. — 2800 *zô verre*, zu weit, zu
sehr. — *valscôn* swv., verläumden. — 2804 *grôzlîche* adv.;
grôzlich = *grôz*, stark, vgl. 965. — 2807 *die hande nemen*, Ge-
bärde des Bewillkommnenden, die Hände ausstrecken nach
dem Freunde. —

daz du mit dînin mannin
den kuninc hâst gevangin.   2810
eiâ tûrlîcher degin,
wilich êre dir ist geschehin!
hêtich nu sigein gôt,
des dir immir wurde nôt,
daz sal der wesen undirtân.»   2815
ir aller sorge was irgân.

Der tac begunde ûf gân,
dô salte man manic man.
Dieterich der wîgant
nam Ymelôtin bî der hant   2820
unde vôrtin vor Constantîne,
her bevalch in ime unde sînen.
dô sprach der listiger man
«wir soldin einin botin hân,
der den vrouwin sagete   2825
waz wir gevromit habeten.»
«introuwen, sprach Constantîn,
der bote saltu selve sîn
durch mîner tochter willen,
unde sage der kuninginne   2830
unde den vrouwin allin samt,
wî rîtin in daz lant

2812 *geschehin*, vgl. 2756. — 2813 *sigein*, Erweichung des *ch*
wie in *nigein* u. s. w. — 2814 *des dir wurde nôt*, dessen du
bedarfst. — 2816 *irgân* part. præt. von *irgân* stv., vergehen.
2818 *salte* scheint die hier durch Rasur undeutliche Hs. zu
meinen; ergänzt ist im Texte *man*, was der Sinn fordert und
was vor dem gleichlautenden *man* von *manic* leicht ausfallen
konnte. *salte* præt. von *sellen* swv., rechtsbeständig übergeben,
technischer Ausdruck, hier von dem Ausliefern der Gefangenen
gebraucht. Dietrich übergibt seine Gefangenen an Constantin,
den eigentlichen Herren des Kriegszuges. — 2821 *vôrtin* für
vôrte in. — 2822 *unde sînen*. Der bestimmte Art. wird in der da-
maligen Sprache gewöhnlich zu dem absolut gebrauchten Possess.
gesetzt, aber nicht nothwendig. Metrisch wäre *und den* oder
unde den sînen ebenso zuläßig. — 2826 *vromen*, *vrumen* swv.,
zu Stande bringen. — 2832 *wî* für *wir*, wie *mî* für *mir*. —

vil harte vrôlîche.
dîn volc sumelîchez
lâz mit mir hie bestân.»   2835
dô sprach der listige man,
daz her gerne dête
des in der kuninc bête.
Dieterich ginc dannin
mit sînin heimlîchen mannin   2840
unde sante daz volc zô des kuningis vanin,
her bat sie grôzen danc havin.
zô ime nam her sîne man,
swaz ir ober merc quam.
den kûnin her sagete   2845
wes her willin habete.
die tûrin wîgande
hugitin dô zô lande.

    Dannin vôr dô Dieterich.
ein zeichin daz was hêrlich   2850
brâchter zô Constantînopole,
der vil mêren burge.
mit den sînin mannin
her sprach wêre intrunnin.
dô weinte de vrouwe kuningîn   2855
«jarîâ, wâ is Constantîn
unde die wîgande
ûz von manigeme lande?

2834 *sumelîchez*, vgl. 2773, etliches, dessen Zahl unbestimmt
ist, Dietrich überlaßen bleibt. — 2842 *bat sie grôzen dank ha-*
vin, er «bat», sie sollten großen Dank haben, Höflichkeits-
formel, wo *biten* nicht viel mehr als unser «äußern» ist. —
2848 *hugitin* von *hugen*, *hügen* swv., hoffend, verlangend an
etwas denken. Sie erfahren jetzt den Entführungsplan Dietrich's,
der auch sie zu der Heimat (*zô lande*) bringen soll.
    2850 *zeichin* stn., hier technischer Ausdruck = Fahne, Feld-
zeichen. — 2854 *her sprach wêre*, engste Verknüpfung des ab-
hängigen Satzes mit dem regierenden ohne Pron. pers., damals
schon selten und mehr nur in einzelnen Formeln, nach *sprechen*,
wænen etc. — 2856 *jarîâ* Interjection aus *jâ*, *î* und *â* zusammen-
gesetzt, *r* ist bloße euphon. Vermittelung, immer schmerzliches
Erstaunen ausdrückend. — 2858 *ûz von* = *ûz*. —

Dieterich liebcr hêre,
gesê wir sie immir mêre?»   2860
«nein ir, daz weiz got,
sie hât geslagin Ymelôt   .
unde rîtit dâ here mit heris kraft.
her wil zevôrin die stat.
ich ne trûwe mich nicht ir weren.   2865
nu môz ich vliezin ober mere.
beide wîb unde kint,
wâ sie in der burg it sint,
sie kiesint alle den tôt.
sie irslêt der kuninc Ymelôt.»   2870

Dô nam daz Constantînis wîf
ir tochter die was hêrlîch
unde bâtin Dieterîche
beide grôzlîche,
daz her in hulfe ûz der heidinschefte,   2875
die dar quâmen mit heres krefte.
dô heiz der listige man
die zelder alsô lossam
der kuninginne dar ziehen
unde vôrte sie zô den kielen.   2880
dâr mugit ir geloubin
von manigir schônir vrouwin
weinin unde hantslagin.

2860 *gesê wir* für *gesehe wir*, vgl. 483. — *immir mêre* hat
hier in der zweifelnden Frage negative Färbung «niemals
wieder». — 2861 *nein ir*, vgl. 2115 über den Zusatz des
Pron. pers. zu der Negat. — 2864 *zevôrin* swv., zerstören. —
2865 *ir weren*. *ir* gen. plur. zu *er*, abhängig von *weren*, ihrer
mich zu erwehren. — 2866 *vliezin* stv., schwimmen, auch von
der Schiffahrt gebräuchlich. — 2868 *wâ* für *swâ*, wo immer,
indem damals schon das Interrogativpron. für das Relat. und
Correlat. einzeln gebraucht wird, wie jetzt allgemein. — *it*
für *icht* adv., irgend. — 2369 *kiesen* stv., erproben, erfah-
ren, hier «erleiden». — 2870 *irslêt* für *erslehet* von *erslahen*,
erslân stv.
2875 vgl. 2769. — 2878 *zelder* stm., hauptsächlich für die
Frauen bestimmte Rosse. — 2883 *hantslagin* swv., Gebärde
des heftigen Schmerzes, der Verzweiflung. —

sie ne mochtin nicht gedagin.
er zôch ein michil maginkraft   2885
nâ Dieterîche ûz der stat.
sie woldin alle ûffe den mere
vor Ymelôte den lif generen.
dô trôste sie der karge man;
her hêtiz durch eine list getân.   2890

  Dieterich heiz sîne man
vil drâte in kêl gân.
Asprîân, der helit gôt,
den kamerschaz dar în trôc.
sie gêhetin alle ûffe daz mere.   2895
dô heiz der kuninc Rôthere
die môter an deme stade stân,
die tochter in den kiel gân.
ir weinin was grôzlich.
sie sprach «owî hêrre Diederich,   2900
weme wiltu, tuginthaftir man,
unsich armen wîf lân?»
sus sprach die gôte kuningîn
«nu nim mich in den kiel dîn
zô mîner tochter lossam.»   2905
dô sprach die listige man
«vrouwe, ir solit uch wol gehavin,
Constantîn nis nicht geslagin.
Ymelôte hân wir gevangin,
iz ist Constantîne wol irgangin.   2910
her rîdit here zô lande

2884 *gedagin* swv., sich stille halten. — 2885 *er* für *ir* gen.
plur., abhängig von *maginkraft*, vgl. 597. — 2887 *den mere* nicht
von *der mere* stm., da *mere* hier im R. stets stn. ist, sondern
den steht für *dem*, vgl. 15. — 2888 *neren* swv., erhalten, retten. —
2889 *karc* adj., schlau.
  2892 *kêl = kiel. kiel* für Schiff überhaupt, wie so oft. —
2894 *kamerschaz* stm., der zur Kammer, d. h. zum fürstlichen
Privatvermögen gehörige Schatz. — 2895 *gêhetin* von *gæhen*
swv., neben *gâhen*, eilen. — 2903 *sus*, weiter, d. h. außer dem was
sie schon gesagt, sagte sie auch noch anderes. — 2907 *solit* für
mhd. *sulet, sult.* — *uch*, vgl. 496. — 2908 *nis = ni, ne ist.* —

mit lievem erande.
her komit ovir drî tage.
ir mogit eme wêrlîche sagen,
sîn tochter sî mit Rôthere   2915
gevaren westert over mere.
nu gebût mir, vrouwe hêrlich.
jone heizich niuwit Dieterich.»

«Wol mich, sprach die kuningîn,
daz ich ie gewan den lîf mîn.   2920
nu lâze dich got der gôde
durch sîne ôtmôde
die mîne tochter lossam
lange mit gemachin hân.
daz ist wâr, tûrlîcher degin,   2925
si wêre der samfter gegevin,
dan du si hâst gewunnin,
inde stundiz an mînin willin.
swie Constantîn nu den lîf
queled umbe daz schône wîf,   2930
daz ist mir daz minnist,
nu du Rôthere bist.
nu vare, tûrlîcher degin,
Sante Gilge môze dîn plegin.»
dô sprach daz schône megitîn   2935
«gehavet uch wole, môder mîn.»

2912 *erande* stn., Auftrag, Botschaft, mhd. ziemlich seltenes
Wort; das anlautende *e* ist von schwankender Quantität. —
2917 *gebût*, vgl. 2337. — 2918 *jone = joch ne*, vgl. 1246. —
niuwit = niwiht, *niht*.
     2923 vgl. 187. — 2924 *gemach* stm. und neutr., Ruhe,
Friede, Behaglichkeit. — 2926 *samfter—dan*, ohne solche
gewaltsame Scenen. — 2928 *inde*, Nebenform von *unde*,
vgl. 1304, hier den Nachsatz einführend. — 2929 *den lîf*
queled = sich quält. — 2931 *daz minnist*, der geringste Schade,
Kummer. — 2934 *Sante Gilge*, der heilige Aegidius, ein Lieb-
lingsheiliger, besonders in den westlichen Gegenden von Deutsch-
land am und über dem Niederrhein, dem gerade in dieser Zeit
sehr viele Kirchen u. s. w. gestiftet wurden. Seine Verehrung,
ist mit viel anderen Dingen zweifelhaften Werthes vom süd-
lichen Frankreich bei uns importiert. —

die vrouwen alsô lossam
gingin lachende dan
ûf den Constantînis sal
unde gunden Rôthere wal,   2940
daz in got gesande
mit êren heim zô lande.

2940 *gunden* præt. von *gan* præteritopr., ich gönne. — 2941 *gesande*, præt. von *senden*; im conditionalen oder precativen Sinne, den *ge-* bezeichnet, «senden möchte».

IX.

Als Rother übers Meer kam, fand er dort Wolfrat an
der Stelle seines Vater Amalger's von Tengelingen, der wäh-
rend seiner Abwesenheit gestorben, als seinen Stellvertreter.
Wolfrat zieht ihm mit der Schar der Vasallen entgegen und
bewillkommnet ihn wie der Dienstmann seinen Herren.
In Konstantinopel aber trifft die Nachricht von der Flucht
Rother's und der jungen Königin den rückkehrenden König
Constantin so hart, daß er ohnmächtig niedersinkt. Die Ver-
wirrung in der Stadt benutzt der in Haft befindliche Ymelot
zur Flucht.
Constantin's Schmerz und Zorn will sich durch nichts be-
sänftigen laßen, bis ihm ein Spielmann den Vorschlag macht,
die Tochter durch List wieder zurückzubringen. Es wird ein
Schiff mit kostbaren Waaren ausgerüstet und der Spielmann
besteigt es als Kaufherr, legt, in Bari gelandet, seinen Kram
aus und hat großen Zulauf, weil er die theuersten Dinge fast
um nichts verkauft. Nur einige Kieselsteine, die er eben am
Strande aufgelesen, bietet er den erstaunten Käufern zu einem
überhohen Preiße, weil es wunderkräftige Steine seien. Aber
die Königin selbst müße das Wunder dadurch, daß sie die
Kranken damit berühre, in Vollzug setzen und zwar auf dem
Schiffe, nirgends anders. Ein Kaufmann in Bari, dessen zwei
Kinder seit langem gelähmt sind, bittet sie um diesen Liebes-
dienst, den sie ihm zusagt. Sie besteigt das Schiff und im
Augenblick stößt es vom Lande. Nach Konstantinopel gebracht,
wird sie von Vater und Mutter, von dem ersten mit Freude,
von der andern mit Trauer empfangen.

Alse Rôther over mere quam,
dô wart die vrouwe lossam
swanger einis kindis,   2945
einis sêligin barnis:
dô was Emelgêr dôt,

2946 *sœlec* adj., zum Heile bestimmt. — *barn*, vgl. 2220. —
2947 *Emelgêr* = *Amelgêr*, *E* für *A* mundartlich, vgl. 775. —

die lant alle verstôrôt
van ses margrâvin,
die woldin Hademâren   2950
zô eime koninge hân genomin unde gelobet.
dê was ein rîche herzoge,
geboren von Diezen.
die Rôther gehiezen
trouwe biz her quâme,   .2955
die wertin die krône
deme rîchen ervelôsen man,
unze Wolfrât daz swert genam
an ênim schônin ringe,
der was van Tengelingen   2960
des kuningis Amelgêres sune.
izne quam van einime kunne
alsô manich tûre wîgant.

2948 *verstôrôt*, in Verstörung, Verwirrung gebracht. — 2951 *ge-
lovet*, vgl. 1570, verkündigen, ausrufen. — 2954 *geheizen* stv.,
verheißen. — 2956 *wertin* von *wern* swv., vertheidigen. —
2957 *rîchen ervelôsen man*, Rother ist gemeint, der in der Ferne
weilt und noch kinderlos war, als der Kampf zwischen Hada-
mar und dem Anhange und Geschlecht Amalger's ausbrach.
Ueber *ervelôse* vgl. 29. — 2958 *Wolfrât*. Die Hs. gibt hier *Lof-
hart*, anderwärts wechselt die Namensform zwischen *Wolfhart*
und *Wolfrât*, ganz wie in der nord. Thidrikssaga *Ulfarðr*
und *Ulfráðr* miteinander auch in derselben Hs. wechseln, aber im
Reime steht nur *Wolfrât*. — *daz swert genam*, vgl. 150; da-
durch, durch die erlangte Ritterwürde, die hier die altdeutsche
Waffenfähigkeit vertritt, wird Wolfrat fähig an die Spitze
seines Hauses, seiner und der königlichen Dienstmannen zu
treten. *genam* plusq., genommen hatte. — 2959 *ringe*, vgl. 727.
— 2961 *sune: kunne*. Dieser auffallende Reim, zu dessen Be-
seitigung nichts in der Textesüberlieferung Veranlaßung gibt,
vergleicht sich dem 498 erwähnten, wo eine ursprünglich
kurze, vorletzte Silbe im zwiefach gehobenen Reime ge-
braucht ist. Auch hier wird nicht eine geschärfte Aussprache
von *sune*, obgleich z. B. 3816 im Verse *sunne* für *sune* ge-
schrieben ist, sondern eine Dehnung des *u* anzunehmen sein.
Denn ein *kune*, entsprechend dem ahd. sehr vereinzelten *kuni*
neben *kunni*, hat sich wohl in Ableitungen (*kuninc*, *kunelinc*)
und besonders in vielen Eigennamen erhalten, aber doch wohl
schwerlich als selbständiges Wort. *einime kunne* von einem und
demselben oder einem einzigen Geschlechte. — 2963 *so* man-
cher gepriesene Held, nämlich wie von dem von Tengelingen. —

KÖNIG ROTHER.

beide liude unde lant
die beherte der tûre man,   2965
biz Rôthere wider quam.

In strîde lâgen die lant.
Rôther der wîgant
liez die wechmûdin
lutzel gerûwin;   2970
her môste durch gerichte varen.
her heiz die vrouwen bewaren
Luppolden den getrûwen man.
die andre rîtâre lossam
zô den rossin wâren sie gerech.   2975
dô reit dâr manich gôt knecht
bit Rôthere ingegin Berne
unde strichen durch die berge.
die riesen heten grôze nôt,
sie liefen alle gewâfenôt.   2980
die riesen Wolfrât an erwant,

2964 *liude*, halb ober-, halb niederd. Form für mhd. *liute* plur.
zum stn. *daz liut* oder stm. *der liut.* — 2965 *beherte* præt. von
beherten swv., festhalten, behaupten.
    2969 *wechmûde*, mhd. *wecmüede* adj., von, durch den Weg müde.
— 2970 *lutzel* adv., hier auf die Kürze der Zeit bezogen, wie
700. — 2971 *gerichte*, vgl. 735. — 2974 *die andre*, mundartlich
für *andere, ander;* die starke Form kann hier nach dem Ge-
brauch der ältern Sprache, *ander* nur stark zu flectieren, ge-
faßt werden, obgleich auch die zu 214 gegebene Erklärung zu
berücksichtigen ist. — 2975 *gerech* adj., gerüstet, bereit. —
2977 *bit* die mittel- und niederrheinische Form für *mit*, hier
zum erstenmale gebraucht, aber von da so häufig, daß sie
wahrscheinlich auch früher schon öfter in dem Original ge-
standen haben wird, wo sie der Schreiber tilgte, denn daß sie
nicht allein diesem gehört, scheint sicher. — *Berne*, Verona;
auch hieran zeigt sich der Zusammenhang der eig. Dietrichs-,
d. h. der ostgothischen Dietrichs-Sage, mit dem Rother (vgl.
Einleitung) wie ja auch Wolfrat, Amalgêr u. s. w. darauf hin-
weist. — 2981 *die riesen.* So ist an der Stelle des völlig con-
fusen hs. *die riese Wolframmen erwant* oben geschrieben. Man
dürfte auch *die riese*, von der allerdings hier nicht weiter be-
legten starken Form, die ahd. nicht selten ist, *der risi* bei-
behalten, weil sich vielleicht daraus erklärte — indem sie der

dô wîster over lant
eine vil breide menige
Rôthere zô gegine.
her infienc in mit êren   2985
alsô van rehte ein man sînen hêren. /

    Sich hôf der lût over den dôz.
dâr wart der scal harde grôz,
dâr der hêre Constantîn
reit ûf den hof sîn   2990
zô Constantînopole in der stat.
der koninc hastelîche sprach,
wâ sîn dochter wêre
daz her sie nicht insêge.
des antwarde die kuningîn   2995
«gehalt dich wale, Constantîn.
genir rîtâr êrlich,
der sich dâ nante Dieterich,

Schreiber für nom. sing. nahm — wie die offenbar als acc. ge-
meinte Form *Wolframmen* in den Text kam. *Wolfram* ist ein
Name, mit dem hier nichts anzufangen ist: entweder *Wolf-*
hart oder *Wolfrât*, vgl. 2958, ist dafür zu setzen. — *an er-*
winden stv. mit acc. der Pers., jemand zu faßen bekommen,
also hier «auf jemand stoßen». Wolfrat zieht Rother entgegen
(2982 fg.) und trifft auf die Riesen in Rother's Heer, die dessen
Vortrab bilden. — 2982 *wîster* = *wîste er*, führte er als Feld-
herr und Fürst. — 2984 *zô gegine* = *ingegine*, vgl. 1691. —
2985 *her* ist hier Wolfrat. — *in* geht auf Rother, dessen *man*,
Vasall er ist.
    2987 springt auf ein ganz anderes Local über, nach Kon-
stantinopel. Wenn auch eine kurze Schilderung der glücklichen
Rückkehr Rother's an dieser Stelle ganz begründet war, so
wird sich doch jedem unbefangenen Leser von 2943—2986 die
Ueberzeugung aufdrängen, daß dieselben weder in Stil noch
Inhalt zu dem vorhergehenden und folgenden passen und nur
den Eindruck eines dürftigen Auszugs aus einer breiteren
Darstellung machen. — *der lût*, vgl. 2162. — *over*, mhd. *über*,
infolge, aufgestört durch. — *dôz* stm., Getöse, des zurück-
kehrenden Königs Constantin und seines Heeres. — 2994 *daz*,
weil. — *insêge*, mhd. *ensæhe*, vgl. 1972. — 2996 *sich ge-*
halten stv., verbunden mit *wale*, sich zufrieden geben. —

daz was der koninc Rôthere
unde hât gevôrt over mere   3000
mîne tochter unde dîn.
wie mochte si baz bestadet sîn?
si wil der listige man
zô eineme wette hân
biz ime wirt gelônit   3005
des her der hât gedienit.
her hât uns rechte getân.
wir hêten wonderlîchen wân:
wat recken mochte dâr sô rîche sîn?
ir sît gewarnet, Constantîn: 3010
kome û imermêr gein vertriven man,
dâ solit ir ûch baz vor warnan.»

        Constantînis gemôde
sich verwandelôde,
her begunde sêre weinen   3015
inde quelite sich von leide.
her sprach «owî, vrou koningîn,
nu rouwet mich die tochter mîn,
die der kuninc Rôthere
hât gevôrt over mere.   3020
nu ist iz mich dûre bestân,
waz sô her gaf dehênin man.»
her viel von leide in unmaht.
dô zouch der burgêre kraft

3002 *baz bestadet*, vgl. 1188. — 3004 *wette* stn., Einsatz, Pfand,
Rechtsausdruck. — 3008 *wân* stm., hier «Irrthum». — 3009 *recken*
gen. von dem subst. gebrauchten *wat* abhängig = was für ein
Recke. — 3011 *kome* conj., um die Möglichkeit in der Zukunft
zu bezeichnen: sollte etwa … — *û = iu*, euch. — *gein*, ent-
weder für *sichein* oder *dehein*, irgend ein. — 3012 *sich warnan*
swv. (*a* für *e* vgl. 519) in Acht nehmen.
    3013 *gemôde* stn., hier ganz indifferent: Stimmung. — 3016 *von
leide*, durch, wegen. *leide* stf., Schmerzgefühl, Gegentheil von
liebe. — 3021 *ez bestât einen tiure*, es kommt einem theuer zu
stehen, kostet einen viel. — 3022 *waz sô* für *swaz*. — *dehênin*
für *deheinen*. — 3023 *unmaht* stf., Ohnmacht. — 3024 *zouch*
præt. von *ziehen* für hochd. *zôch*. — *kraft*, Menge, vgl. 1314. —

úz der stat mére. 3025
ire rôfin was sêre grôz.
wê wal des Ymelôt genôz!
der sîn solde plegin,
der zouch dur wunder after wegin
unde wolde gerne hân gesien 3030
waz dâ wêre gescien.
Ymelôt mit listin
begunde den lif vristin.
dô Constantîn dar nider lac,
Ymelôt hûf sich ûz der stat; 3035
in eime sciffe her intran
unde vôr bit kouffhannin dan
zô der wôsten Babilônje,
danne sich manigen koninge
von ime begeginde grôz herzeleit: 3040
des gewunnin ouch die reckin michel arbeit.

Alse Constantîn zime selvin bequam,
dô rief man wider man,
de aldin unde die jungin
«Ymelôt ist intrunnin.» 3045
«jarîâ, sprach Constantîn,
nu nemit scaz, vrou kuningîn,
unde gevit den wîganden
unde vromit si heim zô lande,

3025 entbehrt des darauf folgenden Reimverses, ohne Spur des
Verlustes in der Hs. und im Sinne. — 3026 *rôfin*, vielleicht
wôfin, Weherufen. — 3027 *des genôz*, Vortheil davon erlangte,
præt. von *geniezen* stv. — 3029 *dur wunder*, aus Neugierde,
d. h. wegen der Wunderdinge, vgl. 391. — *after wegen*, vgl.
1802. — 3030 *gesien: geschien*, mundartliche Formen für *gesên:*
geschén. — 3033 *lîf vristin* swv. = das Leben retten. — *be-*
gunde, unternahm es, præt. von *beginnen*. — 3037 *bit*, vgl.
2977. — 3039 *sich manigen konige*. Obgleich ein *sich manic*
noch nicht nachgewiesen werden kann, so wäre es doch sprach-
lich möglich, wahrscheinlich ist aber *sich* verschrieben für *sît*,
danne sît, von wo aus später. *manigen*, wie so oft *n* für *m*, vgl. 15.
3042 *zime selvin bequam*, ganz wie unser «zu sich selbst
kommen». — 3046 *jarîâ*, vgl. 2856. — 3049 *vrumen*, vgl. 2826. —

of her mich hie nâ bestê,   3050
daz mir des volkis icht zegê.»
si was des goldis milde,
si legedit ûf die scilde.
vorsten den rîchen
gaf si rîclîchen   3055
unde lônede den gôdin knechtin,
alse man noch van rechtin
plegit grôzer êren.
zô lande riden die hêren.

Dô die grôze menige   3060
gerûmde deme koninge,   *
dô sprac ein spileman
«hêrre, du salt dich wol gehân!
lônis du mir, Constantin,
ich brenge dir die tochter dîn.   3065
wir môzin aver einin kiel haven,
die maniger hande wondir trage,
golt unde steine,
wazzerperlîn kleine,
scarlachin unde pelle.   3070

3050 *of* für *obe, ob.* — *hie nâ* für *nâch*, dieser Zeit, d. h. in
der Zukunft. — 3051 *icht zegê. icht*, hier wieder in negativer
Färbung, kann also mit «nicht» übersetzt werden, obgleich es
selbstverständlich nie «nicht», sondern immer «icht» ist. Der
Gen. *des* ist von *zegê* abhängig, das wie *zerinnen* u. s. w. und
andere Theilbegriffe diesen Casus abgibt. Man sagt: mir *zer-
gât eines d.* — 3052 *goldis milde*, freigebig mit dem Golde. —
3053 *legedit* für *legede it, iz.* — *scilde*, die in alterthümlicher
Weise hier, wie in den Nibel. als das Gefäß und zugleich als das
Gemäß für das gespendete Gold gebraucht werden. — 3055 *rîc*
= *rîch*, vgl. 3062. — 3058 *plegit* für *pfligit, pfliget*, vgl. 72.
3061 *gerûmde* plusq., *rûmen* mit dat. der Pers., jemand ver-
laßen. — 3062 *sprac*, altes und niederd. *k* für *ch*, wie in *rîke*,
sic u. s. w. — 3063 *gehân* = *gehaben*, Grußformel = Heil dir!
3065 *brenge*, mundartlich für *bringe*. — 3067 *maniger hande
wundir*, allerlei wundersame Dinge. *maniger hande* adv., wie
unser «allerhand». — 3069 *wazzerperlîn* stn., wirkliche Perlen.
— 3070 *scarlachen* Fremdwort, bezieht sich nicht auf die Farbe,
sondern ist noch die Bezeichnung eines Stoffes. — *pelle*, vgl.
230, dasselbe wie *pfellel.* —

swer dâ koufen welle,
daz wir des gôde stade hân.
seszich rîtâre lossam
die solin derinne verholne sîn.
die juncvrouwen, Constantîn   3075
bedrûgit die seltsêne wât,
dat sie lîchte in den kiel gât
unde schouwet mîn krâmgewant,
sô vôre wir si in daz dîn lant.
nu sprich waz du mir biedes;   3080
unde behaget mir die miede,
ich setze in urteil den lîf,
ich nebrenge dir Rôtheres wîf.»

«Genâdhe, hêre, sprach Constantîn,
ich wîse dich ûf den scaz mîn.   3085
des nim dir, trûtgeselle,
swê vile du welles.
mir ist zô der verde liep,
ich ne versûme dich mînis dankis niet.»
der segil zô deme kiele   3090
wart gereit schiere,
dar în trouh man golt rôt,
alse der koninc gebôt,
nuschen unde bouge unde hârbant,
seltsêne krâmgewant,   3095

3072 *stude* stf., Gelegenheit. — 3074 *verholne* adv., vgl. 1931 *vor-*, 2548 *virholne*. — 3076 *bedrûgit*, mhd. *betriugit* von *betriegen* stv. — 3078 *krâmgewant*, die zum Kauf ausgelegten Stoffe. — 3079 *sô*, dann, wenn das geschieht. — 3081 *miede* stf., Lohn, Sold. — 3082 *setzen in urteil*, feierlich vor Gericht einsetzen, daß darüber ein *urteil* gesprochen werden kann, dann so viel als wetten. — 3083 *ich nebrenge*, falls ich nicht..., sollte ich nicht... 3084 *Genâdhe*, hier so viel als «Dank»; *dh* hier und an wenigen andern Stellen; häufiger steht das noch ältere *th* für hochd. *d*. — 3086 *trûtgeselle* swm., zusammengesetzt aus *trût* und *geselle*, lieber Freund. — 3089 *versûmen, einen eines d.*, einen übergehen mit... — 3091 *gereit* adj., bereit. — 3094 *nuschen* swf., Spange, vgl. 892. — *bouge*, vgl. 401. — *hârbant* stn., Haarbänder. —

daz sante Constantin
mit râde nâ der tohter sîn.
daz gôt begunde man zô tragin:
scîre wart der kiel geladhin.
veren unde spileman   3100
hûven sich alle dar an,
intgegin Bâre sciften over mere.
dô was der kuninc Rôthere
hine zô Riflande
mit sînin vîanden.   3105
dâr richte der gôde keisir
widewin unde weisin.

Dô die leide Kriechin
ze Bâre zô stiezin,
ûz gienc der spileman   3110
unde trûch der kiselinge an
vele, die her anme stade vant.
listich was der vâlant.
nu siet war zô her se wolde
oder wô si koufen solde.   3115

Des morgins, alsiz dagede,
der spileman havede
behangen sîne krâme
mit gewête seltsâne.
dô giengin die burgâre   3120
ûz der stat ze Bâre.
sie veilsceden golt unde pelle:

3089 *geladhin*, vgl. 3084. — 3100 *vere*, *verje*, *verge* swm.,
Ferge, Fähr-, Steuermann und Ruderknechte. — 3104 *Rîf-
lande*, Terra Ripariorum, an beiden Ufern des Niederrheins. —
3105 *mit*, bei, um sie zu bekämpfen. — 3106 *richte*, vgl. 1742. —
keisir, weil er Rom zur Hauptstadt hat.
3108 *leit* adj., wie unser «leidig». — *die leide*, vgl. 214. —
3109 *zô stôzen*, ans Land stoßen, vgl. 201. — 3111 *der kise-
linge* gen., abhängig von *vele* für *vile, vil*, vgl. 72. — 3112 *anme*
=*an deme*. — 3113 *vâlant*, vgl. 1160. — 3114 *siet* für *sehet*. —
3116 *alsiz* = *alse iz*. — 3118 *krâme* stf., Kramladen. —
3122 *veilscen* swv., feilschen, handeln um . . . —

«wie biedet ir dat, geselle?»
dane was nechein sô tûre dinc,
her ne gêvit umbe einin penninc.   3125
dô dûchte die burgâre,
daz her ein tôre wâre.
si kouften sîn gerête,
swat her gôtes hête.
einer die kiselinge gesach,   3130
her sprach «geselle, war zô woldit ir daz?»
dô bôt her einin an der stunt
nit wan umbe dûsint punt
des allir bestin goldis,
des die vrouwen tragen woldin.   3135
dô sprach der burgâre,
dat iz sîn spot wâre:
«ir lieget deme dûvele an daz bein,
diz dunket mich ein bôse veltstein.»

«Introuwen, sprach die spileman,   3140
ir havent ime unrehte getân,
ir velschedin âne nôt,
her ist ze manigin dingin gôt.
nême in ein kuningîn an die hant,
her lûchte ovir al diz lant.   3145
nêman ersturbe,
ê her begraven wurde,
man solden dâr mide bestrichen,

3125 *gêvit* für *gœbe iz, ez.* — 3128 *gerête* stn., Vorrath im
allgemeinen. — 3133 *nit wan*, hier: nicht anders als. — *punt*
stn., eine größere Zahl Münzen, ursprünglich von dem Ge-
wichte benannt, von verschiedenstem Werthe. — *dûsint punt,*
sehr oft sprichwörtlich für «eine hohe Geldsumme». — 3135 *des*
gen., durch sogenannte Attraction von dem vorhergehenden
des goldes abhängig. — 1338 *ir lieget deme dûvele.* Diese jeden-
falls ganz volksthümliche Redensart ist doch bis jetzt nicht
weiter nachgewiesen, Verwandtes klingt im Sprichworte an,
aber keines trifft ganz zusammen damit.

3142 *velschen* swv., verleumden. — *âne nôt*, ohne Ursache. —
3145 *lûchte* conj. præt. von *liuhten*, leuchten. — 3148 *solden*
für *solde in.* —

sô leveder sicherlîche:
nieman inis halz noch krump,   3150
her ne wurde sciere gesunt,
gerôrde in die kuningîn
mit deme gôden steine mîn.
si soldiz aver in disme sciffe dôn,
over it nis chein vrome dar zô.   3155
hête wir einin krumbin man,
inde wolde die koningîn dar în gân,
ne sî it danne nûwit wâr,
dat ich û gesagit hân,
sô heizit mich vâhen   3160
unde ûf einen boum hâhen.»

Dô sprach ein rîtâre
der geweldich was ze Bâre
«ich hân zwei wênige kindelîn
die ein jâr gelegin sîn,   3165
die wir ie môstin tragin:
ich wil it mînir vrouwen sagin.
wat of si durch ire gôde
gebôzet der selver nôde?
gehilfet in der dîn stein,   3170

3149 *leveder* für *levede, lebete er.* Die Sätze von 3147 sind
nach der schon öfter bemerkten Weise ineinander geschobene
Bedingungssätze, die wir in ganz anderer Folge stellen. —
3150 *inis* = *ni* (*ne*) *ist.* — *halz* adj., gelähmt. — *krump,* von Geburt,
oder durch Unglücksfall. — 3152 *gerôrde* von *rôren* swv.,
berühren; *ge* ersetzt das Fut. exact. — 3154 *soldiz* für *solde
iz,* d. h. das Bestreichen mit dem Stein. — 3155 *over it,* darüber
hinaus, außer dem Schiff. — *chein* für *dechein,* gewöhnlich in
der weichen Form *gein* (*g,* besonders vor *e* und *i,* in dieser Mund-
art als *gh* zu betrachten). — 3157 *inde* für *unde,* vgl. 1304. —
3158 *ne sî it,* hypothetisch negativer Zwischensatz: wenn es
nicht. — *nûwit* für *niwiht,* nicht, vgl. 2918.
3163 *geweldich* adj., angesehen und ansehnlich. — 3164 *wê-
nic,* hier vereint sich der Begriff von unglücklich (krank) und
klein. — 3167 *mîner vrouwin,* meiner Herrin, d. h. der Königin,
die ja zu dem Wunder nöthig ist. — 3168 *wat of,* niederd.
für *waz ob,* vgl. 511. — 3169 *bôzen* swv., Abhülfe schaffen. —
der selver, vgl. 214. — *nôde* gen. von *bôzen* abhängig. *ge·* gibt
hier eine dubitativ-futurale Färbung: «etwa, möglicherweise». —

daz sie geint wider heim,
ich geve der gôtes suliche kraft,
swaz du is gevôren macht.»
«liegich, sprach der spileman,
heizit mir mîn hôvet ave sclân.   3175
mir ist der lîf sô liep,
ich ne geven dir sô niet.»
sîne vrunde her dô nam,
seszên koufman,
unde gienc vor die vrouwen stân.   3180
do infinc in die rîche
harde gunstelîche
in allen den gebêren
alser ein hêrre wêre.

Dô bat her die kuninginne   3185
durch sante Pêtres willen,
dat si ûf hulfe zvên haften
von grôzen unkreften.
«daz sîn, vrouwe, mîne kint,
die lange krump gelegin sint.   3190

3171 *geint* neben *gênt*, *gânt*, wie *geit* und *gêt*, *gât*, *steit* und
stât u. s. w. nach der gewöhnlichen bindevocal. Conj. gebildete
Formen wie unser «gehe». — 3174 *liegich* für *liege ich*. *liege*
kann für *liuge* stehen, vgl. 196, denn es braucht hier nicht der
Conj. angenommen zu werden, obgleich er statthaft ist. —
3175 *hôvet*, niederd. Form für hochd. *houbit*, *houbet*. — *ave* für
ibe. — *sclân* für *slân*, vgl. 1582. — 3177 *geven* für *gibe en*,
d. h. *in. geve* für *gibe*, vgl. 196. — 3178 *vrunde*, wie gewöhnlich
Blutsfreunde: dieser Ritter gehört also, wie so häufig in den
deutschen und italienischen Städten, der Kaufmannsgilde, d. h.
den Großhändlern an. — 3179 *seszên*, niederd. Form für *sehs-
zehen*. — *koufman* plur., indem *man* auch in den Zusammen-
setzungen ebenso flexionslos wie als einfaches Wort behandelt
wird. — 3182 *gunstelîche* adv., mit *gunst*, Wohlwollen. —
3183 *in allen den gebêren*, vgl. 688; plur. des starken Neutrums
gebêre. — 3184 *ein hêrre*, als wenn er noch vornehmer wäre
als er ist, dem Herren (Fürsten)-stand, nicht bloß dem Ritter-
stand angehörte.
3187 *haft*, hier nicht wie 1194 u. s. w. von Gefangenen,
sondern von Kranken gebraucht. —

hie steit ein bî deme stade,
dar sal ich si ûf heizin tragen.
dâr liget gesteine dat ist gôt
und bôzit manigen sîner nôt.
nemet ir einin, vrouwe, an die hant,   3195
her lûchtet over alle die lant.
svilich man ersterbe,
ê her begravin werde,
woldet ir in dar mide bestrîchin,
her levede sân vrôlîchin.   3200
nêman nis halz noch krump,
her ne werde zô hant gesunt,
alsô uns gener gesaget hât,
dê si hât here brâcht.
her sprichit, insî iz niuwit wâr   3205
daz ich û gesagit hân,
daz ich in heize vâhen
unde ûf einin boum hâhen.
versôhtez, vrouwe, durch got.
is wirt û wol gelônôt,   3210
unde trôstet mîne arme kint
die nu lange gelegin sint,
wandich weiniger man
.sîn dâ michel leit hân.»

«Nu du mich, sprach die koningîn,   3215
biddis durch unsin trechtîn,
ich ne wil dir nit versagin.
nu heiz die kint zô deme sciffe tragin.»
Luppolt was ûz gegân.

3194 *bôzen*, hier mit acc. der Person, gen. der Sache. —
3202 *zô hant* adv., sogleich. — 3205 *insî. in*, proklitische Ne-
gationspart., die hier selten in dieser Form erscheint, vgl. 1972. —
3209 *versôhtez* für *versôchetez*. Die Hs. gibt *versohez*, also den
Sing. Der Wechsel in der Anrede zwischen sing. und plur. ist
hier durchaus hergebracht, aber an dieser Stelle wegen des paral-
lelen *trôstet* doch nicht zuzugeben. — 3210 *is*, gen. von *gelônôt*
abhängig. — 3214 *sîn*, gen. des Reflexiv für das Pron. 3. Pers.
3216 *unsin*, vgl. 604. — *trechtîn*, vgl. 1416. — 3219 *gegân*,
part. præt. von *gân*. —

zvênzich ritâr lossam   3220
volgeden der vrouwen zô deme kiele,
dar quâmen die siechen sciere,
den sû dâr gôt solde sîn.
in den kiel trat die koningîn.
«wol ûf, sprach der spileman,   3225
zô den Kriechen wille wir varn.
siet wâr daz wîf stât,
die uns here gemout hât.»
dô sprungin vil sciere
die Kriechen zô deme kiele,   3230
die krumben wurfen sie an daz stat,
gêneme wart der hantslac.
die der vrouwen soldin plegen,
die vôrden die Kriechen after wegen.
nu siet zô deme vâlandes man,   3235
wie her dat wîf gewan.

Die Kriechen hûven sich dan.
die vrouwe vrâgede den spileman,
wie in dare sande
zô deme selvin lande.   3240
«daz dede mîn hêrre Constantîn,
der lieve vater dîn
sante uns ovir mere.»
«owî koninc Rôthere,
sprach daz wênige wîf,   3245
wie du nu dînen lif
beginnis quelin umbe mich,
sô duon ich mînin umbe dich.»

3223 *sû* nom. sing. fem., hochd. *siu*. — *gòt*, freundlich, hülf-
reich. — 3227 *siet* für *sehet* = 3235; *siet wâr*, seht wie da = seht,
dort steht. — 3228 *gemout* für mhd. *gemuot* von *müen, müejen*
swv., in mundartlicher Umkehrung des *uo* in *ou* oder richtiger
Erweiterung des alten *ò* in *ou*. — 3232 *gêneme* für hochd.
cheineme, vgl. 3155. — *hantslac* stm., das Bestreichen mit der
Hand. — 3235 *vâlandes man*, vgl. 1160, ganz wie unser
«Teufels Kerl», nur ohne den humoristischen Beigeschmack.
3239 *wie* für *wer* niederd. Form, vgl. 1426.

Die vrouwen gehâtin sich ovele.
zô Constantînopole   3250
vôrde sie die spileman.
wie scîre nûmêre quam,
den vorsten wêre gelungin!
aldin unde jungin
heizin sie willekomin sîn.   3255
in den kiel trat Constantîn
unde nam die tohter bî der hant
unde vôrde sie ûf daz lant.
her halste sie unde kuste,
wie wol in des geluste!   3260
die môder weinende gienc,
ir tohter sie ungerne infienc.
swaz die môder redede,
die tochter iz alliz dolede.
Constantîne was vil liep,   3265
her inhâte ûf ire sprechin niet,
her liez si svîgin unde dagin,
biz si is gnôch mohte havin.

3249 *gehâtin* von *gehâben*, *gehân*, vgl. 3063. — 3252 *nû-
mêre, niumœre* stn., neue Kunde, hier Kunde überhaupt. —
3253 *den vorsten*, muß sich auf Constantin beziehen, denn jeder
kuninc ist auch ein *vurste*. *den* für *dem*. — 3254 *aldin unde
jungin*, die schwache Form des Adj. substant. gebraucht. —
3259 *halsen*, hier schwach conj., umhalsen. Das Object (*sie*),
das zu beiden Verben gehört, wird in der ältern Sprache ge-
wöhnlich zu dem ersten, nicht wie jetzt zum zweiten gesetzt. —
3260 *geluste*, præt. von *gelusten*, Wohlgefallen empfinden an
etwas; öfters wiederkehrende Formel bei *kuste*. — 3264 *doln*
swv., erdulden, d. h. hier schweigend über sich ergehen laßen,
anhören. — 3265 *was vil liep* wie das adv. *liebe*, angenehm
zu Muthe. — 3266 *inhâte* von *in-*, *ent-haben* swv. — *ûf ent-
haben* mit acc., etwas aufhalten, er hielt ihre, d. h. der Mutter
Rede nicht auf, er ließ sie reden, so viel sie wollte. — 3267 *si*
bezieht sich auf die Tochter; die Tochter ließ er gleichfalls
thun was sie wollte, nämlich schweigen. — *dagen* swv., syno-
nym von *swîgen*. — 3268 *gnôch* für *genuoc*, davon *is* nämlich
swîgen abhängig.

X

Rother war gerade in Rifland abwesend, als die Entführung der Königin geschah. Zurückgekehrt, fügt er sich standhaft in das Unglück, ohne irgend einem seiner Mannen Vorwürfe zu machen. Dafür erbieten sich diese ihm mit ihrer ganzen Kraft zu helfen, sein Weib wieder zu gewinnen. Eine große Flotte wird gerüstet, die in sechs Wochen den König und sein Heer von Bare an die griechische Küste bringt. Dort gelandet, beschließt Rother, sein übriges Heer im versteckten Lager zwischen Wald und Gebirge zu laßen, er selbst geht als ein wallender Mann in Begleitung Berchter's und Lupold's auf die Stadt zu.

———————

Do erscal daz nûmâre
ovir al die stat zô Bâre,   3270
daz die vrouwe was verlorn.
si vorten Rôtheres zorn:
beide wîf unde man,
sie woldin alle inwech gân.
dô quam der helit Luppolt   3275
und trôste daz trûrige volc,
her bat sie dâr belîven:
des inwêre negein zvîvel,
her ne gewunne die hulde,
daz Rôther die sculde   3280
an ir negeime rêche

———————

3272 *vorten* für *vorhten*, præt. von *vürhten*. — 3274 *inwech*, mhd. *enwec*, præp. *in* und subst. *wec*, adv., fort. — 3278 *inwêre* für mhd. *enwære*, *ne wære*. — *zvîvel* stm., Zweifel; davon *des* abhängig und der negativ bedingte Satz *her ne gewunne*. — 3279 *hulde*, hier wie 2947 plur., ebenso 3280 *schulde*. — 3281 *negeime* für *necheineme*. — *rêche* für *ræche* von *rechen* stv. —

oder iht leides spréche.
dô vielen al gelîche
die burgêre alsô rîche
zô den vôzen Luppolde.   3285
sie sprâchen, svaz her wolde,
des volgeden sie ûf sînen trôst.
ir sorge wâren vile grôz.
dô sprach der hêrre vile gôt
«got helfe uns ûzer nôt!   3290
mînes hêrren trûwe is so vil,
wir genesen wol, of iz got wil.»

   Von dem tage over siven nacht
dô quam mit grôzer heres kraft
Rôther der hêre   3295
unde vant leide mêre.
Luppolt der getrûwe man,
der gienc vor den hêrren allezan
unde sprach zô deme koninge hêrlich
«ich hân mich, hêrre, wider dich   3300
ovele behalden, Rôthere.
din wîf ist wider over mere.
daz havet Constantînis man
mit grôzen listen getân.
nu vortich, hêrre, dînen zorn,   3305
daz mer der lîf sî verlorn.
hie steit mîn brôder Erwîn.
her lach durch den willin dîn
zô Kriechen vil manigen tach,
daz her die sunne nie gesach.   3310

_____

3287 ûf sînen trôst, auf den Trost hin, der von ihm ausgieng. —
des von volgeden abhängig. — 3290 ûzer præp., so viel als ûz. —
3292 genesen, retten uns, werden gerettet, vgl. 707.
3293 siven nacht, vgl. 1293. — 3298 allezan zusammen-
gesetztes adv. aus allez und ane, sofort; für das hs. allestan,
indem öfter st für z, gleichsam nach hoch- und niederd. Aus-
sprache zusammen, geschrieben steht. — 3301 mich ovele (mhd.
übele adv.) behalten wider dich, die Pflicht schlecht bewahrt gegen
dich. — 3305 vortich für vorhte, mhd. vürhte ich. — 3307 steit
für stêt, stât, wie geit für gêt, vgl. 3171. — 3310 die sunne,
hier stark flectiert, 345 schwach. —

mohte wir sin geniezin,
daz ir genesen liezin
ein vil unsculdige diet,
die nehât dir getân niet.
ich nam die burgâre,   3315
die woldin ûzer Bâre
alle iren wech gân.
ûf mînin trôst sîn sie hie bestân.
ich bin eine sculdich wider dich,
du salt richtin over mich.   3320
daz ist billich unde recht.
waz bedorfte ein gôt knecht
rîchtûmes mêre,
behêlde her trûwe und êre?
nu ich des nîne hân getân,   3325
nu lâz iz mir an den lif gân.»

Nu vernemet wie Rôther sprach,
deme daz herzeleit gescach.
vor den hêrren allin samt
nam her Luppolde mit der hant   3330
unde kusten vor den munt sîn:
«gehave dich wol, neve mîn,

3312 *liezin* 2. Pers. plur. præt. conj., vgl. 37. — 3318 *ûf mînin
trôst*, vgl. 3287. — 3319 *eine*, allein. — 3324 *behêlde* für mhd.
behielte, vgl. 3301. — 3325 *nîne*, vgl. 1199.
    3331 *kusten* für *kuste in*. — 3332 *gehave dich wol*, die
Phrase, jetzt bloß beim Abschied gebraucht, hat in der ältern
Sprache noch ganz den allgemeinen Sinn, den die Bedeutung
von *gehaben* anzeigt, zugleich die Nebenbedeutung «sei unbe-
sorgt». — *neve* swm., ist zwar buchstäblich unser «Neffe»,
wird aber nicht mit so genauer Beschränkung auf einen
einzigen Verwandtschaftsgrad gebraucht, sondern für alle mög-
lichen, hauptsächlich wo ein jüngerer und abhängiger dem
älteren und vornehmeren gegenübersteht, oder auch wo eine
besondere Traulichkeit des Tones angeschlagen werden soll,
daher gewöhnlich zur Uebersetzung unser «Vetter», was wir
jetzt ebenso weitschichtig verwenden, beßer paßt als «Neffe»
oder gar «Oheim», obgleich natürlich gelegentlich auch vom
Neffen in unserm Sinne genommen, Oheim gesagt werden kann
und umgekehrt. —

war umbe quelis du den lîf?
iz levet sô manich schône wîf.
is uns aver sichein gôt   3335
von der vrouwen geordinôt,
daz mach ze jungest wal irgân.
svîch, tugenthafter man.
vorchtes du mînen zorn,
sô wêre dîn dienest ovele verlorn   3340
daz du mir dicke hâst getân.
jâ lêge du helt lossam
zô Kriechen dritehalf jâr
dînes lîves harte ungewâr,
unde manich rîtâr êrlich.   3345
gezornitich immir widir dich,
sô dâdich alse Jûdas,
der sich selvin virlôs.
du salt den burgêren sagin,
daz sie sich alle wal gehavin.»   3350

    Dâr hôrde manich gôt knecht
Rôtheres lantrecht

3336 *gôt geordinôt*, ein Heil geordnet, bestimmt. *gôt* in dem Sinne von Glücksgut, Glück. — 3337 *ze jungest*, vgl. 373. — 3339 *vorchtes* für *vorhtest* conj. præt. von *vürhten*. — 3340 *ovele*, vgl. 3301, hier eigentlich neben *verlorn* überflüßig, aber als Verstärkung des Ausdrucks hinzugesetzt. — 3342 *lêge*, 2. Pers. sing. præt. ind. von *ligen*. — 3343 *dritehalf jâr*. Die mit *halb*-zusammengesetzten Zahladj. werden entweder regelmäßig flectiert, also *dritehalbez jâr*, oder flexionslos wie hier gebraucht. — 3344 *ungewâr* adj., mhd. *ungewære* mit gen., unsicher, ungewiß, in Gefahr. — 3346 *gezornitich* für *gezürnete ich*. — 3347 *dâdich* für *tæte ich*. Der Reim *Jûdas: lôs* ist um so auffallender, weil *a* in *Jûdas* nach sonstiger mhd. Aussprache kurz ist. Wäre es lang, würde es weniger befremden, indem sich *â* und *ô* in dieser Mundart, wie *ă* und *ŏ* häufig nahe berühren, wohl auch miteinander wechseln. — 3348 *virlôs* von *verliesen*, in transitivischer Bedeutung: zu Grunde richten. — 3350 *wal ge-havin*, vgl. 3332.
    3352 *lantrecht* stn., das, was als allgemeine Sitte und Recht (beide Begriffe untrennbar verbunden) gilt, oder was im einzelnen Falle von dem dazu Befugten (Fürsten, Richter) nicht

unde wie sîn zorn was getân.
der herzoge von Merân
gienc gezogenlîche   3355
vor den koninc rîche
unde lachede vor lieve:
«nu lâze dich got virdienen
daz du Luppolde hâst getân
an mir armen man.   3360
hûde hât dîn trûwe
die aldin zucht genûwet
der dîn vater plegete
die wîle daz her levete.
unde wâre mîn lîf zvâre   3365
alse vor vonfzich jâren,
so verdiendich dise êre
unde edlîche mêre.
nune mach des leider niwet sîn.
nu hât der koninc Constantîn   3370
etelîcheme gemachet mô,
dar gedenket, jungelinge, zô,
die hie intgegenwart stân.
daz ist des vâlandes man.
ich gemezze, Rôthere,   3375
wir solin mit kreften over mere.
mir nist der bart nie sô grâ,
daz ich hie heime bestâ.»

---

aus eigenem Ermeßen, wenn auch durch eigenen Mund, son-
dern aus dem Volksbewußtsein heraus bestimmt und ent-
schieden wird. — 3353 *getân*, so viel als beschaffen, geartet. —
3357 *lieve*, vgl. 1352. — 1359 *daz*, demonst. und relat. zu-
sammen, das was. — 3360 *an mir*, auf *vird.* bezogen. Gott
laße es geschehen, daß ich durch meine Thaten dir den Dank
abstatte für das, was du an Luppold gethan. — 3363 *plegen*,
pflegen swv., intensiv zu *pflegen* stv. — 3368 *edlîche*,
mundartliche Nebenform für *ete-etteliche*. — 3369 *nune* für
nu ne. — *niwet* = *niwiht*, davon *des* abhängig. — 3371 *mô*,
mhd. *muo*, *müeje* stf., Mühe, Noth. — 3373 *intgegenwart*
= *en*, d. h. *in*, *t* euphon. eingeschoben, *gegenwart*, *wert*,
eigentlich «gegenüber» adv., wie unser «gegenwärtig». —
3374 *vâlandes man*, vgl. 3235. — 3375 *gemezzen* stv., ur-
theilen, und infolge deßen «Rath geben». — 3377 *nie*, bloß Ver-

«Wâr sint nu, sprach Aspriân,
mînes hêrren Rôtheres man   3380
den her ie sîn gôt gaf
unde den kreftigen scaz?
nu bedarf her an der nôde.»
dô drungin helede gôde
vaste zô deme ringe...   3385
unde erven manich lantrecht.
dâr lovete manich gôt knecht
Rôthere deme rîchen
harde vromelîche,
quêmez ime an die nôt,   3390
si riden mit ime an den dôt.
lûde rief Widolt
«hie ist ein hêrlîcher volc;
lant unde mâge
setzent sie an die wâge   3395
durch dînen willen, Rôthere.
wir solin dir helpin ovir mere.
sver dir icht dienet,
deme wirt wal gelônet.
uns havint Constantînes man   3400
ein grôz herzeleit getân.
genuzzen si des, daz wêre mer zorn,
sô hetich och einin michelen louf verlorn.»

stärkung der Negation ohne sichtbare Beziehung auf die Zeit. —
yrá, vgl. 2469.
3382 *kreftic* adj., die Bedeutung von *kraft*, Zahl und
innere Kraft, Stärke, Tüchtigkeit vereinigend. — 3383 *her*
für *herer*, *ir*, ihrer, könnte also der Deutlichkeit halber
herr geschrieben werden. — 3385 Daß nach 3385 eine Lücke
ist, ergibt nicht bloß der fehlende Reim, sondern noch
mehr der unterbrochene Zusammenhang der Darstellung. —
3386 *lantrecht*, vgl. 3352, hier: was dem einzelnen an Recht
und Besitz, Ehre und Standesrechten kraft des allgemeinen
Herkommens und der Sitte gebührt. — 3387 *loben* swv., so
viel als unser «geloben». — 3390 *quêmez* für *quœme ez*, conj.
præt. von *kumen*. — 3393 *volc* hier stm., wie in der älteren
Sprache häufiger als später, aber ohne Unterschied der Be-
deutung. — 3395 *wâge* stf., Wage, als bildlicher Ausdruck für
Wagniß. — 3403 *michelen louf*, seinen großen Weg, den er

Dô sprach der helit Wolfrât
«nu iz Widolt gelovet hât,   3405
daz wir deme koninge Rôthere
solin helfen over mere,
ich vôre ûzer mînen lande
der tûren wîgande ˙
eine michele scare,   3410
zvelif dûsent rîtâre wallegare.
Luppolde zvâren
wil ich sîn êre waren.
der hêrre ist mîn konlinc.
iz ist ein cristenlîch dinc,   .   3415
daz beide brôthere unde nevin
bit ein ander rechte levin.
sver den vrunt durch sîn eines rât
verlâzet, so iz ime an die nôt gât,
gesviche her deme lantman,   3420
her hête michel baz getân.»

---

von dem Riesenlande in Begleitung seines Herren Asprian zu
Rother gemacht, oder vielleicht sprichwörtlich: *louf=wettelouf*.
— *och = ouch*, vgl. 854.

3411 *wallegare* wie *wîcgare* u. s. w. gebildet: gerüstet nicht
zur «Wallfahrt», sondern zur Fahrt, zum «wallen», was diese
allgemeine Bedeutung hat und erst allmählich sich auf die
heutige engere zusammenzieht. Nicht zu verschweigen ist,
daß unten 4082 *wole gare* in derselben Situation, für vollstän-
dig gerüstete Ritter gebraucht wird, sodaß *walle gare* hier für
wale, d. h. *wole* geschrieben sein könnte; *wallegar* ist bis jetzt
nicht weiter nachgewiesen, doch ist gegen die richtige Bildung
des Wortes nichts einzuwenden. — 3413 *waren: zwâren*, einer
der 2497 bemerkten Fälle von Dehnung der vorletzten kurzen
Silbe im zweisilbigen Reim. — 3414 *konlinc* stm., Geschlechts-
genoße, Verwandter, von *künne* stn., seltenes und alterthüm-
liches Wort. — 3416 *brôthere*, mit alterthümlichem *th* für das
neuere *d*. — 3417 *ein ander*, hier nach der gewöhnlichen Weise
indeclinabel gebraucht. — 3418 *vrunt*, wie gewöhnlich Bluts-
freund, vgl. 443. — *durch sîn eines rât*, indem er, der eine,
die Veranlaßung dazu gibt oder sich dazu entschließt, während
der andere unschuldig ist. — 3419 *ime* bezieht sich auf den
andern, den Verwandten. — 3420 *gesviche* von *geswîchen* stv.,
im Stiche laßen, in böslicher oder verrätherischer Art. —
lantman stm., Landsmann.

«Berchter der rîche
der tede vromelîche:
dô mîn vatir was virtriben,
her gewan ime sîn lant wider   3425
her erslûch Elvewîne,
einen herzogen van Rîne,
der was ein vreisclîcher man,
her hâte uns michil leith getân.
von den sculdin sînen,   3430
Luppolt, trût neve mîne,
sô wil ich imer dir bî stân
die wîle ich daz levin hân.»
sus vermaz sich in deme ringe
der hêre von Tengelingen.   3435

«Wâr sîn mîne mâge unde man?
wir sulin sicherlîche varn
in daz Constantînis lant,
sprach Luppolt der helet balt.
nu mîn neve Wolfrât,   3440
als er gelovet hât,
rîdet heim ze lande
nâ den wiganden,
sô vôrich helede junge
zô der samenunge   3445

3426 *Elvewîne.* Von diesem *Elvewîn* ist, wie überhaupt von dem
ganzen wesentlich bairischen Sagenkreiße, deßen Mitte Wolf-
rat darstellt, nichts bekannt. Man hat wegen der Identität
des Namens an Alboin den Langobardenkönig gedacht, aber
nicht nachgewiesen, wie der an den Rhein kommt. — 3428 *vreis-
clîcher* = *vreislîcher.* — 3429 *leith*, vgl. 1740 und 3418. —
3430 *sculde* überhaupt: Ursache, Veranlaßung, die in einer
guten oder bösen That liegt, hier auf *Berchter* bezogen:
um seiner guten Handlung gegen meinen Vater willen. —
3431 *mîne* schwache Form, hier offenbar nur des zweisilbigen
Reimes wegen. — 3434 *sus*, nicht wie 2903 in der Mitte der
Rede, sondern im Abschluß, wo sonst *alsus* gebraucht wird. —
sich vermezzen, weniger hier: sich anheischig machen, als: mit
Nachdruck erklären, sagen.
3445 *samenunge* stf., Versammlung des ganzen ritterlichen
Aufgebotes und Ort desselben. —

ûz der stat zô Meylân,
die ich von Rôthere hân,
zvênzich dûsint manne
mit snêwîzen brunnen.
des sî ein tach gesprochin   3450
van hûte ober zvelf wochin
her zô Bâre ûf den sant.»
daz gelovete manich wîgant
vor Rôthere deme rîchen
harde vromelîche.   3455

    Dô sprach der herzoge von Merân
«zvênzich dûsint lofsam
der salt du wartin, Rôthere,
von mir ze volleist over mere.
ich gelove dir an die trûwe mîn,   3460
widervert mir Constantîn,
deme wirt lîchte ein sverdis slach,
daz her gedenken nîne mach
of ime die tohter ie wurde liep.
stervich ê des, inmach ich dan niet,   3465
daz inwîze mir negein man,

3446 *Meylân*, Mailand. *Merân*, wie früher vorgeschlagen wurde,
dafür zu setzen, ist schon deshalb unstatthaft, weil zur Zeit,
als dieß Gedicht entstand, es noch keine *stat ze Merân*, wohl
aber Grafen und Herzoge, die sich so nach dem Landesnamen
M. nannten, gab. — 3449 *brunnen*, sonst ist die ältere Form
brunje gewöhnlich, vgl. 686; an dieser Stelle und 4106 ist des
Reimes wegen *brunne* gesetzt. — 3450 *des*, in Beziehung darauf,
dafür. — *einen tach sprechen*, verkündigen, anberaumen. —
3452 *sant*, vgl. 833.
    3457 *lofsam*, also das bekannte *lovesam*, erscheint hier zu-
erst in der Hs. aber als *lufsam* geschrieben; über *lussam, lossam*
u. s. w. vgl. 749. — 3458 *wartin*, gewärtig sein. — 3459 *volleist*
stm. oder stf.? Beistand, Hülfe. — 3461 *widervarn* stv.,
begegnen. — 3462 *lîchte* adv., wahrscheinlich, vgl. 1008. —
3465 *stervich* für *sterbe ich*, hier wohl conj. als dubitat.
im bedingten Satze, obwol der zweite eingeschobene des-
selben Gehaltes *inmach ich dan niet*, indicat. ausgedrückt
ist. — *ê des*. *ê* wie in unserm «ehedem» als præp. gebraucht. —
inmach für *ni, ne mach*, wie in *inwîze*. — 3466 *wîzen* stv., zum Vor-
wurf machen, zur Last legen. — *daz* bezieht sich nicht auf das

wande her hât mir michel leit getân.
mich dvinget noch die alde nôt,
daz her Luppolde sô hât gemarterôt.»

Die hêrren lâgen over nacht   3470
ze Bâre in der stat.
des morgenis rûmten si den sant.
dô strichen vorsten ober lant,
Luppolt gegen Meylân,
Berchtere ze Merân.   3475
dô reit ein helit junge
gegen Tengelingen,
daz was der helit Wolfrât,
als uns daz bûch gezalt hât,
mit wie getânen êrin   3480
sie Rôthere deme hêrin
gewunnin die vil gôden
Pipînchînes môder,
von deme uns Karle sît bequam
unde eine magit lossam,   3485

Gelingen oder Nichtgelingen seiner Rache, sondern auf den
Vorsatz der Rache überhaupt, die auch, wenn sie nicht gelingt,
doch berechtigt ist. — 3469 *gemarterôt* von *marterôn* oder
martelôn swv., martern.
    3473 *strichen* von *strîchen* stv., vgl. 2978, sich eilends be-
wegen. — 3483. Hier wird auf einmal die Königin zur Mutter
eines benannten Sohnes gemacht (oben ist bloß von einem *barn*
im allgemeinen die Rede) und dieser Sohn mit Pipin, dem
Vater Karl's des Großen, identificiert. Ueber die innern Ver-
bindungsgelenke der Sage vgl. die Einleitung. *Pipînchînes*, so
statt des *Pipînchis* der Hs., also die deminutive oder Koseform,
vielleicht mit Erinnerung an den damals schon sehr üblichen
Beinamen des Helden *brevis*. Anderwärts erscheint die ein-
fache Form *Pip- Pippîn*, aber 5042 steht wieder *Pippingis*. Alle
andern Deminutivformen zeigen hier das hochd. *-lîn*, nicht das
niederd. *-kîn*, *chîn*. — 3484 *uns*, d. h. der ganzen christlichen
Welt, insbesondere aber den Franken am Niederrhein, denen er
als specieller Landsmann im Leben und Tod angehörte. —
Karle braucht keine weitere Bezeichnung im ganzen deutschen
Mittelalter, denn «Karl der Große» ist erst auf gelehrtem Wege
in unsere Sprache gekommen. —

die góde sancte Gêrdrût.
dâr zô Nivelle hât sie hûs
unde hilfit den ellenden
gerne ûz den sunden.
von dû nis daz liet   3490
von lugenen gedihtet niet.

  Der zít iz nâhen began.
sich vazzede manich man
in die grôzen herevart
die Rôthere gelovet hât.   3495
dô streich ein alder wîgant
wol gevazzit over lant
in die stat ze Bâre
unde sagete lieve mâre,
daz quême manich hereman.   3500
her reit ein ros lovesam
unde vôrde in deme scilde sin
eine bukelen guldîn.
der scilt was alsô getân
daz her alse ein vûr bran   3505
von deme overglaste.

3486 *Gêrdrût*, gest. 658 als Aebtissin von Nivelle, ist nun frei-
lich nicht die Schwester Karl's des Großen, weil sie nicht
die Tochter des jüngern König Pipin's, sondern eines viel
ältern Pipin und der Ita ist. Da sie aber die gefeiertste Heilige
des fränkischen Königshauses ist, so wird sie zur Schwester
des größten Königs desselben gemacht. St. Gertrud ist die
populärste Heilige von Nordwestdeutschland, wie ihre unzähligen
Kirchen in Belgien und am Niederrhein, die zahlreichen davon
abgeleiteten Ortsnamen und die Verbreitung ihres Namens als
Taufname noch heute, gerade so wie seit 1000 Jahren, be-
weisen. Daß sie diese Popularität ebenso sehr ihrer Verbin-
dung mit Karl dem Großen, wie starken Reminiscenzen an
eine heidnische Gottheit (ihr Name selbst ist der einer Wal-
küre) verdankt, liegt auf der Hand. — 3490 *von dû*, vgl.
303 und die Einleitung.
    3493 *vazzede*, vgl. 157. — 3500 *hereman* stm., Kriegs-
mann, ebenso nom. appell. wie propr. — 3503 *bukele* swf.,
Buckel im Gegensatz zu *rant*, die erhabene Mitte des Schildes. —
3505 *ein vûr*, Feuerstrahl. — 3506 *overglaste*, vgl. 1867. —

her troch ein brunjen vaste,
ûf den gurtel ginc im der bart.
nichein hêre newart
bî den zîten alsô lofsam   3510
alse der hêre van Merân.
Rôther der rîche
entfinc in vromelîche,
alsô tede Asprîân
unde Widolt der kône man.   3515
her sprach «eiâ koninc edele,
nunc halt dich nicht ovele
unde gif mir daz boden brôt.
dir komet manich helit gôt.
nim die burgâre   3520
unde rît ûz ze Bâre
ûf den sant lofsam.
du gesiest edelîchen man
ê dise dach ende.
ich bin vore gesendet   3525
daz ich der, hêrre, sal sagin
wie grôze maginkraft si havin.»

Rôther unde Asprîân
unde Widolt der kône man,
die nâmen die burgâre   3530
unde riden ûz ze Bâre
ûf einin sant lofsam
unde wartin allinthalvin dan.
dô sâgen si under luften
volc bit grôzin kreften   3535
rîden wol gewâfenôt.
dar brâchte manigen helet gôt
Luppolt, der getrûe man,

3518 *boden brôt*, metaphor. für Botenlohn überhaupt. — 3523 *ge-
siest* für *gesihest*. — 3524 *dise*, niederd. Form neben und für
diser, nom. sing. masc. — 3527 *maginkraft*, vgl. 597.
    3532 *lofsam* steht hier und 3523 in der Hs., obgleich man
eher *lossam* = *lustsam* erwartet hätte. — 3534 *sâgen* für
sâhen. — *under luften*, in freier Luft. — 3538 *getrûe*, mhd.
getriuwe. —

unde vôrde einin hêrlîchen van.
alsin der wint hete verwandelôt,   3540
sô lûchte dar ane daz golt rôt
in allin den gebêrin
alsiz himelblicke wêrin.
dô sprâchin die burgâre
ûzer der stat ze Bâre   3545
«genêdeclîcher trechtîn,
wer mach geniz volc sîn
bî deme vanen wol getân?»
dô sprach der herzoge von Merân
«Rôther, lieve hêrre mîn,   3550
dat sîn die nôtstadele dîn.
jeniz zeichen lossam
vôrit Luppolt, der getrûe man.
der verdienet hûde sîn grâfscaft,
daz du ir ime wole gunnen macht.   3555
iz ist harde wêhe undersniden,
dâr rîdent zvênzich dûsint mide
alsô getâner hereman,
daz dâr niwit mach vore bestân.
die vôrich unde mîne kint   3560
durch dînen willin in den sint.»

    Dô lûchten in strîte over lant
smaracten unde jâchant

3540 *verwandelôn* swv., umdrehen, herumwerfen. — 3542 *in allin den gebêrin*, vgl. 3185. — 3543 *himelblic* stm., Blitz vom Himmel, d. h. Blitz in der jetzt gewöhnlichen Bedeutung. — 3551 *nôtstadele*, gewöhnlich swm., hier aber stm., Helfer, Genoße, verbunden durch dauernde Bande, der Mannschaft, des Blutes u. s. w. Die Hs. gibt *nôtstadele mîn*, was richtig sein könnte, denn dieß Heer besteht aus *nôtstad.* ebenso gut Berchter's wie Rother's, auch der etwas bedenkliche rührende Reim ließe sich noch entschuldigen, aber die Vermuthung eines bloßen Schreibfehlers der immer nachläßiger werdenden Hs. liegt doch zu nahe. — 3552 *zeichen*, vgl. 2850. — 3555 *ir* auf *grâfscaft* bezogen, von *gunnen* abhängig. — 3556 *wêhe*, mhd. *wæhe*, zierlich, geschmackvoll, vgl. 406. — *undersniden*, part. præt. pass. von *undersnîden* stv., in verschiedene Abtheilungen zerschneiden, zerlegen. — 3561 *sint*, vgl. 1941. — 3562 *in strîte*, im Wettstreit. — 3563 *smaracten*, Smaragde. — *jâchant*, vgl. 223. —

neven der Luppoldis scare.
deme einin vanen snêvare   3565
deme volgedin jungelinge,
die vôrde van Tengelingen
Wolfrât, der junge man.
dâr riden vonfzich dûsint an
der ûz genomenen diete,   3570
in allin êrin stête.
pellin unde kleine gewîre,
die scônen gezîre
die dâr ie dechein man
ze herverte gewan,   3575
die vôrtin si an den rossen.
in pellînen rocken
quam die beirische diet.
iz ne belûchte nie chein liet
alsô manigen helm gôt   3580
mit golde wol gezierôt,
dan der helet Wolfrât
sîme neven hête brâcht.
iz scînet den Beieren imer mêr an:
da ist noch manich wâtziere man.   3585

    Alse die helede gôte
geherbergôten
ûffe den sant bî dem merc,
dô gienc der koninc Rôthere
und infienc mit grôzen êren   3590
Luppolde den hêrren

3564 *neven*, abgekürzt aus *in-eneven*, neben. — 3570 *ûz ge-*
nomen, ausgezeichnet, vgl. 2222. — 3571 *in allen êren stête*,
mhd. *stœte*, fest, beständig. — 3572 *pelle*, vgl. 3070. — *ge-*
wîre, vgl. 793. — *kleine*, zierlich, kostbar, vgl. 871. —
3573 *die scônin gezîre*, *die dâr ie* ..., wo die correcte Aus-
drucksweise entweder den Superl. *die scônesten geziere* oder
Compar. *scônere geziere dan ie dehein man* verlangt hätte. Wei-
teres darüber 3726. — 3577 *pellîn*, adj. von *pelle* gemacht.
— 3579 *liet*, mit ausgestoßenem Guttural für *lieht*, wie so
oft in dieser Mundart in der Verb. *ht* das *h* ausgestoßen wird. —
3585 *wâtziere* adj., kleidgeschmückt, also schön gekleidet.

unde Wolfrâtin
unde manigen helet gôtin.
die heiz her willekomin sîn.
«owî, Rôther hêrre mîn,   3595
sprach der riese Asprîân,
daz ich nicht samenunge nehân
ûzer mîneme lande   \
der tûeren wîgande,
daz machit daz si verre sîn.   3600
nu môz ich leider eine sîn.»
«svîgit, hêre Aspriân,
sprach Widolt der kône man,
dâr zô Constantînopole,
in der mêren burge,   3605
nist negeinis salis dure,
unde gestellit ir mich dâ vure,
ist dâr dan ieman inne,
sich hevet ein unminne,
daz man sie biz tômes tach   3610
mit necheinen êren verreden inmach.»

Die hêren wâren dâr over nacht
biz an den anderen tach.
dô nam der hêre von Merân
Luppolden den getrûwen man   3615
unde Wolfrâte.
sie giengen vile drâte,
die svert drûch Erwîn,
daz gebôt ime der vater sîn.

3599 Wie mhd. neben *tiure* aus euphon. Gründen (vor
dem *r*) *tiuwer*, so hier *tûer* neben *tûre*. — 3600 *daz machit*,
davon ist der Grund, daß sie. — 3606 *dure*, mhd. *tûre*, *tûr*
stf., Thüre und Thor. — 3607 *unde*, Einführung des zwischen-
geschobenen hypothetischen Satzes; ähnlich wie 2928 des Nach-
satzes. — 3609 *unminne* stf., wie alle die Comp. mit *un* nicht
bloß einfach negierend, sondern den posit. Begriff zerstörend,
also Streit, Kampf. — 3610 *tômes tach*, vgl. 799. — 3611 *verreden*
swv., durch Reden zu Ende bringen, also hier: austragen, stillen.
3618 *die svert drûch* (für mhd. *truoc*) *Erwîn*, als der jüngste
und mindest vornehme unter diesen vier Fürsten.

Dô riedin sie deme koninge,   3620
daz her ûzer der menige
welide drîzich dûsint lossam
unde lieze die andre ze hûs varn
inde gâfe in bit golde,
die daz nemen wolde.   3625
alse dê rât was getân,
dô gienc der riese Aspríân
unde nam des koninges golt rôt,
als ime Berchtere gebôt,
inde gaf den wîganden.   3630
her vromede sie heim ze lande.
dô vôrte der koninc Rôthere
drîzic dûsint over mere,
unde zvên und zvênzich kiele
wurdin geladen sciere.   3635
dâr vôr vil manich man,
des vader nie ze Bâre quam.

Lûde duzzin die segele,
die kiele giengen evene
inde quâmen in ses wochen   3640
over mere gevlozzen
hin ze Constantînopole,
der vil mêren burge.
eine mîle niderhalf der stat,
dâr holz unde geberge lac,   3645
dar zugen Rôtheres man
under die boume lossam

3623 *die andre*, vgl. 2974. — 3624 *gâfe*, mhd. *gœbe*. — *bit*,
præp. = *mit*, vgl. 2977. . Ueber diesen Gebrauch der Præp. *mit*
vgl. 1704, 1774; unser «vermittelst» würde ungefähr dasselbe
sein. — 3625 *die daz nemen wolde. die = der* demonstr. und
relat. zugleich, als Einführung eines bedingenden Zusatzes:
wenn einer... — 3631 *vromede sie heim*, vgl. 2826, 3049.
    3638 *duzzin*, plur. præt. von *diezen*, vgl. 182. — 3639 *evene*
adv., gleichmäßig. — 3645 *holz* stn., Gehölz, Wald. — *geberge*
stn., mhd. *gebirge*, Bergland, nicht bloß «Gebirge» im jetzigen
Sinne. —

die ros ûz den kielen,
daz iz inwiste niemen
over al Kriechenlant,   3650
wie manich tûere wîgant
in den walt scône
brâchte der koninc von Rôme,   •
an den lach die alde zucht
unde die werdeclîche vrucht,   3655
die solde ein iegelîch man
wider sînen hêrren hân,
sone vorde die gruntveste
nûwit der helle gesten.

Alse die helede gôte   3660
die scif gerûmôten,
dô zugen die Rôtheres man
under die boume lossam.
dô sprach der koninc rîche

3654 *die alde zucht*, wie sie in der guten alten Zeit galt. —
3655 *werdeclîche vrucht*, so oder *werentlich*, was richtig ge-
bildet, aber nicht nachgewiesen ist (dauerhaft, beständig) für
wereltliche vrucht der Hs., was keinen Sinn gibt; *werdeclich*,
werthvoll, würdig. *vrucht* ist unser «Frucht», zugleich aber
auch die ganze Art, die durch Abstammung und Herkunft in
irgend einem Individuum als seine eigentliche Substanz vor-
handen ist, also hier *werdeclîche vrucht* so viel als die wür-
dige, ehrenwerthe Art ihres Geschlechtes. — 3656 *die*, nämlich
die *alde zucht*. — 3658. 3659 *vorde die gruntveste nûwit der helle
gesten*, so schreibe ich diese schwierige Stelle in möglichst genauer
Anlehnung an die Hs., wobei nur das hs. *worde* als *vorde*, wie
so oft *v* für *w* und umgekehrt geschrieben, genommen wird,
und *vorde* für *vorte*, d. h. *vorhte*, præt. conj. von *vürhten*. —
die gruntveste stf. die Erde, als eigentliche Heimat und fester
Sitz der Menschen. — *gesten*, inf. des schwachen Verb. *gesten*,
zischend aufschäumen. Das Zischen und Aufschäumen des
Höllenbrodems droht die Erde zu verschlingen und wird sie
wegen der Bosheit der Menschen auch baldigst verschlingen,
nach jenem aus christlichen und national heidnischen An-
schauungen zusammengesetzten Glauben an das baldige Ende
der Welt, der das ganze Mittelalter durchzieht. Die Bosheit
der Menschen ist es, die den Sieg der Hölle hervorbringt.
3661 *gerûmôten* plusquamperf., geräumt hatten. —

harde wislîche 3665
«vrunt inde man,
ich wil vor Constantîne gân,
in wallêres wîse
werven mîne spîse
durch nûmâris willen.» 3670
dô sprach von Tengelingen
Wolfrât der junge man
«dune salt nicht eine dare gân.
Berchter ist ein wîs man
unde hât dir manigen rât getân: 3675
wilt du koninc hêre,
behalden dîn êre,
danne bidde mit dir gân
Luppolde den getrûwen man.
nu nim daz gôde horn mîn, 3680
daz sal die bezêchenunge sîn.
die Krîechen plegent sinne;
unde wirt dîn ieman inne,
dich vânt Constantînis man.»
«introuwen, sprach Asprîân, 3685
verneme wir dîn horn,
sô ist die veste verlorn.
die burc nist nirgen sô wît,

3666 *vrunt inde man = mâge unde man*. — 3668 *wallêre* ist ein
fahrender Mann an sich ohne directe Beziehung auf eine «Wall-
fahrt», hier aber allerdings als ein zu den heiligen Stätten im
Orient Fahrender, also Kreuzfahrer, die bald einzeln, bald in
größeren oder kleineren Gesellschaften, bald in ganzen Heeren
Konstantinopel überschwemmten. — 3670 *durch nûmâris willen.*
Die Erklärung «Neuigkeiten zu erkunden» liegt am nächsten,
obgleich man nach 3715 auch zu einer andern «wegen, d. h.
durch die Neuigkeiten, die der Waller erzählt», geneigt sein
könnte. — 3681 *bezêchenunge* stf., Wahrzeichen. — 3682 *sinne*
gen. plur. von *plegent* abhängig. *sinne*, hier wie oft kluge,
listige Anschläge. — 3688 *sô wît*, so geräumig; es handelt
sich hier um die größte und geräumigste Stadt der damaligen
Welt, nicht um eine «Burg» in unserm Sinne, wie schon
bemerkt. —

sô mir sêle unde lîp,
vor wilecher strâze ich bestân,   3690
unde Widolt der kône man,
dâr wirt der engeste pfat
den ie chein man getrat.»

3689 *sô mir sêle unde lîp*, elliptische Betheuerungsformel: un-
geschädigt erhalten bleiben möge oder dergleichen zu ergänzen. —
3693 *chein* für *sichein* oder *dechein*.

XI

Die drei Helden, als Pilgrime verkleidet, begegnen auf dem Wege nach der Stadt einem Ritter Constantin's, den Rother ausfragt, was es Neues gebe. Er erzählt ihm und seinen Gefährten, was sie selbst noch beßer wißen, von Rother's früherem Aufenthalt in Konstantinopel, der Entführung der Königstochter und von ihrer Rückentführung durch die List eines fahrenden Mannes. Weiter aber meldet er, was Rother noch nicht weiß, wie der entflohene Ymelot mit einem großen Heere wieder vor Konstantinopel erschienen und den König Constantin gezwungen, ihm die Hand seiner Tochter, Rother's Gemahlin, für seinen Sohn zu versprechen. Heute Abend solle die Vermählung sein. Darüber grämt sich Rother aufs tiefste, aber vergißt auf Berchter's Rath doch der Vorsicht nicht. Er schleicht sich in den Saal Constantin's mit seinen Gefährten, wo eben das Hochzeitmahl gefeiert wird. Heimlich steckt er der jungen Königin einen Ring mit seinem Namen zu, woran diese sich tröstet. Aber Ymelot merkt, daß Späher im Saale sind und Rother, als er sich entdeckt sieht, tritt selbst mit seinen Gefährten hervor und überliefert sich seinen Feinden. Sie beschließen seinen Tod und gewähren ihm nur, daß er an dem Berge vor dem Walde draußen, wo sein Heer heimlich lagert, im Beisein aller heidnischen Fürsten an den Galgen gehängt werde, damit er in solcher Umgebung wenigstens eines fürstenmäßigen Todes sterbe.

Dô sluffen die heleȝe gôte
in pilegrîmis gewête.   3695

. 3694 *sluffen* 3. pers. plur. præt. von *sliefen*. — 3695 *pilegrîm* stm., Pilgrim, Pilger, das lat. *peregrinus*, immer in der bestimmten Bedeutung, in der wir das Wort jetzt noch brauchen. Ein solcher *pilegrîm* hat seine besondere Tracht (*gewête*), dieselbe, die wir jetzt noch kennen. Hier ist überall wie in der Hs. *pilegrîm* geschrieben, obgleich der Reim *mîn*, 3709, die auch sonst üblichere Form *pilgerîn* nahe genug legt. —

der herzoge von Merân
und Luppolt der getrûwe man,
die volgitin deme koninge,
gânde von der menige.

Dô reit ein recke gôte,   3700
vor den walt her schouwôte.
Rôther der rîche
grôztin gûtlîche
unde vrâgede,
waz dâr mêres wâre: 3705
«ich bin ein ellender man,
nâ mîner spîse môz ich gân.
nu sage mir, trût hêrre mîn,
ich bin ein arm pilegrîm
unde vare durch die rîche   3710
vil gâmerlîche.
sô môz der nôthafter man
dicke zô hove gân,
dâr vrâgit man den wallâre
gerne nûmâre.   3715
sagistu mir icht durch got,
des wirt dir wole gelônôt.»

Dô sprach der helt tuginthaft
«ich sage der wunderes kraft.

3699 *gânde* part. von *gân.* — *von der*, sich trennend.
3700 *recke gôte*, vgl. 109. — 3703 *grôztin* für *grôzte in* von
grôzen swv., mhd. *grüezen.* — 3704 *vrâgete* kann der Vers
nicht schließen. Vielleicht stand *vrâgede drâte*, was einen
vollkommen genügenden Vers und Reim gewähren würde.
— 3705 *mêres* gen. von *mâre* stn.=*maere*, von *waz* abhängig. —
dâr, da zu Lande und in der Stadt. — 3706 *ellende*, wieder
wie oft mit dem doppelten Sinne des fremden und armen
Mannes. — 3711 *gâmerlîche* adv. *g* für anl. *j*, wie in *gener* u. s. w.,
aber in diesem Falle nur mundartlich, nicht eigentlich mhd. —
3712 *sô*, aus diesem Grunde. — *der nôthafter man*, vgl. 214.
nôthaft = *nôdig*, vgl. 1396. — 3715 *gerne*, wie man pflegt,
gewöhnlich. — *nûmâre*, hier gen. plur. von *nûmâre* = *niumœre*
von *vrâgen* abhängig. — 3716 *durch got*, um Gottes willen,
aus Barmherzigkeit, die Gott belohnt.
2719 *wunderes kraft. kraft*, vgl. 1314. Der Vers würde

hî zô Constantinopole,　　　　　　　3720
der vil mêrin burge,
was ein recke hêre
unde plach grôzir êren,
daz schînit mir immir an:
her hât mer michil guot getân.　　　3725
ime wâren die vursten alle holt.
her gaf in daz kreftige golt
daz ie sichein man
zô desir werlde gewan.
sîn hof stunt offin vromelîche　　　3730
den armin unde den rîchen,
die vundin an deme gôtin
vatir unde môtir.
sîn wille was zô gebine.
her ne rôchte nicht zô lebine　　　　3735
mit sicheinis scatzis ubersite.
dâr heter urloge mite,
her svante in nacht unde tac.

---

durch ein eingeschobenes *die* zwischen *wunderes* und *kraft* beßer,
aber die Formel, die häufig wiederkehrt, zeigt überall den
vorausgegangenen Genetiv unmittelbar mit *kraft* verbunden,
wie auch oben 2118 *spilis kraft.* — 3724 *schînit mir an*, d. h.
das kommt an mir zum Vorschein. — 3727 *kreftic* gibt den
ganzen Begriff von *kraft* adjectiv. gewandt, vgl. 3382. Die
Form des Positivs *kreftic* fällt auf, weil man den Superlativ
erwartet. Ganz so 3780 *scône* für *scôneste.* Da auch ander-
wärts vereinzelte Beispiele eines solchen Gebrauches, der
sich dem Pos. für den Compar. vergleicht, vgl. 1575,
vorkommen, die man wohl nicht alle auf «Schreibefehler»
zurückzuführen berechtigt sein dürfte, werden auch diese
stehen bleiben können. Schon 3573 ist eine ähnliche Sub-
stituierung des Superl. durch den Posit. anzunehmen. —
3735 *rôchen* swv., besorgt sein um etwas; hier geneigt sein
etwas zu thun. — 3736 *ubersite* stm., wird als «Hochmuth»
erklärt, was es wohl nicht heißt. Es wird in der Bedeutung
dem häufigen *unsite* gleich sein, und also hier ebenso viel wie
Geiz heißen. — 3737 *dâr mite*, d. h. mit dem *scaz* Geld und
den bösen Einflüßen, die von ihm ausgehen. — *urloge* stn.,
mhd. häufiger *urliuge*, *urlouge*, Krieg, die ahd. noch häufige
Form *urlöge* ist mhd. fast verschwunden. — 3738 *svante*, præt.
von *swenden* swv., vermindern, auch ganz verzehren. —

sver in dûsint pfunde bat,
her gab sie ime alsô ringe   3740
alsô zvêne penninge.
beide, hêrre, ich wil dir sagin
war umbe ich die rede hân irhavin.»

Rôther gerne virnam
waz her selve hête getân.   3745
dô sprach der rîche mêre
«ich sage dir von deme hêren.
her was ôthmôte
unde plach der besten gôte
die ie sichein man   3750
zô der werlde gewan.
icht ne levet nichein zunge
die daz gesagen kunde
waz her tuginde hât begân.
her bereit die ellenden man;   3755
arme kint heiz her vazzin unde badin,
vor sih ûffe den tisc tragin.
her gaben al daz her gewan.
her nerôchte wer iz nam.
her vôrte sulke degine   3760

3740 *ringe* adv., ohne Anstrengung, mühelos für sich und den andern. — 3742 *beide*, imp. von mhd. *beiten* swv., warten, zögern, vgl. 836; hier das eigentliche Intrans. ohne Obj.
    3744 ist nach *Rôther* in der Hs. *der* geschrieben, wonach vielleicht das gewöhnliche Prädic. *kuninc* ausgefallen ist. — 3746 *der recke* jedenfalls für *rîche* zu lesen. — 3748 *ôthmôte* adj. Ueber die Bedeutung des Wortes vgl. 187. — 3752 *icht*, als bloße Partikel gebraucht; *icht ne = nicht*, aber stärker als dieses, durchaus nicht. — 3754 *begân*, part. præt. von *begân*. — 3755 *bereit* = mhd. *beriet*. *berâten* stv., «*rât*» schaffen für jemand, ausstatten, begaben. — 3758 *gaben* für *gap in*, ihnen, nicht bloß auf *kint* bezogen, sondern auf *armen* überhaupt. Es braucht wohl kaum der Erwähnung, daß sich in dieser Darstellung, die so viele selbständige Züge im Vergleich mit der betreffenden im Gedicht oben enthält, eine ganz andere Hand verräth als dort. Dort scheint die ursprüngliche Grundlage überall durch, hier ist der jüngere Dichter oder Umarbeiter nicht zu verkennen, wie schon der viel geschmeidigere und durchgearbeitete Stil der Erzählung verräth. — 3760 *sulke*, mundartlich *k* erhalten für hochd. *ch* oder *h*. —

daz under deme himile
nie nichein virtriven man
sô grôze hereschaf gewan.
Constantîne deme rîchen
half er vrumiclîche   3765
von grôzin nôtin.
her vinc Ymelôtin,
der was ein heidin vreislich,
deme dientin tagelich
zvêne unde sivenzic koninge   3770
von wôster Babilônje.
dô kârte unse gedigine
vrôlîche widere.
her sante den wîgant
zô botin in daz lant,   3775
daz her den vrouwen sagite
waz her gevrumit havite.
hie zô Constantînopole,
in der mêrin burge,
was daz scône wîf   3780
die ie gewan den lîf.
dar umbe heter arbeit
unde irwarb mit sînir hovisheit
daz die magit lossam
ir vater intran,   3785
êr sie wider quêmen.
dê heter ime zô lône

3763 *hereschaf* stf., Heeresgefolge, Dienstmannschaft. — 3772 *unse*,
vgl. 604. — *gedigine*, vgl. 71, 774. — 3776 *her*, bezieht sich
auf Rother, der oben genannt ist; oben 3774 ist *her* Constantin. —
3780 *daz scône wîf*, vgl. 3729. — 3783 *hovisheit* stf., das Betragen,
die innere und äußere Haltung, die einem *hoveman*, vgl. 1106,
nöthig ist, wenn er nicht, wie es dort heißt, *ein unwizzender
horeman* sein soll. *sh* in *hovisheit* ersetzt *sch* von *hovisch*, *h*
Anlaut von *heit* wird unterdrückt. Einzeln ist dieses *sh* für *sch*
und neben *sc* hier zuzugeben. — 3786 *sie*, d. h. Constantin
und sein Heer. — 3787 lese ich für *do*, was die Hs. hat, *dê*,
wie unten 3800 *de* für *dô* geschrieben ist. *dê* bezieht sich auf
die *maget lossam;* dann ist es auch nicht nöthig im folgenden
Verse ein *sie* zu ergänzen. —

unde vôrte westert over mere.
daz was der koninc Rôthere
van Rôme, ein tuginthafter man,   3790
unde hât uns al liebe getân.
nu virnim, guote pilegrîm,
wê ime des gelônit sî.»

Rôther wolde dannin gân,
dô sprach der helit lossam   3795
«beite wallêre.
ich sage der starke mêre.
alse mîn hêrre wider quam,
ime inran der heidiniske man.
dô sante der koninc Constantîn   3800
botin nâ der tochter sîn,
sie stâlin sie deme koninc Rôthere
unde vôrtin sie widir over mere.
dô reit der koninc Ymelôt
unde vôrte manigin helit gôt   3805
har zô Kriechen in daz lant
unde stifte rouf unde brant
unde vienc Constantîne,
den leiden hêrren mînen.
dô lôste Constantîn sînen lif   3810
unde gaf daz Rôtheres wîf
deme vreislîchen koninge
van wôster Babilônje.
des sune sal sie nemin hînacht
alse du selbe sên macht.   3815
zô Constantînopole in der stat
sîn mit grôzer heres kraft
drîzic koninge
van wôster Babilônje.

3792 *guote*, die schwache Form wegen des Vocativs. —
3793 *wê ime = wie im.*
     3797 *starke mêre*, vgl. 551. — 3806 *har* für *her*, *here*
adv., hierher, vgl. 1265. — 3807 *stifte* præt. von *stiften* swv.;
wir brauchen nicht mehr das einfache «stiften», sondern «an-
stiften» in solcher Verbindung. — *rouf*, mhd. *roup*. — 3814 *hî-
nacht*, vgl. 2787. — 3815 *sên* für *sehen*. —

dâr stât Rôtheres wîf 3820
unde quelit den êrlîchin lif:
van herzeleide daz ist.
nu sê der waldendiger Crist,
der Aspriânen sante,
ê dise tac wante.» 3825
dê hêrren sprâchin «âmen,
dat stê an gotis genâden.»
die recke dravite balde
widir zô deme walde,
heize weininde, 3830
sîne hande wringinde.
dô klagite der helit gôt
der juncvrouwen nôt. ·

Rôther gienc in dê stat.
Berchter sînin hêrren bat 3835
daz her wurbe gewerlîche.
Constantin der rîche
saz mit grôzin kreftin
zô einir wirtschefte
ûf einim êrlîchen sal. 3840
dâr was michil schal
vor den rîchen koningen

3821 *êrlich* wird als Præd. gesetzt zu *rîtâre* 751, wo zu-
gleich über die Bedeutung, *maget* 2393, *harfe* 2510, *yezelt*
2781, *sal* 3840, *vrouwe* 3890. — 3822 *van herzeleide daz ist*.
herzeleide stf., aus Herzenskummer geschieht es. — 3823 *sê*,
conj. præs. von *sehen* = mhd. *sehe*, sehe zu, sorge. — *der wal-
dendiger Crist*, vgl. die Formel *waldindiger got* 214 u. s. w. —
3824 *der Aspriânen sante*, der einst Asprian gesandt hat (bei
der ersten Fahrt Rother's), wo er Imelot gefangen hatte. —
3825 *wante* præt. conj. von *wenden*, davon gehen, vorüber
gehen; es könnte, von *ê* abhängig, ebenso gut der Conj. præs. stehen.
Der Conj. præt. ist nur veranlaßt durch das vorhergehende
sante. — 3828 *draven* swv., traben. — *balde* adv., beinahe in
der heutigen Bedeutung «schleunig, eilfertig». — 3830 *heize*
adv. — 3831 *wringinde*, *wr* hier wie gewöhnlich in der Mund-
art erhalten, im hochd. *ringen* vereinfacht, vgl. 438.
3836 *wurbe* præt. conj. von *werben*, sein Geschäft betrei-
ben. — *gewerlîche* adv., vorsichtig. — 3839 *wirtschefte*, vgl.
1569. — 3840 *êrlîchen sal*, vgl. 3821.

von wôstir Babilônje.
Rôther quam mit listen
zô Constantînis tiske,   3845
deme saz bî ein koninc heiz Bâsilistjum
unde was Ymelôtis sun.
bî deme saz Rôtheres wîb
unde quelite ir lîb.

Dô sprach Constantîn   3850
«nu svîc, tochter mîn,
mir troumite nachten von dir,
des saltu wol geloubin mir,
wê ein valke quâme
gevlogin von Rôme   3855
unde vôrte dich widir over mere.»

Dô slouf Rôthere
under tisc unde sîne man,
daz man ir nicheine war nenam.
dô hôrter al daz Constantîn   3860
redite mit den gestiche sîn.

Die heidenisken kuninge
vrowetin sich der menige
unde sprâchin «quême Rôthere,
er wurde irtrenkit in deme merc   3865

─────────────────

3852 *nachten* dat. plur. von *naht* adverbial, in der letzt-
vergangenen Nacht, jetzt «nächten». — 3854 *valke*, Lieblings-
bild der volksmäßigen Epik und Lyrik für den entfernten
Geliebten.
3857 *slouf* præt. von *sliefen* stv. — 3859 *war* stf., in
unserm «wahrnehmen» erstarrt, hier noch mit adj. verbunden,
wie oben *grôze w. n.* — 3860 *hôrter* für *hôrte er.* — 3861 *den
gestiche sîn*, steht in der Hs. und so zu halten. *den* für *dem*,
vgl. 15. — *gestich* stm., bisher nicht nachzuweisen, aber richtig
gebildet, wäre ein ahd. *gastahi*, die Menge der Gäste. Solche
Bildungen mit *ehe, ech, ich* sind besonders in den rheinischen
Mundarten beliebt, in den fränkischen und andern sogar zu
ständigen Pluralformen verwandt, so Kindle plur. Kindlich,
also eigentlich *kindilahi*.

odir bôslîche virlorn,
daz wâre Widolte zorn.»
dô sprach die kuningîn
«owî, gesentin unse trechtîn
under ûch sô rîchen, 3870
her worte etlîchen
daz her in sivin nachten
virsmerzen nîne machte.»

Rôther saz nâher
ûffe den vôzschâmel 3875
unde nam ein guldîn vingerîn
unde gaf der koningîn.
dâr stunt gebôchstavet ane
des rîchen koningis name.
alsin die vrouwe gelas, 3880
daz Rôther in deme sale was,
dô lachite die gôte
unde sagetiz ir môter,
daz in von Bâre
der kuninc kumen wâre. 3885

Daz lachin Constantîn gesach,
nu mugit ir hôren wie her sprach.
«wol dich, trût tochter mîn,
nu vrowit sich der vatir dîn.»
dô sprach die vrouwe êrlich 3890
«daz ich ie gezornte widir dich,

3866 *bôslîche* adv., schmählich. — *virlorn*, hier trans. «verderbt». — 3869 *gesentin* für *gesendete in*. — *trechtîn*, vgl. 1416. — 3871 *worte* præt. conj. für *worhte* wie *vorte* von *vurhten*, von *wurken* swv., thun. — 3873 *machte* præt. von *mac*; neben der hier gewöhnlichen Form *mohte* ist auch die ältere *mahte* hier und da gebräuchlich und durch Reime gesichert. 3874 *nâher*, comp. des Adv. *nâhe*. — 3875 *vôzschâmel* stm., Fußschemel, Fußbank für die Frauen. — 3876 *vingerîn* stn., vgl. 398. — 3877 *gaf*, das Obj. dazu ist *vingerîn*. — 3878 *gebôchstavet*, mit Buchstaben eingelegt oder eingeschnitten. — 3880 *alsin* für *alse in*, d. h. den Namen, *gelas*, gelesen hatte. — 3881 *daz*, abhängig von dem in *gelas* enthaltenen «ersehen, erkennen». 3890 *êrlich*, vgl. 3821. —

daz rûwit mich sêre.
ich negetôz nimmir mêre.»
dô sprach Ymelôt.
«vrouwe, ir liegit âne nôt.   3895
ich wêne uns ûwer lachen
herzeleit icht mache
unde wringinde die hende,
swanne iz nimit ende.
wir hôtin unsich wale;   3900
hie sint in deme sale
der leidin spehâre
des kuningis von Bâre.
swer mir des nîne geloubit, ,
deme gevich mîn houbit.»   3905

   Dô sprach Ymelôtis sun,
der koninc Bâsilistjum
«ich sach ein gôt vingerîn,
daz gaf dîn tochtir, Constantîn,
der aldin kuninginne.   3910
Rôthere is hie inne
der koninc von Rôme,
swie her here quême,
des saltu wole gewis sîn.»
dô sprach der koninc Constantîn   3915
«ich heize zvelf mînir man
vor des salis ture stân,
daz sie rechte irkinnen
die wir haven hie inne.
is Rôther dar under,   3920
den have wir schîre vunden.
wolder aber her vore gân,

3893 *negetôz* für *ne getôez, tô* statt *tûn, tuon,* wie *gè, stê* für
gên, stên, 1. Person sing. — 3897 *icht* adv., irgendwie. —
3899 *iz,* d. h. die Sache, wodurch das Lachen veranlaßt wird,
oder auch das Lachen selbst, nach dem so unzählige Mal in
dieser Poesie variierten Thema: auf Freude (Lachen) folgt
Leid. — 3902 *leit* adj., leidig, feindselig. — 3905 *gevich* für
geve, gibe ich. — *mîn houbit,* setze zu Pfande.
   3913 *swie,* auf welche Weise auch, d. h. ich weiß nicht, wie. —

daz wêre ime êre getân,
ê wir den koninc rîchen
sôchtin lasterlîche   3925
alse einin vluchtigin diep.
iz nist ouch sînis rechtis niet,
swâ man sîn inne werde,
daz her sich icht berge.»
Rôtþer der rîche   3930
beriet sich heimelîche.
dô sprach der herzoge von Merân
«wir sulin hie vore gân
in êre des himiliskin koningis
unde alles sînis herjis;   3935
daz her uns beide behôde
durch sîn ôthmôde
von der heidenschefte;
die mit sîner krefte
Môysen heiz gân   3940
durch daz rôte mere vreissam
mit der israhêlischen diet —
dâr nelevete ein barn niet
an des meres grunde.
got der hât gebunden   3945
beide ovil unde guot,
svannez widir ime duot.
iedoch sî wir reckin

3923 *daz wêre im êre getân*, das wäre, wenn er es thäte, ehren-
voll für ihn. — 3925 *lasterlîche* adv., schimpflich, d. h. für
ihn, wenn er gefunden wird.
    3931 *heimelîche* adv. — 3935 *herjis* mit erhaltenem alter-
thümlichen *j* für mhd. *heres, hers*. — 3936 *uns beide*. Der
Dichter hat hier nicht etwa vergeßen, daß es drei (Rother,
Berchter und Lupold) sind, sondern Berchter denkt und spricht
nur von seinem Herrn und sich: der Vater setzt als selbstver-
ständlich voraus, daß wo er bleibt, auch der Sohn bleibe. —
3938 *von*, im Sinne von unserm «vor». — 3939 *die* für
der, auf Gott bezogen. — 3943 *nelevete* für *ne lebete*. —
ein barn, wie unser «Menschenkind», ebenso *môterbarn*, vgl.
762. — 3945 *hât gebunden*, hält gebunden. — 3946 *ovel unde
guot*, böses, d. h. böse und gute. — 3948 *sî wir* conj., falls
wir sind. —

widir unsin trechtin
beide lûtir unde lieht, 3950
her inlêzit uns under wegen niet.
in sante Giljes namen
sô wil ich endelîche vore gân»,
sprach der herzoge von Merân.
dô hôvin sich bit listen 3955
die hêrren vonme tiske.
Rôthere dâ vore gie:
«ich bin sicherlîche hie.
mich scouwe wer sô welle.»
die rîchen koninge alle 3960
drôweden ime an den lîp,
daz galt etlîcher sît.

Dô sprach Ymelôtis sun,
der koninc Bâsilistjum,
«ich wil dich heizen, Rôthere, 3965
irtrenkin in deme mere.
dr vêngist den vater mîn,
daz gât dir an den lîf dîn.
du môst verloren werdin,
swie du wilt irsterbin.» 3970

3950 *lûtir unde lieht* alliterierende Formel, wie hier so viele.
lieht adj., rein. — 3951 *inlêzit. in* procl. Negat.; *lêzit*, mhd.
læzet, seltene Form des Præs. von *lâzen*. — *under wegen lâzen*,
bei Seite lassen, vernachläßigen. — 3952 *Giljes*, vgl. oben
2934. — 3953 *endelîche* adv., vollständig, wirklich. — 3955 *bit
listen*, ohne Geräusch. — 3956 *vonme* für *von deme*. — 3957 *gie*,
Nebenform von *gienc*, aus dem einfachen Stamme *gâ* gebildet.
3967 *vêngist*, eines der ältesten Beispiele des Eindringens
der Personalflexion des Præs. in das starke Præter., alle andern
gleich alten oder etwas jüngeren gehören dem gleichen mund-
artlichen Kreis wie dieses Gedicht an, also ist hier der locale
Ausgang derselben zu suchen, worauf auch ihre durch-
gehende Herrschaft im Mittelniederländischen weist. In der
deutschen Literatur des Mittelalters haben sie neben den
specifisch hochd. auf *i* später *e* nicht aufkommen können, aber
seit dem 15. Jahrhundert sind sie im Nhd. herrschend gewor-
den. — 3970 *swie du wilt irsterbin*, er läßt ihm die Wahl der
Todesart, die Rother denn auch antritt.

«Introuwen, sprach Constantîn,
her sal ovele irstervet sîn.»
dô sprach der koninc rîche
harde wîsclîche
«wêr mir nu der lîp,   3975
sone mochte ich doch genesen niet.
sies du jenez geberge stân
vor deme walde lossam?
dâr wil ich hangin.
nu gebût dînen mannin   3980
daz sie der helfen dar zô.
du salt mer selve den dôt tôn,
iz ist in mîme lande recht,
sprach Rôther der guode knecht,
sowaz einen vorsten geschê,   3985
daz iz der ander ane sê.
hie ist ein michil menige,
drîzic koninge,
die kumin dar alle
unde hânt mich in deme scalle,   3990
daz ist dir êre getân.»
dô gienc Ymelôtis man

3972 *ovele* adv., mhd. *übele*, auf eine schmähliche Weise. —
ersterben swv. (transitivisch zu *erstërben* intransitivisch) todt
machen. — 3974 *wîsclîche=wîslîche*, wie *sclân=slân*. — 3975 *wêr
mir nu der lîp*, wenn ich auch jetzt mit dem Leben davon käme,
so könnte ich es doch nicht auf die Dauer erhalten (weil ich nicht
leben möchte.) — 3980 *gebût* für mhd. *gebiut*, imper. von *ge-
bieten* stv. — 3983 uralter echt deutscher und zugleich echt
menschlicher Rechtsgebrauch, daß der Richter bei der Execution
des von ihm Verurtheilten zugegen ist, theilweise sogar einer der
Urtheilssprecher (Schöffen) die Execution vollziehen muß. —
3985 *geschê* für *geschehe* wie *sê* für *sehe*. — 3989 *kumin* conj.,
sollen kommen. — 3990 *hânt* für *hâhent*. *hâhen* ist intransit. und
transit., *hange* nur intransit. — *scal*, vgl. 298, ebenso wie es von
dem freudigen Getöse gebraucht wird, auch von dem Gepränge
und Lärmen einer feierlichen Execution. — 3991 *daz ist dir
êre getân*, vgl. 3923. — 3992 *dô gienc Ymelôtis man*. Der
Dienstmann Ymelot's ist nicht genannt. Aus dem folgenden
geht hervor, daß die vollkommen begründete Warnung desselben
nicht beachtet wird, weshalb? ist nicht gesagt. Sobald man

«du hâst dich wol gerochin.»
daz wart durch list gesprochin.
dar her sich bat hâhen   3995
dâr lach sîn here nâhen,
her zeichende rechte die stat,
dâr die riese Asprîân lac.

Ymelôt heiz die koninge
von wôster Babilônje   4000
Rôthere vâhen,
her woldin selve hâhen.
«introuwen, sprach Constantîn,
des willich helfe wesen dîn,
daz her uns icht inrinne.   4005
jenir alde mit deme barde,
die môwit die lûde harte
mit herverten ovir lant.
nu hâ wir sie alle samt,
sone vreiskin die Romêre   4010
lîhte nimmir mêre
war die koninc sî kumin,
oder wie her sîn ende have genumin.»

    Dâr nâ den stundin
    Rôthere wart gebundin.   4015

3999 an 3991 schließt, hat alles seinen guten natürlichen Zu-
sammenhang. Wahrscheinlich standen diese an sich unver-
werflichen Verse, die durchaus im Stile der ältern Bestand-
theile des Gedichts sind, an einer andern Stelle, weiter unten.
Andernfalls müßte man nach 3998 eine Lücke von einigen
Versen annehmen, in denen Ymelot diese Botschaft seines
Dienstmannes verächtlich oder ungläubig zurückweist und bei
seinem Vorsatze bleibt. — 3993 *du hâst dich wole gerochin*,
jedenfalls ironisch zu Ymelot gesprochen.
    4004 *helfe* swm., mhd. *gehelfe* wie *selle* neben *geselle*, Ge-
hilfe. — 4005 *icht* wieder negativ gefärbt durch die negative
Färbung des ganzen Satzes. — 4006 *jenir alde mit deme barde*,
Berchter, vgl. 2470. — 4007 *die* für *der*. — *môwit*, mhd. *müejet*
von *müejen*, *müen* swv. — 4009 *hâ wir* für *hâhen wir*. — 4010 *vreis-
kin* = mhd. *vreischen* stv., erfahren. — 4011 *lîhte* adv., wahr-
scheinlich, vgl. 3462.
    4014 *Dâr nâ den stundin*, unmittelbar darauf. —

daz dâten Ymelôtis man.
wie harte trûren began
die junge koninginne
unde virwandelôte die sinne
von grôzir herzeleide.   4020
wôfin unde weinen
hôven die vrouwin
mit vliezenden ougin.
dâ dorfte nieman vrâgan.
dô klagete wîf unde man   4025
alle Rôtheres nôt;
sint half der rîche got
Arnolde, daz her in benam
deme koninge vreissam.

4019 *verwandelôte die sinne*, d. h. verlor die Besinnung. —
4021 *wôfin* stv. und swv., mhd. *wuofen* und *wüefen*, wieder
allit. Formel. — 4022 *hôvin* = *huoben*, præt. von *heben*, er-
heben. — 4024 *vrâgan: man.* Ueber dieß tieftonige *a* vgl.
519. — 4027 *sint* adv., dann, später = *sît;* beide Formen *sint*
und *sît* stehen hier im Reime.

XII

Rother's Verurtheilung erzeugt in Konstantinopel unter den
Rittern, denen er einst aus der Noth geholfen, als er selbst
unter dem Namen Dietrich dort verweilte, große Trauer, und
in einem derselben, dem Grafen Arnold, den Entschluß, seinen
Wohlthäter zu befreien. Er rüstet sich mit fünftausend Dienst-
mannen und als nun Rother mit Berchter und Lupold zum Gal-
gen geführt wird, begleitet von Ymelot selbst und seinem
Sohne Basilistium, vielen heidnischen Königen und einem un-
geheuren Heere von Valwen und andern Heiden, bricht Ar-
nold plötzlich hervor, befreit Rother aus der unmittelbarsten
Gefahr, tödtet viele Heiden und wird bald von den zurück-
gebliebenen, in der Nähe lagernden Mannen Rothers: Asprian,
Wolfrat, Erwin u. s. w. unterstützt, die unter den Heiden
großen Mord anrichten. Am furchtbarsten wüthet der Riese
Witold nicht bloß mit seiner Eisenstange, sondern auch mit
dem Schwerte. Ymelot selbst wird die Flucht verstattet, sein
Sohn dagegen erhängt. Nachdem die Heiden gänzlich zer-
sprengt oder vertilgt sind, berathen sich die Christen, was sie
mit Constantin und Konstantinopel thun sollen. Die Meinung
dringt durch, man solle beider schonen.

Rôtheris hâhen   4030
irschal sô wîtine mâre
zô Constantînopole,
der vil mêren burge,
den kônin wîganden   .

4030 *hâhen* Inf. als Subst. gebraucht. Solche Inf. sind
an sich neutral, gleichviel ob das Verbum selbst transitive
oder intransitive Bedeutung hat, und können nach Umständen
activ oder passiv verwandt werden. Hier passiv «der Umstand,
daß Rother gehängt werden sollte». — 4031 *irschal*, præt. von
irschellen, erschallen. — *wîtine*, vgl. 782. — *mâre* adj., mhd.
mære, viel genannt, viel beredet. —

ûz van manigin landen. 4035
die liefin weinande
eine strâze zô tal.
michil was der ir schal.
sie sprâchin «waldindigir got,
war umbe hâs du des virhengôt, 4040
daz her hie gebunden stât,
der unsich al generet hât?»

Dô hete gebûwit harte
mit dûsint marken
die ime Rôthere gap — 4045
ime dienten in der stat
sivin hundrit lossam,
die wârin mit handin sîne man —
der heiz grâve Arnolt.

4035 *ûz van* = *ûz.* — 4036 *weinande*, vgl. 519. — 4037 *zô tal*,
von der höher gelegenen Stadt hinaus und hinab an die Stelle
des Ufers, wo Rother seinen Hinrichtungsplatz bezeichnet
hatte. — 4038 *der ir schal*, mit zwischengeschobenem, pos-
sessivisch gebrauchtem Gen. plur. des Pron. 3. Person.
schal, hier in sehr genauer Berührung der Bedeutung mit
der von *erschellen* 4031, gebraucht von den aufgeregten
lärmenden Reden. — 4039 *waldindiger got*, vgl. 214. —
4040 *des* gen. von *virhengôt* abhängig. *virhengôn* swv., ver-
hängen. — 4042 *unsich*, vgl. 510. Diese vollere Form ist wie
die seltener gebrauchte, so die entschieden nachdrücklichere oder
emphatischere. — *al*, die flexionslose Form des Adj. *al*, zu
unsich gehörend. — *generet*, gerettet aus Armuth und Elend,
vgl. 1291 fg.
4043 *gebûwit harte*, vgl. oben 1394 fg., wo Dietrich-Rother
diesem Arnold 1000 Mark gibt und Berchter einen Hof in
Konstantinopel, Asprian den Unterhalt für 30 Ritter. *gebûwit
harte* ist hier ungefähr so viel wie unser «sich stattlich ein-
richten, stattlich leben». — 4044 der Vers und der Sinn ist
unvollständig, wahrscheinlich ist *ein hêrre* ausgefallen. —
4047 *hundrit*, mundartlich umgestellt für *hundirt*, *hundert*, wie
westrit für *wester* u. s. w.; 4052 ist die Form geschrieben *hun-
derit*, was wohl *hundirt* sein wird. — 4048 *mit handin*, d. h.
sie hatten sich durch die symbolische Form der Lehnshuldi-
gung, das Falten der Hände in den Händen des Herrn, ihm
als Mannen übergeben. —

her hête silver unde golt,   4050
des was der helit milde.
zvelf hundirt schilde
brâchter zô deme schalle
unde bat die hêrren alle,
daz sie lôsten mit ir handin   4055
Rôtheren ûzen bandin.
«nu stât her gevangin;
unde wirt her hûde gehangin,
sone virwinde wir in niet.
in nemach ouch die rômiske diet   4060
nimmir mêre virklagin.
ir ne hôrit gesagin
von sînen genôzen seldin.
wir sulin ime hûte geldin,
daz der tugenthafter man   4065
van deme armôte unsich nam.
nu nâr, gôten knechte,

4051 *des* von *milte* abhängig, faßt *silver unde golt* zusammen. — 4053 *schal*, das Getöse und Getümmel und die
Menge selbst, von der dasselbe ausgeht. — 4056 *ûzen* für
ûz den. — 4059 *virwinden*, stv., hier in anderm Sinne als
oben 771 gebraucht, obgleich sich die Bedeutungen nahe be-
rühren. Beide gehen aus von der Anschauung des stand-
haften oder siegreichen Bekämpfens, hier von dem stand-
haften Bekämpfen des Schmerzes über einen Verlust, also
«verschmerzen», sehr nahe liegend dem *virklagin* 4061, vgl.
483. — 4060 *rômiske diet*, hier Volk im heutigen politi-
schen Sinne, die Gesammtheit der Angehörigen eines Staates;
rômiske, d. h. alle Angehörigen des römischen, d. h. mittelalter-
lich römischen Reiches, ohne Rücksicht auf ihre Nationalität,
während 3942 *diet*=Nation steht. — 4063 *genôz* ist hier überall
stm., also hier dat. plur., obgleich man eher an den Dat. sing.
denkt, «von solchen, die ihm gleich wären». — *seldin*, nicht
bloß «selten» im eigentlichen Sinne ist gemeint, sondern mit
einer der älteren Sprache gewöhnlichen rhetorischen Wendung,
nirgends oder niemals. Der negative Gehalt von *selden* ruft
auch die Negationspartikel *ne* in 4062 hervor. — 4064 *geldin*,
bezahlen, vergelten. — 4065 *der tugenthafter man*. Ueber die
Bedeutung von *tugenthaft* vgl. 305, 1375; die starke Form
des Adj. vgl. 214. — 4066 *daz armôte* stn., vgl. 1243. —
nam, genommen, befreit hat. — 4067 *nu nâr* für *nu nâher*,
elliptischer Ausdruck als Interjection: auf! heran! —

lât it an mînen trechten
unde helfit ime vromiclîche.
ir virdînet daz himilrîche»,   4070
sprach Arnolt, ein gôt knecht:
«jâ vôre wir godis recht.
swer hie hûte wirt irsclagin,
des sêle sal genâde havin.
die heidine sul wir slân.   4075
dar denke sancte Jôhannes an,
der heilige toufêre,
daz Rôthere wêre
der aller tûriste man,
der ie konincrîche gewan.»   4080

  Dô scluffin die recken
in stâlîne rocke.

4068 *lât it. it* für *iz, ez*, die Sache, das Unternehmen; überlaßt es Gott, stellt es auf Gott. — *an mînen trechten* (*trechten* für *trechtîn*, hier das tieftonige *î* dem Reime zu Liebe gekürzt). *mîn*, wir erwarten *unser*, was oft genug steht, ebenso gut kann aber auch das formelhaft mit *tr.* verbundene *mîn*, wie in *mîn herre, vrouwe* u. s. w. stehen, wobei dann der Nachdruck des Sinnes auf *tr.* allein fällt; es darf also nicht mit «meinen Herren», sondern «den Herren» übersetzt werden. — 4072 *vôren* swv., so viel als betreiben, in Vollzug bringen. — 4073 *irsclagin*, vgl. 1582; 4075 mit einfachem *s slân.* — 4075 *die heidine*; oben 480 steht *heidinen* adjectiv. decliniert, hier substant., die Bedeutung ist dieselbe. *heidene* zu schreiben, würde das Metrum stören. — 4076 u. 4077 in der vollständigen Hs. ziemlich verstört durch die ungehörige Einmischung des dem Schreiber so populären St. Ilgen. Ein neuerdings aufgefundenes hs. Fragment gibt an dieser Stelle die Anleitung zur Beßerung, welcher der Text folgt. Die Berufung auf den Täufer, der hier als besonderer Schutzpatron Rother's erscheint, erinnert an Paul. Diacon. 4, 48, wo eine Anekdote erzählt wird, welche die besondere Verehrung Rotharis, d. h. Rother's gegen den Heiligen und umgekehrt dessen besondere Gunst gegen den König erläutern soll.
    4081 *scluffin* præt. von *sliefen. sc* vor *l* wie 4073. — 4082 *stâlîne rocke*, die Brünnen, aus Stahl- oder Eisenringen zusammengesetzt, sonst auch *gewant, îsengewant, wîcgewant* oder *gewæte* und so hier *roc.* —

sie wunnin ein hêrlîche schare,
vunf dûsint wole gare.
die woldin alle den lîb geven,   4085
sine lôsten Rôthere daz leven.

Sic huoven mit grôzer menige
drîzic koninge   ·
von wôster Babilônje
ûzer Constantînopole.   4090
dô vôrte der Ymelôtis sun,
der koninc Bâsilistjum,
Rôthere gevangin
unde wolden haven irhangin.
michil was der ir bracht.   4095
sie vôrdin in ûz der stat,
wol zênzic dûsint Valwin
mit in zô deme galgin,
unde alsô manigin heiden.
dô was deme recken leide: 4100
Arnolt der wîgant,
eine kefsin her an daz sper bant,

4083 *wunnin*, das einfache *winnen* stv., für das gewöhnliche
gewinnen. — 4084 *wole gare*. *gare* adj., gerüstet; *wole* gut ge-
rüstet, vgl. 3412. — 4086 *sine*, negat. Bedingungssatz: falls,
wenn sie nicht, — den wir wie alle ähnlichen lieber positiv
ausdrücken.
4087 *Sic*, das alte *k* in der Mundart hier und da im In-
und Auslaute, namentlich vor anlautender Gutturale und *h* er-
halten. — 4088 *drîzic* ist zwar eine im Mittelalter sehr beliebte
Zahlenformel für eine größere Menge, aber es stimmt nicht
mit 4166 und 4193, wo einmal sechs, dann sieben Könige er-
wähnt werden, es ist also *drîzên* zu lesen. — 4095 *der ir
bracht*, vgl. 4038. *braht* stm., Getöse, lärmender Aufzug. —
4097 *zênzic*, vgl. 2600. — *Valwin*. Dieser echt deutsche Name
des von den Byzantinern Kumanen, von den Slawen Polowci
genannten und seiner grenzenlosen Bestialität wegen berüch-
tigten finnischen Volkes, den Magyaren nächst verwandt, findet
sich hier zuerst in einem deutschen Gedichte. Bei deutschen
Historikern in lateinischer Sprache ist er schon längst be-
kannt. — 4099 *alsô manigen*, ebenso viel. — 4100 *leide* adv.,
vgl. 835. — 4102 *kefse* swf., lat. capsa, Behälter für ein *heiltuom*,
Reliquie, von größerem oder geringerem Umfang. —

die her in deme tôme nam.
sie rêfen unsin trechtîn an
unde dravetin im ûz der stat nâ.   4105
im was ûffe daz velt gâ
mit vunf dûsint mannin
in snêwîzen brunnin.

Alse Ymelôt daz gesach,
nu mugid ir hôren wie her sprach: 4110
«woch, geniz sint die reckin,
die woldin uns irsreckin.
an den gerechich mînin zorn.
sie havent ouch den lîb virlorn.»

Die heiden begunden nâhen   4115
dâr man Rôthere solde hâhen.
dô riefin sie allenthalvin
«nu richtid ûf den galgin!»
daz irbarmôte die rccken sêre;
ir weinte michil mêre   4120
dan ir ê tâte.
dô was her in starker nôte.
Arnolt, der kône man,
rief die ellenden an
«nu hôret, gôte knechte,   4125

4103 *tôm* stm., vom lateinischen *domus*, Dom, Hauptkirche. —
4104 *rêfen* für mhd. *riefen*. — 4105 u. 4106 *nâ: gâ* für *nâch:
gâch*. — *in was gâch*, sie eilten.
4111 *woch*, Ausruf des unwilligen Erstaunens. — *geniz* für
genez, jenez, d. h. jene Masse, Leute. — 4112 *irsreckin* stv., *sc*
in *s* vereinfacht, wie umgekehrt bei *irsclayin sc* für *s*, vgl.
1283. — 4113 *gerechich* für *geriche ich*. *gerechen* stv. = *rechen;
ge* wird hier nicht zum Verbalstamme selbst zugesetzt, sondern
bezeichnet das Tempus und zwar das Futur.
4115 *nâhen dâr*, dem Orte nahe, wo, *dâr* also demonstr.
und relat. zugleich. — 4120 *ir* von *mêre* abhängig, ein größerer
Theil. — 4121 *tâte* conj. des Præt., hervorgerufen durch die
bedingte Natur des durch *dan* eingeleiteten Vergleichungs-
satzes. — 4124 *ellende*, hier nur in der alten einfachen Be-
deutung «fremd», denn «arm» sind sie durch Rother's frühere
Freigebigkeit schon lange nicht mehr. —

war umbe wir hûte vechten.
uns sîn gebotin zvei lôn —
wî mugin iz deste gerner tôn —
daz ist sichirlîche
daz schône himelrîche.   4130
swer hie ligit tôt,
des sêle wirt geledigôt
in daz wunnichlîche levin.
waz mochte dâr bezzeris sîn gegevin?
daz ander ist alsô getân: 4135
generder den getrûwin man,
er vôrit uch in sîn lant
unde behalt unsich alle samt.»
dô trôveten ime die ougin.
mit rechtime gelouvin   4140
bestundin sie die heidinschaft
unde sclôgin ir ein michele kraft.

Daz heidine wîcgeruste,
daz was vile veste.
sie truogin hornîn gewant.   4145
die kefsin man over bant

4127 *lôn* nom. plur. des starken Neutrums *lôn*. — 4128 *wî* für
wir, mundartliche Form. — *iz* bezieht sich auf *vechten*. — *deste*
für altes *des diu*, unser «desto». — *gerner* comp. des Adv.
jetzt erloschen. — 4129 *daz ist*, das eine *lôn* ist. — 4132 *gele-
digôt*, erledigt von den Beschwerden des Leibes und geführt in
das *wunnichlîche levin* der ewigen Seligkeit. — 4134 *waz bezze-
ris* gehört zusammen. — *sîn gegevin*, streift sehr nahe an
unser «was könnte es Beßeres geben». — 4135 *daz ander* scil.
lôn alsô, ganz ebenso *getân*, beschaffen. — 4136 *generder* für
genert ir. genern, in der gewöhnlichen Bedeutung «retten, er-
halten». — 4137 *vôrit uch. uch* für mhd. *iuch*, hier wie an
vielen andern Stellen, wo es enkl. steht, mit *u*, vgl. 496. —
4138 *behalt* für *behaltet. behalten* stv., erhalten, schützen,
pflegen. — 4139 *trôven*, mhd. *truoben* swv., trüb werden. —
4142 *sclôgin*, mhd. *sluogen*. — *kraft*, hier bloß in der Bedeu-
tung «Menge, Zahlengröße».
    4143 *wîcgeruste* stn., Kriegsrüstung. — *heidine* vom adj.
heidin, en, vgl. 480. — 4145 *hornîn, hurnîn* adj., aus Horn, d. h.
Leder verfertigter Panzer, sehr häufig als Rüstung der barba-
rischen Ostvölker erwähnt. — 4146 *kefsin*, vgl. 4102. —

vor den kônin recken.
sie hôven sich gegin der dicke.
daz heiltûm vôr ze vorderôst.
sie vuhten ûf den godis trôst   4150
mit sô getâneme harme
daz in vor deme arme
nicht inmochte bestân,
iz nemôste alliz under gân.

Die heidenen unde die Valwin,   4155
wichen von deme galgin
durch die michelen nôt.
dâr lac' manich helet dôt.
Arnolt, der wîgant,
gaf daz zeichen ûzer hant   4160
unde zouch ein svert daz hiez Mâl.
iz inwas negein stâl
sô hart noch sô veste,
iz ne môste bresten.
des nâmen von sînen henden   4165

4147 *vor*, vor den Augen, um ihren Muth zu erhöhen. Das
Reliquienkästchen, das Arnold an seinem Speer getragen, wird
jetzt an die Sturmfahne gebunden, wie 4160 deutlich zeigt. —
4148 *dicke* stf., wie oft von dem dichtesten Streithaufen ge-
braucht. — 4149 *heiltûm* stn., Reliquie. — *ze vorderôst*, die
Sturmfahne muß immer voran sein. — 4150 *vuhtin* plur. præt.
von *vehten*, gewöhnlich wie schon häufig im Ahd. in eine
andere Ablautreihe gestellt, sodaß der Plur. *vâhten* lautet. —
4151 *harm* stm., nicht sowohl unser «Harm» als «Grimm». —
4153 u. 4154 *nicht in* (für *ne*) mochte *bestân*, *iz ne môste*, wieder
eine der negativ gefärbten bedingenden Satzfügungen, die wir
einfacher in positiver Wendung ausdrücken. —
4155 *heidenen*, vgl. 480. — 4160 *zeichen*, Fahne, vgl.
2850. — 4161 *zouch* für mhd. *zôch*, vgl. 3024. — 4161 wie der
Graf Arnold selbst der echten Sagengrundlage des Gedichts,
soweit wir sie übersehen, unbekannt ist, so auch sein Schwert
Mâl. Im Rosengarten gehört es Wolfhart, dem Amelungen,
würde also hier seinem Doppelgänger *Wolfrât von Tengelingen*
beßer zustehen als dem Grafen Arnold. — 4164 *bresten* stv.,
unser «bersten» mit Umstellung des Anlautes. — 4165 *des*,
darum, deshalb. —

der koninge sesse ir ende.
svaz her der andren ane quam,
den tede her sicherliche sam,
biz her in den hérren benam
unde Berchteren von Merân   4170
unde Luppoldin,
den si dâr hâhen woldin.
die bôch newillen uns missesagin,
iz nemochte ire nieman achte havin.
die dâr wâren schadehaft,   4175
si jâhen iz dâde die godes kraft.

Alse Rôther gesach,
dat Arnolt bî ime was,
dô sprach die koninc rîche
harde vromelîche   4180
«snîtâ, kône wigant,
mî die bande von der hant!
unde geblâs ich mîn horn,
ir wirt michil mê verlorn

4166 *sesse* flectierte Form des Zahlwortes 6 neben der gewöhn-
lichen flexionslosen *ses*. — 4167 *svaz der andren*, alle an-
dern, welche... — 4169 *den hérren benam*, Rothern befreite. —
4173 *newillen* conj. zu *wil*, falls die Bücher nichts Falsches
verkünden (*missesagin*). — 4174 *ire* gen. plur. zu *er*, auf die
drei Gefangenen zu beziehen, deren niemand von den Heiden
achte havin vermochte. — 4175 *die dâr wâren schadehaft*, zu
Schaden gekommen durch Arnold und seine Schar, d. h. die
Heiden. — 4176 *iz*, d. h. diese überraschenden Thaten. —
dâde für *tœte*, hätte gethan. Wie so oft wird auch hier den
Heiden der Glaube in den Mund gelegt, daß die Siege der
Christen über sie durch ein wunderbares unmittelbares Ein-
greifen Gottes erfolgt seien.
4181 *snîtâ* imp. von *snîden* stv. mit angehängter Interj. *â*:
«schneide doch». — 4182 *mî* für *mir*. — *die bande* für die
mhd. gewöhnliche Form *diu bant* stn., wie *rosse* neben *ros* u. s. w.
— 4183 *unde geblâs ich*, nicht *blâs*, sondern *geblâs*, indem das
vorgesetzte *ge* die einmalige als abgeschloßen in der Zukunft
betrachtete That (wie das latein. Fut. exact.) bezeichnet. —
4184 *ir* von *mê* abhängig. — *verlorn* hier von dem transitiv.
verliesen, zu Grunde richten. —

dan ir noch sî getân.   4185
uns kumit der helet Aspriân.»
dô die recken daz vernâmen,
wie vrô sî alle wâren!
in was zô deme storme vile liep,
si ne dâchten an die vlucht niet.   4190

Die kônin wîgande
die stundin in deme sande,
dannoch siven koninge
mit achzich dûsint menige.
lûde dô ein horn scal   4195
over berch unde dal,
daz blês Rôtheres man,

4185 *dan ir noch sî getân. noch*, bisjetzt. *sî getân*, als unbe-
stimmter Ausdruck das bestimmte *sî verlorn* in sich enthaltend,
daher denn auch *ir* zugesetzt wie dort. Der Conj. wie 4121. —
4189 *sturm*, hier, wie so oft, ein militärischer Kunstausdruck,
vgl. 479. — *mir ist liep* adject. unterschieden von dem adv.
mir ist liebe, wie *mir ist leit* von *mir ist leide*: sie trugen
Verlangen.
4192 *sant*, wie gewöhnlich Ufersand, Ufer, wo das
Ganze sich ereignet. Wenn *stundin* richtig ist, so bezieht
sich 4191 *kônin wîgande* auf die Feinde, die 4193 als sieben
Könige aufgeführt werden. Auffallend ist es, daß die Formel
kônin wîgande, die sonst immer nur von den Christen oder
Rother's Heere gebraucht wird, hier den Heiden gelten
soll. Einfach ist zu helfen, wenn man *dô* statt *die* liest
und 4191 noch zu dem vorigen Satze zieht. — 4194 *mit
achzich dûsint menige:* hier braucht *menige* nicht als gen.
von dem Zahlwort abhängig gefaßt zu werden. Es ist der in-
declinabele Zusatz des allgemeinen Größen- und Zahlenbegriffes
zu dem specialisierten, wie es die heutige Sprache mit Pfund,
Maß, Fuß, Mann u. s. w. noch durchgehends thut, *menige*
also = man und zwar im Gegensatz zu *koninge*, gewöhnliche
Leute. — 4195 *scal*, præt. von *scellen, schellen* stv., schallen.
Es fällt immerhin auf, daß Luppold und nicht Rother, wie er
oben willens ist, das Horn bläst. Man muß annehmen, Rother
gibt seinem jüngeren Dienstmann dasselbe und befiehlt ihm zu
blasen. Möglich, daß dieß eine eigenmächtige Verbeßerung
irgend eines Ueberarbeiters ist, der damit dem sonst müßi-
gen und fast vergeßenen Luppold auch etwas zu thun geben
wollte. — 4197 *blês* mundartlich für *blies*. —

Luppolt von Meylân.
lûte rief Aspriân
«mîn hêre ist weizgot bestân.   4200
wol ûf, helet Wolfrât,
ich wêne dînen neven nôt bestât.
nu wil ich Rôtheres gedagin,
inde wirt Luppolt irslagin,
her mochte uns immer rouwin,   4205
her ist gruntveste allir trouwin.»

   Widolt gâhete balde
ûz deme walde.
wie die halsperch klanc,
dâr her over die strûke spranc,   4210
unde der helet Aspriân!
die zvelef riesen vreissam
liefen rû unde slecht.
dâr volgete manich gôt knecht
deme Tengelingêre,   4215
her brâchte ein here mêre
ûz deme walde lossam,
daz wâren Rôtheres man.
dâr gâchte manich wîgant
wal gewâfenet over lant.   4220
der luden wart allinthalvin.
sie lôsten in von deme galgin

4200 *bestân* part. præt. von *bestân*, gewöhnlich *bestanden*. —
4203 *Rôtheres gedagin*, von Rother soll gar keine Rede sein:
sein Untergang ist ein so entsetzlicher Gedanke, daß ich gar
nicht davon reden will. — 4204 *inde* Nebenform von *unde*,
als Einleitung eines Bedingungssatzes wie 3607.
   4207 *gâhen* swv. von *gâch*, «eilig, hastig» abgeleitet,
vgl. 2590. — 4210 *strûc*, niederd. Form für hochd. *strûch*
stm., Strauch. — 4213 *loufen* mit dem Acc. wie «einen Weg
laufen». — *rû unde slecht* (*rû* für *rûch*), formelhaft: unebenes
und ebenes, nämlich Land, Feld. — 4216 *mêre* für mhd. *mære*
adj., berühmt, viel genannt, vgl. 1456. — 4219 *gâchte* für
gâhte von *gêhen, gæhen*, vgl. 2895, nicht von *gâhen*, in der
Bedeutung aber gleich. — 4221 *luden, ludem* stm., Lärm, Ge-
tümmel, ein beliebtes episches Wort. —

14*

unde hôrten die erden bîben.
dâr liefen dô mit nîde
zvêne riesen vreissam: 4225
der eine was Asprîân,
der ander was Widolt.
verre lûchte ime daz golt
von des scildis rande.
Ymelôt irkande   4230
Rôtheres sinne.
her wolde gerne intrinnen.
dâr wart die vlucht vile grôz.
der wint von Asprîâne dôz.
Rôther gienc ingegin im,   4235
her sprach «kône helt, virnim,
die dort vor Luppolde habin,
den ne solin die riesin niwet scadin.
mir haven die selve hêrin
geholfin grôzer êrin.   4240
introuwen, ich was gevangin,
mich wolden hân irhangin
die vreislîche koninge
von wôster Babilônje.
wirt dâr icht widir getân,   4245
daz lâz ich alsô bestân.»
lûde rief dô Grimme
«sine koment niemer hinne.»

4223 *bîben* swv., beben. Die Verlängerung des *i*, die schon
ahd. in diesem Stamme gelegentlich erscheint, ist hier durch
das Bedürfniss des zweisilbigen Reimes sicher. — 4224 Ueber
die Bedeutung von *nît* vgl. 706. — 4228 *verre* adv., hier «fern
hin». — 4231 *Rôtheres sinne*, Absicht. — 4234 *der wint*, eine
leicht verständliche Metapher für das wüthende Ungestüm eines
Riesen, der durch seine heftigen Bewegungen wie eine Winds-
braut die Luft mit Getöse erfüllt. — *dôz* præt. von *diezen* stv.,
tosen. — 4237 *habin*, *haben* swv., hier intransit. wie unser
«halten». — 4240 *geholfen grôzer êrin*, vgl. 47. — 4245 *dâr widir*
bezieht sich auf das Unterfangen der heidnischen Könige, ihn zu
hängen; wird deren Absicht vereitelt, werden sie dafür be-
straft. — 4246 *daz lâz ich alsô bestân*, das laße ich gelten, so
wie es ist, dagegen habe ich nichts, d. h. das soll mir lieb
sein. — 4248 *sine* für *si ne*, die heidnischen Könige.

Die riesen liefen alle in daz wal.
dâr wart des heres michel scal. 4250
dâr sclûch der helet Asprîân
alliz daz her ane quam.
Witolt nicht insprach,
biz ime die stange zebrach.
dô zouch der grimmige man 4255
ein wâfen daz was vreissam.
dô lâgen ûf den dôdin
die tûere marc verscrôdin.
von den wundin vlôz daz blût,
dâ Wolfrât der helet gût 4260
zô deme volcwîge quam
unde andere Rôtheres man.
die kônin wîgande
die vromeden mit irn handen
daz man imer môz sagen, 4265
wande wir daz orkunde haben,
von al den hêren
die nâch vertriven wêren.

Sich heten die siven koninge
besundret von der menige 4270
unde vluwen vreislîche dan.

4249 *daz wal* stn., Wahlstatt. — 4253 *insprach. in* prokl.
Negat. *ni, ne.* — 4256 *wâfen* stn., speciell das Schwert. —
4258 *tûere* für mhd. *tiuwere,* erweiterte Form von *tiure.* — *marc*
stn., vgl. 868. — *verscrôdin* part. præt. von *verscrôden* stv.,
verstümmeln, zerhauen. — 4261 *volcwîc* stm., große Schlacht. —
4265 *daz* demonstr. und relat. zugleich. — 4266 *orkunde*
stn., Zeugniss. — 4267 in der Hs. *von den alden hêren* gibt
keinen Sinn. Tilgt man *den* und schreibt wie oben steht,
so heißt es: wir wißen (*haben orkunde*) in unserer Quelle,
daß *die* (4268), die bisher den Kampf gegen die Heiden
geführt, *nâch* beinahe *vertriven* von der Wahlstatt getrieben
worden wären *von al den hêren,* von der Menge der heid-
nischen Könige und ihres Heeres, bis Wolfrat den Kampf
entscheidet.
4170 *besundret* für *besundert* wie *hundret* für *hundert* u. s. w.
— 4271 *vluwen* für *vluhen,* plur. præt. von *vliehen* stv. —
vreislîche adv., hat hier nicht die exacte Bedeutung «schreck-

Erwîn rande ir einin an
unde sclôch den selven vâlant
durch sîn hornîn gewant
von der aslin biz an den sadel.   4275
dâ rach der helet sînin vader.
ir wurdin vunve irhangin.
iz was in ovele irgangin.
sich hôf der uncristine val.
die siechen lâgen in den wal,   4280
svâ sigein wê rief,
Widolt in ane lief
unde trat eme in den munt,
der newart nimêr gesunt. ·
sie môstin durch nôt klagin   4285
unde beiden dûmes tagis,
daz dâr nieman genas.
Ymelôt, des die reise was,
den heiz man hine lâzen
varen sîne strâzen,   4290
daz her dâr heime mochte sagin
wer ime daz volc hête irsclagin.

  Dô wâren der spilemanne
wol hundret mit in gegangen,
die heiz der helet Grimme   4295
durch Ymelôtis willen

---

lich», sondern die allgemeinere wie unser «erschrecklich», so
viel als «über alles Maß, sehr stark». — 4273 *vâlant,* vgl.
890 u. s. w., ein Heide wird besonders passend so bezeichnet. —
4275 *aslin* für mhd. *ahseln.* — *an den sadel,* ein oft er-
wähnter Zug aus den Kämpfen zwischen deutschen Kreuz-
fahrern und Saracenen. — 4279 *sich hôf,* es begann. — *un-
cristin* stm., Heide. — 4280 *den* für *dem,* vgl. 15. — 4285 *durch
nôt,* durch triftige Gründe gezwungen. — 4286 *beiden* swv., er-
warten, warten auf… mit gen. — *dûmes tagis,* vgl. 1799;
das Recht, was den Heiden dann zutheil wird, ist die ewige
Verdammniss. — 4288 *reise* stf., reisiger Zug, Kriegszug. *des,*
der ihn unternommen, geführt hatte.
  4293 *spilemanne,* vgl. 1710; hier, wo gleich 100 auf ein-
mal erwähnt werden, hat man sie sich als die Spielleute,
Musiker, die den Heereszug Ymelot's begleiten, zu denken. —

bit den zugeweichen staven
vaste recken unde slahen.
dô vlô ein spileman,
die Widolden ouch hie vore intran,   4300
vor Constantînen den rîchen
harde hasticlîche.
dô vrâgeten die vorsten alle
von deme grôzen scalle,
der dâ ze velde wêre.   4305
«ich sage û starke mêre,
sich hât irlediget der hafte:
sie rîdent here mit heris krafte.
sver ungerne hange,
der ne sitze niht zô lange.   4310
dâr gevit der helet Widolt
beide spîse unde solt
den heidenischen recken.
ich wart dâr nider gestrecket,
ich wart bevilt unde bescorn,   4315
ich hête nâch den lîf verlorn.
ich wil iz û wârlîche segen,
die tûrlîchen bûlslege
gaf Widolt mit der stangin.

4297 *zugeweich* adj., biegsam, elastisch. — *staf*, mhd. *stap* stm.,
hier = Ruthe. — 4298 *recken* swv., ausdehnen; man braucht
es hier nicht mit *slahen* synonym in der Bedeutung «treffen» zu
erklären, sondern *mit den zugeweichen staven* ist zunächst auf
slahen zu beziehen, das *recken*, auf den Boden hinstrecken, um
ihnen die Schläge zu applicieren, geht vorher. Ebenso geht
vaste, genau genommen, nur auf *slahen*, tüchtig schlagen. —
4299 *vlô* für *vlôch*, præt. von *vliehen*. — 4300 vgl. 1710. —
4302 *harde hasticlîche*, dieselbe alliterierende Formel wie 837. —
hasticlîche adv. = *haste-*, *hestelîche*. — 4304 *von* auf *vrâgen* be-
zogen, «wegen». — 4315 *bevillen* swv., geiseln, von *vel*, Haut. —
bescorn von *beschern* stv., scheren, eine schimpfliche Strafe, die
mit der andern, Stockschläge, gewöhnlich verbunden ist,
daher die Rechtsformel «Strafe an Haut und Haar». —
4316 *nâch* adv., beinahe. — 4317 *segen* swv., gilt hier neben
sagen, vgl. 1675. — 4318 *tûrlich* = *tiure*, kostbar, köstlich,
natürlich hier ironisch. — *bûlslac* stm., ein Schlag, der Beulen
gibt, vgl. 1769. —

Bâsilistjum ist irhangin.   4320
iz ne gât dâr niemanne an den vôz,
man dôt ime gare des lîves bôz.
der tievel nimet och mir den sin,
daz ich sô hovebâre bin
unde och sô lange hie stân.   4325
nu vrâget ouch einin andren man.
sver hûde wirt begriffin,
der ist immir beswichin.»

Die hûven sich ze vluchtin.
dô saz in leidin trechtin   4330
Constantîn der rîche
ime harde lasterlîche.

Dô die wîgande
von rômischen lande
ûz deme sturme giengin   4335
unde die ros geviengin,
dô hete Wolfrâtis zorn
gemachit blûtige spor,
dîfe gêrwundin;

4321 *an den vôz*, auch ironisch; die Strafe des Fußabhauens
gilt im Mittelalter schon für eine der schwereren Leibesstrafen,
aber damit ist es nicht genug. — 4322 *man dôt ime gare* voll-
ständig *des lîbes bôz*, man hilft ihm von dem Leben überhaupt. —
4323 *nimet och* (für *ouch*), der Teufel verblendet mich. —
4324 *daz ich so hovebâre bin*, weil oder daß ich so sehr Höfling
bin, statt weiter vor diesen Unholden zu fliehen, hier am Hofe
mich mit der Erzählung ihrer Thaten aufhalte. — 4328 *beswichin*
part. præt. von *beswichen* stv., betrügerisch im Stiche laßen.
    4329 *Die* bezieht sich entweder auf die ganze Umgebung
Constantin's oder auf die Flüchtigen, die mit dem Spielmanne
entronnen waren und nun ihre Flucht weiter fortsetzten. —
4330 *trechte* für *getrechte* stn., Betrachtung. — 4332 *ime* von
lasterlîche abhängig.
    4336 *die ros geviengin*, die herrenlos herumlaufenden Rosse,
nicht ihre eigenen, denn sie kämpfen zu Fuße. Dieß Fangen
der Rosse geschieht am Schluße der mittelalterlichen Treffen
und ist ein stehender Zug in ihrer Schilderung. — 4338 *spor*
stn., Spur, hier plur. wie *blûtige* zeigt. — 4339 *dîfe*, mhd.
tiefe. — *gêrwunde* swf., Wunde durch den *gêr*, Speer. —

manigen ungesundin   4340
durch den helm verscrôtin.
menigin helt gôtin
vromete der wîgant
mit sîner ellenthafter hant
ze leiden tagedingin.   4345
er was von Tengelingin,
der dûresten diete,
rîche ân overmôte
mit wisdûmis sinne.
der lîz ouch sîme kunne   4350
daz tô imer vorsten namen hât
die wîle daz dise werelt stât.

Dô ginc der herzoge von Merân
vor den grâven Arnolde stân
unde mit ime Wolfrât,   4355
der alliz guot verdienet hât,
unde Erwîn, der sich ie vore nam,
svâ man vromicheide began
vrô unde spâde.
her konde wol gerâden   4360
eime gôtin knechte
daz ime sîn dinc rechte
beleif unz an sîn alder.

4342 *menigen*, hier darf wohl aus dem *minigen* der Hs. die
mit falschem Umlaut auch sonst vorkommende Form *men*.
neben *man*. angesetzt werden im Wechsel mit dem eben vor-
hergehenden *manigen*. — 4343 *vromete*, brachte. — 4344 *ellent-
hafter*, die starke Form vgl. 214. *ellenthaft* adj., mit eingescho-
benem *t* von *ellen*, körperliche Kraft zum Kämpfen. — 4345 *ze
leiden tagedingen*. Der Kampf wird in einem besonders der da-
maligen Anschauung sehr nahe liegenden Bilde mit einem
Rechtshandel vor dem Volke verglichen. — 4347 *diet*, hier
= *künne*, «Geschlecht», nicht «Volk». — 4350 *lîz*, hinterließ,
als durch sein Verdienst erworben. — 4351 *daz tô: d* in *dô* zu *t*
geworden unter dem Einfluße des auslautenden *z. daz* für *daz ez.*
    4356 *alliz guot verdienet*, lobende Phrase, *alliz guot*, alles
Gute, alle Ehre. — 4357 *ie*, stets. — *sich vüre nemen*, aus-
zeichnen. — 4362 *sîn dinc*, seine Sache. — 4363 *beleif* præt.
von *belîven* stv., mhd. *beleip*. —

den mochte man wole behalden.
nâch den ginc ein wîs man   4365
Luppolt von Meylân,
der hâte in sîme lande
gewonit âne scande
unde was durchnechte
bit zuchten ân overbrechten.   4370
her wiste wol ze rechte.
en hêten gôde knechte
gevôrt biz her svert nam.
Rôther unde sîne man
bodin Arnolde,   4375
of her iz nemen wolde,
sie wêrin ime ungesvichin
zô allen sînen sachin.
dô leveter âne sorge.
daz hêter irworven   4380
in deme volcwîge
mit sînen kônin lîve.
von dû wirt iz ime lîchte gôt,
sver so icht vromelîchis getôt.

Sich beriet der helet Asprîân   4385
wie iz Constantîne mochte irgân.
«dâr môz her, sprach Grimme,
in der burch brinnen.
nu neme wir die tochter sîn,
nâ der wir gevaren sîn,   4390
unde tragen daz vûr an.
Widolt sal vor die dure stân.
sver danne dar ûz gât,

4364 *behalten* stv., mit ehrenvoller Sorgfalt behandeln. —
4370 *overbrechten* inf. des schwachen Verbums *überbrehten*, über
das Maß hinaus *brehten*, prahlen. — 4372 *en* für *in*, ihn. —
4373 *gevôrt*, erzogen. — 4375 *bodin* plur. præt. von *bieten*
stv., entbieten. — 4377 *ungeswichin* part. præt. von *swîchen*,
verlaßen, also «treu». — 4383 *dû* instr. von *daz*, darum. — *wirt
ime lîchte gôt*, es gedeiht ihm unzweifelhaft zum Heil.
4391 *vûr*, mhd. *viur*. — *an tragen*, hinein, in die Stadt,
werfen. —

wie wol uns dê gerichit dat!
virmissit sîn der helet gôt,   4395
wir lâzenz immir âne nôt.»
«entrouwin, sprach Asprîân,
ir lâzet die burc stân.
sich havent dâr gelâzin nidere
der zvelfboden sivene   4400
unde die vile gôde
Constantînis môder,
Helenâ, die daz crûze vant,
dâr got die werlt ane intbant,
nâch der ûfferstende   4405
lôste mit sîner hende.
der Adâmen valde,
er nicht vermîden wolde
daz ime der alde got verbôt.

4394 *dê* für *der*, geht auf Witold. — *gerichit* von *rechen* stv.,
bestrafen. *ge* hier nur Bezeichnung des Fut. oder Fut. exact. —
4395 *virmissen* swv., vgl. 2124, vergeßen, übersehen, d. h. läßt
er einen *sver dan dar ûz gât* entkommen, dann wollen wir es
auch gerne (*âne nôt*) geschehen laßen, ironische Wendung. —
4398 *ir lâzet*, das vorgesetzte Pron. pers. verstärkt den Begriff
des Imper.: «Ihr sollt.» — 4400 *zvelfbode*, der Apostel. —
sivene, d. h. nach der freilich sehr schwankenden Tradition alle
außer Petrus und Paulus, Johannes, Philippus und Jacobus minor.
— 4402 *Constantînis*, nach der Geschichte ein anderer Constantin
als der negative Held dieses Gedichts, Constantin der Große, hier
aber mit diesem zusammengeworfen. — 4403 *Helenâ*, die heilige
Mutter Constantin's, weist auch auf das Rheinland hin, wo sie
als Stifterin vieler Kirchen im Mittelalter sehr bekannt war.
Ihre populärste That ist die hier erwähnte, die Auffindung des
heiligen Kreuzes in Jerusalem. — 4404 *intbant* præt. von *int-
binden* stv., lösen, erlösen. — 4405 *ûfferstende* stf., Auferstehung;
dieses seltene, aber ganz richtig gebildete Wort ist in ver-
wandten Sprachdenkmälern hier und da anzutreffen, z. B. in
Friedb. Christ E*ᵃ*. (bei Müllenh. und Sch. 77, 16) *der unser ûffer-
stende*, also stf. — 4407 *der*, d. h. der Teufel. — *valde* præt. von
vellen, zu Falle bringen. — 4408 u. 4409 *vermîden daz ime got;*
wir wenden es positiv «er übertrat dennoch das Verbot Gottes»
und vergriff sich an Christus, indem er seinen Tod veranlaßte
und dadurch es Gott ermöglichte, das Recht, welches der Teufel
seit dem Sündenfall über alle Menschen besaß, durch den Er-
lösungstod Christi fortan aufzuheben. —

die unsich hât gebiledôt,   4410
her hêtis allis gewalt.
beide berc unde walt
scûf her unde die lufte
mit sînin magenkreften.
swer deme icht gedienit,   4415
deme wirt wol gelônit,
daz ime sîne dinc wole stênt
unde ime nimmir mê zegênt
von êwin wan zen êwin.
nu scônit des aldin hêrin»,   4420
sprach der riese Asprîân,
«daz dunkit mich gôt getân.»

Witolt vorchte den heilant,
des wart her over alle die lant
gemeine sît den reckin.   4425
her sprach «heiliger trehtin,
waz woldis du mînis armen man?
nu ich die witze nîne hân,

4410 *die = der.* — *unsich hât gebilidôt, bilidôn* swv., gestalten,
schaffen, geht auf Gott. — 4411 *hêtis* für *hête es* oder *des
alles.* — 4414 *magenkraft* stf., 597 u. s. w. ein Lieblingswort
des Gedichts. — 4417 *daz* in der Weise, daß... sodaß... —
dinc, wie oben für unser «Sache», vgl. 14. — 4419 *von êwin
wan zen êwin. êwe*, vgl. 481, ist hier endlose Dauer, Ewig-
keit, die Phrase ist Uebersetzung des lateinischen «in secula
seculorum». — *wan, wante* adverbiale præp., bis. — 4420 *des
aldin hêren* Constantin's.
    4424 *des*, absoluter gen. «davon, deshalb». — 4425 *ge-
meine* adj., aufgenommen von, in freundlichem Verkehr mit. —
sît, von da ab, später, d. h. er galt von da an, obgleich
eigentlich ein Riese und nicht ein Recke, wegen seiner
frommen Gesinnung bei den Recken etwas. — 4426 *heiliger
trechtin*, 4068 *trechten*, hier mit ebenfalls verkürztem Vocal
trehtin. — 4427 *waz woldis du mînis armen man*, von mir
armen Mann. *mînis* ist nicht gen. des Pron. pers. mit enkl. an-
gefügtem *des*, sondern die nieder- und mitteld. Form des Gen.
selbst, woraus unser nhd. «meiner». Der Sinn ist: warum
hättest du beinahe mich eine so schwere Sünde begehen laßen
in meiner Thorheit. — 4428 *witze* stf., Besinnung, Einsicht,
gewöhnlich und auch hier im Plur. gebraucht. —

sô der lîf irsterbit,
waz sal der sêle werdin? 4430
owî daz ich ie geborin wart!
mir riet der tûvel sîne vart,
daz ich arme tôre
die burc wolde zestôren.
grôz sint mîne sculde. 4435
ich hête dîne hulde
gerne, trechtîn hêre,
unde vorchte vile sêre,
sô du mich lieze gewerdin,
du lâzes mich irsterbin 4440
alsô in mînin sunden.
nu ist daz afgrunde
gesetzit den unrechten.
wie harde ich vorchte
sanctum Michâêlen. 4445
er ist trôst allir sêlen;
vor deme der tûvel gelach
(her tede ime einen michelen slach)
in vûre und in glûde.
von sîme overmûde 4450
is her verstôzin
von allen sînen genôzin.»

Die riesen allentsamt
worfin die stangin ûz der hant.
durc den êwigen got, 4455
der in ze levene gebôt
liezen sie Constantînople stân:
iz newâre anders nicht getân.

4430 *werdin* mit gen., aus der Seele werden. — 4432 *vart* stf., Fahrt, Verfahren, Geschäft. — 4439 *sô*, wie. — *lieze*, 2. Pers. sing. præt. von *lâzen*; unten 4473 steht *heizen*, was ebenso viel besagt. — *gewerdin* stv., ins Dasein kommen. — 4442 *daz afgrunde*, vgl. 1978. — 4443 *den unrechten*, bösen. — 4450 *von sîme overmûde*, durch seinen Hochmuth. — 4451 *her*, der Teufel. 4453 *allentsamt* adv., das verstärkte *ent- ensamt*. — 4458 *anders* adv., keine andere Macht würde sie zurückgehalten haben.

Rôther heiz vor sich gân
Luppoldin den getrûwin man   4460
unde Berchteren den rîchen,
der riet ime wislîche.
her sprach, «nu scône, koninc hêre,
godes unde dîner sêle,
des hâstu grôze êre,   4465
unde heiz die burc lâzin stân.
wirt Constantinô icht getân,
sô sî wir sculdich irkorn
unde sîn êwelîche verlorn.
Constantînum den rîchen   4470
vorchtich vreislîche.
nu sal her des geniezen.
der uns gewerden hieze,
got der gildit harde vil.
swenne sich der mensche ovir wil,   4475
sô tût her unrechte.
jâ sprichit unse trechten,
sver in bit trûwen meine,
der sî in êwin reine.
nu sende, trût hêrre mîn,   4480
nâ deme wîve dîn.»

    Dô sprach der koninc rîche
harde wîsclîche
«sint mir der vater starp

4463 *scônen* swv. mit gen., Rücksicht nehmen auf, vgl.
1209. — 4469 *êwelîche* adv., ewiglich. — 4471 *vreislîche* adv.,
wie unser «schrecklich», auch hier nur steigernd, vgl. 4271.
— 4472 *des geniezen*, Vortheil davon haben. — 4473 *gewerdin*
wie 4439. — *hieze* kann kein Conjunctiv sein, sondern muß
als die einzige in diesem Gedicht vorkommende verlängerte
Præteritalform aufgefaßt werden, wie solche einzeln schon viel
älter in der deutschen Sprache erscheinen und in unserm
«wurde, sahe» u. s. w. noch existieren. — 4474 *gildit harde vil*,
ist ein sehr strenger Richter. — 4475 *sich over wil*, über sich,
sein Maß, das ihm Gott gesetzt hat, hinaus will. — 4478 *bit*
für *mit*. — *meinen* swv., hier so viel als lieben. — 4479 *in*
êwin, vgl. 4419.
    4484 *sint* conj., seitdem. —

und ich dir bevolen wart,   4485
sô wêrest du mînir êren
willich immir mêre.
du trûdis mich nacht unde tach,
daz mir ze leide nicht gescach;
du zugist mich alse dîn kint,   4490
daz wâren kristenlîche dinc,
unde lêrdis mich gôde knechte
haven nâch irn rechte.
nu lâze dich got der guode
durch sîn ôtmuode   4495
geniezen aller trûwin.
du salt mich immir rûwin;
is daz ich dich overleve,
sone mochte mer nimmir leider wesen.»

Des koningis gekôse   4500
was âne vals lôse.
sie hôten sich der sunden.
done dorste vor den scanden
gereden nehein helet gôter
wan des ime was ze môte   4505
wider iegelîchen man.
dô wâren die vorsten lovesam
unde leveten inme rîche
mit trouwin stâdiclîche.

4486 *wêrest du* für mhd. *wære du*, eine der schon bemerkten
nach Art der übrigen 2. Pers. sing. gebildeten Formen des
starken Præt., desgleichen *zugist* für *zuge, züge* von *ziehen*, unten
4490. — 4488 *trûdis* præt. des schwachen Verb. *trûden*, mhd.
triuten, lieb haben, Gutes erweisen. — 4497 erklärt sich durch
das folgende: ich würde deinen Verlust nie verschmerzen
können, wenn ich dich überleben sollte. — 4498 *is daz*, ge-
schieht es, daß. — *overleve*, mhd. *überlebe.* — 4499 *leidir*
compar. des Adv. *leide*, traurig, schmerzlich.
    4500 *gekôse* stn., (freundliche) Rede. — 4501 *âne vals lôse*
tautologisch, denn *lôs* adj., bedeutet ungefähr so viel wie *âne
vals*. — 4503 *dorsten* præt. von *dar, tar*, wagen, plur. auf
nehein helit gôter, eine Mehrzahl, bezogen: keiner wagte seine
Meinung, seine wahre Gesinnung hinter falsche Rede zu ver-
bergen. — 4505 *wan*, außer. — 4508 *inme = in deme.* —
4509 *stâdiclîche* adv., beständig.

XIII.

Constantin sitzt unterdessen in tödtlicher Angst in Kon-
stantinopel, nicht getröstet durch die schonungslos bittern Vor-
würfe der Königin. Endlich besinnt er sich auf den besten
Rath: er heißt seine Tochter sammt ihren Frauen sich festlich
schmücken und in ihrem Geleite zieht er Rother entgegen, der
ihn trotz Witold's Toben freundlich empfängt, sein Weib aus
seiner und der Königin Hand erhält, und nachdem er seine
getreuen Helfer, namentlich den Grafen Arnold, reich belohnt
hat, mit ihr und den Seinen nach Hause steuert, wo die junge
Königin gleich an dem Tage der Landung Pipin, den nach-
herigen Vater Karl's des Großen, gebiert. Zu Hause stattet
Rother seine Mannen, vor allen die Riesen, Lupold, Erwin,
Wolfrat mit Land und Leuten überreichlich aus, regiert in
Glück und Herrlichkeit noch viele Jahre, bis Pipin das Schwert
nehmen und sein Stellvertreter als deutscher König werden
kann. Da mahnt ihn der alte Berchter, seiner Seele zu ge-
denken und der Welt zu entsagen, was er auch sammt der
Königin thut.

Constantîn der rîche   4510
der vorchte ime vreislîche.
her sprach zô der koningîn
«owî trût vrouwe mîn,
daz ich ie den lîf gewan!
mich slânt Rôtheres man.   4515
wie grôzer kintheit ic gewêlt,

4511 *vorchte* præt. von *vurchten* swv. — *ime*, sich. —
vreislîche, vgl. 4271. — 4515 *slânt* für *slahent*, erschlagen. —
4516 *kintheit* stf., der Zustand eines Kindes und das daraus
stammende Betragen, kindische, gedankenlose Art. — *ic*
für *ich*, niederd. wie *sic* für *sich* u. s. w. — *gewêlt*, mund-
artlich für *gewielt* von *walten* stv. mit gen. des Objects, unserm
«verwalten» einigermaßen in Bedeutung gleich, noch mehr
unserm «ausüben»; *ge* zur Bezeichnung des abgeschloßenen
Præteritalbegriffs «habe ich begangen». Daß hier ein Reim-
vers fehlt, ist leicht zu ersehen, aber der Sinn ist nicht da-
durch gestört. —

daz ich ime sîn wîf nam!
dâr gescach mir ovele an,
iz was ouch alliz âne nôt.
her hete mir wol gedienôt.   4520
des woldich deme rîchen
hûde bôslîche
lônin mit deme galgin.
iz begegenit allenthalvin
dicke den man,   4525
svaz her dan hât getân.
die grôve hêt ich gegravin,
ich môz dar selve în varin,
so iz allir wêtlîchest ist.
mich innere der waldendiger Crist   4530
unde die gúde koningîn.
nu nim die scônen tochter mîn
unde vôre sie deme helede
ûz der burc intgegene
unde bide in durch got den gôden   4535
gedenkin mînir nôde,
daz her mich lâze genesen.
ich wil immir mê wesen

4518 *ez geschiht mir übele*, nicht bloß in dem neutralen oder
passiven Sinne des heutigen «es geschieht mir», sondern wie
unser «es gelingt mir», wo die selbständige Thätigkeit und
Verantwortlichkeit zugleich mit betont wird, vgl. 2880. —
4519 *âne nôt*, ohne triftige, zwingende Ursache. — 4522 *hûde*,
mhd. *hiute*. — *bôslîche*, wie es ein «bœse» macht, ein Feigling
und Schwächling. — 4525 *den* für *dem*, vgl. 19. — 4526 *svaz
her dan hât getân* ist durch das folgende Sprichwort deutlich
erklärt: was er verübt hat, das «begegnet», stößt ihm selbst
zu. — 4527 *grôve* stf., mhd. *gruobe*. — *hêt* für *hête*, præt. von
haben, hân. — 4528 *dar în*, da hinein, darein. — 4529 *so iz,
sô* = wie. — *wêtlîchest ist*, so aus dem verderbten *wetichet* der
Hs. hergestellt. *wêtlîchest* = mhd. *wœtlîchest*; *wœtlich* adj., kleid
sam, angemeßen, insofern auch wahrscheinlich, und in dieser
Bedeutung hier. — 4530 *innere*, *in* procl. Negation im hypoth.
Satze: wenn mich nicht — *nere; nern* = retten, vgl. 2888. —
4531 *die gúde koningîn*, die Himmelskönigin, Christi Mutter. —

zô Constantînopole verhaft,
daz man sît biz an den tômis tach   4540
daz her ze Constantînopole hât getân,
do in Rôther nîne liez irhân.»

Dô sprach die koningîn
«wes vortis du, Constantîn?
dir helfint die koninge   4545
von wôster Babilônje,
daz du Rôtheren hâhis.
waz of du in noch gevâhis?
dînis overtrûwen scanden
ich nemochtis dir ze vore nie gesagen: 4550
du versmâdes harde got

4539 *verhaft* adj., nicht ganz dasselbe wie unser «verhaftet»,
sondern nach dem Rechte des deutschen Mittelalters in freier
Haft «interniert», wie wir im heutigen Jargon sagen. —
4540—42 jeder Vers für sich deutlich und ohne erkennbaren
Fehler, im ganzen aber des Zusammenhangs entbehrend, sodaß
nach 4540 wahrscheinlich ein Verspaar ausgefallen ist, etwa
des Inhalts: ich will in Konstantinopel in freier Haft bleiben,
daß man von mir bis in alle Ewigkeit (*sît biz an den tômis
tach*) sagen soll, «was er in Konstantinopel verübt hat, das
hat er auch dort verbüßt». — 4542 *irhân* für *ir-*, *erhâhen* stv.,
erhängen.

    4544 *vortis* für *vorchtis*, mhd. *vurhtest*, gen. *wes* als ur-
sächlicher Gen. davon abhängig. — 4548 *waz of*, vgl. 511. —
noch, noch jetzt oder später. — *gevâhis*, in deine Gewalt be-
kommst, höhnische Frage. — 4549 gibt die Hs. *dinis over
truwen scanden*, woraus schwer etwas zu machen ist. Der Ver-
beßerungsvorschlag *overmudes* für *over truwen* wird durch 4562
unterstützt und jedenfalls kann hier kein anderes mit *over* ge-
bildetes Wort gestanden haben als *overmût*. *truwen* ist dann wohl
die bekannte als adverb. oder interj. hier oft gebrauchte Plural-
form von *trûwe*, *triuwe*, *triuwen* = traun, vgl. 95. So wäre denk-
bar, daß gestanden hätte *dîn overmût is trûwen scade*, *scade*
adjectivisch gebraucht, schädlich. — 4550 *ich nemochtis ze vore nie
gesagen*, ich war nicht im Stande es dir zuvor so zu sagen,
daß du es geglaubt hättest; *is* gen., abhängig von der Negation
nie. — 4551 *versmâdes*, præt. von *versmâhen* swv., verschmähen. —
harde, bloßes Steigerungsadv., vgl. 609. —

der uns ze levene gebôt,
und volgedis deme vertrivenen,
die legede dich dar nidere.
umbe diesin wêr iz bezzir;   4555
gener leget dich in daz wazzir
dâr du inde dîne gadin
nemugin geswimmin noch gewadin.
von dû macht du wol verstân,
daz nechein dinc dien man   4560
grôzeren scaden dût
dan der leide overmût,
dâr von der tûvel gewan,
daz ime nimmer zeran
ochis noch achis   4565
noch allis ungemachis,
des hât her immer genûch,
und givêris och dir, of du nâ ime dûst.»

4552 *der uns ze levene gebôt,* wie *der uns gewerden hiez* u. s. w., Gott
als Schöpfer und Herr, dem der Gehorsam des Menschen gebührt.
— 4553 *der vertrivene,* der «Verstoßene» schlechtweg, ist der
Teufel. — 4554 *die* für *der.* — *dar nidere legen* bildlich, ins
Verderben stürzen. — 4555 *diesin* Gegensatz zu *jenen,* bezieht
sich nicht auf das Subject des unmittelbar vorhergehenden
Satzes, Teufel, sondern auf das den Gedanken des Sprechenden
beherrschende «Gott», *jener* auf «Teufel». — *wêr iz bezzir,*
in Beziehung auf Gott, was Gott anbetrifft, stünde es
beßer für dich. — 4556 *in daz wazzir,* das Bild des «Höllen-
pfuhles» ist uns noch als eine Erinnerung an die Flüße und
Gewäßer unserer altdeutschen Hölle geläufig, und auf solche
Nachklänge bezieht sich auch diese Phrase. — 4557 *gade* swm.,
Genoße, lat. par. vgl. 1103. — 4558 *gewadin, wadin* stv., mhd.
nhd. *waten.* — 4559 *dû* für *diu,* instr. von *daz*; *von dû,* des-
halb. — 4560 *dien* für *diem, deme, dem.* — 4563 *gewan,* davon
getragen, verdient hat. — 4564 u. 4565 *daz* von *gewan* ab-
hängig. — *ez zerinnet einem eines d.,* es entschwindet einem
etwas. *achis* und *ochis* zu Subst. erhobene Interject. *ach* und
och von nahezu gleicher Bedeutung. — 4568 *givêris* wohl für
givêre is. givêre, mhd. *gevære* adj., gefährlich; aus dem vo-
rigen Satzgliede ist das Subj. *her,* der Teufel, zu ergänzen.
Eine andere Erklärung *givêris* = mhd. *gevaerest,* du bringst
dir Gefahr, scheint die Energie des Ausdrucks weniger zu
wahren. — *nâ ime,* nach seiner Anweisung.

Constantîn saz in trehten
wie her genesen mehte   4570
von Rôtheres gestin.
dô dâhte her des bestin,
sîne tohter heiz her vore gân
in ire gewande lossam.
dô zierede megede unde wîf   4575
mit vlîze den iren lîf.
si trôgin kurzebolde
gelîstet mit deme golde,
und mit edelen gesteine
gewîret vile kleine.   4580
vor Constantînin den rîchin
giengen gezogenlîchin
ahtich scône vrôwin
mit goldînen krônin.

Dô quâmen die zeldere inde die ros   4585
ûffe den Pôderamus hof.
dâ klappende daz gesteine

4569 *in trechten*, vgl. 4330. — 4570 hs. *mohte* in *mehte* zu
ändern, liegt auf der Hand, da die Form *mahte* neben *mohte*
im Reime öfters vorkommt; 4866 steht aber *mochte* oder *machte*
ind. mit einem ähnlich wie 4330 ungenauen Reime. — 4575 *zierede*.
der Sing. veranlaßt durch die als ein abstract. Collectivbegriff ge-
faßten Plur. *megede unde wîf*. — 4577 *kurzebolde*, ein oft mit Pelz
verbrämter, für den größten Staat gebrauchter Frauenüberwurf
oder Mantel; Gold und Perlen oder Edelsteine sind gewöhnlich
darauf gestickt, wie auch hier. — 4578 *gelîstet* præt. von
lîsten swv., gesäumt, umsäumt, von *lîste*, Saum. — 4580 *ge-
wîret*, vgl. 397. — 4583 *ahtich*, hier die niederd. Form, unten
4602 die mehr hochd. *ahzich* für *ahtzic*. — *vrôwen* ist hier im
Reime auf *krônin* statt des sonst gewöhnlichen *vrouwe* mit er-
haltenem Diphth. *ou* angesetzt, obgleich auch *vrouwin : krônin*
nicht falsch wäre. — 4584 *goldîn*, mundartlich für *guldîn*, wie
hornîn für *hurnîn* u. s. w.
4585 *zeldere*, vgl. 2878. — *inde* für *unde*. — *ros* synon.
mit *zeldere* im Gegensatz zu *marc*, dem Streitroß, die für den
friedlichen Verkehr bestimmten Reitthiere, also auch die,
welche den Frauen dienen, ebenso gut aber auch den Männern. —
4587 *klappenen* swv. = *klappen*, mhd. *klapfen*, klappern. —

mit den isperlîn kleine
an den vorebûgin.
mit samîte grûnin						4590
wâren die sadele bezogin,
iz inhaven de bôche gelogin.

Dâr sâzin Constantînis kint
ûf ein sîdîn gewint.
der koninc reit âne sîne man					4595
under den vrouwen lossam.
bî deme reit die koningîn
unde die lieve tohter sîn.
dâr lûchte ein karbunkil —
dâr newart nimmir dunkil —					4600
ovene ûz der krône.
ahzich vrouwin scône
vôrde der koninc Constantîn
mit der lievin tochter sîn
Rôthere deme helede						4605
ûz der burc intgegene
daz sie deme . . .

Wie die zoume klungin,
dô die vrouwin drungin̄
ûz der burc inwiderstrît!						4610
dâr lûchte daz Rôtheres wîp
vor andren wîven over lant

4588 *isperlîn* für *perlînen* dat. plur. von *îsperlîn*, soviel als *wazzer-*
perlîn 3069, durchsichtige Perlen. — 4589 *vorebûgin*, mhd.
vür(e)büege stn., Brustrieme. — 4590 *grûnin*, mhd. *grüenen;*
über die schwache Form *grûnin* vgl. 119.

4594 *gewint* stn., soviel als das gewöhnliche *gewant*, die
kostbaren Decken der Rosse, Satteldecken sind gemeint. —
4599 *lûchte* præt. von *lûchten* swv., mhd. *liuhten.* — *karbunkil,*
vgl. 1853. — 4607 fehlen 1½ Reimzeilen, die bis auf einige
Buchstabenreste ausgetilgt sind.

4609 *drungin,* plur. præt. von *dringen,* sich drängen. —
4610 *inwiderstrît* adverb. Ausdruck, zusammengesetzt aus der
Præp. *in* und *widerstrît* stm., Wettstreit. —

als ein bernender jâchant.
daz irsach der grâve Erwîn.
her sprach zô deme hêrren sîn   4615
«dâr komit dîn leide svâgir.
du salt in wol intfâhin.
gedenke der aldin zuchte und erin   ＼
wie hie bevoren die hêrin
ir leit liezin durc got.   4620
nu nemache der werlde necheinin spot
an deme gôdin knechte.
daz komit dir rechte,
nu der koninc Constantîn
rîdit ûz intgegin dî,   4625
daz du ime lâzis den lîf.
her bringit dir daz scôniste wîf.»
«iz wêre vil wol, sprach Asprîân,
wurde ime ein bûlslac geslân.»

  Dô sprach gezoginlîche   4630
Berchter der rîche

4613 *als* relat., als wie. — *bernen*, mittel- und niederd. Form
mit umgesetzten Anlaut für *brinnen* stv., gleichlautend mit *ber-
nen* swv. für mhd. *brennen*. — 4616 *svâgir* stm., Schwäher
(dessen Nebenform es ist) und Schwager, hier Schwäher. —
4619 *hie bevoren*, vgl. 500. — 4620 *lâzen*, hier wie so oft
im prägnanten Sinne, wo man es dann elliptisch zu erklä-
ren pflegt. Man ergänze *ungerochen* oder etwas Aehnliches.
— *durc got*, um Gottes willen. — 4621 *nu nemache
der werlde necheinin spot an Constantîne*, thue nichts gegen Con-
stantin, worüber du *spot*, schimpfliche Nachrede, Schande bei
den Menschen (*werlt*) haben müßtest, oder worüber die Leute
Constantin verspotten könnten; die erste Erklärung paßt hier
beßer. — 4622 *gôdir knecht*; selbst der «*alde hêrre*» Constan-
tin, wie er anderwärts heißt, kann so bezeichnet werden, da
der Ausdruck rein formelhaft geworden ist, vgl. 24. — 4623 *daz
komit dir rechte*, steht dir wohl an. Gegentheil *iz komit orele*,
vgl. 4639. — 4625 *ûz*, heraus. — *dî* für *dir*; man könnte auch
dîn setzen, denn *ingegin dîn* ist sprachlich unanfechtbar,
es bedarf aber nach dem Reimgebrauch des Gedichts dessen
nicht. — 4628 *ez ist wol*, es paßt sich, gehört sich. —
4629 *bûlslac*. vgl. 4318.

«neinâ, hêrre Aspriân,
hie sal die zucht vore gân,
nu her undir den vrouwin ist komin.
unde hête her benomin   4635
allin mînin kindin den lîf,
wir sulin êren dise wîf
an deme rîchen koninge,
iz quême uns anders ovele.
alse der man genâdhin gerit,   4640
iz ist recht der in gewerit.»

   Rôther der rîche
sprach gevôclîche
«nu nâr, wîgande
von rômischen lande!   4645
intfât Constantinin
durch den willin mînin.»
dô ginc der herzoge von Merân
intgegin der vrouwen lossam.
Luppolt und Erwîn   4650
intfiengen die koningîn.
Rôther kuste sîn wîf,
si was ime alse der lîf.
her kuste ouch die aldin koningîn
und heiz si willekome sîn.   4655
Wolfrât der wîgant
nam Constantine bî der hant.
dô in Widolt gesach,
ovillîche her sprach,

___

4632 *neinâ*, vgl. 1758. — 4633 *vore gân*, die Leitung,
Herrschaft haben. — 4635 *unde*, wie oft als Einführung eines
hypothetischen Nebensatzes. — 4637 derselbe Gedanke in 4634.
— 4640 *alse*, so wie, wenn, falls. — 4641 *der* relat., wenn einer,
ein ganz anderes, gleichfalls unbestimmtes Subject als *der man.* —
einen gewern sc. *eines d.*, einem etwas, hier Gnade, gewähren.
4643 *gevôclîche* adv., vgl. 1765. — 4644 *nu nâr*, vgl.
4067. — 4646 *intfât* für *intfâhet*, hier ist *intfâhen* im Sinne
des höfischen Ceremoniells, als ein technischer Ausdruck
gebraucht. — 4659 *ovillîche* adv. = mhd. *übell.*, hier haßerfüllt,
feindselig. — *her sprach*, höchst wahrscheinlich verschrie-
ben für *sach*, im neutralen Sinn, «aussehen», denn nicht

her lach inde beiz in die stangen,   4660
daz die vûris flamme
dar ûz vôren dicke.
die vreislîchen blicke
sach man an deme kônin man.
dar ne mochte nêman zô gegân,   4665
sine rededen ime vil evene mide.
her hôf die meisten unside,
des her immir began
ze wilichem hantwerke her quam.

Wie rechte die koningîn gesach   4670
daz Widolt unsitich was!
zô Constantinô deme rîchen
sprach si gezogenlîche
«du solt vor Rôthere stân.
dort steit Asprîânes man.   4675
sîn gemôte ist herte.
waz of dich dînis gevertes
noch hûte selve irvilit?
nu warte wie jenez kint spilit,

von Reden, sondern von dem Aussehen Witold's handelt es sich hier. — 4663 *blicke*, hier im jetzt allein üblichen Sinn, Blitz des Auges. — *die*, der Artikel weist darauf hin, daß sie wohlbekannt sind. — 4666 *sine* für *si ne*, auf *nêman*, plur. Begriff bezogen. — *vil evene*, sehr begütigend. — *einem mite reden*, einem zureden. — 4667 *unsite* stm., also hier wie gewöhnlich Plur., grobes, ungeschlachtes Benehmen. — 4668 *des* von *began* abhängiger Gen. von *daz*, abstract den vorigen Begriff zusammenfaßend. — 4669 *wilichem* für *swilichem*, die interrog. Form für die correlative, wie öfters in ältern und gleichzeitigen Denkmälern, später bekanntlich ganz allgemein. *wilich* für mhd. *welich*, welch. — *hantwerc* stn., Beschäftigung, hier wie überall, wo das Thun der Riesen geschildert wird, mit humoristisch-ironischem Beischmack.

4671 *unsitech*, der Begriff von *unsite* adject. gefaßt. — 4676 *gemôte* stn., Stimmung. — 4677 *geverte* stn., das Verfahren. — 4678 *ir(er)vilen* swv., überlästig sein, bedenklich erscheinen, soviel als das sonst gewöhnliche *beviln*. — 4679 *jenez kint*, vgl. 4669. —

daz ime die vûirflamme 4680
scrickit ûz der stangen.
wene durch des koninges êre
dune bescôwedis nimmer mêre
weder lûte noch lant:
dich slôge der selve vâlant. 4685
inbrêche her von der lannin,
dîn leven wêre irgangin.»

Die koningîn ir tochter nam,
eine vrouwen lossam.
«Rôther, hêrre mîn, 4690
diz ist die êchone dîn,
die nim in dîne gewalt
svie du gebûdist, helet balt.
got lône dir maniger êren
unde allin disin hêren, 4695
die si zû mir hânt getân.
Berchter von Merân,
du bist ein ûz irwelet helt,
zô allin trouwin irwelt,
unde irkennis och unsin trechtin. 4700
dîn môdir mûze sâlich sîn

4680 *vûir* für *vûr*, mhd. *riur*; wie in unserm nhd. Feuer ist
auch in dieser mundartlichen Form ein nachschlagender Vocal
vor dem auslautenden r entstanden, weshalb die Schreibung *ui*,
die einen reinen Diphthong bezeichnet, falsch wäre, gerade so
wie *tûere* und nicht *tuere* für mhd. *tiure* geschrieben werden
muß. — 4681 *scricken*, vgl. 2166. — 4682 *wene* für *wan*,
wenn nicht, außer, nur *sc.* geschieht es: solche Aposiopesen
nach *wan* sind in der Sprache des 12. und 13. Jahrhunderts
ungemein beliebt. — 4685 *vâlant*, d. h. Witold. — 4686 *in-
brêche* præt. conj. von *in-*, *ent-brechen* stv., losbrechen. —
4687 *irgangin* von *iryân*, aus-, vergehen.
4691 *êchone* swf., eheliche Gemahlin, beachtenswerth das
oberdeutsche *ch* für mhd. und mittel- und niederd. *k* des An-
lautes. — 4693 *swie du gebûdist*, Höflichkeitsformel, «ganz nach
deinem Gebote, Befehle, Ermeßen». — *helet balt*, vgl. 981. —
4694 *lônen*, mit gen. der Sache *êren*. — 4696 *zû mir*, an mir. —
4698 *ûz irwelet helt*, *zô allin trouwin irwelt*, immerhin bedenk-
liche aber nicht gerade unmögliche Wiederholung. *gezelt*, er-
sehen, bestimmt, liegt sehr nahe. — 4701 *sâlich*, unumgelautete
Form des mhd. Adj. *sælec*, glückselig, selig gepriesen. —

daz si dich ie getrûc.
du bist biderve unde gût.
dîn zucht is hûte wole scîn,
sît der koninc Constantîn   4705
mit deme lîve intgât,
sô vile her dir leides getân hât.»
si sprach deme gôtin knechte
wol mit grôzeme rechte.
im was ie allir haz leit,   4710
des beherdint die bûch die wârheit.

Dô sprach der koninc Constantîn
«Rôther, lîve hêrre mîn,
heiz Arnolde here vore gân.
ich wil deme tugenthaften man   4715
durch sîne dugint gevin
daz her immir samfte mac levin,
der dich nerin wolde.»
dô krônete man in mit golde
unde lêh ime ein lant dâr.   4720
dô wart her koninc in Grêcîâ.
die vonf dûsint hêren
die mit ime geriden wâren
ûz der burch lossam,
die wurdin bit handen sînc man.   4725
dô reit her vrôlîche
in daz sîn rîche

4704 *scin* adj., offenbar. — 4705 *sît*, hier causal, weil. —
4706 *intgân*, frei, unbeschädigt davon gehen, kommen. —
4708 *sprechen* mit dat., von einem sprechen.
     4717 *samfte* adv., bequem. — 4719 *krônete mit golde*, d. h.
setzte ihm eine goldene Krone auf. — 4720 *lêh* præt. von *lîhen*,
leihen, hier im staatsrechtlichen Sinne: ein Lehen ertheilen. —
ein lant dâr, daselbst; der Reim *dâr: Grêcîâ* befremdet hier nicht,
vgl. 4737, so leicht er auch in *dâ: Grêcîâ* zu ändern wäre. —
4721 unter *Grêcîâ* denkt sich der von einigen gelehrten Erinne-
rungen angeflogene Dichter jedenfalls etwas anderes als *daz
kunincr. ze Kriechen* oder zu Konstantinopel, das sogenannte
griechische Kaiserreich.   Arnold wird Unterkönig des Constan-
tin, der König oder Kaiser von Konstantinopel bleibt. —
4725 *bit handen* für *mit handen;* die Bedeutung s. 4048. —

inde levite mit grôzin êren,
die hêter immir mêre
biz an sînin tôt.   4730
sus wart ime gelônôt.
gedâchte des noch etlich junc man,
iz instunde ime nicht ovele an,
unde dienete vlîzliche,
ime lônete etlîche.   4735

   Die hêrren rûmten iz dâr.
Arnolt vôr in Grêcîâ.
die koningîn ginc umbe
unde kuste besunder
alle Rôtheres man.   4740
si heiz sie gode bevolin varn.
Wolfrât der wîgant
nam achzich dûsint bî der hant
und brâchte si vil sciere
zô eime scônin kiele,   4745
die vôrde der koninc Rôthere
mit sînime wîve over mere.
dô heiz der riese Asprîân
die lûde in den kiel gân.
die hêren vôren alle samt   4750
wider hein in ir lant.
dô reit der hêrre Constantîn
und die rîche koningîn
zô Constantînopole,
der mâren burge.   4755

4732 *gedâchte*, unumgelautete Form des Prät. conj. von *gedenken*. — 4733 *instunde. in* procl. Negation. — 4735 *etlîche* = *etlîcher?* bedenklich auch wegen dem *etlich* in 4732.

   4736 *rûmten iz* unbestimmtes Object, oft bei *rûmen* zugesetzt, das Land, den Ort räumen. — 4739 *besunder*, der Reihe nach, jeden einzelnen. — 4741 *gode bevolin*, die noch jetzt übliche Abschiedsformel. — 4743 *bî der hant*, unter seine Obhut. — 4745 *zô eime*, nicht als wenn er nur ein einziges Schiff gehabt hätte, sondern jede Schar von diesen 80000 zu ihrem Schiffe. — 4746 *die* bezieht sich auf *achzich dûsint*. — 4749 *lûde*, mhd. *liute*. —

in nerou sîn tohter niet:
Rôtheres êre was im liep.

    Die kiele begundin evene gân.
Rôthere unde sîne man
vôren vrôlîche   4760
ingegin rômischen rîche
her wider ze Bâre ûf den sant.
dar vromete man ros unde gewant
und alliz dat in deme kiele was.
die vrouwe Pipînis genas   4765
an deme selven tage,
dô si quâmen zô deme stade.
Luppolt der getrûwe man
gienc vor Rôtheren stân.
her sprach «vrô weset, hêrre,   4770
der lieven nûmêre
die ich iu wille sagin.
iur wîf hât einin sun gedragin.»
der koninc vor lieve ûf spranc
«hêre got, nu have danc,   4775
waz du genâden hâst getân
zû mir vil sundigin man.
ich sie wal, dê bit dî bestât,
dat ime nimmer zegât
des êwigen rîches.   4780
du hilfis ime stâdeclîche.»

                                                •

――― ― ――――

4756 *ne* Negationspart. — *rou* præt. von *râwen*, *riuwen* stv.
4758 *evene*, vgl. 3639 in derselben Formel. — 4762 *dar*
auf den *sant*, das Gestade; *vromete*, ~~brachte~~. — 4770 *vrô*
weset, alterthümliche Beglückwünschungsformel: heil Euch! —
4771 *der lieven nûmêre* gen. plur. — 4773 *iu* der Hs. scheint die
tiexionslose Form des Nom. sing. neutr. des Possess. der 2. Pers.
plur. sein zu sollen, doch ist eine solche Form bis jetzt nicht
nachgewiesen, daher mag lieber *iur* = *iuwer* gelesen werden,
nom. der durch ableitendes *er* erweiterten Form des Wortes. —
4778 *sie* für *sihe*. — *dê* für *der*, demonstr. und relat. zugleich. —
bit dî = *mit dir*. — 4779 *zegât des êwigen rîches*, vgl. 3051. —
4781 *stâdeclîche* adv., stets.

Sic hûven capellâne
dô sie dê rede vernâmen,
unde touften daz kindelîn,
daz wart geheizen Pippîn.   4785
dô quam vil manich amme
in die burc gegangen,
unde zugen daz kint bit vorten.
sint beslîf it Berten,
eine vrouwen vile gût,   4790
die sît Karlen getrûc.
von dû ne sulit ir dit liet
den andren gelîchin niet,
wandit sô manich recht hât
danne ime die wârheit instât.   4795

Rôther in deme hove saz:
wie michil dat gedranc was
vor deme koninge lossam!
dô hugede iegelich man
wider heim in sîn lant,   4800
wande si in der herverde
manige zît herde
hêten gewunnin.
beide alden ande jungin

4782 *Sic* für *sich*. — 4783 *dê rede*, Begebenheit, von der
geredet wird. — 4788 das Subject zu *zugen* ist aus *burc*
zu entnehmen. die Leute am Hofe. — *bit vorten* für *vorch-*
ten, mit Furcht vor Verantwortung, Sorgfalt. Der Knabe
ist bis zum siebenten Lebensjahre unter weiblicher Erziehung;
da von *kint* hier die Rede ist, so ist dieser Theil der Erziehung
zunächst gemeint. — 4789 *beslîf*, mhd. *besliej.* — *it*, König
Pipin hat auch in der Geschichte *Berhta* oder *Berhtrada*
zur Gemahlin, diese ist die Mutter Karl's des Großen, *die sît*
Kar!en getrûc (= 4773 *hât einin sun getragin*). — 4792 *von*
dû, deshalb. — 4793 *den andren* nämlich *lieden*, den gewöhnlichen
lügenhaften Gedichten. — *gelîchen* swv., gleichstellen, verglei-
chen. — 4794 *wandit* für *wande it* für *iz*, *ez.* — 4795 *danne*,
dem. und relat. zugleich «von woher = wodurch». — *wârheit*,
Treue, Zuverläßigkeit. — *instân* swv., entstehen, zu Stande kommen.
4797 *dat gedranc* stn., Gedränge. — 4799 *hugen* swv.,
streben, verlangen. — 4803 *gewinnen* entspricht hier unserm
«durchmachen». —

bâdin in gevin urlof,   4805
si wolden rûmen den hof.
der koninc sich in zô vôzin bôt
unde bat si durc got:
«neinâ, mâge unde man,
ir sult mit mir bestân.   4810
nu wart durch got scône,
biz ich iu gelône.
iz wâre die meiste scande
die in sicheinen lande
ie ênich man gesach.»   4815
manich gût knecht dô sprach
«nein ir, hêrre, weiz got,
ir havet uns wal gelônôt.»
dô sprac der riese Asprîân
«wir sulin hie bestân.   4820
ich nekome nimmir hinne
âne des koningis minne.»

Rôther der rîche
lônede vromiclîche.
den gûden knechten allen samt   4825
lêch her die rîchen Scotelant,
unde deme helede Grimme,
der bûete dar inne
bit mîchelen êrin.

4805 *urlof* stn., Urlaub. — 4807 *sich einem zô vôzin bieten*, sich
zu Fuße darbieten, d. h. werfen, im eigentlichen Sinne zu ver-
stehen und nicht etwa als Höflichkeitsphrase des damaligen
feineren Gesellschaftstones zu betrachten. Die beglaubigte Ge-
schichte lehrt, wie freigebig die größten Kaiser des Mittelalters
mit Fußfällen vor geistlichen und weltlichen Herren waren,
oft bei ebenso nichtigen Veranlaßungen, wie diese im Gedicht. —
4809 *neinâ*, vgl. zuletzt 4632. — 4811 *wart* für *wartet*. —
scône adv., ganz wie unser «nun schon». — 4812 *gelône*, *ge*
wieder Fut. exact. bezeichnend. — 4815 *ênich* für mhd. *einec*
adj.; irgend ein. — 4817 *nein ir*, vgl. 2115. — 4819 *sprac*
mit erhaltenem niederd. *k* für *ch*. — 4822 *âne minne*, gegen
den freundlichen Willen.
4826 *lêch* præt. von *lîhen*. — *die rîchen Scotelant* plur. —
4828 *bûen*, soviel als wohnen, vgl. 22. —

Asprîâne gaf her Rêmis   4830
unde lêch ime die marke,
der hête gedienet starke.
den zên riesen allen samt
lêch her die rîchen Scotlant.
Lotringin unde Brâbant,   4835
Vriesen unde Hollant
gaf her vier hêren
die mit ime wâren
ûz ir lande gevarin,
die hêten herzogin namin.   4840
her mêrten allin ir gôt,
sie hêten ime wol gedienôt.

Rôther saz bit voller hant
unde decte wîdene die lant.
her rîchede manigen.   4845
Erwîne gaf her Ispanjen.
Sassen unde Turingen,
Plîsnin unde Svurven

4830 was in dem Reimwort auf *éren* stecken möge. wofür ich
das in der Hs. stehende *remis* halte, weiß ich nicht. Wenn es auf
éren wirklich reimen soll, so wüßte ich keinen Landes- oder
Ortsnamen des Mittelalters, der paßte. Der Name muß übrigens
nicht gerade in Schottland gesucht werden. Daß im Rolands-
liede des Pf. Konrad, welches mindestens der letzte Bearbeiter
des Rother sehr wohl gekannt haben kann, *Rémis*, d. h. Rheims in
der Champagne öfters vorkommt, mag vielleicht zur Erklä-
rung herangezogen werden. — 4837 die vier Herren, denen
das alte Herzogthum Lothringen, wie es vor seiner Theilung
unter Otto I. bestand, geliehen wird, sind nicht einmal mit
Namen genannt, zum Zeichen, daß wir hier auf ganz willkür-
lichem, nicht durch epische Sagentradition befestigtem Boden,
auf dem der bloßen Einfälle des letzten Bearbeiters stehen. —
4841 *mêrten* für *mêrte in.*
   4844 *decte* præt. von *decken* swv., schützen. — *wîdine*
adv., weithin, vgl. 621. — 4847 *Sassen*, niederd. vereinfachte
Form für *Sahsen.* — *Turingin* mit auffallendem *T* offenbar
nach dem gelehrten oder archaistischen in dem Namen erhal-
tenen *Th = D.* — 4848 *Plîsnin unde Svurven*, Pleißnerland und
die sorbische Mark. gewöhnlich unter dem freilich auch ander-
wärts verwandten Namen Osterland oder richtiger Thüringer
Ostmark zusammengefaßt. —

gaf her zên grâven
die mit Luppolde wâren   4850
over mere gevaren.
her nam ir allir gûde ware.
die ime icht lieves heten getân,
die ne verluren dâ niht an.
dane was nehên scaz mêr liep,   4855
er nebôt och die rosse niet,
mit der breidin erdin
mûsten gelônet werdin.

Hie saget uns der tichtêre
von deme liede mêre,   4860
dat is den vromin allin liep,

4852 *gûde ware*, vgl. 3859. — 4855 *dane* für *dâ ne*. — *nehên*
für *nehein*. — 4856 *er*, bezieht sich auf Rother. Der Sinn
ist: Gold und Rosse (als die gewöhnlichen Gaben eines milden
Fürsten) waren da von niemand begehrt, und er gab sich auch
gar nicht dazu her, seinen Mannen damit zu lohnen: mit Land
und Leuten stattete er sie aus, was damals wie zu jeder an-
dern Zeit als das Begehrungswürdigste galt, aber damals, Mitte
des 12. Jahrh., wie leider unsere Geschichte zeigt, mit beson-
derer Unverschämtheit von seiten der Vasallen erstrebt und
mit besonderer Fahrläßigkeit von seiten der Kaiser gewährt
wurde. — 4858 *mûsten* für *mûste in.*
4859 *der tichtêre*, so schreibe ich, obgleich in der Hs. hier
deutlich *r* steht und dieses *r* bei vielen, selbst bei Jakob Grimm
Beifall gefunden hat. Ich kann mich aber nicht überzeugen,
daß, wenn auch der Ausdruck *rîme rihten*, *ein buoch in tiut-
scher sprâche rihten* bekannt genug ist, der Mann, der so etwas
thut, schlechtweg sich habe *rihtære* heißen dürfen. Selbst das
nochmalige Vorkommen desselben Ausdrucks unten in einem an-
dern Hs.-Fragmente, falls dort wirklich *r*. steht, kann wohl
seltsam dünken, mir aber nicht über die Einwendungen meines
Sprachgefühls weghelfen. Hier in 4960 ist übrigens gar nicht
von einem *r*. in dem angeblichen Sinne eines Umarbeiters
älterer roher Arbeit die Rede, sondern von dem ältern Dichter
selbst, der dem ganzen gegenwärtigen Publikum, den Ueber-
arbeiter oder letzten Dichter mit eingeschloßen, gegenüber-
gestellt wird. — 4860 *von deme liede mêre*, noch weiteres, was
das Lied enthält; das *liet* wird hier, wie anderwärts, als eine
selbständige, den Dichter treibende und beherrschende Macht
— wie die höfische *âventiure* — gefaßt. —

die bôsen die negelouvent is niet.
sine hânt der vromecheide nicht getân
und ingetrûwen der geinen man.

Rôther saz in trechten   4865
unde gaf alliz daz her mochte.
dô heiz her ime gewinnin
den hêrren von Tengelingin
unde gaf ime Ôsterrîche,
her gaf ime wârlîche   4870
Bêhein unde Pôlân,
daz her sich deste baz mochte begân.
done gewas bî dem mer
weder sît noch êr
nechên sô stadehafter man.   4875
iz was ime allez underdân.
her hête des gôdes michele macht
unde was der rechten vorsten slacht
die alle sô irsturbin,
dat sie nie bezigin newurdin   4880
valskis widir niheinin man.
ir ende was gôt unde lovesam.

Rôther vol gedâchte
wer ime wole gedienit hâte.
Luppoldin den getrûwin man   4885
her heiz vore sich gân
unde machete den helt jungin
kuninc zô Karlungin
unde gaf ime Berchteris gewalt,

4864 *ingetrûwen. in* prokl. Neg. — *der* von *getrûwen* abhängig,
trauen die zu. — *geinen* für *necheinem.*
4865. 4866 vgl. 4569. — 4872 *sich begân*, etwa wie unser
«sich behaben, bethun». — 4873 *done* für *dô ne.* — *gewas*
præt. von *gewesen* stv., existieren. — Was man sich unter dem
mere zu denken hat, möchte schwer zu sagen sein, denn weder
Böhmen, noch das damalige Polen, noch Oesterreich reichen
irgendwo an ein Meer. — 4875 *stadehaft*, vgl. 258. — 4880 *be-
zigin* part. præt. von *bezîhen* stv. mit gen., einen bezichtigen.
4888 *Karlungin*, neben der gewöhnlichen Form *Kerlingen*
5039, das eigentliche Frankreich. —

Pulge unde Cêcilje lant.   4890
von dû wart ime sîn lên breit,
daz Berchter mit sîme scilde bereit.
manigin winter kaldin
vil dicke deme aldin
sîn bart rinnen began: 4895
er was ein unbedrozzin man.

Die hêrren gertin alle samt
geleidis ûffe daz lant.
dô sprach Aspriân
«wan rîtit ir dar an?   4900
swen dâr ieman bestât,
wie gewis er den mînin schilt hât!»
des antwerde dô Witolt
«ich bin in allin holt;
die Rôther sîn underdân,   4905
der nelâzich nimmir nicheinin man,
swa ich von ime hôre sagen,
dar mich die vôze mogen getragen.»
dô sprâchen Aspriânis man,
sine woldin dâr heime nicht bestân,   4910
bedorfter immir mêre
Rôther der hêre:
«swer ime ieht wolde dôn,
wir zebrâchin in alse ein hôn.»

4890 *Pulge*, Apulien. — *Cêcilje*, Sicilien. — 4891 *lén* für *léhen*
stn. — 4892 *mit sîme scilde bereit*, bewaffnet, in voller Rüstung
durch und besonders an den Grenzen umreiten. Berchter behält
neben seinem Sohne und Nachfolger noch die oberste Pflege
und Schirmherrschaft der Lande, die beiden verliehen sind. —
4896 *unbedrozzin* part. præt. von *bedriezen*, unverdroßen. —
4898 *geleite* stn., bewaffnete Begleitung von seiten des
Königs. — 4900 *wan*, Fragepart., warum nicht? — 4901 ist
das hs. *swer* in *swen* zu verbeßern, obgleich auch *swer* zur Noth
einen Sinn gibt; auf *swen* bezieht sich 4902 *er*, der ange-
griffen wird (*den ieman bestât*). — 4903 *antwerde*, mundartlich
für *antwurte* von *antwurten* swv. — 4906 *nelâzich* = *ne lâze ich*,
verlaße ich. — 4911 *bedorfter* für *bedorfte ir* (gen. plur. von
er). — 4914 *zebrâchin*, mhd. *zebræchen* von *zebrechen* stv., zer-
reißen. — *alse ein hôn*, häufiges Bild, hergenommen von dem
Huhn, das von dem Geier zerrißen wird. —

dô gezême beide nît unde spot   4915
virbûtit der waldindigir got,
alsiz was wîtin
bî Rôtheres gezîtin.
dô ne plac sîn nieman,
iz ne môste ime an den lîf gân.   4920
von dû wistin sie wole
beide heime unde zô hove,
swer deme andrin icht gehiez,
daz her dat wâr liez,
iz nebenême îme der tôt   4925
oder êhafte nôt.

   Rôther dô kuste
(wie wol in des geluste!)
manigin wârhaftin man.
die ros man satilin began   4930
widir heim in ir lant.

4915 *gezême* præt. conj. von *gezemen*, es wäre paßend. Daß hier
der Sinn unvollständig und wahrscheinlich zwei Verse ausge-
fallen, ist deutlich. Das Ganze muß des Inhalts gewesen
sein: es wäre wohlanständig, wenn es noch so wäre, daß Haß
und Spott unter den Menschen beseitigt würde (da Gott sie
verboten hat) wie es einst zu Rother's Zeiten war. —
4917 *wîtin* adv. = durch das ganze Reich. — 4920 *iz ne môste*
negativ. Verhältnißsatz: ohne daß es. — 4921 *von dû*, des-
halb, bei solcher strengen Handhabung der Gebote der Sitte. —
4924 *lâzen*, auch hier in prägn. Bedeutung, wobei man *sîn*
ergänzen kann. — 4925 *iz nebenême*, hypoth. negat. Satz: wenn
es ihm nicht *iz;* nämlich die Möglichkeit sein Versprechen zu er-
füllen. — 4926 *êhafte nôt*, technischer Ausdruck, wie er noch
jetzt im Rechte gebräuchlich.
4928 *wie wol in des geluste*, vgl. 3651. — 4929 *wârhaft*,
die Erklärung davon gibt 4924. — 4931 dieser Vers könnte
zur Noth der dritte einer jener so häufig hier vorkommenden,
wo drei aufeinander folgende durchgereimt sind, sein, denn an
der für dieses Gedicht unbedeutenden Ungenauigkeit *lant: man*
braucht man keinen Anstoß zu nehmen. Will man dieß nicht
gelten laßen, obgleich auch der Sinn völlig befriedigt, so muß
man den Ausfall einer Zeile annehmen, was hier gegen den
Schluß der von einer Hand geschriebenen Hs. nicht so sehr
unwahrscheinlich ist, wie sich denn gegen Ende die Fehler
merklich häufen. —

dô reit ûffe blankin marhe
in liechtime geserwe
von Rôthere deme rîchen
ein hêrre werlîche.   4935
der vôrte an den beinen
mit edilime gesteine
zvô hosin wol gezîrôt,
mit golde gewîrôt.
er vôrte an sînem schilde   4940
ein tier same iz spilde
ûz deme golde êrlîch,
eime capelûne gelîch.
dar umbe lâgin steine
grôz unde kleine,   4945
die daz liecht bârin
alsiz sterren wârin.
ime stunt umbe des schildis rant
manich gôt jâchant;
in deme satilbogin sîn   4950
stundin swanin guldîn.
ûf deme helme lac ein stein,

4932 *ûffe blankin marhe*, vgl. 15. — *marhe, marc, march*
stn., vgl. 868. — 4933 *geserwe* stn., Rüstung. — 4935 *wer-
lîche* kann adj. und adv. sein, wehrhaft. — 4941 *same* adv.,
als ob es. — *spiln* swv., sich gelenkig herumdrehen. —
4943 *capelûn* stn., eins der vielen mythischen Thiere des Mittel-
alters, sonst *gabelûn*. Ob es als Lindwurm mit Sperberkopf
gedacht wird, wie man glaubt, mag dahingestellt sein. —
4946 *bârin* plur. præt. von *bern*, tragen, verbreiten. — 4947 *alsiz*
=*alse iz*, als wenn es. — *sterre* swm., Stern. — 4951 *swane* swm.,
der Schwan, ein beliebtes Wappenthier, wie sein Vorkommen
in so viel mythischen und wirklichen Wappen der spätern Zeit
zeigt. — 4952 dieser Wunderstein, der Alexander aus dem Para-
diese zugeworfen worden, spielt in der deutschen Phantasie, seit-
dem er, wie es scheint, zuerst durch Lamprecht's Alexanderlied
eingebürgert worden war, eine große Rolle. Uebrigens ist es
doch fraglich, ob unser Dichter hier sich direct auf unser
Alexanderlied bezieht, denn in diesem ist der Name des Steines
nicht genannt, und ob der Dichter des Rother sich erlaubt
habe, ihn zu erfinden, oder ob er überhaupt dazu befähigt war,
ist zu bezweifeln. —

der umbe mitte nacht schein
in allen den gebâren
alsez liecht tac wâre.   4955
den brâchte Alexander
von vremidime lande
dar nie nichein kristin man
weder ê noch sint hine quam.

Der stein hiez Claugestîân,   4960
den vôrte ein altgrîsir man,
deme was die bart harte breit.
ei wie vermezzenlîche her reit!
ime ginc daz marc in sprungin
baz dan eime jungin.   4965
urlof her zô deme koninge nam,
iz was der herzoge von Merân,
nâch deme dâr heime
sîn wîf dicke weinte.
der rîche got von himele   4970
santin ir sît widere.

Dô der herzoge von Merân
zô deme koninge urlof genam,
dô ritin sie alle dannen.
die hêrren dô sungin.   4975
die marc begundin springin.
dar wart von den vrouwin
michil schouwin.
Rother wranc die hende
«nu bin ich ellende.   4980

4953 *mitte* adj., was in der Mitte ist. — 4954 *in allen den gebâren*, vgl. 3183, hier natürlich nicht an «Gebärde, Benehmen» zu denken, sondern so viel als «in der Weise, nach Art». — 4961 *altgrîsir* adj., altersgrau. — 4962 *die* für *der*. — 4963 *vermezzenlîche* adv., stark, muthig. — 4971 *santin* für *sante in*. — *widere* adv., zurück.

4975 *sungin* plur. præt. von *singen*, ein Abschiedslied, gewöhnlich geistliches. — 4976 *die marc begundin springin* = 4964 *ime ging daz marc in sprungin*, vgl. 2642. — 4979 *wranc* præt. von *wringen* stv., ringen. — 4980 *ellende*, hier soviel als verlaßen, wenn auch zu Hause. —

noch sal die werlt gewis sîn,
môz ich haven den lîf mîn,
daz ich gerne mîn guot,
same der edele arn tuot,
wil teilin gelîche 4985
armin unde rîchen,
swer iz an mich sôchit
unde is mit êren gerôchit,
die wîle ich ein brôt hân.»
Widolt unde Aspriân 4990
unde andere Rôtheres man
vôrin in ere rîche
unde begingin sich vromelîche
mit grôzin êrin, daz is wâr,
zvei unde zvênzic jâr. 4995

Under des gewôchs Pippîn
daz her koninc mochte sîn.
Rôther der rîche
half ime vromichlîche,
alse noch manich man 5000
sîme sone grôzir êrin gan.
Rôthere saz dâr heime,
(got irliet in aller leide)
unde zôch Pippînin,
den lieven sone sînin, 5005
mit grôzin êrin, daz is wâr,
vier unde zvênzic jâr,
bit der tûrlîcher degen
gerne swert wolde nemen.

4984 *same* conj., sowie. — *edele arn*, Adeler; *arn* stm. neben
are, ar swm. — 4985 *gelîche* adv., gleichmäßig. — 4988 *ge-*
rôchen swv. mit gen., nach etwas streben, vgl. 986. — 4989 *ein*
brôt hân, bildlicher, sprichwörtlicher Ausdruck; *ein brôt*, ein
Stück Brot. — 4993 *sich begân* stv., sich zeigen, darstellen,
handeln.
　　4996 *gewôchs* von *wachsen* stv., war herangewachsen. —
5001 *gan* præs. von *gunnen*, gönnen. *einem eines d. g.* —
5003 *einen erlâzen eines d.*, einen befreien, frei halten von..., vgl.
1751. —

dô wart ein lantsprâche   5010
gebodin hin zô Ache,
dar vil manich vrome man
mit sîme hergesellen quam,
gevazzit vromiclîche,
wîtin ûz deme rîche.   5015
ûffe den hof quâmin Rôtheres man
dâr Pippîn dat swert nam.
dar quam die riese Asprîân
und Widolt der kône man
und der helt Grimme,   5020
der riesin ingesinde,
der was grûwclîche getân.
dô brâchte der riese Asprîân
sivin hundrit manne
mit îserînen stangen.   5025

      Dô reit durch frenkisce lant
Wolfrât der wîgant
mit scôneme ingesinde,
der hêrre von Tengelingen
der vôrte wundirin kône man   5030
drîzic dûsint lossam
ûffe den hof zô Ache
zô der lantsprâche.
von Ispanîâ Erwîn
und Luppolt der meister sîn,   5035
die wâren beide rîche

5010 *lantsprâche* stf., Rechtsausdruck: Landtag, Reichstag. —
zô Ache, in der herkömmlichen Krönungsstadt der deutschen Könige,
als Nachfolger Karl's des Großen, was hier rückwärts auf den
Ahnen Karl's übertragen ist. — 5013 *hergeselle* stm., der im glei-
chen Heerschild befindliche, also soviel als *geselle, genôz* u. s. w. über-
haupt. —| 5015 *wîtin*, hier weither, nicht weithin wie 621 u. s. w.
— 5021 *ingesinde* stm., Mitdienstmann, aber 5028 *ingesinde* stn.,
Collectivbegriff «die ganze Dienstmannschaft». — 5022 *grûwe-
lîche* adv., schreckenerregend. — *getân*, beschaffen. — 5024 *hundrit*,
vgl. 4047, hier der regelrechte Gen., *manne* davon abhängig. —
      5030 *wundirin kône man*, vgl. 111. — 5032 *hof*, hier =
Hoftag, auf dem die *lantsprâche* vor sich geht. —

unde vôrin gezogenlîche.
durch Pippînis willin
brâchte von Kerlingin
Luppolt der getrûwe man 5040
sechzic dûsint lossam.
hei wie lieve Rôthere was,
wande her sie alle gerne gesach!

Dâr zô Ache wârin sie over nacht
unz an den andrin tach. 5045
alsiz des morgenis tagete,
ûffe deme rosse havete
Pippîn der helt gôt
mit golde wole gezîrôt.
die marh begundin springin 5050
under den jungelingin.
dô burdêrte manich man
dâr Pippîn svert nam.
Widolt unde Grimme
liefin in deme ringe. 5055
die riesin dô tunidin
daz die erde bibite.
zô Ache was die herscaft
drî tage unde drî nacht.
dô hôbin sich gelîche 5060
armen unde rîche.
die bestundin alle samt

5042 *wie lieve Rôthere was*, vgl. 2238.
5047 *havete* zu *haben*, in der speciellen Bedeutung «halten». — 5052 *burdêrte* oben *behurdêrte*, woraus sich nebenbei die Unmöglichkeit eines *bêhurd.* ergibt. — 5055 *rinc*, hier der Kreiß, der sich um die Buhurdierenden schließt. — 5056 *tunen* swv., *dunen* gewöhnlich mit anlautendem *d*, hier doppelt auffallend *t*, da das Wort doch demselben Stamme wie unser «Donner» angehört, ein dumpfes Geräusch machen. — 5057 hier wird *bĭbite* und nicht *bîbite* anzusetzen sein, wie überhaupt, wo die Silbe *bĭb* verlängert erscheint, es nur zweisilbige Wortformen sind. — 5058 *herscaft*, vgl. 3763. — 5061 vgl. 1724. — 5062 *bestân*, Rechtsausdruck, etwas zugesichert erhalten, unserm «erstehen» von ferne verwandt.

von Rôtheris sone daz lant,
alse sin vater sturbe,
daz Pippîn keisir wurde.   5065

Die svertleite was getân,
dô zôch iegelîch man
hin zô sîme lande.
dâr levetin sie âne schande.
Rôther der rîche   5070
der levete vromiclîche.

Dô der koninc Pippîn
vor Rôthere deme vatir sîn
daz svert umbe gebant,
dô reit her mit manigeme ûf daz lant   5075
unde richte nâch rechte
hêrren unde knechten.
dô scheit sich zô Ache
die grôze lantsprâche.

Dô quam gestrichin over lant   5080
ein snêwîzer wîgant,
daz hete dat alter getân.
ime volgeten sine hereman,
zvei dûsint, daz ist wâr.
ime was daz edile hâr   5085
bi den ôrin ave geschorin.
er was von grunde ûf geborin
zô deme aller trûwistin man
den ie sichein kuninc gewan.
er reit durch nûmâre,   5090

5066 *svertleite* stf., vgl. 151 fg.
5074 *daz svert umbe gebant*, der Mittelpunkt der Schwert-
leite, die damals im Gegensatz zu dem schnörkelhaften Ceremo-
niel des späten Mittelalters und des 15. u. 16. Jahrhunderts
noch sehr einfach war.
5080 *strîchen* stv., bloß «sich schnell bewegen», also *quam
gestrichen*, eilends, vgl. 2978. — 5083 *hereman*, vgl. 3500. —
5086 *ave*, hd. *abe*, Zeichen, daß er sich der Welt begeben
hatte. — 5087 *von grunde ûf*, unsere entsprechende Meta-
pher ist «vom Wirbel bis zur Zehe». —

waz dâr zô Ache wâre.
sîn ros was zoumstrenge.
iz ne stunt borlange
unz in Rôther gesach.
nu mugit ir hôrin wê er sprach.   5095
«wol mich, daz ich mîn lîf hân.
dort kumit der helt von Merân.
nu intfât in alle die hie sîn.»
«daz dôn ich» sprach dê koningîn.
die vrouwe lossam   5100
kuste den helt von Merân.
wie kûme Rôthere irbeit
bit Berchter ûf den hof reit!
selve intfinc her sîn rosfert,
des was der helt wole wert.   5105
do intfiengin Rôtheres man
swaz mit Berchtere quam.
die gôtin knechte
dâtin al rechte,   .
wan diz hête der helt gôt   5110
vil wole virdienôt,
dô sîne tage dochten
unde sô her rîtin mochte.

5092 *zoumstrenge* adj., fest im Zaume (nicht «hartmäulig»). —
5093 *borlange* adv., sehr lange, vgl. 1388. — 5096 *lîf*, hier
wie 1078 u. s. w. neutr. in abstr. Bedeutung «Leben», ohne
daß deswegen in *der lîf* die concrete Bedeutung allein herrschte.
— 5098 *intfât* für *intfâhet. intfâhen*, in der Bedeutung «feierlich
empfangen», wie so oft. — 5102 *kûme* adv., mit Mühe, Noth,
hier aber fast unser indifferentes «kaum». — *irbeit* præt. des
stv. *irbîten*, erwarten. — 5104 *selve intfinc*, jemand das Roß
oder gar den Stegreif beim Auf- oder Absteigen zu halten,
war eine der größten symbolischen Ehrenbezeigungen des
Mittelalters. — *rosfert* für *rosphert*, wunderliche Compos., mög-
licherweise Schreibfehler. *phert* allein bedeutet immer das Reise-
pferd, nicht das Streitroß; *ros* kann das eine und das andere
bedeuten. — 5105 *des*, solcher Ehrenbezeigung. — 5112 *dochten*
plur. von *touc*, tauge, bin tüchtig. — *tage*, in der Weise ge-
braucht wie in der Rechtsformel *ze sînen tagen komen*, volle Lebens-
kraft, Altersreife. — 5113 *sô*, als. — *rîtin*, im conventionellen
Sinne: auf Heerfahrten reiten, solche unternehmen, kriegsfähig sein.

Dô Berchter virnam
waz Pippîn hête getân,   5115
Rôthere deme rîchen
riet her wîslîche
«nu volge mer, koninc gôte,
des mer is zô môte,
unde helf der armin sêle   5120
daz ist tugint aller êrin.
du grâwist, hêrre mîn,
daz dinc nemac immir niht sîn.
iz stât den gôtin knechten
in ir aldere rechte,   5125
daz sie mit gôte virdêntin
so si von diser werlde endin.
dîn dinc stunt grôze.
der mînir genôze
quâmen sechszêne   5130
ûf ir alemêne
und klagetin, trût hêrre mîn,
deme liebin vatir dîn,
der lac in sînin ende

5115 *waz Pipín hête getán*, d. h. daß er das Schwert ge-
nommen und dadurch zum Nachfolger seines Vaters nicht bloß
berufen, sondern förmlich eingesetzt sei. — 5119 *des*, ab-
hängig von *volgen* mit gen. und *mir ist zô môte*, also demonstr. und
relat. zugleich. — 5121 *tugint aller êren*, das beste von *allen
êren*. — 5122 *grâwen* swv. zu *grâ*, grau werden. — 5126 *mit
gôte*, mit guten Werken. — *virdênen*, mundartlich für *ver-
dienen*, sich ein Verdienst erwerben. — 5127 *endin* swv., ein
Ende machen. — *von diser werlde* = sterben. — 5128 *dinc*,
wie so oft unbestimmte Bezeichnung für Leben, Geschick. —
grôze adv., soviel als *grôzlîche* 965 u. s. w. und unten 5165. —
5131 *alemêne*. Daß dieses bedenkliche Wort nicht mit *Almân*
zusammengebracht werden darf, wie es geschehen ist, steht
fest, aber was sonst dahinter stecken mag, ist schwer zu
rathen, vielleicht *al* oder *aller mêne* = *meine*, nach dem Willen
und der Gesinnung aller sc. Dienstmannen. — 5133 *deme liebin
vater dín*, so für *mín* der Hs. — *klagen* mit dat., eine Klage
bei jemand anbringen; der Gegenstand der Klage ist leicht zu
errathen: die Verlaßenheit des Landes bei dem zu erwarten-
den Tode des Kaisers (*der lac in sínin ende*); dieser setzt Berch-
ter zum Erzieher des jungen Rother und Reichsverweser ein. —

und bevalch dich mir bî der hende. 5135
sît hân ich dir bî gestân,
daz dir nichein man
argis nicht ne bôt,
her hête uns beiden gedrôt.
nu nemach ich, trût hêrre mîn, 5140
dir nechein vrome sîn,
dune volgis mîneme râde,
sô bistu aller nôde
irlâzin immir mêre
unde helfist och der sêle.» 5145

Rôther swîgete dô.
Berchter sprach ime aber zô
«daz ist wâr, koninc edele,
ich ne râde dir nicht ovele.
nu koufe dir selve gôte wort, 5150
jâ is der schaz alse ein hor
leider unreine.
wirne vindin sîn nicht dâr heime.
swê vil der man gewinnit,
wie schîre ime zerinnit! 5155
daz ist uns alle tage schîn.
du volge deme râde mîn
und helf der armin sêle

5135 *bevalch dich mir bî der hende*, durch das Symbol der
feierlichen Uebergabe in die Hand des andern. — 5136 *gestân*
part. præt. zu *stân*. — 5138 *argis* von *nicht* abhängig. —
bôt, entbot. — 5139 *her hête uns beiden*, d. h. mir und dir
zugleich; jeder von deinen Feinden war auch meiner. — 5142 *dune*
für *du ne*, wenn du nicht. — 4143 *sô*, dann. — 4144 *irlâzen einen
eines d.*, einen befreien von... — 5145 *helfist*, kann ind. und
conj. sein, wird aber hier ind. zu nehmen sein.

5147 *aber*, von neuem. — 5150 *gôte wort*, Fürsprache der
Heiligen; *koufen*, verdienen. — 5151 *ein hor*. *hor* stn.,
Schmutz, Koth. *ein*, eine Schmutzmasse, Kothklumpen. —
5153 *sîn* von *nicht* abhängig. *sîn* scil. *schaz*, es bleibt uns
nichts davon. — 5155 *zerinnit*, vgl. 4567. — 5156 *schîn* adj.,
vgl. 4704. —

die levet immir mêre.
nune lâz dich nicht betrâgin: 5160
swer der gotis genâdin
rechte wirdet innin,
der môz sie immir minnin.
du wêre ie rîche,
dîn dinc stunt grôzlîche.   5165
waz helfit nu daz?
getôt ein ander baz,
er wil dîn overgenôz sîn.
nu volge mir, trût hêrre mîn,
und zêwer hin zô walde.   5170
swer genesen wolde,
der mochte dâr gerne brôder sîn.
wir munichin uns, trût hêrre mîn.
wir sulin der armin sêle wegen.
diz ist ein unstâde leven.»   5175

5160 *nune* für *nu ne.* — *betrâgin* swv., verdrießen; *lâz dich nicht betrâgin*, ungemein häufige Formel, die unserm positiven «wohlan, frisch auf» entspricht. — 5162 *wirdit*, hier allein die volle Form *wirdit*, sonst überall *wirt*. — 5167 *getôt*, *ge* wegen des conditional. Begriffs: gelingt es vielleicht einem... — *baz tôn*, ganz allgemein «mehr leisten». — 5168 *overgenôz* stm., mehr als deinesgleichen, gebildet wie *ungenôz*, geringer als deinesgleichen, vgl. 982. — 5170 *zêwer* für *ziehe wir* plur. conj. præt. von *ziehen.* — *zô walde* als «begebene Leute», entweder als Einsiedel oder um gemeinsam da sich zu «*munichen*», eine Zelle, woraus ein Kloster werden könnte, zu gründen. Die Lesart eines an dieser Stelle erhaltenen andern Handschriftfragmentes *tzô Vulde* überrascht, aber kann keinen Anspruch auf Authenticität machen, denn so gering auch die geschichtlichen Kenntnisse des Dichters gedacht werden mögen, Rother zum Mönch in Fulda zu machen, hätte er doch wohl nicht gewagt. Mir scheint *Vulde* bloß um einen etwas richtigeren Reim hervorzubringen gesetzt. — 5172 *brôder*, ganz allgemein Bruder einer geistlichen Genoßenschaft, paßt ebenso für den Bewohner einer Zelle, wie für den eines großen, eigentlichen Klosters; der eine wie der andere ist ein *munich*, ein von der Welt Geschiedener. — 5174 *wegen* swv., Weg, Hülfe bereiten. — 5175 *diz ist ein unstâde leven*, d. h. das was du jetzt führst, hat keine *stæte*, keine wahre Sicherheit in sich. —

dô sprach der koninc gôte
daz her dat gerne dâte.
Rôther bî der hant nam
die vrouwen alsô lossam
unde sagete ir sîn gemôte.   5180
dô sprach die vrouwe gôte
«iz ist der bezziste rât,
den Berchter getân hât.
nu volge uns, koninc edele
iz ne kumit uns nicht ubele.»   5185
dô sprach der —

---

alsô iz noch hûte stât
daz iz vil manige êre hât.
dô clûsete sich die koningîn,
got der gab ir den sin.   5190
dô stunden die rômischen rîche
harte vredelîche,
wente Pippîn irstarf
unde Karl daz rîche irwarf.
der levete sît scône   5195
unde richte wol de krône.
hî hât daz bûch ende:
nu valdet ûwer hende
unde biddet alle got,

5180 *sîn gemôte*, seine Gesinnung. — 5185 *iz ne kumit uns nicht ubele*, Gegentheil von *kumit rechte* 4623. — Zwischen dem vorzeitigen Schluße der Hs. H., herbeigeführt durch das Herausreißen des letzten Blattes und einem kleinen Bruchstück eines andern hs. Fragments, das uns die Schlußverse aber auch nur unvollständig gibt, mögen etwa 10—12 Verse ausgefallen sein, in welchen die Ausführung des frommen Entschlußes erzählt wird. So gewagt dieß auch scheinen möge, so äußere ich doch die Vermuthung, daß, wenn einst ein glücklicher Zufall diese Lücke ausfüllen läßt, der Name der Zelle oder des Klosters nicht genannt sein wird. Die Phrase *alsô iz noch hûte stât* darf nicht dagegen eingewendet werden. — 5189 *clûsete*, lebte als *reclusa*, in besonders strenger Observanz. — 5193 *wente* conj., bis, vgl. 1295. —

der uns zô levene gebôt,   5200
daz her deme t̲i̲chtêre gnêdich sî
und ouch ûwer nicht ne —

5201 *tichtêre*. Auch hier soll nach dem Abdrucke *richtêre* stehen
und würde es mit beßerem Rechte als oben 4859, falls es über-
haupt ein Wort *richtêre* in der hier allein brauchbaren Be-
deutung «Verbeßerer eines ältern Gedichts» gibt.

WORTREGISTER.

â *angehängte Interjection* 1758.
abe, ave *adv. und præp.* 417.
aber, aver *conj.* unde-aber 1803.
abgrunde, afgrunde *stn.* 1978.
2342. 4442.
ach *interj. subst. gebraucht* 4565.
achsle *swf., vgl.* asle, *mhd.* ahsel.
acht *stf.* über acht 798.
achten *swv.* 977.
achtich *Zahlwort, vgl.* achzich
4583.
achzich *Zahlwort, mhd.* ahtzic.
âchte *stf.* 924.
adel *stn., vornehme, fürstliche
Geburt, Stand.*
afgrunde *vgl.* abgrunde.
after *præp. mit dat.* after wegen
1802. 3029.
al *adj.*
al *adv.* 573, *conj.* 681, *ver-
stärkend zugesetzt in* al ên
conj. 2246. alwante 1295.
allen halben 1837. allent-
halven 2532. -in 4524.
allentsamt *adv.* 4453. aller,
allir 79. allez *adv.* 452. alle-
zan *adv.* 3298.
ald, alt *adj. in der schwachen
Form subst. gebraucht* 3254.
alder, alter *stn.*
als, alse, alsô *adv. und conj.*

alsus *adv.* 33. 116 u. s. w.
altgrîse *adj.* 4961.
althêre *swm.* 59, *mhd.* altherre.
amme *swf.*
an, ane *præp. und adv.*
ande, *vgl.* ende, inde, unde.
ander *adj.*
anderis, anders *adv.* 335. 852
âne *præp. und adv.*
antwarten, antwurden, ant-
wurten *swv., mhd.* antwür-
ten 306. 497. 1023.
antworte *stf. oder neutr., mhd.*
antwurt *oder* antwürte 262.
appelgrâ *adj., mhd.* apfelgrâ 867.
arbeit *stf.* 1080.
arc *adj.*
arm *adj. in schwacher Form
substant. gebraucht* 1724.
arm *stm.*
armbôc, armbouc *stm.* 1824.
2144.
armôt *stf., mhd.* armuot.
armôte *stn., mhd.* armüete.
arn *stm.* 4984.
asle *swf.* 4275, *vgl.* achsle.
ave *vgl.* abe.
aver *vgl.* aber.

balde *adv.* 3828.
balt *adj.* 980.

banc *stm.* 1645.
bant *stn.* 4182.
barlîche *adv.* 2450.
barn *stn.* 2220.
bart *stm.*
bat, baz *adverb. compar.* 1084.
bate *vgl.* bode, bote.
bedarf *præteritopr.*
bedecken *swv.* 2161.
bedenken *swv.* zucht bed. 1143.
bedriegen *stv.* 3076, *mhd.* betriegen.
bedriezen *stv.* 4896.
bedwingen *stv.* 992, *mhd.* betwingen.
begân *stv.* 801. ein zeichen begân 2479. sich begân 4872.
begeginen *swv.* 3040.
beginnen *starkes und unregelmässiges Verbum* 643.
begraven *stv.*, *mhd.* begraben.
begrîfen *stv.* 1170, *ergreifen.*
behaldan, behalten *stv.* 948.
sich behalden 3301.
behengen *swv.*
beherden, beherten *swv.*, *behaupten* 196. 2965.
behûten *swv.* 1041, *mhd.* behüeten.
behurdieren *swv.* 1351, *vgl.* burdieren, *mhd.* buhurdieren.
beide *adject. Zahlwort; adv.* 153.
beiden, beiten *swv.* 836. 3742.
bein *stn.* 3138.
bekennen *swv.* 533.
bekomen, bekumen *stv.* 2708. 3042.
beliechen *stv.* 382.
belîven *stv.* 469, *vgl.* b(e)lîben.
beltlîche *adv.* 2266.
belûchten *swv.* 1104, *mhd.* beliuhten.
benemen *stv.* 4925.
benken *swv.* 1604.
berâten *stv.* 3755.
berc *stm.*, zô berge 2554.
bere *swm.* 1660.
bergen *stv.*

berîten *stv.* 4892.
bermelîche *adv.* 2419.
bern *stv.* 4946.
bernen *stv.* 4613, *mhd.* brinnen.
berôren *swv.* 1729.
berwelf *stn.* 1290.
bescern *stv.* 4315, *mhd.* beschern.
bescheinen *swv.* 1309.
besclahen *stv.* 1582, *mhd.* besl.
bescouwen, bescôwen *swv.* 335.
besehen *stv.* 440.
besenden *swv.* 2611.
besitzen *stv.* 385.
beslâfen *stv.* 4789.
best, beste *adverb. superl.*
bestaden, bestaten *swv.* 1188.
bestân *starkes und unregelmässiges Verbum* 1814; *mit dat.* 614, *mit acc.* 679. 1657. 2370. 2589. 5062. ez bestât mich tiure 3021.
bestrîchen *stv.*
besundren *swv.*, *absondern, mhd.* besundern.
beswîchen *stv.* 4328.
bete *stf.*, *Bitte.*
betrâgen *swv.* 5160.
bettewât *stf.* 2546, *Bettzeug, Matrazen, Polster, Decken.*
bevâhen, bevân *starkes und unregelmässiges Verbum* 1094.
bevel(h)en *stv.* 418. 744. 4741.
bevillen *swv.* 4315.
bevoren, bevorn *adverb.* 500. 4619.
bewarn *swv.* 561.
bezeichenen, -ôn *swv.* 1109.
bezêchenunge *stf.* 3681, *mhd.* bezeichenunge.
beziehen *stv.*, *überziehen.*
bezîhen *stv.* 4880.
bezzir *adject. compar.*
bezzist *adj. superl.*
bì *præpos. mit dat., an, bei, neben.*
biben, bîben *swv.* 4223. 5057.
bidden, biden, biten, bitten *stv.*
biderve *adj.* 8, *mhd.* biderbe.
bieden *stv.*, *mhd.* bieten. ane b.

mit doppeltem Acc. des pers.
und sächl. Object. 935. ze
vüezen b. 4807. sich an die
gewalt eines b. 951. einem
ez unrehte b. 1003.
bileden, -ôn *swv.* 4410.
binden *stv.* 5074.
bit, biz *conj. und adv.* 732.
bit *præpos.mit dat.*2977, *vgl.*mit.
blanc *adj.*
blâsen *stv.* 4183.
blatvûz *stm.* 1871, *mhd.* blat-
vuoz.
bliben *stv.* 351, *vgl.* beliven.
blic *stm.* 2645. 4663.
blôt *stn., mhd.* bluot.
blôzlîche *adv.* 1401.
bôch, bûch *stn.* 16. 413. 3479.
4173. 4711.
bôchstaven *swv.* 3878, *mhd.*
buochstaben.
bode, bote *swm.* 88. 98,*vgl.*bate.
bodenbrôt *stn.* 3518.
bodescaf, bodescaft, bodescap
stf.
boge *swm.*
bônît *stn.* 864.
borlange *adv.* 1387. 5093.
borsenfte *adj.* 2676.
borte *swm.* 871.
bôse *adj., mhd.* bœse.
bôsheit *stf.* 1445.
bôslîche *adv.* 1123. 4522.
bôten *swv.* 1300, *vgl.* bôzen.
bouc *stm.* 401.
bôz *stm.* 4322, *mhd.* buoz.
bôzen *swv.* 3169. 3194, *mhd.*
büezen.
bracht *stm.* 4095.
brechen *stv.* ûz der hant br.
1721.
breit *adj.* 2645. 2983. 4857.
4891.
bremen, -in *stv.* 1660.
brengen, bringen *unregel-
mässiges Verbum.*
bresten *stv.* 4164.
brinnen *stv.*

brôder, brôther, brûder *stm.*,
mhd. bruoder.
brôt *stn.*, wiz brôt 2550. ein
brôt 4989.
brunje, brunne *swf.* 686. 4108,
mhd. brünne.
brût *stf.*
bûen, bûwen *swv.* 22. 4828.
bukele *swf.* 3503.
bulgân, *stm.* 1625.
bûlslac *stm.* 1769.
burc, burch, burg *stf.* 68.
burdêren, *vgl.* behurdieren.
burge *swm.* 2364, Bürge.
burgâre, burgère *stm.* 829.

capellân *stm.*
capelûn *stn.* 4943, *mhd.* gabilûn-
chein *adj.* 3155.
clûsen *swv.* 5189.
cristin *adj.* 2204.
crûce *stn.* 376, *mhd.* kriuze.
cyclât *stm.* 1835.
cyclâtîn *adj.* 1863.

D s. T.
dâ, *verkürzt durch Inclin.* da
Localadv., vgl. dâr.
dac, dach, dag, *stm., mhd.* tac.
dagen *swv.* 3267.
dan, danne *conj.*
dan, dane, danne *Localadv.,
von da.*
dan, danne *Partikel der Ver-
gleich. nach Compar.*
danc *stm.* âne d. 913. was im
zô d. 2640.
dancnême *adj., mhd.* dancnæme,
angenehm, erfreulich.
danken *swv.*
dar *vgl.* tar.
dar, dare *Localadv., dahin.*
dâr, *durch Irclin.* dar, der,
Localadv., vgl. dâ.
darf *præteritopræs.,præt.* dorfte-
dat, daz *nom. sing. neutr. des*

*Pron. dem. und des bestimmt.
Artikels. Als Conjunction ver-
wandt: in Folgerungssätzen,
in Absichtssätzen.*
dechein, dehein *adj.* 175.
decken *swv.* 4844.
degen *swv.* 1768.
degen *stm.* 57.
degenheit *stf.* 768.
degenlîche *adj. und adv.* aller
degenlîche 79.
den *conj., vgl.* dan, danne.
dê, de *nom. sing. masc., nom.
acc. sing. femin., nom. acc.
plur. von* der.
dênen *swv., vgl.* dienen.
dênest *stn., vgl.* dienest.
denken *swv.* 1986.
der *vgl.* dâr.
der, *Nebenform* die, dê, de,
*nom. sing. masc. des Pron.
dem. und des best. Artikels.*
des *absol. gen. von* daz 49.
deste *steigernde Part., bei Com-
parat.,* desto.
dicke *stf.* 2716.
dicke *adv.* 649.
die *nom. acc. sing. fem., nom.
masc., nom. acc. plur. von* der.
dienan, dienen, dienin, dienôn
swv., vgl. dênen.
dienest *stn.*
dief, dîf *adj., mhd.* tief.
diep *stm.*
dieser, dise, diser *masc.,* diese,
dise *fem.,* dit, diz *neutr.,
demonstr. pron.*
diet *stm.* 964. *stf.* 636 *u. s. w.*
die varunde d. 1883.
diezen *stv.* 182.
dihten *swv.* 3491.
dîn *pron. possess.*
dinc *stn.* 14. 5128.
dinster *adj.* 1611.
disc(h) *stm.,* Tisch, Tafel.
dô *conj., durch Incl. verkürzt* do.
doch *conj.*
dochter, dohter *stf., mhd.* tohter.

dôd *adj., mhd.* tôt.
dolen *swv.,* dulden, *erdulden.*
dômestac *vgl.* tômestac.
dôn *unregelmässiges Verbum,
vgl.* tôn, tuon.
doner *stm.* 2742.
doug *præteritop., mhd.* touc,
ich tauge. præt. dochte.
doven *swv., mhd.* toben.
dôz *stm.* 2987.
drache *swm.* 224, *mhd.* trache.
drâte *adv., schleunig.*
draven *swv., traben.*
drehtîn *stm.* 1416, *vgl.* trechtîn.
drî, drîe *Zahlwort.*
dringen *stv., sich drängen.*
dritehalf *adj.* 3343.
drôwe *stf.* 769.
drôwen, drôn *swv., dräuen,
drohen.*
du *pron. der 2. pers.*
dû *nom. sing. fem.* = die, dê,
mhd. diu.
dû *Instr. zu* daz, *mhd.* diu.
dunken *swv.* 23.
dur, durc, durch *præp. mit
acc. und adv.* d. daz 707.
dure *stf.* 3606, *mhd.* tür.
durchnechte *adj., tadellos, voll-
kommen.*
dûsint *Zahlwort* 401.

ê, êr *adv. und conj.* 470.
êchone *swf.* 4691.
edele *adj.*
edelicheit *stf.* 1868.
edlich, etlich, etelich, ettelich
adj., vgl. ite-, ittelich.
êhaft *adj.* 4926.
eiâ *interj.* 182.
eilif *Zahlwort.*
ein, ên *Zahlwort und unbest.
Artikel,* 851; *in der schw.
Form adj., allein.* ein-, ên-
ander 237. 3417.
eine *adv., allein.*
einic, ênich *adj.*
elelende *stn.* 2346.

elle, ellen *stf.* 657. 1663.
el(l)ende *adj.* 973. 2607. 4980.
ellenthaft *adj.* 4344.
elphant *stm.* 1608.
ende *vgl.* unde 1304.
ende *stm.* 141. 439.
endelîche *adv.* 3953.
enden *swv.* 5127.
eninne *adv.* 1310.
enouwe *vgl.* inouwe.
ent - *untrennbare Vorsetzpart.*,
    vgl. int-, unt-.
er *nom. sing. masc. des pron.*
    der 3. *pers., fem.* si, sie, siu,
    sû, *neutr.* ez, it, iz.
er- *untrennbare Vorsetzpart.*,
    vgl. ir-.
êr *vgl.* ê.
êrande *stn.* 2912.
erbe *swm.* 29.
erbe, erve *stn.* 29.
erde *swf.*
êre *stf. plur.* 1534.
êrist *adverb. superl.* 63.
êrlich *adj.* 751. 3821.
ernist *stm.*
ernistlîche *adv.* 2210.
ersterben *stv.*
erscellen, erschellen *stv.* 3269.
ervelôs *adj.*, *mhd.* erbelôs.
erven *swv.*, *mhd.* erben.
erwinden *stv.* 2981.
ettewanne *Zeitpart.*
evene *adv.* 3639. 4666. 4758.
êwe *stf.* 481. 4419.
êwelîche *adv.* 4469.

F vgl. V.

gâ, gâch *adj.* ez ist mir g. 4106.
gade, gate *swm.* 1103.
gâhen *swv.* 2590.
gâmerlîche *adv.* 3711.
gan *præteritop.*, *ich gönne.*
gân, gên *starkes und unregel-*
    mässiges Verbum.
ganc *stm.* 2093.
gar, gare *adj. und adv.*

gebâre, gebêre *stn.*, *Gebärde*
    697. 1425. 3183. 4954.
gebeine *stn.* 1609.
gebeiten *swv.* 1059.
geberge, gebirge *stn.* 3645.
gebern *stv.*
gebieten *stv.* 134. 215. 933.
    2337.
gebiledôn *swv.* 374.
gedagen *swv.* 2884.
gedanc *stm.*
gedenken *swv.*
gedigene *stn.* 71. 774.
gedranc *stn.*, *Gedränge* 276.
gedrenge *stn.* 1694 *dasselbe.*
gegin, gegine *præpos. und adv.*
geginsidele *stn.* 1626.
gehalten *stv.* sich geh. 2996.
gehaven, gehân *swv.* 2907.
    3063. 3249.
geheizen *stv.*
gêhen *swv.* 2895.
geherbergen *swv.*
gein *adj.* = chein, dechein.
geisle *swf.* 689.
gekôse *stn.* 4500.
gelangen *swv.*
gelâz *stn.* 1361.
gelden, -in *stv.*, *bezahlen*, *ver-*
    gelten.
geleide *stn.* 4898.
gelîch, gelîche *adj.*
gelîche *adv.*
gelîchen *swv.* 4793.
geloben, geloven *swv.* 1570.
gelouben, gelouven *swv.*
gelusten *swv.* 3260. 4928.
gemach *stm. u. neutr.* 1166. 2924.
gemeine *adj.* 4425.
gemezzen *stv.* 3375.
gemôt *adj.* 772, *mhd.* gemuot.
gemôte *stn.* 1077. 3013, *mhd.*
    gemüete.
genâde, genâdhe *stf.* 937. 3084.
genêdich *adj.*, *mhd.* genædec.
gener *pron. demonstr.*, *vgl.* jener.
gener(e,i)n *swv.* 707.
genesen *stv.* 949.

genôc, genuoc *adj.* 969.
genôte *adv.* 2376.
genôz *stm.*
genôzen *swv.* sich einem gen.
1327.
gerech *adj.* 2975.
gereit *adj.* 3091.
gereiten, -ôn *swv.*
gerête *stn.* 3128, *mhd.* geræte.
gerichte *stn.* 735.
gern *swv.* 315.
gerne *adv.* 2190.
geròchen, gerûchen *swv.* 986.
4988, *mhd.* geruochen.
gerûwôn *swv.*, *mhd.* geruowen,
dauernd ruhig sein, ausruhen.
gêrwunde *swf.* 4339.
gescehen, geschehen, geschèn
stv.
gescheffen *swv.*, *zu Stande
bringen.*
geschelle *stn.* 1655.
geschôt 2200, *part. præt. zu
schôhen* swv., *mhd.* schuohen,
beschuhen.
geschutze *stn.* 1796.
gesehen *stv.*, *ersehen.*
geselle *swm.*
geserwe *stn.* 4933.
gesicht *stf.* 1750.
gesidele *stn.* 1137.
gesmîde *stn.*, *Geschmeide.* gesm.
slân 795.
gesôchen *swv.*, *mhd.* gesuochen.
gestaden *swv.* 465, *mhd.* ge-
staten.
gesteine *stn.* 1610.
gesteinit 222, *part. præt. zu
steinen* swv.
gesten *swv.* 3659.
gesterne *stn.* 72, *mhd.* gestirne.
gestich *stn.* 3861.
gestille *stn.* 2125.
gestôle *stn.* 1605, *mhd.* gestüele.
gesunt *adj.*
geswîchen *stv.* 3420.
gethîhen *stv.* 36, *mhd.* gedihen.
getreffen *stv.* 2492.

getrüe, getrüwe *adj.*, *mhd.* ge-
triuwe.
getrûwen *swv.*
gevàhen *stv.* 844.
gevôc *stm.* 1860, *mhd.* gevuoc.
gevôge *stf.* 1932, *mhd.* gevuoge.
gevôc(h)lîche *adv.* 1765.
gevolgich *adj.* 528.
gevristen *swv.*
gewalt *stf.* 951.
gewalten *stv.* 1068.
gewandeln *swv.* 1057.
gewant *stn.*
gewède, -te *stn.* 229. 1848, *mhd.*
gewæte.
geweldich *adj.* 3163.
geweldigen *swv.* 1027.
gewerden *stv.*
geweren, gewern *swv.*
gewerf *stm.* 822.
gewerlîche *adv.* 1163.
gewesen *stv.* 4873.
gewiere, gewîre *stn.* 793.
gewinnen *stv.* 56. 1344.
gewint *stn.* 4594.
gewis *adj.*
gewone *adj.* 262. 1406.
gewrechen *stv.* 37, *mhd.* ge-
rechen.
gezelt *stn.*, *Zelt* 406. 2781.
gezème *adj.* 1723, *mhd.* ge-
zæme.
gezemen *stv.* 28. 76.
gezogenlîche, gezugenl., zogen-
lîche *adv.* 107. 1282.
gezouwe *stn.* 301.
givêre *adj.* 4568, *mhd.* gevære.
glûd *stf.*, *mhd.* gluot.
gnôc, gnôch *adj.* 352. *vgl.*
genôc.
gnôz *stm.*, *vgl.* genôz.
gold, golt *stn.*
goldîn, guldîn *adj.*
goltrôt *adj.*
goltsmit *stm.*
got *stm.*
gôt, gût *adj.*, *mhd.* guot.

gôt *stn.*, *mhd.* guot.
gôte *stf.*, *mhd.* güete.
grâ *adj.* 2469.
grâfscaft *stf.*, *mhd.* grâveschaft.
gras *stn.*
grâve *swm.*
graven *stv.*, *mhd.* graben.
grâwen *swv.* 5122.
grim *adj.*
grôve *stf.*, *mhd.* gruobe.
grôz *adj.*, *stark*, *massiv.*
grôze *adv.* 5128.
grôzen *swv.*, *mhd.* grüezen.
grôzlîche *adv.*, *sehr stark* 965.
  1354.
grûne *adj.*, *mhd.* grüene.
grunt *stm.* 5087.
gruntveste *stf.* 3658.
grûwelîche *adv.* 5022.
gume *swm.* 753.
gunstelîche *adv.* 3182.
gurtel *stm.* 1371.

haben, haven, hân *swv.*, *haben.*
  præt. hête, hete, hette. haben,
  haven, *halten. præt.* havete.
haft *adj.*, *gefangen* 1194. 2416.
  krank 3137.
hâhen, hân *starkes und unregel-*
  mässiges Verbum.
halen *swv.* 421, *mhd.* holn.
half *adj.* 529, *mhd.* halp.
hals *stm.*
halsen *swv.* 3259.
halsperge *stf.* 2684.
halten *stv.*
halz *adj.* 3150.
hangen *stv.*, *vgl.* hâhen.
hant *stf.* die hande vor sich
  nemen 2807. zô hant *adv.*
  3202. mit handen 4048. 4725.
  bî der h. nemen 4743. bî der
  h. bevelhen 5135.
hantfeste *adj.* 2486.
hantslac *stm.* 3232.
hantslagen *swv.* 2883.
hantwerc *stn.* 4669.
hâr *stn.* 1038.

hârbant *stn.* 3094.
hare *Localadv.*, *hierher* 1265.
  vgl. her, here.
harfe *swf.* 167.
harfâre *stm.* 2526, *mhd.* harfære.
harm *stm.* 4151.
hart, herde, herte *adj.*
harte *adv.* 609.
hastelîche, hasticlîche *adv.*
hat, haz *stm.*
hei *interject.* 349.
heiâ *desgl.* 247.
heiden, heidin *stm.*
heiden, -in *adj.* 480.
heidenisc(h) *adj.* 3799.
heidenschaft *stf.*
heilant *stm.*
heiltûm *stn.* 4149.
heimelîche *adv.*, *compar.* heim-
  lîcher 1634.
heimlich *adj.*
hein, heim *Localadverb.*, *nach*
  Hause. heime *desgl.*, *zu Hause.*
heiten *stv.*, *vgl.* heizen.
heiz *adj.*
heize *adv.*
heizen *stv.*
helfe *stf.*
helfe *swm.* 4004.
helfelôs *adj.*
helfen, helpen *stv.* 112.
helfêre *stm.*, *mhd.* helfære.
helet, helid, helit, helith, helt *stm.*
helle *stf.*
hellen *stv.* 2277.
hemide *stn.* 1850.
her *sing. masc. des pron. der*
  3. *pers.*, *vgl.* er.
her, here *Localadv.*, *hierher.*
her, hêre, hêrre *swm.* 6.
hêr, hêre *adj.*, *hehr, herrlich.*
herberge *stf.*
herbergen *swv.*
here *stn.* 3935.
hereman *stm.* 3500.
herescaf, herscaft *stf.* 3763.
herevart, *stf.*
hereverten *swv.*

hergeselle *swm.* 5013.
hêrlich *adj.*
hêrlîche *adv.*
hermelîn *adj.*, *aus dem Pelze des harm, Hermelin.*
herte *vgl.* hart.
herz, heriz *stm.* 226. 2168, *mhd.* hirz.
herze *swn.*
herzeclîche *adv.*
herzeleide *stf.* 3822.
herzeleit *stn.*
herzerûwe *stf.* 358, *mhd.* herzeriuwe.
herzoge *swm.*
hestelîche *adv.* 837, *vgl.* hastel.
heven *stv.*
hî, hie, hier, hîr *Localadv.*, *hier* 933.
hîgen *swv.*, *freien*, *mhd.* hîjen, hîen.
himel *stm.*
himelblic *stm.* 3543.
himilisc *adj.*
hin, hinne, hinnen, hinnin *Localadv.*, *von hier.*
hinnân *desgl.* 2480.
hînacht *adv.* 2787.
hinde *swf.* 226.
hôcgezît, hôchgezît *stn. und fem.* 1538.
hôch *adj.*
hôden, hôten *swv.*, *mhd.* hüeten 212.
hof *stm.*, *Hof, Hofstätte, Hoftay.*
hol *stn.* 2554.
holt, *adj.* 408. 1955.
holz *stn.*
hôn *stn.*, *mhd.* huon 4914.
hônede *stf.* 2240.
hônen *swv.* 1779.
hor *stn.* 5152.
hornîn, hurnîn *adj.* 4145.
hose *swf.* 1116.
hôt *stm.* 1111, *mhd.* huot.
hôte *stf.* 759, *mhd.* huote.
houbiten, houbitôn *swv.* 467.

hovebâre *adj.* 4324, *mhd.* hovebære.
hoveman *stm.* 1100.
hovesprâche *stf.* 646.
hôvet, hôvit *stn.* 337, *mhd.* houbet.
hovisheit *stf.* 3783.
hûde, hûte *adv.*, *mhd.* hiute, *heute.*
hugen *swv.* 2848. 4799.
hulde *stf.* 2045.
hundert, hundret, -it *Zahlwort.*
hungir *stm.*
hûs *stn.*

ich *pron. der 1. pers.*, *mit angehängter Negat.* ine.
icht, iht, it, iecht, iet *subst. und adv. gebraucht.*
ie *Zeitadverb.*, *je*, *irgendeinmal, immer.*
iedoch *conjunct.*
iegelich, igelich *adj.* 130.
iergin *adv.*, *irgend.*
îlen *swv.*
imbieten *stv.*, *mhd.* en-, entbieten.
imer, immer *adv.* 175.
in *præp. und adv.*
in, în *adv.*, *hinein.*
inbîz *stn.* 1306.
inbrechen *stv.*, *mhd.* en-, entbrechen.
inde *conj.* 2928, *vgl.* unde.
inebin *præp. mit acc.* 1328. 2222, *mhd.* eneben, *vgl.* neven.
inein *adv.* 944.
ingegen, gegin *præp. mit dat. und acc.* 2648, *adv.*
ingesinde *swm.* 5021.
ingesinde *stn.* 1159. 5028.
inhaven *swv.* 3266, *mhd.* enthaben.
inkinnen *swv.*, *mhd.* entkennen.
inne, innin *Localadv.*
inne(n)clîche *adv.* 2279.
innirthalp *adv. und præp. mit dat.* 2627.

inouwe *adv.* 183. 1193.
in-, intrinnen *stv.* 1726, *mhd.*
  entrinnen.
instàn *unregelmässiges Verbum*
  4795, *mhd.* enstàn.
int-, *mhd.* en-, ent-.
intbinden *stv.* 4404.
intfàhen, -fàn *stv.* 4646.
intfallen *stv.*
intfurhten *swv.*
intgegenwart *adv.* 3373.
intsamt *adv.* 1874.
intwìchen *stv.*
inville *stn.* 1862.
inwech *adv.* 3274.
inzusken *præp. mit dat.* 2660.
ir *possess. pron. der* 3. *pers.* 180.
ir- *mhd.* er-.
irbìten *stv.* 5102.
irgàn *stv.* 338. 1030. 4687.
irgetzen *swv.* 1245.
irhàhen, irhàn *stv.*
irhengen *swv.* 2780.
irheven *stv.*
irkennen, irkinnen *swv.* 3917.
irkumen *stv.* 2767.
irlàzen *stv.* 1503. 1751. irlàten
  5003.
irlìden *stv.*
irlouben *swv.*
irrennen *swv.*
irschellen *stv.* 642.
irschrecken *stv. swv.* 1283.
irschricken *swv.* 2263.
irsehen *stv.*
irstàn *stv.*
irsterben, irsterven *stv.* 30.
  3970.
irsterven *swv.* 3972.
irvallen *stv.*
irviln *swv.* 4678.
irweln *swv.*
irwenden *swv.* 564.
irwerben *stv.* 89.
irwinden *stv.* 1496.
irzagen *swv.*
îsirîn *adj.*, *eisern.*
îsperlîn *stn.* 4588.

it *vgl.* icht.
it, iz *nom.*, *acc. sing. neutr. des*
  Pron. 3. *pers.*
itenûwe *adj.* 2135, *mhd.* ite-
  niuwe.
ite-, ittelich *vgl.* edlich.

jâ *affirmationspart.*
jâchant *stm.* 223.
jagen *swv.*
jâmerlîche *adv.*, *vgl.* gâmerl.
jâr *stn.* 430.
jariâ *zusammenges. Interj.* 2856.
jehen *stv.*, *aussagen.*
jener *pron. demonstr. vgl. gener.*
jô *conj.* 1246.
joch *conj.* 1198.
junc *adj.* zô jungest, jungestin
  adv. superl. 373.
jungelinc *stm.*

kaffâre, kaffère *stm.* 247.
kaffen *swv.* 658.
kamer(e) *stf. und swf.*
kamerâre, -ère, kemerère *stm.*
  418. 1738.
kamerschaz *stm.* 2894.
kan *præteritopræs.*
karbunkel *stm.* 1853.
karc *adj.* 2889.
kefse *swf.* 4102.
keisir *stm.* 3106.
kèl *stm.*, *vgl.* kiel.
kele *swf.* 153.
kemenâte *stf. und swf.* 101.
kèren *swv.* 779.
kerkâre, ère *stm.* 343.
ketene, ketine *swf.*, *Kette.*
kiel, kìl *stm.* 164, *vgl.* kèl.
kiesen *stv.*, *durch Prüfen er-*
  fahren, erproben.
kindelîn *stn.*, *deminut. von*
kint *stn. im plur.*, *Dienstgefolge*
  von jugendl. Alter 4593.
kintheit *stf.* 4516.
kiselinc *stm.*, *Kiesel* 3111.
klâfter *stf.* 2171.

klagen *swv.* 5133.
klappenen *swv.* 4587.
kleine *adj. u. adv.*, *zierlich,fein.*
klingen *stv.*
knabe *swm.* 655.
knecht *stm.* 24.
knie *stn.* 917.
knopf *stm.* 692.
komen *vgl.* kumen.
kône, kûne *adj.*, *mhd.* küene.
koninc, kuninc *stm.* 2. *mhd.* kûnec.
koningîn, kun., kuninginne *stf.*, *mhd.* künegîn.
konlinc *stm.* 3414.
kopf *stm.* 1649.
koufen *swv.* 5150.
koufman *stm.*
kraft *stf.* 1314.
kràme *stf.* 3118.
kràmgewant *stn.* 3078.
kratzen *swv.* 1703.
kreftic *adj.* 2586. 3382.
krump *adj.*
kûme *adv.*, *mit Mühe, Noth, kaum* 5102.
kumen *stv.*, *vgl.* komen. ez k. wol 1225. ez k. übele 4639. ez k. rehte 4623. ûz k. 978.
kundicheit *stf.* 1081.
kuninc *vgl.* koninc.
kuninclîche *adv.*
kuningîn *vgl.* koningîn.
kunne *stn.*, *Geschlecht, Familie.*
kurzebolt *stm.* 4577.
kussen *swv.*

laben *swv.*
lachen *swv.*
lachter, *stn.* 1944.
laden, ladhen *stv.*
làn *stv.*, *vgl.* lâzen.
lanc *adj.*, lange *adv.*
lanne *swf.* 1047.
lant *stn.*
lantman *stm.* 3420.
lantrecht *stn.* 3352. 3386.
lantspràche *stf.* 5010.

laster *stn.* 133.
lasterlîche *adv.*
làzen *stv.* 4620, *vgl.* làn.
leben, leven *swv.*
leben, leven *stn.* 1168. *stm.* 680.
ledigen, -ôn *swv.* 4132.
legen *swv.* nidere l. 461. 4554.
leic, leich *stm.* 172.
leide *stf.* 3016.
leide *adv.* 835. 2476.
leiden *swv.*, *Leid anthun, beleidigen.*
leider *comp. d. adv.*
leisten *swv.* 2446.
leit, leith *adj.*, *leidig, verleidet.*
leit *stn.*
leiten *swv.*
lên *stn.*, *mhd.* lêhen.
lêve, liebe, lieve *adv.* 2238.
lewe *swm.*, *Löwe.*
licht *adj.*, *leicht, gering.*
lichte *adv.* 1007. 1583.
liecht, lieht, liet, licht *stn.* 1058.
liecht *adj.* 1730.
lief, liep *adj.*
lieve *stf.* 1352.
liegen *stv.*
liet *stn.* 1503. 1826. 1907. 3490. 4792.
lîf, lîb *stm. und stn.* 37. 817.
lifnare *stf.* 1335.
lîhen *stv.* 4720.
list *stf.* 47.
lîste *swf.* 1112.
listec, -ic *adj.*
listeclîche *adv.*
lîsten *swv.* 4578.
liut *vgl.* lût.
loben, loven *swv.*
lof, lop *stn.*
lof(ve)sam 3457. lossam *adj.* 749.
lôn *stn.*
lônen, lônôn *swv.*
lôs *adj.* 4501.
louf *stm.* 3403.
loufen *stv.* *mit acc.* 4213.
lûchten *swv.*, *mhd.* liuhten.

lûde, lûte *adv.*
luden *stm.* 4221.
luft *stm.* 356. 3534.
lût, liut *stm. u. neutr.* 268. 805.
lûter *adj.*
lutzel, -il *adj.* 1665. *adv.* 700.
2970.

mac *præteritopr.*, *præt.* mahte,
mohte.
mâc *stm.* 53. 370. 387. 945.
machen *swv.*
macht *stf.*
magen *stm.* 416.
mage(i)nkraft *stf.* 597.
man *stm.* 26.
man, men *unbestimmtes pron.*
mane *swf.* 870.
mâne *swm.*, *Mond.*
manec, manic, menic *adj.*
manen *swv.*
mantel *stm.*
mantelîn *stn.*, *demin. des vor.*
marc *stf.* 1446.
marc, marh *stn.* 867.4964.4976.
marcgrâve *swm.*
mâre *adj.*, *vgl.* mère.
mâre *stn.*, *vgl.* mère.
marteren, -ön *swv.* 3469.
megetîn *stn.* 62. 89.
meinen *swv.* 4478.
meister *stm.* 367.
meisterschaf(t) *stf.* 2275.
melden *swv.* 2114.
melm *stm.* 652.
menege, menige, menigîn (in?)
stf. und swf.
mêr, mêre *comp. zu* vil.
mere *stn.*
mère *adj.*, *vgl.* mâre, *mhd.*
mære 1456.
mère *stn.*, *vgl.* mâre, *mhd.*
mære 830. 1480.
mêren *swv.* 4841.
merken *swv.*
merkère *stm.* 2003.
mezses *stn.* 2517.

miche(i)l *adj. und adv.* 23.2546.
michilich *adj.*
mid, mit *præp. mit dat.*, *vgl.*
bit 1509. 1704. 1774. 3119.
mide, mite *adv.*
midin, in m. *adv.* 75.
miede *stf.* 3081, *mhd.* miete.
mieten *swv.* 1279.
milde *adj.*
mîle *stf.* 3644.
mîn *possess. pron.*
minne *stf.* 769. 4822.
minnelîche *adv.*
minnen *swv.* 2036.
minner *comp. zu* lutzel.
minnest *superl. zu* lutzel 2931.
missebieten *stv.* 1017.
missegrîfen *stv.* 2074.
missehelle *stf.* 2013.
missesagen *swv.* 4173.
missevar(e) *adj.*
missevûren *swv.* 1213, *mhd.*
missevüeren.
mite, mitte *adj.*
mitsam *zusammenges. præp.* 399.
mô *stf.* 3371, *mhd.* muo, müeje.
môder, -ir *stm.*, *mhd.* muoter.
môgen, môwen *swv.* 884. 2134.
3228, *mhd.* müen, müejen.
môt *stm.*
môterbarn *stn.* 762.
môwelîche *adv.* 81, *mhd.* müe-
lîche.
môz *præteritopr.*, *mhd.* muoz.
mugelich *adj.* 1253.
mûl *stm.* 865.
munichen *swv.* 5173.

nâ, nâch *præp. u. adv.*, *mhd.* nâch.
nâ, nâhe *adv.* 351, *mhd.* nâhe.
nacht *stf.*
nachten *adv.* 3852.
nâhen, nâhôn, nâchen 2784 *swv.*
nacket, nakit *adj.* 1362.
name *stm.*
namen *swv.* 721.
nâr *comp. v.* nâ, nâhe 4067. 4644.

naz *adj.* 348.
ne *negationsp.*, *vgl.* ni.
nê *vgl.* nie.
nechein, nehein *adj.* 82.
negein *dasselbe.*
neigen, -ôn *swv.* 1886.
nein *verstärkte Verneinungspartikel* 2115. 4817.
neinâ 1758.
nêman *vyl.* nieman.
nemen *stv.* ûz nemen 1196. 2223. 2274. ober n. 2413. sich vore n. 4357.
nenden, nendôn *swv.* 2593.
nennen *swv.*
ner(e)n *swv.*, *retten, erhalten* 2888.
neve *swm.* 3330.
neven *præp. mit dat.* 3564.
ni *negationspart.*, *vgl.* ne.
nichein, nigein, nigên *vgl.* nechein.
nide(i)r, nide(i)re *adv.*
niderhalf *adv.* 3644.
nîdlîche *adv.* 706.
nie, nî *negatives Zeitadv.*, *vgl.* nê.
niecht, nieht, niet, niht, nit *subst. Negation und als Partikel gebraucht.*
nieman, niman *vgl.* nêman *stm.*
niene, nîne, nine *zusammenges. Negationspartikel.*
nierge(i)n, nirgen *negat. Localadverb.* 42.
niet *vgl.* nieht.
niezen *stv.*, *geniessen.*
nîgen *stv.*
nimer, nimmer, nummer *negatives Zeitadverb.*
nit *vgl.* niecht.
nît *stm. und neutr.* 1019.
niuwe(i)t, niwe(i)t, nûwet, *vgl.* niecht, niht.
noch *adv.* nochdan 1921, *mhd.* dannoch.
noch *conjunct.*
nôdic *vgl.* nôtic.

nôt *stf.* durch n. 914. 930. âne n. 2799. 4519.
nôte *adv.* 2472.
nôtec, -ic *adj.*
nôten *swv.*, *mhd.* nœten.
nôthaft *adj.*
nôtlich *adj.* 957.
nôtstadel *stm.* 3551.
nu *Zeitpartikel, relat. conj.* 615.
nûmâre, -êre *stn.* 551, *mhd.* niumære.
nusche *swf.* 3094.
nuskel *stm.* 398.

ob, of *conj.* wat(z) ob 511.
oben, oven *adv.*
ober, over *vgl.* uber. ober lût 1054. over it 3155.
obergnôz *stm.* 982, *mhd.* übergen.
och *conj.* = ouch 857.
och *interject. substant. gebr.* 4565.
oder *conjunct.*
ordinen, -ôn *swv.* 3336.
ôre *swn.*
orkunde *stn.* 4266, *mhd.* urkünde.
orlof, urlob *stm. n.* 311. 2491, *mhd.* urlop.
ôrslac *stm.* 1648.
ôster *adv.* 65.
ôstertac *stm.* 892.
ôthmôde *adj.*, *mhd.* ôtmûete.
ôthmôde, ôtmôte *stf.* 187, *mhd.* ôtmûete.
ouch *conj.*
ovel *adj.*, *mhd.* übel.
ovele *adv.*
ovellîche *adv.*
overbrechten *swv.* 4370.
overgenôz *vgl.* obergnôz 5168.
overglast *stm.* 3506, *vgl.* ubergl.
overleven *swv.*
overmôt *stm.* 1834.
owê *interj.*
owî *desgl.* 368.

palas *stn.* 1130.
palme *swm.* 2329.
pelle, pfellel *stm.* 230. 3070.
    swm.(?) 3572.
pellin *adj.*
penninc, pfenninc *stm.*
pfat *stm.* 3692.
pflegen, plegen *stv.* 60. *swv.*
    3363.
pilegrìm *stm.* 3695.
pinkesten *n. plur. t.* 1546.
porte *swf.* 1032, *lat.* portus.
    1297 *lat.* porta.
punt *stn.* 3133.

queln *swv.* 433, *quälen.*

ràt *stm.* 54. 581.
ràtgebe *swm.* 442.
rechen *stv.*, *vgl.* wrechen.
recht *adj.*
recht *stn.*
rechte *adv.*
recke *swm.* 501. 560.
recken *swv.* 4298.
rede *stf.*, *Rede*, *Gegenstand*
    von dem geredet wird 97.
reden *swv.* 87. einem mit er. 4666.
reise *stf.* 4288.
rennen *swv.*
rìche *stn.* 25. 385.
rìche, rìke *adj.*
rìchen *swv.*, *bereichern.*
rìchetòm *stm.* 978.
rìc(h)lìchen *adv.*
richte *stf.* in richte 1777.
richten *swv. mit dat. der Pers.*
    1742. 3105. 5076. richtòn
    2503.
rìden, rìten *stv.*
rieme *swm.*
riese *swm.* 632.
riesinisc *adj.* 638.
rinc *stm.* 697. 727.
ringe *adj. und adv.*
rinnen *stv.* 4895.
rìtàre, riter *stm.* 131.
rìtàrlich, riterlich *adj.* 1833.

roc *stm.*
ròchen *swv.*, *mhd.* ruochen.
ròfen, roufen *swv.*
ròfen *stv.(?)* 3026, *mhd.* ruofen.
ròren *swv.* 3152, *mhd.* rüeren.
ros *stn.*
rosfert *stn.* 5104.
rossekleit *stn.* 404.
ròt *adj.*
ròte *swf.*, *mhd.* ruote, *Ruthe.*
rouh *stm.*, *mhd.* rouch.
rù, rùh *adj.*, *mhd.* rùch, *rauh.*
rucken *swv.*
rùf *stm.* 180, *mhd.* ruof.
rùmen, -òn *swv.*, *räumen, ver-*
    lassen 1625. 4736. *mit dat.*
    3061.
rùnen *swv.* 1232.
rùwen *stv.*, *mhd.* riuwen,
    Schmerz empfinden.

sadel, -il *stm.*, *mhd.* satel.
sadilschelle *swf.* 231.
sagen *swv.*
sal *præteritopr.*, *mhd.* sol.
sal *stm.*
sale *adj.* 2443.
sàlich, sèlich *adj.*, *mhd.* sælec.
    2062.
sam *præp. mit dat.*, *mit.*
sam, same *adv.*, *ebenso.*
samene *adv.*, *zusammen.*
samenen, -òn *swv.* 135.
samfte *adv.*, *comp.* samfter.
samìt *stm.*, *Sammet.*
samt *adv. und præp.*
sàn *adv.*, *sofort.*
sancte, sante *adj.*, *lat.* sanctus.
sanft *adj.* 2558.
sant *stm.* 833.
satelboge *swm.* 4950.
sc, sk *vgl.* sch.
schade, scade *swm. und adj.*
schadehaft *adj.*
schaffen *stv.* 1629.
schaft *stm.*
scal, schal *stm.* 298.

scarlachin *stn.* 3070.
schare *stf.* 242.
scharehaft *adv.* 649.
schaz, scat, scaz *stm.* 190.
scheiden *stv.* 5078.
scheinen *swv.* 2281.
schellen *stv.* 4195.
schenke *swm.*
schern *stv.* 5086.
schieben, skieben *stv.* 806.
schiere, schîre, sciere *adv.*,
  vollständig, sofort.
schiezen *stv.* 2117.
schif, scif *stn.*
schiffen, sciffen *swv.*
schilt, scilt *stm.* 4892. 4902.
schimf, schimpf *stm.*, *Scherz.*
schîn, scîn *adj.* 4704. 5166.
schînen, scînen *stv.*
schîr *adj.*, *lauter, rein.*
sclân *stv.*, *vgl.* slahen.
sclîchen *stv.*, *vgl.* slîchen.
scliefen *stv.*, *vgl.* sliefen.
schô, schôch *stm. mhd.* schuoch.
schône, scône *adj.*, *mhd.* schœne.
schône, scône *adv.* 4811.
  schônist *superl.* 752.
schônen *swv.* 1209. 4463.
schouwen, -ôn *swv.*
schôz *stm.* (?) schôze *stf.* (?)
schricken, scricken *swv.* 2166.
  4681.
schrôten, scrôden *stv.* 1510.
schulde *stf.*
schurzelîn *stn.* 2447.
schutze *swm.* 1791.
sê *stm. und fem.* 65. 810.
sechszêne *Zahlwort.*
segel *stn.*
segen *swv.* 1675.
segilrieme *stm.* 807.
sehen, sien *stv.*
selb, self, selbe, selve *adj.*
  und adv.
selden(e) *adv.* 1125. 4063.
sêle *stf.*
sêlich *vgl.* sâlich.
selide *stf.* 1898, *mhd.* selde.

selle *swm.* 1654.
sellen *swv.* 2818.
seltsêne *adj.* 255.
senden, -ôn *swv.*
sêre *adv.* 34.
sêren *swv.* 574.
ses *flect.* sesse *Zahlwort.*
setzen *swv.*
siben, siven *flect.* sivene *Zahlw.*
sichein *pron. adj.*
sichirlîche *adv.* 1571.
sîdîn *adj.*, *von Seide.*
silber, silver *stn.*
silverîn *adj.*
simile *swf.*, *Semmel.*
sin *stm.*, *Sinn*, *gesunder Men-*
  schenverstand.
sîn *possess. pron.* 2822.
sîn *defect. verb.*, *mit* haben
  flect. 1798.
singen *stv.* 4975.
sint, sît *adj. und conj.* 169. 4705.
sint *stm.*, *Reise, Fahrt.*
site *stm.* 957.
sitzen *stv.*
slahen, slân *stv.*, *technischer*
  Ausdruck 2137.
slacht, slachte, slahte *stf.*,
  Art, Schlag, Geschlecht 778.
slecht *adj.* 4213.
slîchen *stv.*, *leise gehen.*
sliefen *stv.*, *schliefen, schlüpfen*
  2327.
smal *adj.*
smaracte *swm.*, *Smaragd.*
smecken *swv.* 1870.
snêblanc *adj.*
snel *adj.*, *körperlich gewandt.*
snellîche *adv.* 1014.
snêvar(e) *adj.* 1511.
snêwîz *adj.*
snîden *stv.*
sô *relat. und demonstr. Part.*
sôchen, sûchen *swv.* 2586, *mhd.*
  suochen.
sowanne *vgl.* swanne.
sower, -waz *vgl.* swer.
spâde *adv.*, *mhd.* spâte.

spehâre *stm.*, *Späher*, *Kund-*
　schafter.
sper *stn.*
spil *stn.* 2118.
spileman *stm.* 1710. 1888. 4293.
spiln *swv.*
spîse *stf.*, *Speise*, *Lebensunter-*
　halt.
spor *stn.*, *Spur.*
spot *stm.*
spoten *swv.*
sprâchen *swv.* 557, *sich unter-*
　reden.
sprechen *stv. mit dat.* 4708.
springen *stv.*
sprunc *stm.* 2642. 4964.
stad, stat *stn.* 165.
stade, state *stf.* 1102. 3072.
stadehaft, statehaft *adj.* 258.
stâdiclîche *adv.*, *mhd.* stætecl.
staf, stap *stm.*
stal *stn.* 376.
stâl *stm.*, *mhd.* stahel.
stâlîn *adj.* 656.
stallen *swv.* 1092.
stân, stèn *unregelmässiges Verb.*
stange *swf.* 639.
starc *adj.* 551. 2602.
starke *adv.*
stèdic *adj.* 1255.
stein *stm.*
steinen *swv.*, *mit Steinen besetzen.*
sterre *swm.*, *Stern.*
stête *adj.*, *mhd.* stæte.
stiften *swv.* 3807.
stille *adv.*
stôl *stm.* 104, *mhd.* stuol.
stôp *stn.* 2746.
storm, sturm *stm.*, *Sturm,*
　Kriegssturm 479.
stormgiere *adj.* 704.
stôzen *stv.* 201. 3109.
strâze *stf.*
streben, streven *swv.* 1047.
strîchen *stv.*, *sich eilends be-*
　wegen 2978. 3473.
strît *stm.* 3562.
strôdicke *adv.* 1707.

strûc, strûch *stm.*, *Strauch.*
strûchen *swv.*, *straucheln.*
stunde *stf.*
sû *nom. sing. fem. des Pron.*
　3. *pers.* 3223.
sulich, sulc *adj.*, *solch.*
sumilich *adj.* 2773.
sunde *stf.*
sunder *præp. mit acc.*, *ohne.*
sunderlich *adj.*
sundigen *swv.* sich s. 1966.
sune, sone *stm.*, *Sohn.*
sunne *st. und swf.*
sus *demonstr. part.* 2903.
sûze *adv.*, *mhd.* suoze.
sv *vgl.* sw.
swache *adv.* 1004.
swâgir *stm.* 4616.
swane *swm.*, *Schwan* 4951.
swanger *adj.*
swanne, swenne *correl. Zeitp.*
swannen *correl. Ortspart.*, *von*
　wannen.
swar *correl. Ortspart.*, *wohin.*
swâr *desyl.*, *wo.*
swâre *adv.*
swarz *adj.*
sweben *swv.* 354.
sweiz *stm.*
swelich, swilich, swilch *correl.*
　pron., *welcher immer.*
swenden *swv.* 3738.
swer *correl. pron.*, *n.* swaz.
swern *stv.* 144.
swert *stn.* 151. 1098. 5074.
swertleite *stf.* 5066.
swèt *stm.* 898, *mhd.* sweiz.
swîchen *stv.* 4377.
swîgen *stv. und swv.*
swimmen *stv.*

T s. D.
tac, tach *vgl.* dac.
tagedinc *stm.* 4345.
tagelich *adj.* aller tag. 1391.
tagen *swv.*
tal *stn.* 4037.

tar *præteritopr.*, *ich wage*, *vgl.*
dar, *præt.* torste.
teil, tèl *stn.* 405.
tihtère *stm.* 4859. 5201.
tochter *vgl.* dochter.
togentlich *adj.* 1375.
tôm *stm.* 4103.
tômes, -is, tûmis tac, *Gerichts-*
tag, jüngster Tag 799.
tôn, tuon, tùn *unregelmässiges*
Verbum, vgl. dôn 1474. 2437.
tôre *swm.* 1021.
tôrecht *adj.*
tôrlîche *adv.*
toufère *stm.* 4077.
tougen *adv.*, heimlich.
tragen *stv.* 4391.
trechte *stn.* 4330. 4569. 4865.
trechten, trechtin *stm.*, *vgl.*
drechtin.
treten *stv.*
trochtsâze, truhtsèze, truzzâte
2505. 1331. 1142.
trôst *stm.* 3287.
trôsten *swv.* 1224. 1640.
troumen, -ôn *swv.* 2339.
trouwe, trûwe *stf. adv.* 95.1451.
trôven *swv.* 4139, *mhd.* truoben.
trûbe *stf.*, *mhd.* trüebe.
trûden *swv.* 4488, *mhd.* triuten.
trunkenheit *stf.*
trûren, -ôn *swv*
trûrich *adj.*
trût *adj.*
trûtgeselle *swm.* 3086.
trûwen *swv.* 931.
trûwelîchis *adv. superl.* 99. 121.
tugent *stf.* 305. 5121.
tunen *swv.* 5056.
tur *stf.*, *vgl.* dure, *mhd.* tûr.
tûre, tûere *adj.*, *mhd.* tiure 57.
1430.
tûrlich *adj.* 238.
turlîn *stn.* 2333.
tûvil *stm.*, *mhd.* tiuvel, *Teufel.*
tweln *swv.* 700.

ubel, uvel *adj.* 778, *vgl.* ovel.
ubele, uvele *adv.* 36.
uber, ubir *præp.*, *vgl.* over.
uber al *adv.* 703.
uberglast *stm.* 1867, *vgl.* overgl.
ubergnôz *stm.*, *vgl.* overgenôz.
ubergulde *stf.* 613.
ubermôt *stm.*, *vgl.* overmôt.
ubersite *stm.* 3736.
uberwerfen *stv.* 2169.
ûf, ûffe *adv. und præp.*
ûfferstende *stf.* 4405.
umbe *adv. und præp.* 1532.
umbehanc *stm.* 1128.
unbedrozzen *part. von* bedriezen
4896.
uncristen, -in *adj. und stm.*
und, unde *conj.*, *vgl.* ande,
ende, inde.
undankes *adv.* 2059.
under *præp. und adv.*
undersehen, sich *stv.* 1033.
undersnîden *stv.* 3556.
undertân *part. von* undertuon
als subst. gebraucht.
underwinden, sich eines 1743.
ungebère *stn.* 1043, *mhd.* un-
gebære.
ungemôte *stn.* 1070, *mhd.* un-
gemüete.
ungeslahte, -slehte *stn.* 1377.
ungevôge *adj.* 2173, *mhd.* un-
gevüege.
ungewâr *adj.* 3344.
unkraft *stf.* 1195.
unkundic *adj.* 631.
unmaht *stf.* 3023.
unmeine *adj.* 824.
unminne *stf.* 3609.
unrât *stm.* 1242.
uns, unser *possess. adj.* 604.
unside, -te *stm.* 4667.
unsitich *adj.*
unstâde *adj.*, *mhd.* unstæte.
unstadehaft *adj.*
unt-, un-, *vgl.* int-.
untrûwe *stf.* 2777., *mhd.* un-
triuwe.

unz, unze *conj. und adv.*, so
   lange, so weit bis.
urloge *stn.* 3737.
urkunde *stn*, *vgl.* orkunde.
urteil *stn.* 3082.
ûwe, ûwer *pron. possess., mhd.*
   iuwer.
ûz *præp. mit dat. und adv.* ûz
   van 229. 2858.
ûzer *præp. mit dat.*

V (F).
vader, vater *stm.*
vâhen, vân *starkes und un-*
   regelmässiges Verb. 1602.
vâlant *stm.* 890. 1160. 3235.
valden *stv., mhd.* valten.
valehâr *adj.* 1823.
valke *swm.* 3854.
vallen *stv.*
vals(c) *stm., Falschheit.*
valscôn *swv.* 2800.
van, von *præp.* 39. 2484.
van, vane *swm.* 404.
varn *stv.*
vart *stf.* 4432.
varwe *stf.*
vaste *adv.* 614. 1494.
vazzen, -ôn *swv.* 157. 164. 1454.
vechte *stf.* 1713.
vechten *stv.* 4150.
vedirspil *stn.* 298. 1176.
veilscen *swv.* 3122.
vêle *adj.* 1404, *mhd.* veile.
vellen *swv.* 4407.
velschen *swv.* 3142.
veltstein *stn.* 3139.
venster *stn.* 2177.
ver- *vgl.* vir-
vêr, vier *Zahlwort.*
verchmâc *stm.* 2497.
vere *swm.* 3100.
verhaft *adj.* 4539.
verre *adv. von ferne, in der*
   Ferne, weiterhin. zô verre
   2800.
verzên *Zahlw., mhd.* vierzehen.

veste *adj.*
veste *stf.*
vîant *stm.* 1428, *adject.* 1674.
vil, vile *adj. und adv.* 5.
vingerîn *stn.* 398.
vir-, verbern *stv.* 1222. 1632.
vir-, verbieten *stv.*
virdagen *swv.* 490.
virdênen, virdînen, -dienen *swv.*
   5126.
virdrucken *swv.* 1855.
virheln *stv.* 2254.
virhengen, -ôn *swv.*
virhern *swv., verheeren.*
virhol(e)ne *adv.* 2548. 3074.
   vorholne 1931.
virklagen 483.
virleschen *stv.* 1866.
virlêsen, -liesen *stv.* 123.
virmezzen *stv.* 3434.
virmezzenlîche *adv.* 205. 412.
   4963.
virmissen *swv.* 2124.
virnemen *stv.*
virorlôgen *swv.* 1393.
virrâten *stv.*
virreden *swv.* 3611.
virscrôden, -scrôten *stv.*
virsenden *swv.* 1521.
virsinnen *stv.* 259.
virsitzen *stv.* 647.
virskeiden *stv.* 29.
virsmâhen *swv.*
virsôchen *swv., mhd.* versuochen.
virstân *stv.* sich v. 1321.
virstôren, -ôn *swv.* 2948.
virstôzen *stv.* 1466.
virsûmen, sich *swv.* 1618. 3089.
virsvellen *swv.* 1212.
virtrîben, -trîven *stv.* 991. 4553.
virwandelen, -ôn *swv.* 4019.
virwinden *stv.* 770. 4059.
virwôstenen *swv.* 739, *mhd.* ver-
   wüesten.
virzîhen *stv.* 1275. 2390.
vlamme *stf.*
vliehen, vlien *stv.*
vliezen *stv.* 2866.

vlîz *stm.*
vlîzelîche *adv.*
vlîzen, sich *stv.* 1373.
vlucht *stf.*
vôc *stm.*, *mhd.* vuoc.
vôge *stf.*, *mhd.* vuoge.
rol *adj.*
rol *adv.*, *vollständig*, *rollends* 4883.
volc *stm. und neutr.*
volcdegen *stm.* 57.
volcmagen *stn.* 754.
volcwîc *stm.* 4261.
volgen, *swv.* 1164.
vollebringen *unregelmässiges* Verbum.
volleist *stm.*(?) *stf.*(?) 4359.
vonf *vgl.* vunf.
vonfzich *vgl.* vunfzich.
vor, vore, vur, vure *præp. mit dat. und acc. und adv.*, *mhd.* vor *und* vür.
vorchten, vorten, vurchten *swv.* 34.
vorderôst, vordirst *adv. sup.*, *vgl.* vurdrist.
vorebûge *stn.* 4589, *mhd.* vür-büege.
vôren *swv.*, *führen*, *vollführen* 4072.
vorholne *vgl.* virholne.
vorreise *stf.* 2598.
vorste *swm.*, *vgl.* vurste.
vôt, vôz *stm.*, *mhd.* vuoz.
vôzschâmel *stm.* 3875.
vrâgan, -en, -ôn *swv.*
vreis(c)lich *adj.* vreislîche, vrêslîche *adv.* 772. 4271.
vreisken *stv.* 4010.
vreis(s)am, vrêsam *adj.*, *schreckenerregend.*
vremede *adj.*
vrî *adj.* 1432.
vride *stm.*
vridelîche, vredelîche, *adv.*
vristen *swv.* 3033.
vrô *adj.* 4770. vrôlîche(n) *adv.*
vrô *adv.*, *frühe*, *mhd.* vruo.

vrom, vrum *adj.* 552.
vrome, vrume *swm.*
vromecheit, vrumecheit *stf.* 115.
vromelîche *adv.*
vromen, vrumen *swv.* 2826. 3049. 3631.
vromic, vrumic *adj.* 8.
vromic(h)lich *adj.* 553.
vromiclîche *adv.*
vrôn *adj.* 1747.
vrouwe, vrôwe *swf.* 18.
vrouwelich *adj.*
vrouwen *swv.* 178.
vrowede *stf.* 347.
vrucht *stf.* 3655.
vrunt *stm.* 443, *mhd.* vriunt.
vrunts(c)haft *stf.* 1957.
vûirflamme *stf.* 4680.
vullen *swv.*, *füllen.*
vunf *flect.* vunve *Zahlwort* 490.
vunfzich *Zahlwort.*
vûr *stm.* 3505, *mhd.* viur.
vurderôst *desgl.* 2658.
vurdrist *adv. sup.* 1802.
vurreden *swv.* 334, *vgl.* ver-, virreden.
vurste *swm.*, *Fürst.*
vûst *stf.* 568.

wâ, wâr *Ortspart. wo?*
wachen *swv.*
wachsen *stv.* 4996.
wachtère *stm.*
waden *stv.* 4558.
wâfen *stn.* 422.
wâfenen, -ôn *swv.*
wâfenroc *stm.*
wâge *stf.* 3395.
wagen *stm.*
wal *stn.* 4249.
wal, wale, wol, wole *adv.* 76.
walden, walten *stv.*
walde(i)ndic *adj.* 214.
wallegare *adj.* 3411.
wallère *stm.* 3668.
walt *stn.*
wan *adj.*, *leer.*

wan(e) *negat. Fragepart., warum nicht?* 1194.
wan, wante, wente *conj., bis, so lange als.*
wan, wene *adv., ausser, nur.*
wân *stm.* 3008.
wande, wan *Causalpart., weil, denn.*
wanne, wannen *Ortsadr., woher?*
wâr *adj.* 4.
war(e) *Ortsadr., wohin?*
ware *stf.* 243. 3859. 4852.
waren *swv.*
wârhaft *adj.* 4929.
wârheit *stf.* 613.
wûrlîche, wêrlîche *adv.*
warnan, warnen *swv.* 3012.
warne *stf.*
warten *swv.* 1175.
wât *stf.*
wâtziere *adj.* 3585.
wazzer *stn.* 1259.
wazzerperlîn *stn.* 3069.
wê 1) *für* wer, 2) *für* wie.
wec, wech *stm.* 2133. 3951.
wechmûde *adj., mhd.* wecmüede.
wegen *swv.* 2352.
wêhe *adj.* 406, *mhd.* wæhe.
weien *swv.* 2746, *mhd.* wæjen.
weinec, -ic, wênic *adj.* 486. 3164.
weinen, òn *swv.* 444.
weiz *præteritopr. præt.* weste, wiste.
welc *stf.* 2224, *mhd.* wal.
weln *swv.*
wenden *swv.*
wene *vgl.* wan.
wênen *swv.* 30. 1234, *mhd.* wænen.
wente *vgl.* wan.
wer *pron. interr., n.* wat, waz.
werben, werven *str.* 3669.
werdeclich *adj.*
werdeclîche *adv.*
werden *str.* 953. 4430.
werelt, werlt *stf.*
wereltlîche *adv.*

werfen, werpen *str.*
werlîche *adv.*
werltman *stm.*
werltwunne *stf.*
wern *swv., dauern* 430.
wer(c,i)n *swv., wehren* 706. 2865. 2956.
werren *str.* 612.
wert *stm.* 1099.
wertschaft *vgl.* wirtschaft.
wesen *str.*
wester *adj.* 1.
westert, wesrit *adv., n. Westen.*
wêtlich *adj.* 310. 4529.
wette *stn.* 3004.
wîc, wîch *stm.* 2699.
wîchen *stv.* 1685.
wîchgar(e) *adj.* 670.
wîc(h)geruste *stn.* 4143.
wîchgewant *stn.* 2632.
wîchgewête *stn.* 675.
wîclîche *adv.* 665.
wîde, wîte *adv., mhd.* wîte.
wîden, -ene, -in. wîten, -ene *adv., mhd.* wîten, -ene.
wider *adv. und præp.*
widere *adv.*
widerstôzen *str.* 1664.
widerstrît *stm.*
wie *pron. interr., vgl.* wer, wê.
wie *interrog. part., vgl.* wê.
wieren, -òn, wîrôn *swv.* 397. 1825.
wîgant *stm.* 677.
wil, wille *præteritopr.*
wîle *stf.*
wîlen *adv.* 1009.
wîlen, -ôn *swv.* 2328.
wilich *pron. interr., welch.*
wille *swm.* 768.
willekume *adj.* 273.
winden *stv.*
winnen *stv.* 4083.
wint *stm.* 4234.
wirt *stm.*
wirtschaft *stf.* 1569. 2561, *vgl.* wertschaft.
wîs, wîse *stf., Art und Weise.*

wîs, wîse *adj.*
wîsen *swv.*, *weisen, erweisen.*
wîsheit *stf.*
wîs(e)lîch *adv.*
wîstûm *stm.* 1695.
wit *stf.* 1574.
wît *adj.*
wîte *vgl.* wîde.
witze *stf.* 4428.
witzelôs *adj.* 2518.
wîzen *stv.* 1995.
woch *interj.*
wôfen, wuofen *stv.* 379. 4021.
wol, wole, *vgl.* wal.
wort *stn.* 5150.
wôste *adj.*, *mhd.* wüeste.
wrechen *stv.*, *mhd.* rechen.
wringen *stv.* 438, *mhd.* ringen.
wrîven *stv.* 1049, *mhd.* rîben.
wunder *stn.* 391. 801.
wunder(e,i)n, wundrin 111.
2472.
wunderlich *adj.* 282.
wunderlîche *adv.* 537.
wunne *stf.*
wunneclîche *adv.* 268.
wunniclîch *adj.*
wurken *swv.* 3871.

zabel *stn.* 153.
zage *swm.* 1124. 2775.
zagehaft *adj.*
zale *stf.* 191.
ze, zi, zo, zô, zu, zû *præp. und adv.* 3.
zebrechen *stv.* 4914.
zegân, zegên *stv.* 3051. 4779.
zeichen *stn.* 2850.

zeichen *swv.*
zeigen *swv.*
zelâzen *stv.* 2318.
zelder *stm.* 2878.
zeln *swv.* 1004.
zelt *stn.*
zên *Zahlwort, mhd.* zehen.
zênzich *Zahlwort* 2600. 4097.
zerinnen *stv.* 4564. 5155.
zestôren *swv.*, *mhd.* ze(r)stœren.
zescreien *swv.* 2745, *mhd.* ze(r)schræjen.
zeswellen, -ôn *swv.* 2451.
zevôren *swv.* 2864, *mhd.* ze(r)vüeren.
zi *vgl.* ze.
ziehen, zien *stv.*
ziere *adj.*
zieren, ôn *swv.*
zîrheit *stf.* 388.
zo, zô *vgl.* ze.
zobrechen *stv.* 1013, *vgl.* zebr.
zorn *stm. u. adj.* 764. 1680. 3867.
zornen 1639, *mhd.* zürnen.
zotragen *stv.* 2138.
zoum *stm.*
zoumstrenge *adj.* 5092.
zouwen *swv.* 2026.
zucht *stf.*
zucken *swv.* 1091.
zugeweich *adj.* 4297.
zvelef, zvelf, zwelf *Zahlwort.*
zvelfbode *swm.* 4400.
zvêne *masc.*, zvâ, zvô *fem.*, zvei *neutr. Zahlwort.*
zvênzich, zweinzich *Zahlwort.*
zvîvel *stm.* 3278.
zwâre, zwâren 4.

NAMENVERZEICHNISS.

Dengelingen 740, vgl. *Tengel.*
Dieterich, Versteckname für
Rother (Formen: *Diederich*
2900, *Thiederich* 1031, *Thê(î)-*
derich 820, *Thêterich* 1035).
Diezen, Dissen am Ammersee
2953.

Elve, die Elbe 476.
Elvewîn, herzoge von *Rîne*, von
Berchter erschlagen 3426.
Emelgêr 2947, vgl. *Amelgêr.*
Erewîn, *grâve*, Sohn Berchter's
von Meran 154 fg. (*Erwîn*
238 u. s. w.), Bote Rother's
zu Constantin, gefangen, be-
freit 2426; mit Spanien be-
lehnt 4846.

Frenkisce lant plur., Ostfranken
und die mittleren Rheinlande
5026.
Friderich, *herzoge* an Constan-
tin's Hofe 1618 fg.

Gêrdrût von Nivelle, St. Ger-
trut, Tochter Pipin's und
Ita's 3486.
Gilge. Sante Gilge 2934; *Gilje*
3952 St. Aegidius.
Grêcîâ, Griechenland, d. h.
wahrscheinlich Peloponnes,
4721 als Lehen ertheilt an
Arnolt.
Grimme, Riese, mit Schottland
belehnt 4827.

Hademâr von Diezen 2950 fg.,
Feind und Aufrührer gegen
Rother.
Helenâ, Constantin's Mutter,
Auffinderin des heil. Kreuzes.
Helfrich, Sohn Berchter's von
Meran 475.

Herlint, Dienerin der jungen
Königin, Tochter Constan-
tin's 280. 1535. 1927 fg.
Herman, marcgrâve 86.
Hollant, Landesname 4836.

Irlant, Landesname 1607.
Ispanîâ, Landesname, Spanien
5034; *Ispanjen* 4846.
Israhêlische diet, das Volk Israel
3942.

Jêrusalêm, Jerusalem.
Jôhan. St. Jôhan der toufêre,
Johannes der Täufer 4076.
Jûdas, Judas Iscarioth 3347.

Karle, Karl der Große, Sohn
Pippin's und Berten's, Enkel
Rother's 3484. 4791.
Karlungin, Landesname, eigent-
lich Patromynicum v. *Karl*,
Frankreich 4888; *Kerlingin*
5039.
Krieche (*Krêche*), Volksname,
der Grieche, die Bezeich-
nung der Unterthanen Con-
stantin's 200 u. s. w.
Kriechen, aus dem Volksnamen
abgeleiteter Landesname,
Griechenland, d. h. das ost-
römische Reich.

Lotringin, Landesname aus dem
Volksnamen abgeleitet, Loth-
ringen 4835.
Lûpold, *Luppolt*, *Liupolt*, Sohn
Berchter's von Meran, mit
Meilân belehnt 3446, ver-
trautester Dienstmann Ro-
ther's 50. 63. 92. 106. 115.
165 u. s. w., nach Konstan-
tinopel gesandt, gefangen,
befreit; Pfleger der Königin
2972 u. s. w.; mit *Pulge*, *Cê-*
ciljelant und *Karlungin* be-
lehnt 4887 fg.

Mâl, das Schwert Arnold's 4161.
Meilân, Mailand 3446.
Merân, Landesname, das heutige Dalmatien und seine Hinterländer 68 fg. Berchter *grâve* oder *herzoge von Merân* 458 fg.
Michâêl. St. M., der Erzengel Michael 4445.
Môŷses, Moses 3940.

Nivelle, Nivelle in Belgien 3487.

Osterrîche, Markgrafschaft oder Herzogth. Oesterreich 4869.

Pipîn (*Pippîn*, *Pipinchîn* 3483), Sohn und Nachfolger Rother's, Vater Karl's des Großen.
Plisnen, Landesname, Pleißnerland 4848.
Poderamis hof, *Poderamus hof*, der Hippodromos in Konstantinopel 893 fg. 2166. 4586.
Pôlân, Landesname, Polen 4871.
Pulge, Landesname, Apulien 4890.

Rêmis, Lehen des Asprian 4830.
Riflant, die Umgegend von Köln u. s. w. 3104.
Rîn, Flußname 3427.
Rôme, Rom 11 u. s. w.
rômisc rîche, das römisch-deutsche Kaiserreich im mittelalterlichen Sinne.

Sassen, Landesname aus dem Volksnamen abgeleitet, Sachsen 4847.
Scoteland, *Scotlant*, plur., Landesname, Schottland und die umliegenden, im Mittelalter meist selbständigen Inseln im Norden und Westen 4826. 4834.
Simelîn, Gemahlin des *Ymelôt*, Mutter des *Bâsilistjum*.
Svurven, Landesname, die sorbische Mark(Osterland) 4848.

Tengelingen, Ortsname, wahrscheinlich Dengling südöstlich von Regensburg 740. 2959 u. s. w. *Amelgêr* und *Wolfrât von Tengelingen*.
Turingen, Landesname aus dem Volksnamen 4847, Thüringen.

Ungerin, Landesname aus dem Volksnamen 495.

Valwe, Volksname, Polowzer, Cumane 4097.
Vriesen, Landesname aus dem Volksnamen, Friesland 4836.

Widolt, *Witolt*, Riese, Asprian's Dienstmann 773 u. s. w.
Wolfrât von Tengelingen, Sohn des *Amelgêr* 2958 u. s. w., 4337 u. s. w.

Ymelôt, König von Babylon 2569 fg.

Druck von F. A. Brockhaus in Leipzig.

www.ingramcontent.com/pod-product-compliance
Lightning Source LLC
Chambersburg PA
CBHW030905270326
41929CB00008B/579